Peter Raunicher

Die Ambivalenz des Vertrauens

GABLER RESEARCH

Peter Raunicher
Die Ambivalenz des Vertrauens
Welche Bedeutung hat Vertrauen in organisationalen Veränderungsprozessen?

Mit einem Geleitwort von
em. o. Univ.-Prof. Dr. Dr. h.c. Ekkehard Kappler

RESEARCH

Bibliografische Information der Deutschen Nationalbibliothek
Die Deutsche Nationalbibliothek verzeichnet diese Publikation in der
Deutschen Nationalbibliografie; detaillierte bibliografische Daten sind im Internet über
<http://dnb.d-nb.de> abrufbar.

Das Forschungsprojekt wurde gefördert durch:
TWF – Tiroler Wissenschaftsfonds
Theodor-Körner-Fonds
Leopold-Franzens-Universität Innsbruck
Land Vorarlberg

Gedruckt mit Unterstützung:
Bundesministerium für Wissenschaft und Forschung in Wien
Land Vorarlberg
Stadt Innsbruck
RAUNICHER KG

Dissertation der Leopold-Franzens-Universität, Innsbruck, 2010

1. Auflage 2011

Alle Rechte vorbehalten
© Gabler Verlag | Springer Fachmedien Wiesbaden GmbH 2011

Lektorat: Stefanie Brich | Hildegard Tischer

Gabler Verlag ist eine Marke von Springer Fachmedien.
Springer Fachmedien ist Teil der Fachverlagsgruppe Springer Science+Business Media.
www.gabler.de

Das Werk einschließlich aller seiner Teile ist urheberrechtlich geschützt. Jede Verwertung außerhalb der engen Grenzen des Urheberrechtsgesetzes ist ohne Zustimmung des Verlags unzulässig und strafbar. Das gilt insbesondere für Vervielfältigungen, Übersetzungen, Mikroverfilmungen und die Einspeicherung und Verarbeitung in elektronischen Systemen.

Die Wiedergabe von Gebrauchsnamen, Handelsnamen, Warenbezeichnungen usw. in diesem Werk berechtigt auch ohne besondere Kennzeichnung nicht zu der Annahme, dass solche Namen im Sinne der Warenzeichen- und Markenschutz-Gesetzgebung als frei zu betrachten wären und daher von jedermann benutzt werden dürften.

Umschlaggestaltung: KünkelLopka Medienentwicklung, Heidelberg
Gedruckt auf säurefreiem und chlorfrei gebleichtem Papier
Printed in Germany

ISBN 978-3-8349-2786-6

GELEITWORT

„Vertrauen ist gut, Kontrolle ist besser" – „Kontrolle ist gut, Vertrauen ist besser"? Die Frage nach „besser" oder „schlechter" ist nahezu immer entbehrlich, da sie keine informative Antwort provoziert, sondern allenfalls eine eher selten informative Rechtfertigung. In der Praxis, Lebenspraxis wie Unternehmenspraxis, ist Vertrauen freilich ein wesentlicher, wenn nicht der wesentlichste Moment menschlicher Kommunikation. Auch in der Managementliteratur werden die einleitenden Sätze daher gar nicht so selten geschrieben, aber – anders als der Begriff der Kontrolle – wird Vertrauen fast nicht thematisiert; konzeptionalisiert wird Vertrauen überhaupt nicht. Der Verfasser greift damit ein Thema auf, dessen Bearbeitung Spannung und Ertrag verspricht.

Der Autor der vorliegenden Arbeit setzt sich als primäres Ziel, „das Phänomen Vertrauen vor dem Hintergrund organisationstheoretischer und sozialphilosophischer Ansätze zu beleuchten und eine konzeptionelle Alternative zu den in der Managementliteratur vorherrschenden Vertrauenskonzepten zu erarbeiten." Ohne zu viel zu verraten darf gesagt werden, dass dieses beeindruckende Ziel erreicht wird.

Der Grundgedanke – Vertrauen nicht als Voraussetzung für Veränderungsprozesse zu sehen und in dieser Hinsicht konsequenterweise zu instrumentalisieren, sondern Vertrauen als ein Phänomen zu diskutieren, „das sich nicht herstellen lässt, sondern sich gleichsam in Prozessen organisationaler Transformation einstellt" oder nicht – wird facettenreich aufgefächert, gedreht und gewendet und anhand praktischer Erfahrung wie empirischer Erhebungen vielfältig ausgeleuchtet.

Der Frage wird in engstem Zusammenhang mit einem Veränderungsprozess in einem Unternehmen mittlerer Größe nachgegangen. Die ermittelten Daten sind mit der Methode GABEK ® ausgewertet und anhand von drei Workshops diskutiert und reflektiert worden. Als treffend erweisen sich die eingefügten Exkurse in die Arbeit, in denen aus Sicht der Literatur einige weitere Interpretationshinweise für das Erlebte aufgezeigt werden.

Die These, wonach Vertrauen entsteht, wenn die/der Gegenüber so handeln kann, wie es vereinbart und/oder erwartet wird, obwohl sie/er auch anders handeln könnte, wird in der Untersuchung bestätigt. Vertrauen entsteht – und vergeht –, wenn bzw. solange man sich aufeinander verlassen kann. Sehr deutlich wird in dieser Untersuchung, dass Vertrauen nicht einfach produziert werden kann. Gleichwohl lassen sich Elemente der Vertrauensentwicklung zeigen. Entstehen können aber eben auch Vorsicht und Misstrauen, wenn eingeübte Verhaltens- und Beziehungsmuster sich nicht ohne weiteres fortsetzen lassen. Das kann auch passieren, obwohl einsichtig wird, warum das so ist, wird wohl aber immer geschehen, wenn solche Einsicht fehlt.

Die Arbeit beleuchtet sehr verständlich viele Momente des beobachteten Veränderungsprozesses, lässt allerdings auch die Frage entstehen, inwiefern dominante „Variablen" übermächtigen Sinn, hinderliche Ruhe und Ordnung stiften, so dass die unerlässliche permanente Entwicklung von Organisationen stockt und schließlich bei unumgänglichen Veränderungen in den Schlüsselpositionen härtere Brüche im „Vertrauenssystem" bzw. im Kulturprogramm der Unternehmung entstehen. In der Arbeit wird diese Gemengelage aus Vertrauen, Vertrauensbereitschaft, Misstrauen, Vertrauensdifferenzierung zwischen den Personen, dem In-der-Schwebe-halten durch die bisherige Vertrauenstradition sowie der im Unternehmen nicht explizit geklärten Konflikthaftigkeit deutlich und differenziert dargestellt. In dieser Differenziertheit und der damit einhergehenden Ausführlichkeit ist die Arbeit im organisationstheoretischen Forschungsfeld bisher einmalig und wird für zukünftige Untersuchungen zum Vertrauen in Organisationen eine ertragreiche Fundgrube darstellen. Dass sie das auch für Praktiker sein wird, steht außer Frage.

Innsbruck im September 2010

em. o. Univ.-Prof. Dr. Dr. h.c. Ekkehard Kappler

VORWORT

Die Idee zur vorliegenden Forschungsarbeit hat sich im Zuge der Literaturanalyse zum Thema Veränderungsprozesse entwickelt. Der Begriff Vertrauen ist in diesen Texten ständig aufgetaucht und als ein wesentliches Element für den Erfolg solcher Prozesse dargestellt worden. Die jeweiligen Artikel haben sich dabei nur selten intensiv mit dem Begriff Vertrauen auseinandergesetzt, sondern ihn vielmehr als vermeintlich „gegeben" oder noch häufiger, als „manageability", dargestellt. So sind die Autoren oftmals davon ausgegangen, dass Vertrauen durch instrumentelle Akte des Managements hergestellt werden kann. Ich habe mich daraufhin entschlossen, dem Phänomen Vertrauen in einer Studie mittels teilnehmender Beobachtung und qualitativen Interviews genauer auf den Grund zu gehen. Die Forschungsfrage, inwieweit organisationale Transformationen geeignet sind, die Vertrauensbasis in Organisationen zu stärken, ist eingehend untersucht worden.

Die vorliegende Forschungsarbeit erlaubt zwar keinen vollständigen, aber doch interessanten Blick auf die eingefahrenen Denkgewohnheiten, die Interpretationsinhalte und -muster der Befragten - in der untersuchten Organisation SACOL – im Hinblick auf die aus ihrer Sicht erlebten Veränderungsprozesse und den Forschungsgegenstand Vertrauen. So hat sich die untersuchte Organisation keineswegs - in Anlehnung an Heinz von Foerster – als eine triviale Maschine präsentiert, vielmehr ist sie durch Freundschaften und Feindschaften, von Gunst und Gemeinheiten, von Ambivalenzen und Paradoxien, von Komplexität und Simplifizierungen und von Vertrauen und Misstrauen gekennzeichnet gewesen. Die Annahme ist gerade hinsichtlich der vorliegenden Ergebnisse interessant, denn sie zeigen in Bezug auf Vertrauen auffälliges und unauffälliges, offensichtliches und verborgenes, gewünschtes und ungewünschtes, beabsichtigtes und unbeabsichtigtes, überraschendes und unerwartetes Handeln und/oder verbale und nonverbale Kommunikation der Organisationsmitglieder und ermöglichen gerade aus dieser Sicht aufschlussreiche Einblicke in das untersuchte Phänomen. Die Forschungsarbeit hat also die Intention gehabt, eine Anregung dafür zu bieten, um über Veränderungsprozesse und/oder das Phänomen Vertrauen in Unternehmen nachzudenken.

Die Forschungsarbeit hat sich dabei erst durch das Mitwirken vieler Menschen entwickelt. So möchte ich jenen meinen Dank ausdrücken, die mich auf diesem Weg begleitet haben. Mein besonderer Dank gilt als erstes der wissenschaftlichen Seite, allen voran Univ.-Prof. Dr. Tobias Scheytt. Er ist mir im gesamten Promotionsprozess mit gutem Rat und tatkräftiger Unterstützung zur Seite gestanden. Univ.-Prof. Dr. Dr. h.c. Ekkehard Kappler als mein Erstbetreuer gilt mein Dank für die gemeinsamen Diskussionen. Sie haben mir manch neue Sichtweise auf das untersuchte Phänomen ermöglicht. Für die erfolgreiche Kooperation im Hinblick auf das Ausarbeiten und das Umsetzen der Studie möchte ich mich bei Univ.-Prof. Dr. Josef Zelger bedanken. Seine Erfahrungen sind hierfür sehr hilfreich gewesen. Univ.-Prof. Dr. Stephan Laske möchte ich mich meinen Dank aussprechen, dass er mir zu Beginn des Forschungsprojekts seine Unterlagen zum Phänomen Vertrauen zur Verfügung gestellt und sich daneben bereit erklärt hat, die Zweitbetreuung zu übernehmen. Auch möchte ich mich bei Univ.-Prof. Dr. Josephine Olson und ihrem Team für das interessante und spannende Forschungsjahr an der Joseph M. Katz Graduate School of Business in Pittsburgh (USA) bedanken. Das Umfeld hat das Schreiben an der Forschungsarbeit begünstigt.

Danken möchte ich zudem den befragten Mitgliedern des untersuchten Fallunternehmens SACOL. Sie haben durch die Offenheit in ihren Aussagen eine wesentliche Basis für die aussagekräftigen Ergebnisse geschaffen.

Ich möchte schließlich bei all jenen Menschen danken, die mich in meinem Vorhaben und meinen Zielen stets voll unterstützt haben. Bei meiner Frau Dolores, die nicht nur als kritischer Leser fungiert hat, sondern als herzlicher Mensch und wunderbare Mutter unseres Sohnes Constantin mein Leben zu einem freudigen Erlebnis macht. Mein Dank gilt daneben meinen Eltern Anton und Gertrud Raunicher und meinen Geschwistern Heidrun und Wolfgang, die mich stets daran erinnert haben, dass das Leben auch anderes „Wichtiges" und „Erstaunliches" zu bieten hat.

Ich möchte mich abschließend bei all jenen Organisationen bedanken, die meine Arbeit in finanzieller Weise unterstützt haben. Beim Tiroler Wissenschaftsfonds, beim Theodor-Körner-Fonds, bei der Vorarlberger Landesregierung, bei der Leopold-Franzens-Universität Innsbruck und bei der Organisation SACOL.

Aus Gründen des Datenschutzes sind die Namen des Fallunternehmens als auch der handelnden Personen anonymisiert worden.

Peter Raunicher

INHALTSVERZEICHNIS

Geleitwort	V-VI
Vorwort	VII-VIII
Inhaltsverzeichnis	IX - XIII
Abbildungsverzeichnis	XIV - XVI
Tabellenverzeichnis	XVII
Abkürzungsverzeichnis	XVIII
Kurzfassung und Abstract	**1**
Teil I: Fragestellung, Grundlagen und Ziele	**3**
Kapitel I: Einleitung, Ziele der Arbeit und Aufbau der Arbeit	**5**
1. Einleitung	5
2. Ziele der Arbeit	8
3. Aufbau der Arbeit	10
Kapitel II: Vertrauen aus psychologischer und soziologischer Sicht	**13**
1. Vertrauen aus psychologischer Sicht	14
1.1. Erikson E. H.	*14*
1.2. Rempel J., Holmes J. & Zanna M.	*15*
1.3. Vertrauen als Persönlichkeitsvariable	*17*
1.4. Vertrauen als Situationsvariable	*23*
1.4.1. Das Gefangenen-Dilemma-Spiel	23
1.4.2. Vertrauensvolles Verhalten	27
1.5. Vertrauen als Beziehungsvariable	*28*
1.6. Vertrauen aus psychologischer Sicht – Ein Überblick	*30*
2. Vertrauen aus soziologischer Sicht	32
2.1. Simmel G.	*33*
2.2. Schütz A.	*34*
2.3. Garfinkel H.	*34*
2.4. Goffman E.	*35*
2.5. Luhmann N.	*36*
2.6. Vertrauen aus soziologischer Sicht – Ein Überblick	*39*

Kapitel III: Wissenschaftstheoretische Einordnung der Forschungsarbeit   43

1. Die erkenntnisleitende Theorie: Der radikale Konstruktivismus   44
2. Die paradigmatische Einordnung der Forschungsarbeit   48
3. Die qualitative Sozialforschung   60
    3.1. Das Forschungsverständnis   60
    3.2. Die Herangehensweise   63
       3.2.1. Teilnehmende Beobachtung als aktives Handeln des Forschers   63
       3.2.2. Konkurrenzsituation Forschungsrolle und Forschungsabsicht   64
       3.2.3. Erfassung aller Daten   64
       3.2.4. Flexibilität und Offenheit   65
       3.2.5. Validität   65
       3.2.6. Reflexivität   65
    3.3. Verfahren qualitativer Analyse   67
       3.3.1. Teilnehmende Beobachtung   67
       3.3.2. Die qualitativen Interviews   68
          3.3.2.1. Das analysierte Unternehmen SACOL   68
          3.3.2.2. Das Setting   71
          3.3.2.3. Zielsetzung des Projekts aus Sicht des Unternehmens   73
          3.3.2.4. Die methodischen Rahmenbedingungen   74
          3.3.2.5. Vorstellung des Forschungsvorhabens am Firmentag   81
          3.3.2.6. Daten zur Untersuchung   83
    3.4. Die Auswertungsmethode GABEK ®   89
       3.4.1. Sinnstrukturen als Erkenntnisobjekt   89
       3.4.2. Die Auswertungsmethode GABEK ®   90
          3.4.2.1. Die Kodierung des verbalen Datenmaterials   92
          3.4.2.2. Der Gestaltenbaum   97
          3.4.2.3. Die Relevanzanalyse   100
          3.4.2.4. Der Assoziationsgraph   100
          3.4.2.5. Die Netzwerkgraphik   102

Teil II: Analyse- und Reflexionsprozess 107

Kapitel IV: Feedbackworkshop – Datenpräsentation und gemeinsame
Reflexion der Resultate 109
1. Einladung zum Feedbackworkshop 109
2. Der Feedbackworkshop 111
   2.1. Netzwerkgraphik – Führungsgremium *113*
   2.2. Netzwerkgraphik – Mitunternehmermodell *117*
   2.3. Netzwerkgraphik – Vertrauen *123*
   2.4. Netzwerkgraphik – Häufigste Assoziationen von
   Führungskräften und Mitarbeitern als Gesamtüberblick *125*
      2.4.1. Der Vertriebsleiter (Reinhold G.) 128
      2.4.2. Der Geschäftsführer (Christian S.) 131

Kapitel V: Umsetzungsworkshop – Die gemeinsame Reflexion
von Widersprüchen 135
1. Kausalgraphiken – Ursache-Wirkungs-Zusammenhänge 136
   1.1. Einfluss und Wirkung der Unternehmensphilosophie *137*
      1.1.1. Das Mitunternehmermodell 137
      1.1.2. Die Markenverfassung 148
   1.2. Abgänge langjähriger Mitarbeiter *152*
   1.3. Einfluss und Wirkung von Führungskräften und Führungsstil *157*
      1.3.1. Unternehmensgründer (Gregor S.) –
      Ein Mythos im Unternehmen 157
      1.3.2. Beteiligung an Entscheidungen 162
         1.3.2.1. Die Abteilungsbesprechung *163*
         1.3.2.2. Dauert das Treffen von Entscheidungen zu lange? *164*
      1.3.3. Die Einführung der Bereichsleiter 168
      1.3.4. Fehlende Führung 171
      1.3.5. E-Mail als Medium zur Informationsweitergabe 174
      1.3.6. Fehler und damit verbundene Reaktionen
      der Organisationsmitglieder 177

1.4. Einflüsse und Wirkungen von/auf Vertrauen 181
   1.4.1. Einflüsse auf Vertrauen 181
   1.4.2. Wirkungen von Vertrauen 186
2. Der Gestaltenbaum – Ein hierarchisch-strukturierter Gesamtüberblick zum Phänomen Vertrauen aus Sicht der Mitarbeiter und aus Sicht der Führungskräfte 192
   2.1. Das Phänomen Vertrauen aus Sicht der Mitarbeiter 193
      2.1.1. Firmenübergabe – Vertrauen 194
      2.1.2. Auf etwas vertrauen 196
      2.1.3. Aufbau Unternehmen und Vertrauen 198
   2.2. Das Phänomen Vertrauen aus Sicht der Führungskräfte 199
      2.2.1. Vertrauen und Spielregeln 201
      2.2.2. Vertrauen und Erlebnisse 203
      2.2.3. Vertrauen und System 205
      2.2.4. Vertrauen und Informierung 207
      2.2.5. Vertrauen und Offenheit – nicht zuordenbare Gestalt 208
   2.3. Das Phänomen Vertrauen aus Sicht der Mitarbeiter und aus Sicht der Führungskräfte – Ein Überblick 208

Kapitel VI: Realisierungsworkshop – Die Auswahl und Konkretisierung von Maßnahmen 213
1. Projektgruppe 213
2. Markenverfassung 214
3. Mitunternehmermodell 215
   3.1. Evaluierungssystem – Die Punkteverteilung 215
   3.2. Mitunternehmer und die Beteiligung an Entscheidungen 216
4. Lernprozesse aktivieren 217
5. Stammtisch 219

Kapitel VII: Das Normen- und Wertesystem in der Organisation SACOL 223

1. Bewertungen zur IST-Situation – alle Befragten 224
2. Nur positive und negative Bewertungen zur IST-Situation 225
   2.1. Nur positive und negative Bewertungen – alle Befragten 225
   2.2. Nur positive und negative Bewertungen – Führungskräfte und Mitarbeiter 228
3. Positive und negative Bewertungen der IST-Situation 232
   3.1. Positive und negative Bewertungen – alle Befragten 232
   3.2. Positive und negative Bewertungen – Führungskräfte und Mitarbeiter 236
4. Wünsche und Befürchtungen 240
   4.1. Wünsche und Befürchtungen – alle Befragten 240
   4.2. Wünsche - Führungskräfte und Mitarbeiter 243
   4.3. Befürchtungen – Führungskräfte und Mitarbeiter 245

Kapitel VIII: Die Zusammenfassung der Ergebnisse und Forschungsimplikationen 251

1. Die Zusammenfassung der Ergebnisse 251
2. Forschungsimplikationen 267

Anhang 271

Literaturverzeichnis 337

ABBILDUNGSVERZEICHNIS

Abbildung 1: Four paradigms for the analysis of social theory	53
Abbildung 2: Anzahl Interviews	83
Abbildung 3: Anzahl befragter Führungskräfte und Mitarbeiter	84
Abbildung 4: Anzahl Befragter im Hinblick auf deren Unternehmenszugehörigkeit in Jahren	85
Abbildung 5: Verhältnis von Befragten zu Beschäftigten im jeweiligen Funktionsbereich	86
Abbildung 6: Anzahl befragter Mitunternehmer und Nicht-Mitunternehmer	87
Abbildung 7: Anzahl an nicht-anonymisierten und anonymisierten Interviews	88
Abbildung 8: Ausdrucksliste gereiht nach Häufigkeit der vorgekommenen Ausdrücke	93
Abbildung 9: Bewertungs- und Kausalanalyse	94
Abbildung 10: Kausalkodierungen	96
Abbildung 11: Gliederungsebenen	98
Abbildung 12: Aufbau Gestaltenbaum	99
Abbildung 13: Relevanzanalyse	100
Abbildung 14: Assoziationsgraph	102
Abbildung 15: Netzwerkgraphik – Arbeit	104
Abbildung 16: Netzwerkgraphik – Freiheiten	104
Abbildung 17: Netzwerkgraphik - Führungsgremium	113
Abbildung 18: Netzwerkgraphik – Mitunternehmermodell	117
Abbildung 19: Netzwerkgraphik – Vertrauen	123
Abbildung 20: Netzwerkgraphik – Häufigste Assoziationen von Führungskräften und Mitarbeitern als Gesamtüberblick	127
Abbildung 21: Kausalkodierungen	136
Abbildung 22: Mitunternehmermodell	137
Abbildung 23: Punktezahl und Punktebewertung	143
Abbildung 24: Die Markenverfassung	148
Abbildung 25: Abgänge langjähriger Mitarbeiter	152
Abbildung 26: Unternehmensgründer – Ein Mythos im Unternehmen SACOL	157
Abbildung 27: Beteiligung an Entscheidungen	162

Abbildung 28: Abteilungsbesprechung	163
Abbildung 29: Dauert das Treffen von Entscheidungen zu lange?	164
Abbildung 30: Die Einführung der Bereichsleiter	168
Abbildung 31: Fehlende Führung	171
Abbildung 32: E-Mail als Medium zur Informationsweitergabe	174
Abbildung 33: Fehler und die damit verbundenen Reaktionen der Organisationsmitglieder	177
Abbildung 34: Einflüsse auf Vertrauen	181
Abbildung 35: Wirkungen von Vertrauen	186
Abbildung 36: Vertrauen und Erlebnisse	193
Abbildung 37: Firmenübergabe und Vertrauen	194
Abbildung 38: Auf etwas vertrauen	196
Abbildung 39: Aufbau Unternehmen und Vertrauen	198
Abbildung 40: Vertrauen – Erfahrungen – Verlässlichkeit	199
Abbildung 41: Vertrauen und Spielregeln	201
Abbildung 42: Vertrauen und Erlebnisse	203
Abbildung 43: Vertrauen und System	205
Abbildung 44: Vertrauen und Informierung	207
Abbildung 45: Bewertungen zur IST-Situation im Unternehmen – alle Befragten	224
Abbildung 46: Positive und negative Bewertungen zur IST-Situation – Führungskräfte	237
Abbildung 47: Positive und negative Bewertungen zur IST-Situation – Mitarbeiter	239
Abbildung 48: Bewertungen zur nicht bestehenden SOLL-Situation – alle Befragten	240
Abbildung 49: Wünsche der Führungskräfte	243
Abbildung 50: Wünsche der Mitarbeiter	245
Abbildung 51: Gestaltenbaum - Miteinander mehr erreichen	272
Abbildung 52: Umgang mit Fehlern	275
Abbildung 53: Fehler nicht sagen	276
Abbildung 54: Fehler – Umgang	278
Abbildung 55: Philosophie – Miteinander	280

Abbildung 56: Das Miteinander stärken	282
Abbildung 57: Führungsgremium – Bild – Kommunikation	283
Abbildung 58: Projektgruppe – Miteinander	285
Abbildung 59: Projektgruppe – Gefühl übergangen	287
Abbildung 60: Miteinander reden – Stammtisch	289
Abbildung 61: Erwartungen an die Führungskräfte	290
Abbildung 62: Mitarbeiter kümmern	292
Abbildung 63: Philosophie – Markenverfassung	294
Abbildung 64: Informationsweitergabe im Unternehmen	296
Abbildung 65: Führungsgremium – Bild – Kommunikation	298
Abbildung 66: Informationsweitergabe	300
Abbildung 67: Informationsveranstaltung	303
Abbildung 68: Strategische Entscheidung	305
Abbildung 69: Entscheidungsprozess – Beteiligung	306
Abbildung 70: Beteiligung strategische Entscheidung	308
Abbildung 71: Erwartungen an die Mitarbeiter	310
Abbildung 72: Mitunternehmermodell – Punktebewertung	313
Abbildung 73: Punktebewertung Mitunternehmermodell	315
Abbildung 74: Mitunternehmermodell – Ausschüttung	318
Abbildung 75: Sicherheit – Zukunft	321
Abbildung 76: Der Erfolg des Unternehmens	323
Abbildung 77: Internationalisierung – Chance	324
Abbildung 78: Arbeit – Freiheiten	326
Abbildung 79: Erfolg Unternehmen	329
Abbildung 80: Führungsgremium – Konsens	331
Abbildung 81: Gruppenarbeit Feedbackworkshop zum Begriff Mitunternehmermodell	335

TABELLENVERZEICHNIS

Tabelle 1: Anzahl Interviews	85
Tabelle 2: Auswahl der 20 meist genannten Begriffe	111
Tabelle 3: Evaluierungsbogen im Mitunternehmermodell	142
Tabelle 4: Nur positive und nur negative Bewertungen - alle Befragten	227
Tabelle 5: Nur positive Bewertungen zur IST-Situation – Führungskräfte und Mitarbeiter	229
Tabelle 6: Nur negative Bewertungen zur IST-Situation – Führungskräfte und Mitarbeiter	231
Tabelle 7: Überwiegend positiv bewertete Merkmale zur IST-Situation – alle Befragten	233-234
Tabelle 8: Überwiegend negativ bewertete Merkmale zur IST-Situation – alle Befragten	235
Tabelle 9: Wünsche und Befürchtungen in der Organisation – alle Befragten	242
Tabelle 10: Befürchtungen von Führungskräften und Mitarbeitern	246

ABKÜRZUNGSVERZEICHNIS

Alle Befragten .... AB

Bspw. .... beispielsweise

Bzgl. .... bezüglich

Bzw. .... beziehungsweise

Christian S. .... Geschäftsführer

Ebd. .... Ebenda

Etc. .... et cetera

Forscher .... Peter Raunicher (Autor)

Führungskräfte .... FK

GABEK .... Ganzheitliche Bewältigung sprachlich erfasster Komplexität

Gregor S. .... Unternehmensgründer

MA .... Mitarbeiter

MUM .... Mitunternehmermodell

Reinhold G. .... Vertriebsleiter

SACOL .... Solution for Automation and Control

WinRelan .... Windows Relationen Analyse

Kurzfassung

Nach Edzard Reuter (ehemals Vorstandsvorsitzender der Daimler Benz AG) ist Vertrauen das flüchtigste Kapital in der Wirtschaft. Zugleich gilt Vertrauen aber als Schlüssel für den wirtschaftlichen Erfolg von Unternehmen. In Theorie wie in der Unternehmenspraxis wird Vertrauen in Organisationen üblicherweise als Ergebnis eines langfristig stabilen und sicheren Zustands in Organisationen und ihrer Umwelt gesehen.

Das primäre Ziel des Projekts ist es, das Phänomen Vertrauen vor dem Hintergrund organisationstheoretischer und sozialphilosophischer Ansätze zu beleuchten und eine konzeptionelle Alternative zu den in der Managementforschung vorherrschenden Vertrauenskonzepten zu erarbeiten. Die Arbeit fokussiert dabei unter Bezugnahme auf Jullien's Strategiebegriff auf die Zusammenhänge zwischen Vertrauen und Veränderungsprozessen und ist darauf gerichtet, auf der Grundlage eines transformationsorientierten, integrativen Begriffs von Vertrauen Erkenntnisse für die Organisationsforschung zu generieren. Das Forschungsvorhaben untersucht, inwieweit organisationale Transformationen geeignet sind, die Vertrauensbasis in Organisationen zu stärken. Im Gegenzug zur Vorstellung der „manageability" von Vertrauen, also der Beschreibung von Vertrauen als einem Artefakt, das durch instrumentelle Akte des Managements herzustellen ist, wird Vertrauen als ein Phänomen diskutiert, das sich nicht herstellen lässt, sondern sich gleichsam in Prozessen organisationaler Transformation einstellt. Dies ist eine weitere Verkehrung bisheriger Perspektiven, die Vertrauen als Ergebnis langfristig stabiler und sicherer Zustände beschreiben. Vielmehr wird versucht, die Veränderung (Transformation) in Organisationen als Quelle für Vertrauen zu konzeptualisieren.

Methode:
Die wesentliche empirische Basis für die Untersuchung bildet eine umfassende qualitative Analyse der Vertrauensprozesse in einem Fallunternehmen durch teilnehmende Beobachtung und qualitative Interviews. Die ermittelten Daten sind mit der Methode GABEK ® ausgewertet, die Ergebnisse in drei Workshops miteinander diskutiert und reflektiert bzw. Maßnahmen erarbeitet worden.

Schlagwörter:
Vertrauen, Misstrauen, Vertrauensbereitschaft, Vertrauenswürdigkeit, Vertrautheit Selbstvertrauen, Zuversicht, Veränderungsprozesse, qualitative Sozialforschung

Abstract

Following Edzard Reuter (former CEO of the Daimler Benz Corporation) trust is the most volatile stock of capital in the economy, at the same time it is believed to be the key to success for any business. Theoretically as well as in organisational practice, trust is defined as the outcome of a long-term steady and secure state in an organisation and its environment.

As opposed to the idea of the "manageability" of trust, that is the consideration of trust as an artefact which is developed through instrumental acts of the management, trust is being discussed in this approach as a phenomenon that cannot be developed, but rather establishes itself in processes of organisational transformation. Furthermore, time and therefore the process of development play a crucial role in my considerations. This is another conversion of perspectives seen so far that have described trust solely as a result of long-term steady and secure states. It is instead attempted to conceptualise the change (transformation) in organisations as a key source of trust. The notion of transformation is hereby derived from the approach of Jullien. Jullien suggests to abandon the idea of building an idealist model and instead proposes to converge to a process-orientated view of logic. As opposed to the act, which is necessarily only something temporary, the transformation extends through its duration and it is exactly this continuity in which its force lies.

Method:
The empirical foundation of the present approach was based on an extensive qualitative analysis of processes of change in medium-scale Austrian enterprise. Based on participative observation and in-depth interviews were conducted. The generated data were analysed using GABEK ®. The results were discussed and reflected in three workshops and measures were induced.

Keywords:
Trust, mistrust, willingness to trust, trustworthiness, confidence, self-confidence, familiarity, change processes, qualitative research

Teil I: Fragestellung, Grundlagen und Ziele

Der erste Teil beschäftigt sich mit der Fragestellung, den Grundlagen und den Zielen zur Forschungsarbeit und setzt sich wie folgt zusammen:

- Das erste Kapitel schafft mit der Einleitung einen Einstieg in die Ausgangslage zum untersuchten Phänomen Vertrauen. Die definierten Ziele und der gewählte Aufbau zur Forschungsarbeit werden anschließend vorgestellt (Kapitel I).

- Das nachfolgende Kapitel widmet sich den bestehenden vertrauenstheoretischen Konzepten aus psychologischer und soziologischer Sicht und gibt einen kurzen Überblick zu verschiedenen Autoren und deren Ansätzen (Kapitel II).

- Das abschließende Kapitel beschäftigt sich mit der wissenschaftstheoretischen Einordnung der Forschungsarbeit und damit mit der erkenntnisleitenden Theorie und der paradigmatischen Einordnung, als auch mit dem Forschungsverständnis und –vorgehen (Kapitel III).

Kapitel I: Einleitung, Ziele der Arbeit und Aufbau der Arbeit

1. Einleitung

Die eminente Bedeutung des Phänomens Vertrauen spiegelt sich darin wider, dass verschiedene Wissenschaftsdisziplinen (Psychologie, Soziologie, Betriebswirtschaft und Medizin) sich damit auseinandersetzen.[1] Rezente Publikationen zeigen, dass das Interesse am Phänomen Vertrauen keineswegs nachgelassen, sondern eher zugenommen hat.[2] Die Google Suchmaschine weist im Jahr 2002 zum Begriff Vertrauen 867.000 Treffer aus[3], im Jahr 2009 sind es bereits 12.000.000. So ubiquitär der Begriff in der Alltagswelt ist, so vielfältig sind die Versuche seiner konzeptionellen Bestimmung. Vertrauen unterscheidet sich dabei in den einzelnen Fachdisziplinen, und es gibt keinen durchwegs geltenden Begriff. Der Reiz des Vertrauensbegriffs, so kann man schlussfolgern, ist dessen Lückenhaftigkeit. „Eine präzise Vorstellung von dem, was Vertrauen schafft oder Misstrauen erzeugt, ist nämlich keinesfalls leicht zu haben. Stattdessen kommt die Vertrauensrhetorik gesellschaftlich immer universeller zur Anwendung, ohne dabei eine entsprechende begriffliche Schärfe zu erreichen. (...) Bei einer solchen überbordenden Vertrauensrhetorik droht aber dem Vertrauensbegriff eher Sinnentleerung als Sinnbezeichnung."[4] Es geht um Begriffs- und Messprobleme und um Voraussetzungen und Funktionen von Vertrauen. Dieser Status der Lückenhaftigkeit gilt insbesondere für die Organisationsforschung. Gerade hinsichtlich Zusammenarbeit in sozialen Systemen wird angenommen, dass es ein Mindestmaß an Vertrauen benötigt. Studien haben gezeigt, dass sich durch Vertrauen die Bereitschaft Informationen weiterzugeben[5], die Quantität und Qualität des

---

[1] Vgl. Petermann, F., (1996): Psychologie des Vertrauens, S. 9.
[2] Vgl. Dernbach, B./ Meyer, M., (2005): Vertrauen und Glaubwürdigkeit. Interdisziplinäre Perspektiven; Frevert, U., (2003): Vertrauen – Eine historische Spurensuche; Hartmann, M./ Offe, C., (2001): Die Grundlage des sozialen Zusammenhalts; Kramer, R. M., (1996): Trust in organizations, Frontiers of theory and research; Kramer, R. M., (1999): Trust and distrust in organizations: Emerging perspectives, Enduring questions, In: Annual review of psychology, 50, 1, S. 569-598; Kramer, R. M., (2006): Organizational trust; Kramer, R. M./ Cook, K. S., (2007): Trust and distrust in organizations. Dilemmas and approaches; Lane, C./ Bachmann, R., (2000): Trust within and between organizations; Schmalz-Bruns, R./ Zintl, R., (2002): Politisches Vertrauen. Soziale Grundlagen reflexiver Kooperation.
[3] Vgl. Frevert, U., (2003): Vertrauen – Eine historische Spurensuche, In: Vertrauen. Historische Annäherungen, Frevert, U., (Hrsg.), S. 7.
[4] Eberl, Peter, (2003): Vertrauen und Management – Studien zu einer theoretischen Fundierung des Vertrauenskonstrukts in der Managementlehre, S. 1-2.
[5] Vgl. O´Reilly, C. A. / Roberts, K. H., (1974): Information filtration in organizations: Three experiments, In: Organizational behavior and human performance, 11, S. 253-265.

Informationsaustausches[6], als auch die Bereitschaft anderen zuzuhören, erhöht.[7] Die Funktion von Vertrauen für Organisationen wird unter diesen Gesichtspunkten genauer sichtbar. Auch wird die gegenwärtige Organisation durch Vertrauen in ihrem Potential, Komplexität zu erfassen und zu reduzieren, gestärkt. Eine entsprechende Vertrauensbasis ermöglicht es daher, in Bezug auf zukünftige Ereignisse mit größerer Komplexität bereits in der Gegenwart zu leben und zu handeln. Vertrauen stärkt also die Toleranz für Mehrdeutigkeiten.

Die Organisationsforschung ist sich dieser – auch ökonomisch – positiven Wirkung bewusst und dadurch ständig in der Gefahr, Vertrauen mit all seinen Eigenschaften und Wirkungen so zu konzeptualisieren, dass es handhabbar wird, dass es zu „managen" ist, es steuerbar und jederzeit einsetzbar wird. Aber auch hier zeigt sich ein „Dilemma des Intellekts": nur zu schnell kann durch eine instrumentelle Handhabung die Situation entstehen, dass die Chance auf Vertrauenszuschreibung verringert wird.[8] „Die Schwierigkeit hat ihren Grund darin, dass Vertrauen und Misstrauen (...) symbolisch vermittelte (...) Haltungen sind, die nicht mit spezifisch angeborenen objektiven Ursachen variieren, sondern durch subjektive Prozesse der vereinfachenden Erlebnisverarbeitung gesteuert werden. Und in der Vereinfachung, in der Reduktion von Komplexität liegt immer ein sprunghafter, unberechenbarer Moment".[9] Sobald die Frage nach Vertrauen aktuell wird, wird die Situation einerseits komplexer und damit reicher an Möglichkeiten. Andererseits setzen vereinfachende Prozesse der Reduktion durch eine Orientierung anhand weniger, prominenter Schlüsselerlebnisse ein. Ereignisse, Erlebnisse und Gegenstände, die einen symptomatischen Wert zu haben scheinen, gewinnen an Relevanz und beherrschen

---

[6] Vgl. Graen, G. B./ Schiemann, W., (1978): Leader-member-agreement: A vertical dyad linkage approach, In: Journal of applied psychology, 63, S. 206-212.
[7] Vgl. Earley, P. C., (1986): Trust, perceived importance of praise and criticism, and work performance. An examination of feedback in the United States and England, In: Journal of management, 12, S. 457-473; Heimovics, R. D., (1984): Trust and influence in an ambiguous group setting, In: Small group behavior, 15, S. 545-552; Mc Ginnies, E./ Ward, C. D., (1980): Better liked than right: Trustworthiness and expertise as factors in credibility, In: Personality and social psychology bulletin, 6, S. 467-472.
[8] Vgl. Eberl, P., (2003): Vertrauen und Management: Studien zu einer theoretischen Fundierung des Vertrauenskonstruktes in der Managementlehre, S. 261.
[9] Luhmann, N., (1989): Vertrauen – Ein Mechanismus der Reduktion sozialer Komplexität, S. 99.

und beeinflussen die Auslegung anderer Umstände. Sie werden zu Gründen, Begründungen und/oder Beweisen für Vertrauen oder Misstrauen.[10]

Das betriebliche Umfeld zeichnet sich zusehends durch zunehmende Komplexität und Dynamik aus und dies wiederum trägt zu einer verschärften Beachtung von Vertrauenskonzepten für Organisationen bei.[11] Wenn aber Veränderungen für Unternehmen ein Überlebensgebot sind und in einer sich ständigem Wandel unterworfenen Umwelt die Herausforderung darin besteht, auf geänderte Außenbedingungen einzugehen und die eigene Strategie an die neuen Anforderungen anzupassen, dann müssen die internen Bedingungen für Fortschrittsfähigkeit[12] systematisch, d. h. bewusst, aktiv und mit einer langfristigen Orientierung entwickelt werden. Veränderungsfähigkeit und Veränderungsbereitschaft sind die notwendigen Voraussetzungen, um Veränderungsprozesse zu mobilisieren und umzusetzen. Doch dafür muss im Unternehmen ein Klima herrschen, das Veränderungsprozesse günstig beeinflusst bzw. erst einmal zulässt.[13] Gerade in dieser Hinsicht ist ein aufmerksamer Umgang mit Machbarkeit von Veränderungsprozessen erforderlich, denn Vertrauen, Organisationsbewußtsein und systemische Irritationstoleranz lassen sich nicht einfach managen, gestalten oder entwickeln.[14] Die Akteure von sozialen Systemen sind daher gefordert, sich von ihrer mechanistischen Vorstellung zu lösen und ein systemisches Verständnis von Vertrauen zu entwickeln. Maturana bspw. erläutert vor dem Hintergrund bio-systemischer Erkenntnisse, dass jede Entwicklung in dem Augenblick, in dem sie stattfindet, gehemmt wird. Dennoch gibt es nur die Kraft der Entwicklung selbst, durch die sie sich selbst nährt und durch die 'das Neue´ zur Realisierung kommt.[15] Vor diesem Hintergrund wird sich die vorliegende Forschungsarbeit mit der Frage auseinandersetzen, inwieweit organisationale Transformationen geeignet sind, die Vertrauensbasis in Organisationen zu stärken.

---

[10] Vgl. Luhmann, N., (1989): Vertrauen – Ein Mechanismus der Reduktion sozialer Komplexität, S. 99.
[11] Vgl. Wohlgemuth, A. C., (1991): Der Reorganisationsprozess als Paradigma der ganzheitlichen Beratung, In: Theorie und Praxis der Unternehmensberatung. Bestandsaufnahme und Entwicklungsperspektiven, Hoffmann, M., (Hrsg.), S. 165-187.
[12] Vgl. Kirsch, W., (1981): Die Handhabung von Entscheidungsproblemen – Einführung in die Theorie der Entscheidungsprozesse
[13] Vgl. Weick, K. E., (1985): Der Prozess des Organisierens, S. 307.
[14] Vgl. Rüegg-Stürm, J., (2001): Organisation und organisationaler Wandel. Eine theoretische Erkundung aus konstruktivistischer Sicht, S. 344.
[15] Senge, P./ Kleiner, A./ Roberts, C./ Ross, R./ Roth, G./ Smith, B., (2000): The Dance of Change – Die 10 Herausforderungen tiefgreifender Veränderungen in Organisationen, S. 19.

2. Ziele der Arbeit

Das primäre Ziel der Arbeit ist es, das Phänomen Vertrauen vor dem Hintergrund organisationstheoretischer und sozialphilosophischer Ansätze zu beleuchten und eine konzeptionelle Alternative zu den in der Managementforschung vorherrschenden Vertrauenskonzepten zu erarbeiten. Die Arbeit fokussiert dabei unter Bezugnahme auf Jullien's Strategiebegriff auf die Zusammenhänge zwischen Vertrauen und Veränderungsprozessen und ist darauf gerichtet, auf der Grundlage eines transformationsorientierten, integrativen Begriffs von Vertrauen Erkenntnisse für die Organisationsforschung zu generieren. Das Forschungsvorhaben untersucht, inwieweit organisationale Transformationen geeignet sind, die Vertrauensbasis in Organisationen zu stärken. Im Gegenzug zur Vorstellung der „manageability" von Vertrauen, also der Betrachtung von Vertrauen als einem Artefakt, das durch instrumentelle Akte des Managements herzustellen ist, wird Vertrauen als ein Phänomen diskutiert, das sich nicht herstellen lässt, sondern sich gleichsam in Prozessen organisationaler Transformation einstellt. Dies ist eine weitere Verkehrung bisheriger Perspektiven, die Vertrauen als Ergebnis langfristig stabiler und sicherer Zustände beschreiben. Vielmehr wird versucht, Veränderungen (Transformationen) in Organisationen als Quelle für Vertrauen zu konzeptualisieren.

Die wesentliche empirische Basis für die Untersuchung bildet eine umfassende und langzeitliche Analyse von Vertrauensprozessen in einem mittelständischen Unternehmen. Neben den entsprechenden Dokumentenanalysen ist das Verfahren der teilnehmenden Beobachtung gewählt und qualitative Interviews mit 25 Akteuren der ausgesuchten Organisation geführt worden. Dieses Vorgehen ist in Anlehnung an Schein als Lernprozess verstanden worden, in dem eine Unterscheidung vorzunehmen ist zwischen dem, was man weiß, dem, was man zu wissen glaubt, und dem, was man wirklich nicht weiß. Die ermittelten Daten sind mit der Methode GABEK ® ausgewertet, die Ergebnisse in drei Workshops (Feedback-, Umsetzungs- und Realisierungsworkshop) miteinander diskutiert und reflektiert bzw. Maßnahmen erarbeitet worden.

Eine solche Fundierung von Vertrauenskonzepten auf der Grundlage einer über längere Perioden durchgeführten empirischen Analyse stellt für die Organisationsforschung im deutschsprachigen Raum eine innovative Herangehensweise dar. Durch die Verknüpfung von konzeptioneller Arbeit, teilnehmender Beobachtung und qualitativen Interviews sind Erkenntnisse entstanden, die sowohl für die organisationstheoretische Grundlagenforschung, als auch für anwendungsorientierte Belange von eminenter Bedeutung sind. So ubiquitär die auslösenden Faktoren für Veränderungsprozesse gerade für Klein- und Mittelbetriebe sind, so vielfältig sind die Versuche deren Bewältigung. Die Arbeit stellt daher auch eine sehr gute Ergänzung der Grundlagen - wie auch der angewandten Forschung im Forschungsschwerpunkt „Organization Studies" der Fakultät für Betriebswirtschaft an der Leopold-Franzens-Universität Innsbruck dar.

Die vorliegende Arbeit untersucht folgende Forschungsfrage:

Inwieweit sind organisationale Transformationen geeignet, die Vertrauensbasis in Organisationen zu stärken?

Folgende Ziele sind für die Forschungsarbeit definiert worden:

- Analyse von Veränderungsprozessen und deren Auswirkungen in einem mittelständischen Unternehmen und aufbauend darauf mögliche Einflüsse und Wirkungen auf das bzw. von dem Phänomen Vertrauen
- Erkenntnisse zum Aufbau einer vertrauensvollen Zusammenarbeit und damit Schaffung einer gemeinsamen Basis für einen offenen Diskurs und Reflexion der Ergebnisse

3. Aufbau der Arbeit

Der erste Teil befasst sich mit den wissenschaftlichen Grundlagen, der Fragestellung und den Zielen zur Forschungsarbeit:

In den letzten Jahren ist wohl selten ein Wort so inflationär verwendet worden, wie der Begriff Vertrauen. Das **Kapitel II** widmet sich aus diesem Grund den bestehenden vertrauenstheoretischen Konzepten aus psychologischer und soziologischer Sicht. Ein kurzer Überblick zu verschiedenen Autoren und deren Ansätzen zeigt, dass es hinsichtlich des Phänomens Vertrauen kein einheitliches theoretisches Konzept gibt.

Das **Kapitel III** beschäftigt sich mit der wissenschaftstheoretischen Einordnung der Forschungsarbeit. Aus erkenntnisleitender Sicht ist sie dem radikalen Konstruktivismus zuzuordnen. Dies beruht auf der Annahme, dass Wahrnehmung und Handlung, als auch Interpretation in einer ständigen Suche nach Bezügen geschieht, mittels denen Sinn hergestellt werden kann. Die Forschungsarbeit ist daneben hinsichtlich der paradigmatischen Einordnung dem interpretativen Paradigma zuzuordnen. Anschließend wird auf die qualitative Sozialforschung und das Forschungsverständnis und –vorgehen näher eingegangen. So ist der Versuch unternommen worden, mittels teilnehmender Beobachtung und qualitativer Interviews, Ergebnisse zum Phänomen Vertrauen zu generieren.

Der zweite Teil geht auf den Analyse- und Reflexionsprozess des Forschungsprojekts ein:

Das **Kapitel IV** zeigt, wie mit Hilfe von Netzwerkgraphiken die ersten Ergebnisse im Feedbackworkshop präsentiert und gemeinsam reflektiert worden sind. Neben den drei Netzwerkgraphiken zu den Themenbereichen Führungsgremium, Mitunternehmermodell und Vertrauen ist mit dem Gesamtüberblick eine wissenschaftliche Innovation - Netzwerkgraphik mit 278 Knotenpunkten - geboten worden.

Das **Kapitel V** zeigt anhand von Kausalgraphiken eine Auswahl von Widersprüchen und Handlungsfeldern. Die Graphiken sind ein ausgesprochen hilfreiches Instrument gewesen, um Maßnahmen aufzuzeigen und diese im Hinblick auf mögliche Folgen gemeinsam zu diskutierten. Die Kausalgraphiken haben daneben interessante Erkenntnisse zu Einfluss und Wirkung von/auf das Phänomen Vertrauen geliefert. Im Anschluss daran zeigen zwei Gestaltenbäume weitere Aspekte zum Phänomen Vertrauen. Das gesamte verbale Datenmaterial ist hierfür in die Kategorien Mitarbeiter und Führungskräfte unterteilt worden. Die Unterteilung hat erstaunliche und differenzielle Ergebnisse im Verständnis der beiden Gruppen in Bezug auf das untersuchte Phänomen ergeben.

Das **Kapitel VI** geht auf die gemeinsame Konkretisierung und Festlegung der Maßnahmen im Realisierungsworkshop näher ein. Das Kapitel ermöglicht interessante Einblicke in das Verständnis und den Aufbau eines gemeinsamen Diskussionsrahmens und die Einbindung aller Workshopteilnehmer für die Schaffung von Akzeptanz. Daneben werden die besprochenen Maßnahmen vorgestellt.

Das **Kapitel VII** beschäftigt sich mit dem Normen- und Wertesystem der untersuchten Organisation. Bei den Analysen ist das Datenmaterial nach den Bewertungen der bestehenden IST-Situation und der gewünschten SOLL-Situation aufgearbeitet worden. Das Datenmaterial ist auch in die Kategorien Mitarbeiter und Führungskräfte eingeteilt und miteinander verglichen worden. Der Datenvergleich zeigt bemerkenswerte Auffassungsunterschiede zur wahrgenommenen Situation aus Sicht der zwei Gruppen.

Das **Kapitel VIII** fasst die wichtigsten Ergebnisse der Forschungsarbeit zusammen und ermöglicht eine Übersicht zu den wichtigsten Einfluss- und Wirkungsfaktoren im Hinblick auf das Phänomen Vertrauen im Unternehmen SACOL zur Zeit der Untersuchung. Die Forschungsimplikationen geben daneben einen Ausblick auf denkbare zukünftige Forschungsfragen und –vorhaben.

Kapitel II: Vertrauen aus psychologischer und soziologischer Sicht

In den letzten Jahren ist wohl selten ein Wort so oft verwendet worden, wie der Begriff Vertrauen. Personen sollen Vertrauen in die Parteien, die Regierung und deren Politik, in die Produkte des alltäglichen Gebrauchs oder in die Leistungsfähigkeit der Wirtschaft haben. Auch soll man Vertrauen in die Arbeitsplatzsicherheit, in die Konjunktur oder in die gesellschaftlichen Veränderungen haben.[16] Selbst Glaubensgemeinschaften werben mit dem Etikett Vertrauen. Man will das offensichtlich Unkalkulierbare und Risikohafte in aktuellen Situationen durch Vertrauen in den Griff bekommen. Die Untersuchung des Begriffs wird dabei durch die Ausweitung seines Bedeutungsfeldes auf unterschiedliche Gebiete erschwert. Die nachfolgenden Kapitel geben einen kurzen Überblick zu den Werken verschiedener Autoren in der Vertrauensforschung. Als erstes werden Theorien aus der psychologischen Vertrauensforschung vorgestellt, im Anschluss wird auf die soziologische Sicht zum untersuchten Phänomen Vertrauen eingegangen.

---

[16] Vgl. Cook, J./ Wall, T., (1980): New work attitude measures of trust, organizational commitment and personal need-nonfulfilment, In: Journal of occupational psychology, 53, S. 39-52; Hill, D. B., (1981): Attitude generalization and the measurement of trust in American leadership, In: Political behaviour, 3, S. 257-270; Muir, B. M., (1987): Trust between humans and machines, and the design of decision aids, In: American journal of man-machine studies, 27, S. 527-539.

1. Vertrauen aus psychologischer Sicht

Das vorliegende Kapitel befasst sich mit verschiedenen Autoren aus der psychologischen Vertrauensforschung. So werden die theoretischen Ansätze von Erikson, Rotter, Rempel & Holmes und Zanna kurz vorgestellt. Im Anschluss daran wird auf Vertrauen als Persönlichkeitsvariable, Vertrauen als Situationsvariable und Vertrauen als Beziehungsvariable näher eingegangen. Es ist der Frage nachgegangen worden, ob Merkmale und/oder Variablen die Vertrauensbildung beeinflussen können. Im abschließenden Kapitel sind die verschiedenen Theorien aus psychologischer Sicht zu einem Überblick zusammengefasst worden.

1.1. Erikson E. H.

Wichtige Erkenntnisse zu Vertrauen bringt das tiefenpsychologische Entwicklungsmodell von Erikson. Aus seiner Sicht kann sich nur mit Vertrauen eine stabile Persönlichkeit entwickeln. Das ´Urvertrauen´ ist damit der Grundpfeiler einer gesunden Persönlichkeitsentwicklung.[17] Mit Urvertrauen versteht Erikson „eine auf die Erfahrungen des ersten Lebensjahres zurückgehende Einstellung zu sich selbst und zur Welt". Es geht um ein Gefühl des Sich-Verlassen-Dürfens[18] und „zwar in Bezug auf die Glaubwürdigkeit anderer", sowie „auf die Zuverlässigkeit seiner selbst".[19] Dieses Gefühl entwickelt sich aus den zumeist unbewusst wahrgenommenen Erfahrungen. Das Ausmaß an Vertrauen hängt dabei von der Qualität der Beziehung zwischen Mutter und Kind ab. So ist die Mutter gefordert, bei ihren Verhaltensweisen auf unnötige Versagungen und überflüssige Drohungen zu verzichten, zudem soll die andere Person als persönlich zuverlässig erlebt werden. Vertrauen wird also durch positive Erfahrungen (Konsequenzen) verstärkt und durch negative Verhaltensweisen wie Strafen und Drohungen verringert oder sogar unmöglich gemacht.[20]

---

[17] Vgl. Erikson, E. H., (1970): Jugend und Krise. Die Psychodynamik im sozialen Wandel, S. 97-107; hierzu auch: Erikson, E. H., (1963): Wachstum und Krise der gesunden Persönlichkeit
[18] Vgl. Erikson, E. H., (1970): Jugend und Krise. Die Psychodynamik im sozialen Wandel, S. 97
[19] Erikson, E. H., (1973): Identität und Lebenszyklus, S. 63
[20] Vgl. Erikson, E. H., (1970): Jugend und Krise. Die Psychodynamik im sozialen Wandel, S. 104.

Erikson unterstellt eine fundamental prägende Wirkung eines im Säuglingsalter stattgefunden Konflikts auf die erwachsene Persönlichkeit. Damit verweist Erikson in seinen Ausführungen auf auftretende Vertrauenskonflikte, die sich Personen in ihrem Reifungsprozess immer wieder stellen müssen, doch bleibt in seiner Annahme unberücksichtigt, ob sich die Qualität des Konflikts verändern kann. Die Vertrauenskonflikte im Säuglingsalter und im Erwachsenenalter unterscheiden sich dabei wohl ganz wesentlich. Zudem ist es nicht klar, an welcher Stelle die persönlichkeitsprägenden Konflikte auftauchen. Auch dürften sie sich darüber hinaus durch ihren sozialen Erfahrungshintergrund wesentlich unterscheiden. Aus dem Konzept geht daneben nicht hervor, warum sich eine sehr frühe und kritische Lebensphase zwangsläufig auf die spätere Phase der Identitätsbildung auswirkt. So geht Erikson in seinem Stufenmodell davon aus, dass die Auflösung einer Krise eine nachfolgende Krisenbewältigung geradezu determiniert. Diese lineare Persönlichkeitsentwicklung kann auch nicht durch die Fähigkeit der Selbstreflexion durchbrochen werden, vielmehr vertritt Erikson sogar die Ansicht, dass die Identitätsbildung bis zum Jugendalter abgeschlossen ist.[21]

1.2. Rempel J., Holmes J. & Zanna M.

Nach Rempel, Holmes & Zanna beruht Vertrauen auf vier Phasen. In der Anfangsphase geht es in einer Beziehung darum, dass sich die Interaktionspartner kennenlernen, da dies die Grundlage für die Entstehung von Vertrauen ist. Es kommt zu einer Vertiefung der Beziehung, wenn sich das Wissen vom anderen verfestigt. Das Verhalten des Interaktionspartners wird also in der zweiten Phase vorhersehbar. In der dritten Phase haben die Interaktionspartner voneinander ein umfassendes Verständnis entwickelt, dadurch sind sie fähig, die Ziele des anderen besser zu verstehen. Auch sind die Meinungen zum Charakter des anderen und dessen Qualitäten voll ausgebildet. So ist die dritte Phase insbesondere durch die Verlässlichkeit kennzeichnet. Im späteren Verlauf der Beziehung – in der vierten Phase - resultiert Vertrauen auf der Verlässlichkeit und im letzten Schritt auf der Zuversicht in die Treue des Partners. Dies unter der Voraussetzung, dass nicht abgeschätzt werden kann, wie sich der andere in Zukunft verhält. Die Entstehung

---

[21] Vgl. Eberl, P., (2003): Vertrauen und Management. Studien zu einer theoretischen Fundierung des Vertrauenskonstruktes in der Managementlehre, S. 135.

von Zuversicht hängt dabei vom wahrgenommenen Verhalten des Partners ab, als auch von seiner wahrgenommenen Motivation, die Beziehung aufrecht erhalten zu wollen. Entsprechend basiert die Vertrauensentwicklung einerseits auf kognitiven Elementen, bspw. auf Erfahrungen, andererseits kommt ein Wunschdenken bzw. ein Glaube an den positiven Verlauf hinzu. Der Glaube übernimmt den Aspekt der Sicherheit, dadurch gelingt es auch, die Handlung vor sich selbst mit gutem Gewissen zu verteidigen.[22]

Die nachfolgenden Kapitel

    1.3. Vertrauen als Persönlichkeitsvariable

    1.4. Vertrauen als Situationsvariable und

    1.5. Vertrauen als Beziehungsvariable

setzen sich mit Merkmalen und Variablen auseinander, die nach Ansicht der jeweiligen Autoren die Vertrauensbildung beeinflussen können. Die Ansätze differieren dahingehend, dass Vertrauen unter verschiedenen Gesichtspunkten analysiert und definiert wird. Zunächst geht es um **Vertrauen als Persönlichkeitsvariable**, wobei insbesondere der amerikanische Psychologe Rotter diesen Ansatz vertritt. Im Anschluss daran werden Erkenntnisse im Hinblick auf **Vertrauen als Situationsvariable** vorgestellt, und es wird der Frage nachgegangen, ob belastende Ereignisse Vertrauen fördern oder verhindern können. In diesem Zuge wird auf das in der Vertrauensforschung oftmals genannte Gefangen-Dilemma-Spiel des amerikanischen Sozialpsychologen und Konfliktforscher Deutsch eingegangen und kritisch diskutiert. Im abschließenden Kapitel - **Vertrauen als Beziehungsvariable** - ist der Frage nachgegangen worden, ob es eine enge Beziehung zwischen dem eigenen Verhalten und der Vertrauenswürdigkeit des Spielpartners gibt.

---

[22] Vgl. Rempel, J. K./ Holmes, J. G./ Zanna, M. P., (1985): Trust in close relationships, In: Journal of personality and social psychology, 49, S. 96ff.; Petermann, F., (1996): Psychologie des Vertrauens, S. 14.

1.3. Vertrauen als Persönlichkeitsvariable

Einer der prominesten Vertreter, der Vertrauen als eine Persönlichkeitsvariable[23] versteht, ist Julian Rotter. Er definiert Vertrauen als „expectancy held by an individual (...) that the word promise, verbal or written statement of another individual or group can be relied upon"[24]. Nach seiner Auffassung basiert situationsspezifisches Verhalten auf der Erwartung, dass ein bestimmtes Verhalten zu einem erwünschten Resultat führt. Dieses Verständnis baut auf der von ihm entwickelten sozialen Lerntheorie auf.[25] In der Zeit als Rotter seine soziale Lerntheorie entwickelt hat, hat Freuds Psychoanalyse in der klinischen Psychologie dominiert, von der er sich jedoch in Bezug auf die psychoanalytische Vorstellung der Triebsteuerung distanziert hat. Rotter hat erkannt, dass sich menschliches Verhalten nach Motivationen, wie positive Stimulationen ausrichtet, also auch versucht ist, unangenehme Situationen zu vermeiden. In seinen Ausführungen spricht Rotter von einer relativ stabilen Ansammlung von möglichen Verhaltensweisen, welche Menschen dazu bringen, sich in einer bestimmten Situation auf eine ganz bestimmte Art und Weise zu verhalten. Das Verhalten der Menschen kann sich dabei ständig ändern. Dies wird davon beeinflusst, inwieweit sich die Art und Weise, wie jemand denkt verändert oder die Umwelt, auf die er reagiert, wandelt.[26]

Aus Sicht von Rotter leisten die angekündigten und eingehaltenen Versprechen und Drohungen einen wesentlichen Beitrag zur Glaubwürdigkeit der Person. Es geht um die Erwartungen an eine Gruppe oder eine Person und darauf, ob man sich auf die mündlichen oder schriftlichen Versprechen verlassen kann. Die gesammelten Erfahrungen führen zu Erwartungs- und Einstellungsmustern und dies wiederum

---

[23] Weitere Arbeiten zum Rotter-Fragebogen: vgl. Austrin, H. R./ Boever, P. M., (1977): Interpersonal trust and serverity of delinquent behavior, In: Psychological Reports, 40, S. 1075-1078; Garske, I. P., (1976): Personality and generalized expectancies for interpersonal trust, In: Psychological Reports, 39, S. 649-650; Pearce, W. B., (1974): Trust in interpersonal communication, In: Speech Monographs, 41, S. 236-244; Katz, H. A./ Rotter, J. B., (1969): Interpersonal trust scores of students and their parents, In: Child Development, 40, S. 657-661; Pereira, M. J./ Austin, H. R., (1980): Interpersonal trust as a predictor of suggestibility, In: Psychological Reports, 47, S. 1031-1034.
[24] Rotter, J. B., (1967): A new scale for measurement of interpersonal trust. Journal of Personality, 35, S. 651.
[25] Vgl. Rotter, J. B., (1954): Social Learning and clinical psychology; Rotter versucht in seinem Ansatz zwei Hauptströmungen der amerikanischen Psychologie zu integrieren. Er geht einerseits auf den lerntheoretischen Ansatz des Behaviorismus und andererseits auf den kognitiven oder feldtheoretischen Ansatz von Lewin und Tollmann zurück – hierzu: vgl. Fischer, L./ Wiswede, G., (2002): Grundlagen der Sozialpsychologie, S. 74.
[26] Vgl. Thivissen, J., (2006): Psychosoziale Beratung – neue Konzepte und Entwicklungen, S. 39-40

beeinflusst das Lernen in neuen Situationen. Nach Rotter ist das erworbene Verhalten relativ stabil, kann sich jedoch mittels neuer Erfahrungen verändern.[27] Für ihn ist Vertrauen „a generalized expectancy held by an individual or group that the word, promise, verbal or written statement of another individual or group can be relied on"[28]. Rotter beschreibt Vertrauen damit als ein relativ stabiles Persönlichkeitsmerkmal. „If expectations that other's communications can be relied on are generalized from one social agent to another, then the individual will build up a generalized expectancy for trust of others that might be viewed as a relatively stable personality characteristic."[29]

Rotter unterscheidet in seinem vertrauenstheoretischen Ansatz zwischen spezifischen und generalisierten Erwartungen. Aus seiner Sicht entstehen generalisierte Erwartungen aus einer Vielzahl von gesammelten Erfahrungen in ähnlichen Situationen. Daneben gehen die spezifischen Erwartungen aus konkreten Erfahrungen in einer bestimmten Situation oder mit einer bestimmten Person hervor. Beide Erwartungen können in einer gegebenen Situation bedeutsam sein. Je heterogener und unstrukturierter die Situation ist, desto höher ist der Einfluss der generalisierten Erwartungen. Die Persönlichkeit ist damit keineswegs mit einer situationsübergreifenden Charakteristik gleichzusetzen, vielmehr mit einer Anzahl von verschiedenen Verhaltensweisen in bestimmten Situationen. Vertrauen bezieht sich demnach darauf, inwieweit es jemandem gelingt, den verbalen Äußerungen einer anderen Person zu glauben. Menschen machen verschiedene Erfahrungen mit der Einlösung von Versprechungen, entsprechend entwickeln sich unterschiedliche Erwartungen zu gemachten Zusagen. Dies wird möglich, indem Personen ihre Erwartungen über unterschiedliche Vertrauensobjekte hinweg generalisieren.[30] In dieser Form ist Vertrauen als eine Persönlichkeitsvariable zu verstehen, die sich aufgrund der individuellen Erfahrungen mit den Personen unterscheidet.[31] Die

---

[27] Vgl. Petermann, F., (1996): Psychologie des Vertrauens, S. 54-55.
[28] Rotter, J., (1971): Generalized expectations for interpersonal trust, In: American Psychologist, 26, S. 444; Rotter, J., (1980): Interpersonal trust, trustworthiness, and gullibility In: American Psychologist, 35, S. 1-7.
[29] Rotter, J., (1980): Interpersonal trust, trustworthiness and gullibility, In: American Psychologist, 35, No. 1.
[30] Vgl. Rotter, J. B., (1967): A new scale for measurement of interpersonal trust, In: Journal of Personality, 35, 651-665.
[31] In der Literatur ist oftmals vom Begriff 'prospensity to trust' (Vertrauensneigung) die Rede – hierzu: vgl. Mayer, R. C./ Davis, J. H./ Schoorman, F. D., (1995): An integrative Model of organizational trust,

generalisierten Erwartungen basieren in diesem Zusammenhang nicht nur auf unmittelbaren persönlichen Erfahrungen, sondern auch auf Urteilen von anderen Personen, Gruppen oder glaubwürdigen Massenmedien.[32]

Rotter ist der Ansicht, dass sich die Persönlichkeitsforschung mit gelerntem Verhalten auseinandersetzen soll. Dies bedeutet, dass sich die Forschung mit dem Verhalten beschäftigten soll, das aus konkreten Erfahrungen resultiert und unterschiedliche Bereiche generalisiert. Zu diesen relativ stabilen Verhaltensweisen gehört auch Vertrauen. Für die Messung dieser Persönlichkeitsmerkmale hat Rotter den Interpersonal Trust Scale entwickelt und verwendet.[33] Aufgrund der Resultate vertritt er die Ansicht, dass sich unterschiedliche Vertrauensbereitschaft aufgrund von verschiedenen Erwartungshaltungen herausbildet. Aus diesem Grund bringen auch vertrauensvolle Menschen ohne größere Vorbehalte anderen Personen, Gruppen oder Institutionen Vertrauen entgegen.[34] Vertrauen wird dabei in Anlehnung an Mellinger[35] als das gezeigte oder angegebene Zutrauen in die Motive oder Absichten anderer verstanden.

In: Academy of management review, 20, No. 3, S. 709-734; andere Autoren verwenden den Begriff ´predisposition to trust´ - hierzu: Mc Knight, D. H./ Cummings, L. L./ Chervany, N. L., (1998): Initial trust formation in new organizational relationships, In: Academy of management review, 23, No. 3, S. 475; Ross, W./ La Croix, J., (1996): Multiple Meanings of trust in negotiation theory and research, In: International journal of conflict management, 7, No. 4, S. 344;
[32] Vgl. Petermann, F., (1996): Psychologie des Vertrauens, S. 22.
[33] Vgl. Austrin, H. R./ Boever, P. M., (1977): Interpersonal trust and severity of delinquent behavior, In: Psychological Reports, 40, S. 1075-1078; Cash, T. F./ Stack, J. J./ Luna, G. C., (1975): Convergent and discriminant behavioral aspects of interpersonal trust, In: Psychological reports, 37, S. 983-986; Garske, I. P., (1976): Personality and generalized expectancies for interpersonal trust, In: Psychological reports, 39, S. 649-650; Kaplan, R. M. (1973): Components of Trust, In: Psychological reports, 33, S. 13-14; Krampen, G./ Viebig, J./ Walter, W., (1982): Entwicklung einer Skala zur Erfassung dreier Aspekte von sozialem Vertrauen, In: Diagnostica, 28, S. 242-247; Pereira, M. J./ Austrin, H. R., (1980): Interpersonal trust as a predictor of suggestibility, In: Psychological reports, 47, S. 1031-1034; Schlenker, B. R./ Helm, R./ Tedeschi, J. T., (1973): The effects of personality and situational variables of behavioral trust; Yamagishi, T./ Yamagishi, M., (1994): Trust and commitment in the United States and Japan, In: Journal of personality and social psychology, 25, No. 3, S. 419-428; deutschsprachige Fassungen – hierzu: vgl. Amelang, M./ Gold, A./ Külbel, E., (1984): Über einige Erfahrungen mit einer deutschsprachigen Skala zur Erfassung zwischenmenschlichen Vertrauens, Diagnostica, 30, S. 198-215; Koller, M., (1997): Psychologie interpersonalen Vertrauens. Eine Einführung in theoretische Ansätze, In: Psychologie interpersonalen Vertrauens, Schweer, M., (Hrsg.), S. 13-26; Krampen, G./ Viebig, J./ Walter, W., (1982): Entwicklung einer Skala zur Erfassung dreier Aspekte von sozialem Vertrauen, In: Diagnostica, 28, S. 242-247.
[34] Vgl. Rotter, J. B., (1971): Generalized expectancies for interpersonal trust, S. 443-452.
[35] Vgl. Mellinger, G., (1956): Interpersonal trust as factor in communication, Journal of Abnormal and Social Psychology, 52, S. 304-309.

Rotter[36] beschäftigt sich auch mit den Unterschieden zwischen vertrauensvollen und misstrauischen Personen. Aus seiner Sicht gehen vertrauensvolle Menschen an Herausforderungen oder Probleme positiv heran und werden sodann als verlässliche Partner anerkannt. Die Vertrauensvollen bringen ihren Mitmenschen dabei nicht mehr Vertrauen entgegen, sie unterscheiden sich vielmehr von anderen durch ihr 'Menschenbild'. Dies bedeutet aber nicht, dass sie gegenüber Alltagserfahrungen einfach blind und naiv sind.[37] Der Vertrauensvolle räumt seinen Mitmenschen gegenüber einen hohen persönlichen Kredit ein. Dieser bleibt solange bestehen, bis es gegenteilige Beweise gibt. Misstrauische Personen vergeben dagegen keinen solchen Kredit, denn für sie kann sich eine vertrauensvolle Beziehung nur durch einen langandauernden Bewährungsprozess entwickeln. Die Einräumung eines solchen Kredits kann sich für Vertrauensvolle oftmals als Nachteil herausstellen, dagegen lehnen Misstrauische auch Kooperationsangebote von wohlwollenden Personen häufiger ab. Weitere Unterschiede im Charakter der beiden Gruppen zeigen sich darin, dass vertrauensvolle Menschen eher bereit sind, den anderen noch eine zweite Chance einzuräumen und deren Rechte anzuerkennen. Misstrauische sind dagegen eher versucht, ihren eigenen Vorteil zu sichern, bevor sie von anderen ausgenutzt werden.[38] In diesem Zusammenhang betont Petermann, dass vertrauensvolle Personen mit hoher Wahrscheinlichkeit gut angepasst und nur selten in Konflikten engagiert sind. Vertrauensvolle erfahren aus seiner Sicht auch mehr Zuwendung von anderen. Sie werden dabei mit hoher Wahrscheinlichkeit als Freunde und Partner, sowohl von vertrauensvollen als auch von misstrauischen Personen respektiert.

Petermann findet auch kritische Worte zu den Ausführungen von Rotter, da sie aus seiner Sicht keine Auskunft darüber geben, ob sich die zwischenmenschlichen Erwartungen von Vertrauensvollen und Misstrauischen unterscheiden. Jedoch wird vermutet, dass sich Vertrauensvolle von ihren Mitmenschen eher Gutes erwarten und Misstrauische eher darauf bedacht sind, ihre Mitmenschen im Auge zu behalten -

---

[36] Vgl. Rotter, J. B., (1980): Interpersonal trust, trustworthiness and gullibility, S. 1-7.
[37] Vgl. Petermann, F., (1996): Psychologie des Vertrauens, S. 22-57.
[38] Vgl. Rotter, J., (1971): Generalized expectations for interpersonal trust, In: American Psychologist, 26, S. 443-452; Rotter, J., (1980): Interpersonal trust, trustworthiness, and gullibility In: American Psychologist, 35, S. 1-7.

schließlich sind sie aus deren Sicht nur auf ihren eigenen Vorteil aus. Misstrauische Personen sind zudem sensibler für Risiken, da sie im Umgang mit anderen bereits einige Enttäuschungen erlebt haben. Gerade, wenn solche Erfahrungen vorhanden sind, messen Misstrauische dem Entschluss anderen zu vertrauen, aufgrund der vielfältigen Ansammlung von Befürchtungen und Ängsten einen anderen Stellenwert bei. Aus diesem Grund tun sich die beiden Gruppen auch unterschiedlich schwer, dem anderen Vertrauen entgegenzubringen.[39] Dies lässt den Schluss zu, dass je „higher an individual ranks in predisposition to trust, the more he/she expects trustworthy actions from the other, independent of his/her own actions".[40]

Im Zusammenhang mit dem Interpersonal Trust Scale, wies Pearce[41] nach, dass er nur wenig Aussagekraft auf das Verhalten einer Person in einer konkreten Interaktionssituation hat. Dies ist insbesondere dann der Fall, wenn sich die Personen schon kennen. Das Ergebnis ist auf Basis der sozialen Lerntheorie auch zu erwarten, da die Bedeutung von spezifischen Erfahrungen mit dem Interaktionspartner die 'Wirksamkeit' generalisierter Erwartungen erheblich einschränken. Aus dieser Sicht kann die Untersuchung als Beleg für die Theorie von Rotter angesehen werden.[42] Die Skala von Rotter wird jedoch in der Literatur oftmals kritisiert, da sie die situativen Bedingungen für Vertrauen zu wenig berücksichtigt würde.[43]

Nach Petermann eignen sich Ansätze, welche die subjektive Wahrnehmung der Interaktionspartner[44] betonen, besser zur Erklärung von Vertrauen. Bereits in den

---

[39] Vgl. Petermann, F., (1996): Psychologie des Vertrauens, S. 22-57.
[40] Lewicki, R. J., (2006): Trust, trust development and trust repair, In: The handbook of conflict resolution: Theory and practice, Deutsch, M./ Coleman, P. T./ Marcus, E. C., (Eds.), S. 98.
[41] Vgl. Pearce, W. B., (1974): Trust in interpersonal communication, Speech Monographs, 41, S. 236-244.
[42] Vgl. Friedrich, C., (2005): Vertrauenswürdiges Verhalten von Transaktionspartnern, S. 172.
[43] Vgl. Lück, H., (1975): Prosoziales Verhalten. Empirische Untersuchungen zur Hilfeleistung, S. 56; Amelang, M./ Gold, A./ Külbel, E., (1984): Über einige Erfahrungen mit einer deutschen Skala zur Erfassung zwischenmenschlichen Vertrauens, In: Diagnostica, 30, S. 198-215; Chun, K./ Campbell, I. B., (1974): Dimensionality of the Rotter interpersonal trust scale, In: Psychological reports, 35, S. 1059-1070; Corrazini, I. G., (1977): Trust as a complex multi-dimensional construct, In: Psychology, 40, S. 75-80; Wright, T. L./ Tedeschi, R. G., (1975): Factor analysis of the interpersonal trust scale, In: Journal of consulting and clinical psychology, 43, S. 430-477.
[44] Vgl. Gurtman. M. B. /Lion, C., (1982): Interpersonal trust and perceptual vigilance for trustworthiness descriptors, Journal of Research in Personality, 16, S. 108-117.

60iger Jahren interessierte sich Wrightsman[45] für stabile verhaltensbestimmende Überzeugungen. Die Ergebnisse zeigen, dass die Dimensionen Willensstärke, Streben nach Unabhängigkeit, Vertrauenswürdigkeit und Altruismus keineswegs unabhängig voneinander sind. Aufbauend darauf hat Wrightsman Vertrauen als positive oder negative Annahmen über den Menschen definiert. Aus seiner Sicht kann ein Mensch pessimistisch zur Moral und Ehrlichkeit anderer Menschen stehen und dennoch davon überzeugt sein, dass man sich in Notsituationen auf sie verlassen kann. Vertrauen ist also eine Kombination aus positiven und negativen Überzeugungen über die Selbstlosigkeit und Glaubwürdigkeit von Menschen. Die Resultate veranlassten Stack[46] zu einer Weiterentwicklung der Wrightman-Skala. In dieser werden die zynischen und moralischen Ansichten über den Menschen abgefragt. In der Literatur werden die Ausführungen oftmals kritisiert, da die Skala die für Vertrauen bedeutsamen Faktoren - wie die soziale Wahrnehmung - nicht erfasst. Aus diesem Grund wird die Theorie in der vorliegenden Arbeit auch nicht weiter ausgeführt. Zusammenfassend lässt sich sagen: Die unterschiedlichen Skalen bei der Erfassung von generalisierten Vertrauen haben das Problem, dass sich die Ergebnisse kaum auf das Verhalten einer bestimmten Person oder auf eine konkrete Situation anwenden lassen.[47]

---

[45] Vgl. Wrightsman, L. S., (1966): Personality and attitudinal correlates of trusting and trustworthy behaviors in a two-person game, In: Journal of personality and social psychology, 4, No. 3, S. 328-332; Wrightsman, L. S., (1974): Assumptions about human nature.
[46] Vgl. Stack, L. C., (1978): Trust.
[47] Vgl. Petermann, F., (1996), Psychologie des Vertrauens, S. 20-57.

1.4. Vertrauen als Situationsvariable

Die Analyse von Situationsvariablen[48] stützt sich in erster Linie auf die Arbeiten von Deutsch. Dabei wird immer dann von einer Situationsvariablen die Rede sein, wenn davon ausgegangen wird, dass die Kontextbedingungen einen Einfluss auf Vertrauen haben. Es kann sich um Variablen, wie belastende Ereignisse, Belohnungen oder Stress, usw., die den Aufbau von Vertrauen fördern oder verhindern, handeln. Sie können zu wesentlichen Einflussfaktoren für die Ungewissheit und das Risiko im Umgang mit anderen Personen werden. Das Gefangenen-Dilemma-Spiel von Deutsch ist in dieser Hinsicht als Versuch zu werten, das Phänomen Vertrauen im Hinblick auf unterschiedliche Situationen zu analysieren.[49]

1.4.1. Das Gefangenen-Dilemma-Spiel

Das Gefangenen-Dilemma-Spiel stammt ursprünglich aus der Entscheidungsforschung und basiert auf der mathematischen Spieltheorie. Durch das Spiel werden Entscheidungen in Zweierbeziehungen experimentell untersucht. Das experimentelle Spiel wird auch als 'Nicht-Null-Summen-Spiel' bezeichnet, da es zumindest einen Zug gibt, bei dem beide Spieler einen Gewinn, das gleiche Ergebnis oder einen gleichen Verlust haben. Im Gefangenen-Dilemma-Spiel werden die

---

[48] Weitere Arbeiten zu Vertrauen als Situationsvariable: vgl. Beard, M. T., (1982): Life events, method of coping and interpersonal trust; implications for nursing actions, In: Issues in Mental Health Nursing, 4, S. 25-49; Driscoll, I., (1978): Trust and participation in organizational decision-making as predictors of satisfaction, In: Academy of Management Journal, 21, S. 44-56; House, J. S./ Wolf, S., (1978): Effects of urban residence on interpersonal trust and helping behavior, In: Journal of Personality and Social Psychology, 36, S. 1029-1043; Kee, H. W./ Knox, R. E., (1970): Conceptual and methodological consideration in the study of trust and suspicion, In: Journal of Conflict Resolution, 14, S. 357-366; Sitkin, S. B./ Roth, N. L., (1993): Explaining the limited effectiveness of legalistic remedies for trust/distrust, In: Organization Science, 4, No. 3, S. 367-392; Singh, J., Sirdeshmukh, D., (2000): Agency and trust mechanisms in consumer satisfaction and loyalty judgement, In: Journal of the Academy of Marketing Science, 28, No. 1, S. 150-167; Solomon, L., (1960): The influence of some types of power relationships and game strategies upon the development of interpersonal trust, In: Journal of Abnormal and Social Psychology, 61, S. 223-230.

[49] Vgl. Deutsch, M., (1958): Trust and suspicion, In: Journal of conflict resolution, 2, No. 2, S. 265-279; Deutsch, M., (1960a): Trust, trustworthiness and the F-scale, In: The journal of abnormal and social psychology, 61, S. 138-140; Deutsch, M., (1960b): The Effect of Motivational Orientation upon trust and suspicion, In: Human relations, 13, S. 123-139; Deutsch, M., (1962): Cooperation and trust. Some theoretical notes, In: Nebraska. Symposium on motivation, S. 275-319; Deutsch, M., (1973): The resolution of conflict; Deutsch, M., (1975): Equity, Equality and Need: What determines which value will be used as the basis for distributive justice?, In: Journal of social issues, 31, S. 137-149.

beiden Spieler in eine Konfliktsituation manövriert, wie die nachfolgenden Ausführungen zeigen.[50]

Der Versuchsleiter erzählt eine Geschichte über zwei Angeklagte, denen ein schweres Verbrechen vorgeworfen wird. Die Angeklagten sitzen in Einzelhaft und werden getrennt voneinander verhört. Folgende Konstellationen können sich daraus entwickeln:

- Legen beide Angeklagte kein Geständnis ab, kann ihnen nur ein minderschweres Verbrechen nachgewiesen werden, entsprechend würden sie nur eine kurze Haftstrafe bekommen.
- Gesteht einer der Angeklagten, kann er als Kronzeuge auftreten und wird dafür freigesprochen. Der andere kann dagegen für das schwere Verbrechen für schuldig gesprochen werden; es ergeht ein Urteil mit einer längeren Haftstrafe.
- Gestehen beide Angeklagten, werden sie verurteilt, doch bekommen sie aufgrund ihres Geständnisses nur eine verminderte Haftstrafe.[51]

Aus Sicht von Deutsch wird ein Angeklagter immer dann ein kooperatives Verhalten in unklaren Situationen zeigen, wenn er davon ausgeht, dass sein Partner ihn nicht übervorteilen will. In diesem Zusammenhang kommt auch Vertrauen ins Spiel.

Nach Deutsch wird Vertrauen nicht durch ein stabiles Persönlichkeitsmerkmal oder eine allgemeine Einstellung bestimmt, sondern durch die aktuelle Situation. Seiner Ansicht liegt dann Vertrauen vor, wenn sich eine Person einer Situation gegenüber sieht, in der sie eine Wahl treffen muss, ob dem Verhalten des anderen vertraut oder misstraut werden soll. Es ist dabei entscheidend, dass die beiden Partner in einem gewissen Grad voneinander abhängig sind, also in Interdependenz zueinander stehen. Vertrauen kann in diesem Sinne als das Ausmaß an gezeigter Kooperation definiert werden – entsprechend wird ein ausgeprägtes kooperatives Verhalten mit

---

[50] Vgl. Petermann, F., (1996): Psychologie des Vertrauens, S. 40.
[51] Vgl. Sieg, G., (2005): Spieltheorie, S. 4; Aronson, E./ Wilson, T. D./ Akert, R. M., (2004): Sozialpsychologie, S. 299-300.

einem hohen Maß an Vertrauen gleichgesetzt. Aus dieser Sicht besteht für beide Akteure die Gefahr, vom anderen enttäuscht oder betrogen zu werden. Deutsch setzt damit Vertrauen mit einer risikohaften Wahlentscheidung gleich – bei der das jeweilige Ergebnis von der anderen Person abhängt und der andere die Möglichkeit hat, den anderen zu übergehen. Vertrauen wird also weniger als eine wettbewerbsorientierte Handlungsentscheidung definiert, als vielmehr als eine kooperationsorientierte.[52]

Eine Voraussetzung für kooperatives Verhalten ist der Austausch von Informationen. Dieser Informationsaustausch kann nur zustande kommen, wenn die Partner Vertrauen in die Kooperationsbereitschaft haben.[53] Auch Barber weist darauf hin, dass jede Form der menschlichen Zusammenarbeit erst durch ein gewisses Maß an Vertrauen möglich ist.[54] Diese Annahme scheint insoweit zu stimmen, dass mit der Informationsweitergabe ein gewisses Risiko verbunden ist, denn der Partner könnte dies zu seinem Vorteil nutzen. Kooperatives Verhalten hängt also von zwei Bedingungen ab, die gemeinsam auftreten müssen. Bei den Interaktionspartnern muss einerseits die Erwartung vorhanden sein, dass der Partner auch zukünftig kooperiert, andererseits müssen sich die Partner in der ablaufenden Interaktion ein gemeinsames Ziel erarbeiten. Dieses Ziel definiert, ob eine wechselseitige Kooperation sinnvoll ist. Damit eine solche Zielvorstellung auftreten kann, sind drei Punkte erforderlich:[55]

1. Das Gefühl, eine interdependente Beziehung zu haben und auf das Wohlwollen des anderen angewiesen zu sein.
2. Die Annahme, dass eine Kooperation nur dann möglich ist, wenn man selbst zu einer Kooperation bereit ist.
3. Die Perspektive, dass man aufgrund der bisherigen Erfahrungen nicht ausgebeutet wird.

---

[52] Vgl. Petermann, F., (1996): Psychologie des Vertrauens, S. 40-42.
[53] Vgl. Kimmel, M. J./ Pruitt, D. G./Magenau, J. M., (1980): Effects of trust, aspiration and gender on negotiation tactics, In: Journal of personality and social psychology, 38, S. 9-22.
[54] Vgl. Deutsch, M, (1960a): Trust, trustworthiness and F-scale, In: The journal of abnormal and social psychology, 61, S. 138-140; Barber, B., (1983): The logic and limits of trust.
[55] Vgl. Pruitt, D. G./ Kimmel, M. J., (1977): Twenty years of experimental gaming: Critique, synthesis and suggestions for the future, In: Annual review of psychology, 28, S. 363-392.

Die empirischen Resultate durch das Gefangenen-Dilemma-Spiel belegen, dass durch Formen wechselseitiger Abhängigkeit und die Dauer der Interaktion kooperatives Verhalten begründet wird. Deutsch interpretiert dies als langfristigen Beitrag zum Aufbau von Vertrauen.[56]

Kritik am Gefangenen-Dilemma-Spiel

Viele Autoren[57] bezweifeln aufgrund der künstlich erzeugten Situation des Gefangenen-Dilemma-Spiel dessen Aussagekraft. In einer experimentellen Anordnung sind Entscheidungen begründbarer, auch unterliegen sie vermutlich klareren Kriterien, als im Alltag. Im Spiel gelten im Hinblick auf die Folgen einer Handlung andere Normen. Aus diesem Grund bezweifeln einige Autoren, ob die Ergebnisse auf Alltagsentscheidungen überhaupt übertragbar sind. So haben Kee & Knox[58] Zweifel, ob man durch das beobachtete Kooperationsverhalten Rückschlüsse auf die Vertrauensbereitschaft der Versuchsperson ziehen kann. In experimentellen Spielen werden den Versuchspersonen zudem triviale und unrealistische Belohnungen gegeben, die eine mangelnde Motivation zur Folge haben. Auch kann eine Versuchsperson nur zwischen zwei alternativen Möglichkeiten entscheiden. Dies führt dazu, dass die Personen einen abstrakten Konflikt lösen sollen, von dem sie persönlich unberührt bleiben. Daneben sind Entscheidungen in Anlehnung an Manz eine Folge von Abhandlungen. Die Entscheidungen werden von den vorherigen, als auch den nachfolgenden geprägt sein. Entscheidungen enthalten dabei Botschaften an den Partner, wie Verärgerung, Misstrauen oder Rache, Enttäuschung über ein nicht erwidertes Kooperationsverhalten oder ein Angebot zu einer zukünftigen Kooperation. Ambivalenz in der Aussage macht indes Rückschlüsse auf ein vertrauensvolles Verhalten der Versuchsperson nur schwer möglich.[59]

---

[56] Vgl. Petermann, F., (1996): Psychologie des Vertrauens, S. 40-44.
[57] Vgl. Kee, H. W./ Knox, R. E., (1970): Conceptual and methodological considerations in the study of trust and suspicion, In: Journal of conflict resolution, 14, S. 357-365; Bierhoff, H. W., (1984): Sozialpsychologie. Ein Lehrbuch; Manz, W., (1980): Gefangen im Gefangenendilemma? Zur Sozialpsychologie der experimentellen Spiele, S. 145-166.
[58] Vgl. Kee, H. W./ Knox, R. E., (1970): Conceptual and methodological considerations in the study of trust and suspicion, In: Journal of conflict resolution, 14, S. 357-365.
[59] Vgl. Petermann, F., (1996): Psychologie des Vertrauens, S. 45-46.

1.4.2. Vertrauensvolles Verhalten

Nach Hake & Schmidt[60] verhält sich jemand vertrauensvoll, wenn die Person zeitweise auf die berechtigten Ansprüche zugunsten eines Partners verzichtet. Die Autoren gehen in ihrer Studie - in Anlehnung an die Equity-Theorie[61] - davon aus, dass sich das Verhalten in zwischenmenschlichen Beziehungen nicht nur an egoistischen Motiven orientiert, sondern auch an erlernten Austauschregeln. Sie sind der Ansicht, dass sich Vertrauen durch den Einsatz von äußeren Verstärkern entwickeln lässt. Die Autoren zeigen in ihrer Studie, dass sich Vertrauen durch unmittelbare Verstärkung, wie den Erhalt eines Geldbetrages, stufenweise entwickeln kann. Vertrauen verhindert dabei einen Wettbewerb zwischen den Spielern um die Verstärkungen. Je länger die Belohnung zeitlich aufgeschoben wird, desto größer ist auch das Vertrauen der Spieler. Dabei erwarten die Spieler einen langfristigen Gleichstand an Verstärkungen. Ein gerechtes Verhalten zeichnet sich entsprechend dadurch aus, dass die Teilnehmer am experimentellen Spiel im gleichen Ausmaß Verstärkungen bekommen.

Hake & Schmidt sind überzeugt, dass durch ein vertrauensvolles Verhalten die Aufgaben schneller gelöst werden; dies führt wiederum zu Arbeitsersparnis. Die Ergebnisse der Studie zeigen, dass sich Vertrauen stufenweise anhand von unmittelbaren Verstärkungen entwickelt, wenn die externe Kontingenz hoch ist, also ein großer Aufwand für die Aufgabenverteilung vorliegt und die Teilnehmer aufgrund von Arbeitsersparnis das passive Vertrauen wählen. Passives Vertrauen bedeutet in diesem Zusammenhang, dass nur ein Spieler über einen längeren Zeitraum eine Belohnung erhält. Von aktivem Vertrauen spricht man dagegen, wenn dem Partner aktiv eine Verstärkung zugeteilt wird. Aufbauend auf dem Verständnis ist es ihrer Ansicht nach möglich, das Vertrauensmaß zu variieren. Hat ein Partner minimales

---

[60] Vgl. Hake, D. F./ Schmid, T. L., (1981): Acquisition and maintenance of trusting behavior, In: Journal of the Experimental Analysis of Behavior, 35, S. 109-124.
[61] Die Equity Theorie – Theorie zum Gleichheitsprinzip der Gerechtigkeit - geht auf die Prozesstheorie von John Stacey Adams zurück. „The equity theory assumes that all employees in an organization expect to find justice, fair play, and equality in the manner, that they are treated by their employees. The theory holds that there are two variables. 1. Inputs: Characteristics that the employee brings to the job, including experience, special knowledge, job-related skills and personal characteristics. 2. Outputs: The rewards for contributions made by the employee to the facility. The outputs often include pay, promotions, recognition in the workplace, status for his or her work, and fringe benefits. The balance of inputs and outputs makes this system work." – Edelstein, S., (2008): Managing food and nutrition services: for the culinary, hospitality, and nutrition professions, S. 27.

Vertrauen, werden die Verstärker unmittelbar nach jedem Zug, bei maximalem Vertrauen über einen längeren Zeitraum, aufgeteilt.

Haben die Partner ein vertrauensvolles Verhalten aufgebaut, wird die unmittelbare Verstärkung nicht mehr gebraucht, da die Spieler gelernt haben, dass es sich um einen zeitlich begrenzten Belohnungsaufschub handelt. Beide Spieler gehen davon aus, dass durch das vertrauensvolle Verhalten des Mitspielers ein Ausgleich sichergestellt ist. Aus diesem Grund wird es bei den beteiligten Partnern auch keinen Wettbewerb um Verstärkungen geben.[62]

1.5. Vertrauen als Beziehungsvariable

Bereits in den Ausführungen des Gefangenen-Dilemma-Spiels weist Deutsch darauf hin, dass es eine enge Beziehung zwischen dem eigenen Verhalten und der Vertrauenswürdigkeit des Spielpartners gibt.[63] „Trust is regarded as a critical factor underpinning social exchanges in that the act of initiating social exchange relationships requires the originator to trust that the recipient will respond in kind."[64] So weist Deutsch ausdrücklich darauf hin, dass die Quelle der Motivation ein essentielles Indiz für die Verlässlichkeit der Person ist.[65] Es ist also sinnvoll, sich zu fragen, ob es der Person ein Anliegen ist, Versprechungen und Selbstverpflichtungen einzuhalten, auch wenn es dafür keine Belohnung gibt oder bei Nichteinhaltung keine Strafe nach sich zieht.[66]

Die Wahrscheinlichkeit für die Zuschreibung von Vertrauenswürdigkeit nimmt nach Deutsch zu, je mehr das Interesse des Vertrauensobjekts an das Wohlbefinden des

---

[62] Vgl. Petermann, F., (1996): Psychologie des Vertrauens, S. 61-63.
[63] Vgl. Deutsch, M., (1960a): Trust, trustworthiness, and the F-Scale, In: Journal of Abnomal and social psychology, 61, S. 138-140.
[64] Baptiste, N. R., (2008): The symbiotic relationship between HRM practices and employee well-being: A cooperate social responsibility perspective, In: Corporate social responsibility, Crowther, D./ Capaldi, N., (eds.), S. 166; Aryee, S. / Budwhar, P. S./ Chen, Z. X., (2002): Trust as a mediator of the relationship between organizational justice and work outcomes: Test of a social exchange model, In: Journal of organizational behavior, 23, S. 267-285; Haas, D. F./ Deseran, F. A., (1981) : Trust and symbolic exchange, In: Social psychology quarterly, 44, S. 3-13.
[65] Vgl. Deutsch, M., (1960a): Trust, trustworthiness, and the F-Scale, In: Journal of Abnomal and social psychology, 61, S. 138-140; Loomis, J. L., (1959): Communication, the development of trust, and cooperative behavior, In: Human relations, 12, S. 305-313.
[66] Vgl. Hardin, R., (2002): Trust and trustworthiness, S. 32.

Vertrauenssubjekts und an die gemeinsame Beziehung gebunden ist.[67] Aryee, Budwhar & Chen sind der Ansicht, dass Vertrauen „reflects an emotional attachment that stems from the mutual care and concern that exists between individuals."[68] Dem Vertrauensobjekt wird also eher vertraut, wenn bei ihm der Eindruck von intrinsischer Motivation wahrgenommen wird.[69]

Interessante Hinweise zur Vertrauenswürdigkeit gibt auch die Arbeit von Nawratil. Seiner Ansicht nach ist die Quelle für die Zuschreibung von Vertrauenswürdigkeit die wahrgenommene Aufrichtigkeit, Ehrlichkeit, Selbstlosigkeit und Unabhängigkeit des Vertrauensobjekts. Die Faktoren Beständigkeit, Seriosität, Kommunikationskontext und Zuverlässigkeit haben dabei einen wesentlichen Einfluss auf die Wahrnehmung des Vertrauensobjekts.[70] Einen interessanten Zugang zum Thema Vertrauenswürdigkeit liefert auch die Arbeit von Haas & Deseran, denn ihrer Ansicht nach gehen die Partner einen symbolischen Austausch ein. Es liegt dabei weniger am eigentlichen Nutzwert der ausgetauschten Güter, sondern an der Bedeutung der Gesten, die eine Absicht des Handelns vermitteln. Die Überlegungen der Autoren beruhen darauf, dass es ein Repertoire von 'typischen Gesten' gibt, durch die soziale Beziehungen gekennzeichnet sind. In diesem Sinne lässt sich auch die Vertrauenswürdigkeit anhand von bestimmten Gesten ablesen. So wählen die Partner bestimmte Gesten aus, um ihre Vertrauensbereitschaft zu signalisieren. Die Einladung auf einen 'After-work-Drink' in kollegialen Beziehungen kann dazu beitragen, Freundschaften aufzubauen und/ oder diese zu erhalten. Eine Verweigerung von symbolischem Austausch, wie die Nichtannahme einer Einladung, kann dagegen zu Misstrauen in der Beziehung beitragen. Es hängt somit von der eigenen Vertrauensbereitschaft ab, ob der Partner als vertrauensvoll angesehen wird.[71] In diesem Zusammenhang haben Gurtman & Lion in einem Wahrnehmungsexperiment nachgewiesen, dass misstrauische Menschen eher dazu

---

[67] Vgl. Deutsch, M., (1960b): The effect of motivational orientation upon trust and suspicion, In: Human relations, 13, S. 124.
[68] Aryee, S. / Budwhar, P. S./ Chen, Z. X., (2002): Trust as a mediator of the relationship between organizational justice and work outcomes: Test of a social exchange model, In: Journal of organizational behavior, 23, S. 271.
[69] Vgl. Deutsch, M., (1960b): The effect of motivational orientation upon trust and suspicion, In: Human relations, 13, S. 124.
[70] Vgl. Nawratil, U., (1997): Glaubwürdigkeit in der sozialen Kommunikation, S. 54f. und 224f.
[71] Vgl. Petermann, F., (1996): Psychologie des Vertrauens, S. 65-66; Haas, D. F./ Deseran, F. A., (1981): Trust and symbolic exchange, In: Social psychology quarterly, 44, S. 3-13.

tendieren, auch Misstrauen wahrzunehmen, vertrauensvolle Menschen dagegen nehmen eher vertrauensvolle Botschaften wahr.[72] Sie vertreten daher die Meinung, dass „low trusters are quicker than high trusters in recognizing adjectives descriptive of lack of trustworthiness. Based on this finding, they argue that high trusters are less vigilant at detecting signals of trustworthiness and thus are more gullible than low trusters."[73]

Alle vorgestellten Ansätze gleichen sich in ihrem Versuch, mittels Attributionstheorien das Handeln von Personen zu begründen. Doch ist es entscheidend, wie die Absichten des Gegenüber gedeutet, und wie glaubwürdig das Auftreten wahrgenommen und eingeschätzt wird.

1.6. Vertrauen aus psychologischer Sicht – Ein Überblick

Zusammenfassend lässt sich festhalten, dass **Vertrauen als Persönlichkeitsvariable** nur sehr wenig bedeutsame Beziehungen aufweist. So haben die unterschiedlichen Skalen bei der Erfassung von generalisiertem Vertrauen das Problem, dass sich die Ergebnisse kaum auf das Verhalten einer bestimmten Person oder auf eine konkrete Situation anwenden lassen.

Auch in den Untersuchungen zu **Vertrauen als Situationsvariable** bezweifeln einige Autoren, ob bspw. durch das beobachtete Kooperationsverhalten mittels dem Gefangenen-Dilemma-Spiel von Deutsch Rückschlüsse auf die Vertrauensbereitschaft der Versuchsperson möglich sind. Die Versuchspersonen erhalten in Experimenten oftmals unrealistische und triviale, zudem haben sie nur eine mangelnde Motivation zur Folge. Die Versuchspersonen können daneben nur

---

[72] Vgl. Dettenborn, H./ Walter, E., (2002): Familienrechtspsychologie, S. 117.
[73] Yamagishi, T., (2001): Trust as a form of social intelligence, In: Trust in society, Cook, K. S., (eds.), S. 123; Gerade die Beurteilung der Glaubwürdigkeit des Vertrauensobjekts scheint dabei durch die Vertrauenswürdigkeit essentiell beeinflusst zu sein. - Vgl. Lui, L./ Standing, L., (1989): Communicator credibility: Trustworthiness Defeats expertness, In: Social behavior and personality, 17, S. 219-221; Mc Ginnies, E./ Ward, C. D., (1980): Better liked than right: Trustworthiness and expertise as factors in credibility, In: Personality and social psychology, 6, S. 467-472; Powell, F. C./ Wanzenried, J. W., (1992): Perceptual change in source credibility: Repeated tests using two candidates during a political campaign, In: Perceptual and motor skills, 73, No. 3, S. 1107-1114.

zwischen zwei alternativen Möglichkeiten entscheiden. Dies führt dazu, dass sie einen abstrakten Konflikt lösen sollen, von dem sie persönlich unberührt bleiben.

Entsprechend befasst sich ein Großteil der Studien mit der Analyse von **Vertrauen in Beziehungen**. Deutsch spricht im Hinblick auf Vertrauen über die Motivation und das Interesse des Vertrauensobjekts, die Beziehung aufrecht zu erhalten. Je mehr das Interesse des Vertrauensobjekts an das Wohlbefinden und die gemeinsame Beziehung mit dem Vertrauenssubjekts gebunden ist, desto wahrscheinlicher ist seiner Ansicht nach die Zuschreibung von Vertrauenswürdigkeit. Auch wird von den Autoren darauf verwiesen, dass es von der individuellen Vertrauensbereitschaft abhängt, ob das Vertrauensobjekt als vertrauenswürdig wahrgenommen wird. Die unterschiedlichen theoretischen Ansätze und Studien bestätigen die Annahme, dass es in der Psychologie kein einheitliches Theoriekonzept oder Verständnis zum Phänomen Vertrauen gibt. Dass dies auch in den Sozialwissenschaften, insbesondere der soziologischen Vertrauensforschung der Fall ist, wird das nachfolgende Kapitel zeigen.

2. Vertrauen aus soziologischer Sicht

Die Anzahl an Artikeln, die sich mit dem Thema Vertrauen auseinandersetzen, hat in den letzten Jahren sehr stark zugenommen. In den angelsächsischen Ländern ist eine explosionsartige Welle von Veröffentlichungen beobachtbar. Zuvor hat noch Luhmann 1988 geklagt, dass Vertrauen „nie ein Thema des soziologischen Mainstreams" sei. „Weder die klassischen Autoren noch moderne Soziologen verwenden den Terminus in einem theoretischen Zusammenhang."[74] Ob das Vertrauen in die Institutionen, in die Politiker oder die Regierung thematisiert wird, Vertrauen ist offenkundig eine grundlegende Voraussetzung für alltägliches Handeln. Je größer die Unsicherheiten und Unkalkulierbarkeiten des Lebens aufgrund des erhöhten technologischen, gesellschaftlichen und demografischen Wandels sind, desto mehr wird von Autoren auf die Notwendigkeit von Vertrauen für das Handeln verwiesen. Vertrauen ist in den öffentlichen Debatten ein Dauerbrenner. Zwischen dem wissenschaftlichen Verständnis des Begriffs und der expliziten Kommunikation im Alltag besteht oftmals eine erhebliche Diskrepanz. Das vorliegende Kapitel gibt entsprechend einen Überblick zu den Theorien verschiedener Autoren aus der soziologischen Vertrauensforschung. Die theoretischen Ansätze von Simmel, Schütz, Garfinkel, Goffman und Luhmann werden kurz vorgestellt. Im abschließenden Kapitel sind die verschiedenen Theorien aus soziologischer Sicht zu einem Überblick zusammengefasst worden.

---

[74] Luhmann, N., (2001): Vertrautheit, Zuversicht, Vertrauen: Probleme und Alternativen, In: Vertrauen – Die Grundlage des sozialen Zusammenhalts, Hartmann, M./ Offe, C., (Hrsg.), S. 143-160; Luhmann, N., (1988): Familiarity, confidence, trust: Problems and alternatives, In: Trust. Making and breaking cooperative relations, Gambetta, D., (eds.), S. 94-107.

2.1. Simmel G.

Georg Simmel definiert Vertrauen im Kontext zur Interpretation der modernen Gesellschaft. Aus seiner Sicht ist es für die Kreditwirtschaft konstitutiv, dass das Publikum zu emittierenden Regierungen als auch zu Wirtschaftskreisen Vertrauen hat, ansonsten kann es bspw. keinen Bargeldverkehr geben.[75] Für Simmel ist das „Gefühl der persönlichen Sicherheit, das der Geldbesitz gewährt, [...] vielleicht die konzentrierteste und zugespitzteste Form und Äußerung des Vertrauens auf die staatlich-gesellschaftliche Organisation und Ordnung". Er unterscheidet zwischen Vertrauen als allgemeinen „Glauben", Vertrauen als „Gefühl" und Vertrauen als „Wissensform"[76]. Vertrauen als Glauben beschreibt Simmel folgendermaßen: „Wenn der Landwirt nicht glaubte, dass das Feld in diesem Jahr so gut wie in früheren Früchte tragen wird, so würde er nicht säen; wenn der Händler nicht glaubte, dass das Publikum seine Waren begehren wird, so würde er sie nicht anschaffen usw."[77]. Aus diesem Gesichtspunkt wird Vertrauen als unspezifische Erwartung oder generelle Hoffnung definiert. Vertrauen als Gefühl beschreibt dagegen die „innere Vorbehaltlosigkeit einem Menschen gegenüber". Dieses Vertrauen ist weder durch Hypothesen noch durch Erfahrungen vermittelt. Es ist vielmehr ein primäres Verhalten der Seele im Hinblick auf andere. In ganz reiner Form tritt dieser Zustand des Glaubens wahrscheinlich nur innerhalb der Religion auf, „Menschen gegenüber wird er wohl immer einer Anregung oder einer Bestätigung durch das oben behandelte Wissen oder Vermuten bedürfen; während andererseits freilich auch in jenen sozialen Formen des Vertrauens, als so exakt oder intellektuell begründet sie auftreten, ein Zusatz jenes gefühlsmäßigen, ja, mystischen ´Glaubens´ des Menschen an den Menschen stecken mag."[78] Eine weitere Unterscheidung nimmt Simmel mit Vertrauen als Wissensform vor. Vertrauen ist demnach - als Hypothese - ein mittlerer Zustand zwischen Nichtwissen und Wissen um den Menschen. Der völlig Nichtwissende kann dabei vernünftigerweise nicht einmal vertrauen, der völlig Wissende braucht nicht zu vertrauen. Welches Maß von Nichtwissen oder Wissen sich mischen müssen, damit einzelne auf Vertrauen basierende Entscheidungen möglich sind, dies unterscheidet die Interessensgebiete, die Zeitalter, die Individuen.

---

[75] Vgl. Simmel, G., (1989): Philosophie des Geldes, S. 215.
[76] Simmel, G., (1989): Philosophie des Geldes, S. 215 f..
[77] Ebd., S. 216.
[78] Simmel, G., (1923): Soziologie – Untersuchungen über die Formen der Vergesellschaftung, S. 263.

Zusammenfassend sieht Simmel in Vertrauen „eine der wichtigsten synthetischen Kräfte innerhalb der Gesellschaft".[79]

2.2. Schütz A.

Bei Schütz spielt im Rahmen seiner phänomenologisch fundierten Sozialtheorie weniger Vertrauen, als vielmehr Vertrautheit eine Rolle. Die von Schütz in Anlehnung an Edmund Husserls definierte Theorie der Lebenswelt besagt, dass die Individuen ihre sozialen Bezüge in natürlicher Einstellung erleben und ihre Existenz bis auf Widerruf fraglos hinnehmen. Nach Schütz verfügen die Menschen über ein komplex strukturiertes Wissen von der Welt. Die Vertrautheit bezieht sich dabei nicht nur auf unmittelbare Lebensumgebungen, sondern ist „aufgrund der typischen Struktur menschlichen Wissens zumindest potentiell übertragbar auf nicht im Nahbereich des Handelns, Wirkens und Wahrnehmens Befindliches"[80]. Schütz unterscheidet dabei zwischen „Bekanntheits- und Vertrautheitswissen"[81]. Das Bekanntheitswissen bezieht sich auf das „know that" ('Dass') des Wissens. Der Begriff Vertrautheitswissen definiert das „know how" ('Wie') des Wissens. Das jeweilige Wissen ist dabei im Umfang, in Struktur und Form situationsabhängig und keineswegs deckungsgleich. Vertrautheit bedeutet, dass die Menschen stets über ein implizites und explizites „Wissen von der Typik der Objekte und Vorgänge in der Lebenswelt"[82] haben. Die Ausprägung wird durch die motivationsrelevanten Interessen und die Erfahrungen vorhergehender Situationen bestimmt.[83]

2.3. Garfinkel H.

Menschen sind in ihren alltäglichen Interaktionsprozessen um ein wechselseitig geteiltes Verständnis von Situationen bemüht. Diese Tatsache wird durch Harold Garfinkel mittels des Begriffs Vertrauen hervorgehoben. „To say that one person 'trusts' another means that the person seeks to act in such a fashion as to produce

---

[79] Simmel, G., (1923): Soziologie – Untersuchungen über die Formen der Vergesellschaftung, S. 263.
[80] Endreß, M., (2002): Vertrauen, S. 18.
[81] Schütz, , A., (1971a): Das Problem der Relevanz, S. 187 f.
[82] Schütz, A., (1971b): Strukturen der Lebenswelt, In: Gesammelte Aufsätze III. - Studien zur phänomenologischen Philosophie, S. 157.
[83] Vgl. Endreß, M., (2002): Vertrauen, S. 17-21.

his action or to respect as conditions of play actual events that accord with normative orders of events depicted in the basic rules of play."[84] Der vertraute Gebrauch wechselseitig anerkannter Situationserwartungen wird durch alltägliche Interaktion zur Routine. Menschen sind also mit ständigem Bezug auf erworbenes Hintergrundwissen bemüht, die offenen Deutungshorizonte des vom anderen Gesprochenen bedeutungsmäßig zu vervollständigen. Garfinkel versteht dies als Prozess zur Generierung von Sinnhaftigkeit und sieht es als fundamentale Aktivität zur sozialen Orientierung. Die Menschen sind überzeugt, dass es für die Gesprächspartner durch analoge Prozesse möglich ist, den gemeinsam aufgebauten Deutungshorizont aufrechtzuerhalten.[85] Garfinkel ist überzeugt, dass die Interaktionsteilnehmer einander vertrauen, wenn sie sich in ihrem Handeln durch konstitutive Erwartungen hinsichtlich der angesprochenen Grundregeln des Interaktionszusammenhangs leiten lassen. Die Interaktionsteilnehmer haben in Bezug auf den ´normalen´ Ablauf einer Interaktion eine gewisse Vorstellung und richten dadurch ihr Handeln „an der normativen Ordnung von Ereignissen im Rahmen einer spezifischen Situation aus." Diese Erwartungen werden in der Regel selbstverständlich und fraglos benutzt; daher geht Garfinkel davon aus, dass „die Beachtung der Grundregeln sowohl jetzt als auch in Zukunft eine Konzentrierung der Handlung ermöglichen wird."[86] Vertrauen in diesem Sinne stellt nichts anderes als alltägliche Routine dar.

2.4. Goffman E.

Nach Harold Goffman werden alltägliche Mikrosituationen durch ein fortlaufendes Wechselspiel aus der Einhaltung von zeremoniellen Regeln als Ehrerbietung und aus gegenseitigen Gaben als Imagepflege rekonstruiert. Durch die Einhaltung von Regeln, wie die Selbstachtung und Rücksichtnahme (Respekt) gegenüber anderen Personen, kommt es zur wechselseitigen Anerkennung. Höflichkeit und Takt lassen sich vor diesem Hintergrund als Gaben rekonstruieren, die es ermöglichen, eine

---

[84] Garfinkel, H., (1963): A Conception of an experiment with trust as a condition of stable, In: Motivation and Social Interaction, Harvey, O. J., (eds.), S. 217; Garfinkel, H., (1967): Studies in ethnomethodology, S. 173.
[85] Vgl. Endreß, M., (2002): Vertrauen, S. 22-23.
[86] Eberl, P., (2003): Vertrauen und Management. Studien zu einer theoretischen Fundierung des Vertrauenskonstruktes in der Managementlehre, S. 142 – siehe hierzu: Garfinkel, H., (1963): A Conception of and Experiment with trust as a condition of stable, In: Motivation and Social Interaction, Harvey, O. J., (Hrsg.), S. 187ff.

gemeinsame Welt von sozialer Anerkennung zu entwickeln. Goffman stellt in seinem Ansatz die Relevanz von „Zuvorkommenheits-" und „Vermeidungsritualen"[87], als auch die Regeln des allgemeinen „Benehmens" vor. Die Beachtung dieser „zeremoniellen Regeln"[88] ist seiner Ansicht nach eine konstitutive vertrauensbildende Maßnahme. Es impliziert für den Gesprächspartner eine „Art von Versprechen", ihn „bei der nächsten Begegnung entsprechend zu behandeln"[89]. Vertrauen wird damit als ein Sichverlassen auf den anderen und seinen ´moralischen Charakter´ definiert. Ausgehend von Spielregeln hat Goffman auch Normen und Werte untersucht. Er ist in diesem Zusammenhang überzeugt, dass Normen und Werte Kontingenz absorbieren können, indem sie mithelfen, eine gemeinsame Realität zu konstituieren. Von den Akteuren werden sie in diesem Fall als Ethnomethoden[90] eingesetzt, denn ihr Handeln wird so zurechenbar und verständlich; eine wesentliche Voraussetzung für einen Handlungserfolg.[91] Für Goffman ist daher Vertrauen eine unabdingbare Voraussetzung für die Aufrechterhaltung kooperativen sozialen Handelns.

2.5. Luhmann N.

Für Luhmann ist die Entstehung von Vertrauen bzw. Misstrauen eine der wichtigsten Folgen aus doppelter Kontingenz. Doppelte Kontingenz bedeutet, dass „der andere anders handeln kann, als ich selbst erwarte; und „er kann, gerade wenn und gerade weil er weiß, was ich erwarte, anders handeln als ich erwarte. Er kann über seine Absichten im Unklaren lassen oder täuschen."[92] Es ist dabei wichtig, dass Vertrauen freiwillig erwiesen wird, entsprechend kann es nicht verlangt oder normativ vorgeschrieben werden. Vertrauen hat damit nur den sozialen Funktionswert, wenn es auch die Möglichkeit des Misstrauens gibt. Daneben hat Vertrauen jenen „zirkulären, sich selbst voraussetzenden und bestätigenden Charakter, der allen Strukturen eigen ist, die aus doppelter Kontingenz entstehen."[93] Vertrauen macht Systembildungen möglich und gewinnt daraus wieder die Kraft zu riskanterer,

---

[87] Goffman, E., (1986): Interaktionsrituale – Über Verhalten in direkter Kommunikation, S. 64 ff..
[88] Ebd., S. 61.
[89] Ebd., S. 68.
[90] Theoretische Überlegungen zu Vertrauenskommunikation - vgl. Garfinkel, H., (1963): A conception of, and experiments with, trust as a condition of stable concerted action, In: Motivation and social interaction: Cognitive determinants, Harvey, O. J., (Hrsg.), S. 187-238.
[91] Vgl. Wenzel, H., (2005): Profession und Organisation – Dimension der Wissensgesellschaft bei Talcott Parsons, In: Organisation und Profession, Klatetzki, T./ Tacke, V., (Hrsg.), S. 66.
[92] Luhmann, N., (1984): Soziale Systeme. Grundriß einer allgemeinen Theorie, S. 179.
[93] Ebd., S. 181.

verstärkender Reproduktion. Aus diesem Grund ist Vertrauen auch auf symbolische Absicherung angewiesen: „Es reagiert auf kritische Informationen nicht wegen der Fakten, die sie berichten, sondern weil sie als Indikatoren für Vertrauenswürdigkeit fungieren."[94] Alles soziale Handeln ist neben seinem unmittelbaren Sinnbezug auf Zweck und Situation zugleich auch eine Selbstdarstellung des Handelnden und dies unter dem Gesichtspunkt seiner Vertrauenswürdigkeit. „Mag der Handelnde diesen Gesichtspunkt im Auge haben oder nicht, darauf abzielen oder ihr bewusst zuwider handeln, die Vertrauensfrage schwebt über jeder Interaktion, und die Selbstdarstellung ist das Medium ihrer Entscheidung."[95]

Gerade auf der Grundlage sozial erweiterter Komplexität kann und muss der Mensch eine wirksame Form für die Reduktion von Komplexität entwickeln. In diesem Zusammenhang kommt auch Vertrauen ins Spiel. Sobald es Vertrauen gibt, gibt es auch mehr Möglichkeiten des Handelns und Erlebens. Die Komplexität des sozialen Systems steigt und damit die Möglichkeiten, die es mit der Struktur vereinbaren kann. Mit Vertrauen steht in diesem Sinne eine wirksame Form der Reduktion von Komplexität zur Verfügung.[96] Vertrauen trägt daneben zur Stabilisierung von Erwartungen bei, obwohl bei beiden Interaktionspartnern möglicherweise ein gewichtiges Interesse besteht, die Erwartungen zu enttäuschen. Das Erwarten wird gegen äußere Widerlegung abgesichert, indem ein Widerspruch aufgenommen wird, doch muss dieser Widerspruch intern ausgehalten und verarbeitet werden können. Die Möglichkeit einer Enttäuschung wird also nicht ignoriert, sondern vorausgesehen und intern verarbeitet. „Anders als bei unsicheren Erwartungen im Allgemeinen wird die Fortsetzung des Erwartens im Enttäuschungsfalle jedoch nicht miterwartet und als Routineverhalten mitvorbereitet; vielmehr beruht die Sicherheit des Vertrauens gerade umgekehrt darauf, dass ein Bruch des Vertrauens dessen Entzug und damit eine radikale Änderung der Beziehung zur Folge hat."[97] Für den Interaktionspartner ist es daher wichtig, sich ganz vertrauensvoll darzustellen, ansonsten könnte das Vertrauensobjekt genau das herführen, was er vermeiden möchte, nämlich selbst

---

[94] Luhmann, N., (1984): Soziale Systeme. Grundriß einer allgemeinen Theorie, S. 181.
[95] Luhmann, N., (2000): Vertrauen – Ein Mechanismus der Reduktion sozialer Komplexität, S. 48.
[96] Vgl. Luhmann, N., (2000): Vertrauen – Ein Mechanismus der Reduktion sozialer Komplexität, S. 8-9.
[97] Luhmann, N., (2000): Vertrauen – Ein Mechanismus der Reduktion sozialer Komplexität, S. 103-104.

den ersten Samen zu verursachen, aus dem später wechselseitiges Misstrauen keimt.[98]

Luhmann ist daneben überzeugt, dass Vertrauen nur in Situationen möglich ist, in der der erstrebte Vorteil kleiner ist, als der mögliche Schaden. Vertrauen setzt also eine Risikosituation voraus.[99] In der Literatur wird dabei oftmals – wie Luhmann betont - keine klare Unterscheidung zwischen Risiken und Gefahren vorgenommen. Aus seiner Sicht bezieht sich die Unterscheidung nicht auf Fragen der Wahrscheinlichkeit oder Unwahrscheinlichkeit. Für ihn handelt es sich vielmehr um die Frage, „ob die Möglichkeit der Enttäuschung von unserem eigenen früheren Verhalten abhängt oder nicht."[100] So wird das Risiko eingegangen, der Gefahr dagegen ist man ausgesetzt.

Luhmann unterscheidet zudem zwischen Zuversicht und Vertrauen. Für ihn handelt es sich um eine Situation der Zuversicht, wenn man keine Alternativen in Betracht zieht und jeden Morgen das Haus ohne Waffe verlässt. Es ist dagegen eine Situation des Vertrauens, wenn der Akteur die Handlungsweise des anderen vorzieht, obwohl die Möglichkeit besteht, durch ihn enttäuscht zu werden.[101] Vertrauen basiert in diesem Sinne „auf einer zirkulären Beziehung zwischen Risiko und Handlung, wobei beide komplementäre Voraussetzung sind. Handlung bestimmt sich im Verhältnis zu einem bestimmten Risiko als externe (zukünftige) Möglichkeit, obwohl Risiko zugleich der Handlung inhärent ist und nur existiert, falls der Akteur sich entscheidet, die Möglichkeit ungünstiger Konsequenzen auf sich zu nehmen und zu vertrauen."[102]

---

[98] Vgl. Luhmann, N., (2000): Vertrauen – Ein Mechanismus der Reduktion sozialer Komplexität, S. 45.
[99] Vgl. Luhmann, N., (2001): Vertrautheit, Zuversicht, Vertrauen: Probleme und Alternativen, In: Vertrauen. Die Grundlage des sozialen Zusammenhalts, Hartmann, M./ Offe, C., (Hrsg.), S. 148.
[100] Luhmann, N., (2001): Vertrautheit, Zuversicht, Vertrauen: Probleme und Alternativen, In: Vertrauen. Die Grundlage des sozialen Zusammenhalts, Hartmann, M./ Offe, C., (Hrsg.), S. 149.
[101] Vgl. Luhmann, N., (2001): Vertrautheit, Zuversicht, Vertrauen: Probleme und Alternativen, In: Vertrauen. Die Grundlage des sozialen Zusammenhalts, Hartmann, M./ Offe, C., (Hrsg.), S. 148.
[102] Luhmann, N., (2001): Vertrautheit, Zuversicht, Vertrauen: Probleme und Alternativen, In: Vertrauen. Die Grundlage des sozialen Zusammenhalts, Hartmann, M./ Offe, C., (Hrsg.), S. 152.

2.6. Vertrauen aus soziologischer Sicht – Ein Überblick

Simmel unterscheidet zwischen Vertrauen als allgemeinen „Glauben", Vertrauen als „Gefühl" und Vertrauen als „Wissensform"[103]. Er beschreibt Vertrauen als Glaube folgendermaßen: Wäre ein Landwirt nicht davon überzeugt, dass das Feld auch in diesem Jahr eine gute Ernte bringen würde, würde er den Samen nicht einmal aussähen. Auch würde ein Händler keine Waren beziehen, wenn er nicht glauben würde, dass die Kunden seine Waren nachfragen würden.[104] Vertrauen wird unter diesem Gesichtspunkt als generelle Hoffnung oder unspezifische Erwartung definiert. Die innere Vorbehaltlosigkeit einem Menschen gegenüber beschreibt dagegen das Vertrauen als Gefühl. Dieses Vertrauen ist weder durch Erfahrungen noch durch Hypothesen vermittelt, vielmehr ist es ein primäres Verhalten der Seele hinsichtlich anderer. Eine weitere Unterscheidung nimmt Simmel mit Vertrauen als Wissensform vor. Vertrauen wird in diesem Sinne als mittlerer Zustand zwischen Nichtwissen und Wissen um den Menschen definiert. So braucht der völlig Wissende erst gar nicht zu vertrauen, der völlig Nichtwissende kann vernünftigerweise nicht einmal vertrauen.

Schütz dagegen hat sich insbesondere mit der Frage nach Vertrautheit auseinandergesetzt. Seine in Anlehnung an Edmund Husserls definierte Theorie der Lebenswelt besagt, dass die Individuen ihre sozialen Bezüge in natürlicher Einstellung erleben und ihre Existenz bis auf Widerruf fraglos hinnehmen. Die Menschen verfügen seiner Ansicht nach über ein komplex strukturiertes Wissen von der Welt. Die Vertrautheit bezieht sich dabei nicht nur auf unmittelbare Lebensumgebungen, sondern ist „aufgrund der typischen Struktur menschlichen Wissens zumindest potentiell übertragbar auf nicht im Nahbereich des Handelns, Wirkens und Wahrnehmens Befindliches"[105].

Nach **Garfinkel** sind Menschen in ihren alltäglichen Interaktionsprozessen um ein wechselseitig geteiltes Verständnis von Situationen bemüht. So führt der vertraute Gebrauch wechselseitig anerkannter Situationserwartungen - durch alltägliche

---

[103] Simmel, G., (1989): Philosophie des Geldes, S. 215 f..
[104] Vgl. Simmel, G., (1989): Philosophie des Geldes, S. 216.
[105] Endreß, M., (2002): Vertrauen, S. 18.

Interaktionen - zu Routinen. Menschen sind dabei mit ständigem Bezug auf erworbenes Hintergrundwissen bemüht, die offenen Deutungshorizonte des vom anderen Gesprochenen bedeutungsmäßig zu vervollständigen. Garfinkel versteht dies als Prozess zur Generierung von Sinnhaftigkeit und sieht es als fundamentale Aktivität zur sozialen Orientierung.[106] „Sobald sich also die Interaktionsteilnehmer durch konstitutive Erwartungen im Sinne der" angesprochenen „Grundregeln des Interaktionszusammenhangs in ihrem Handeln leiten lassen, vertrauen sie einander."[107]

Nach **Goffman** werden alltägliche Mikrosituationen durch ein fortlaufendes Wechselspiel aus der Einhaltung von zeremoniellen Regeln als Ehrerbietung und aus gegenseitigen Gaben als Imagepflege rekonstruiert. Durch die Einhaltung von Regeln, wie die Selbstachtung und Rücksichtnahme (Respekt) gegenüber anderen Personen, kommt es zur wechselseitigen Anerkennung. Die Beachtung dieser „zeremoniellen Regeln"[108] ist seiner Ansicht nach eine konstitutive vertrauensbildende Maßnahme. Es impliziert für den Gesprächspartner eine „Art von Versprechen", ihn „bei der nächsten Begegnung entsprechend zu behandeln"[109].

Für **Luhmann** ist es wichtig, dass Vertrauen kontingent ist, dies bedeutet, dass es freiwillig erwiesen wird. Daher kann es auch nicht verlangt oder normativ vorgeschrieben werden. Vertrauen macht Systembildungen möglich und gewinnt aus ihnen dann wieder die Kraft zu verstärkender, riskanterer Reproduktion. So ist jedes soziale „Handeln (...) neben seinem unmittelbaren Sinnbezug auf Situationen und Zweck zugleich Selbstdarstellung des Handelnden unter dem Gesichtspunkt seiner Vertrauenswürdigkeit. Mag der Handelnde diesen Gesichtspunkt im Auge haben oder nicht, darauf abzielen oder im bewusst zuwider handeln, die Vertrauensfrage schwebt über jeder Interaktion, und die Selbstdarstellung ist das Medium ihrer

---

[106] Vgl. Endreß, M., (2002): Vertrauen, S. 22-23.
[107] Eberl, P., (2003): Vertrauen und Management. Studien zu einer theoretischen Fundierung des Vertrauenskonstruktes in der Managementlehre, S. 142 – siehe hierzu: Garfinkel, H., (1963): A Conception of and Experiment with trust as a condition of stable, In: Motivation and Social Interaction, Harvey, O. J., (Hrsg.), S. 187ff.
[108] Goffman, E., (1986): Interaktionsrituale – Über Verhalten in direkter Kommunikation, S. 61.
[109] Ebd., S. 68.

Entscheidung."[110] Luhmann ist daneben überzeugt, dass es durch Vertrauen mehr Möglichkeiten des Erlebens und Handelns gibt. Entsprechend kann auch die Komplexität des sozialen Systems ansteigen, denn durch Vertrauen steht eine wirksame Form der Reduktion von Komplexität zur Verfügung.[111] In diesem Sinne trägt Vertrauen auch zur Stabilisierung von Erwartungen bei. Doch ist Vertrauen nach Luhmann nur in Situationen möglich, in der der erstrebte Vorteil kleiner ist, als der mögliche Schaden. Vertrauen setzt also eine Risikosituation voraus.[112]

Die vorgestellten theoretischen Ansätzen und Studien aus der psychologischen und soziologischen Vertrauensforschung bestätigen die Annahme, dass es kein einheitliches Konzept oder Verständnis zum Phänomen Vertrauen gibt. Aufbauend darauf ist mit der vorliegenden Arbeit der Versuch unternommen worden, mittels qualitativer Sozialforschung Erkenntnisse zum Phänomen Vertrauen zu generieren. Das nachfolgende Kapitel wird entsprechend auf die wissenschaftstheoretische Einordnung der Forschungsarbeit eingehen.

---

[110] Luhmann, N., (2000): Vertrauen – Ein Mechanismus der Reduktion sozialer Komplexität, S. 48.
[111] Vgl. Luhmann, N., (2000): Vertrauen – Ein Mechanismus der Reduktion sozialer Komplexität, S. 8-9.
[112] Vgl. Luhmann, N., (2001): Vertrautheit, Zuversicht, Vertrauen: Probleme und Alternativen, In: Vertrauen. Die Grundlage des sozialen Zusammenhalts, Hartmann, M./ Offe, C., (Hrsg.), S. 148.

Kapitel III: Wissenschaftstheoretische Einordnung der Forschungsarbeit

Das vorliegende Kapitel beschäftigt sich mit der wissenschaftstheoretischen Einordnung der Forschungsarbeit. Im Sinne der erkenntnisleitenden Theorie ist die Arbeit dem Verständnis des radikalen Konstruktivismus zuzuordnen. Wahrnehmung und Handlung, als auch Interpretation geschehen folglich in einer ständigen Suche nach Bezügen, mittels denen Sinn hergestellt werden kann. Verstehen kann daher nur mittels Kommunikation stattfinden und ist zur selben Zeit Voraussetzung derselben. Hinsichtlich der paradigmatischen Einordnung hat die Arbeit von Burrell und Morgan einen Bezugsrahmen zur Systematisierung geboten.[113] Der Forscher vertritt die Annahme, dass soziale Realitäten nicht als 'harte Fakten' gegeben sind, vielmehr müssen sie von den Mitgliedern einer Gemeinschaft konstruiert und interpretiert werden. Die Forschungsarbeit ist daher im Sinne der erkenntnisleitenden Theorie dem interpretativen Paradigma zuzuordnen. Im Anschluss daran wird auf die qualitative Sozialforschung und das damit zusammenhängende Forschungsverständnis und -vorgehen näher eingegangen. Das Ziel des qualitativen Ansatzes hat darin bestanden, „die Prozesse zu rekonstruieren, durch die die soziale Wirklichkeit in ihrer sinnhaften Strukturierung hergestellt"[114] worden ist. So versucht das vorliegende Forschungsvorhaben mittels teilnehmender Beobachtung und qualitativen Interviews Erkenntnisse zum Phänomen Vertrauen zu generieren. Die Interviews erlauben dabei einen zumindest kurzen und keinesfalls vollständigen Blick auf die eingefahrenen Denkgewohnheiten, die Interpretationsinhalte und -muster der Befragten hinsichtlich der aus ihrer Sicht erlebten Veränderungsprozesse und dem Forschungsgegenstand Vertrauen.

---

[113] Vgl. Burrell, G./ Morgan, G., (2008): Sociological paradigms and organizational analysis.
[114] Lamnek, S., (2005): Qualitative Sozialforschung. Lehrbuch, S. 32-33.

1. Die erkenntnisleitende Theorie: Der radikale Konstruktivismus

Der Konstruktivismus ist keineswegs eine einheitliche Denkschule oder durch ein einheitliches Konzept entstanden. In der Forschung wird oftmals von radikalem Konstruktivismus gesprochen, wenn es um den Ansatz von Glasersfeld geht. Er hat darin insbesondere die Rolle von Kommunikation im Rahmen der Konstruktion von sozialer Realität thematisiert, wie auch die psychologische Richtung des Konstruktivismus.[115] Der Konstruktivismus, von Glaserfeld als Wirklichkeitsforschung bezeichnet, versteht sich keineswegs als neue Weltanschauung, vielmehr greift er auf früher geprägte und zum Realismus konträre Weltanschauungen zurück, dies hat zu Zweifel am Übereinstimmen von Wissen und Wirklichkeit geführt. Wissen ist demnach weniger das „Ergebnis eines Abbildes im Sinne eines Entdeckens der äußeren Wirklichkeit, sondern das Ergebnis eines ´Erfindens´ von Wirklichkeit. Folglich gibt es keine Wahrheit menschlichen Wissens, denn um die absolute Gültigkeit einer Aussage nachweisen zu können, müsste es Menschen möglich sein, diese mit der Realität (also einer ontologischen Welt) zu vergleichen. Menschen können aber nur Vorstellungen mit Vorstellungen vergleichen, da sie nicht in einer Welt, sondern mit ihr leben und sich so die Welt in ihren Vorstellungen konstruieren."[116] Dieses Verständnis lässt sich gut von der erkenntnistheoretischen Position der Aufklärung unterscheiden, die von einer Wirklichkeit – unabhängig vom erkennenden Menschen – ausgeht, welche durch Widerlegbarkeit, Wiederholbarkeit und Reduktionismus gekennzeichnet ist. Die erkenntnistheoretische Position des Konstruktivismus dagegen basiert auf der Annahme, dass Wissen über Wirklichkeit etwas subjektiv Konstruiertes und nicht etwas objektives Gegebenes ist.[117] Die Vertreter dieses Ansatzes gehen also davon aus, dass die vollständige Erkennbarkeit der Welt nur eine Illusion ist, da eine Überprüfung der gewonnen Erkenntnisse zur Welt in Bezug zur Wahrheit nicht möglich ist.[118] Heinz von Foerster

---

[115] Vgl. Kößler, M., (2000): Organisation, Umwelt, Konstruktivismus – zur Bedeutung des Social Constructionist Paradigmas für die Organisationstheorie, S. 68.
[116] Fried, A., (2005): Konstruktivismus, In: Moderne Organisationstheorien 1. Handlungsorientierte Ansätze, Weik, E./ Lang, R., (Hrsg.), S. 33
[117] Vgl. Foerster, H. v., (1996): Wissen und Gewissen. Versuch einer Brücke, S. 145.
[118] Vgl. Fried, A., (2005): Konstruktivismus, In: Moderne Organisationstheorien 1. Handlungsorientierte Ansätze, Weik, E./ Lang, R., (Hrsg.), S. 47.

bringt es mit der nachfolgenden Aussage - „Die Umwelt, so wie wir sie wahrnehmen, ist unsere Erfindung"[119] – auf den Punkt.

Das Forschungsvorhaben schließt sich dieser Position an und geht von der Annahme aus, dass alles Wissen und alle Erfahrungen eines Menschen subjektiv, konstruiert (individuell aufgebaut) und keinesfalls objektiv hinsichtlich einer Übereinstimmung mit der ontologischen Realität sind. Das Verständnis baut auch auf den neurophysiologischen Aspekten der Biologen Humberto R. Maturana und Francisco J. Varela auf. Die Autoren haben zunächst unabhängig voneinander, im späteren Verlauf gemeinsam in ihrer Theorie „Autopoiese[120] lebender Systeme", erstmals Kognition als biologisches Phänomen verortet.[121] Lebende Systeme als autopoietische Systeme sind ihrer Ansicht nach unter der Bedingung selbsterhaltend, dass zyklische Prozesse der Selbsterzeugung ablaufen, die fortwährend die Ausgangsbedingungen für eine weitere Selbsterzeugung bereitstellen. Dieser Prozess ist operational geschlossen, da stetig „ein Rückgriff des Systems auf die eigenen Ausgangsbedingungen erfolgt und diese dabei gleichzeitig wieder erzeugt werden. Alle damit verbundenen Aktivitäten laufen innerhalb dieses Systems ab und bedürfen keinerlei anderer Systeme; sie sind von ihrem Charakter her selbstreferentiell."[122] Dies bedeutet jedoch nicht, dass es zu keinem Austausch mit der Systemumgebung kommt, vielmehr werden lebende Systeme hinsichtlich des Austausches von Informationen als offen charakterisiert. Die Komplexität von lebenden Systemen wird dabei durch die dynamischen Beziehungen zwischen mehreren Elementen und die Kompliziertheit der Struktur produziert. Ihre Aktivitäten

---

[119] Foerster, H. v., (1981): Das Konstruieren von Wirklichkeit, In: Die erfundenen Wirklichkeit, Watzlawick, P., (Hrsg.), S. 40.
[120] „Autopoiese ist die Fähigkeit lebender Systeme, ihre eigene Organisation zu entwickeln und aufrecht zu erhalten." - Fried, A., (2005): Konstruktivismus, In: Moderne Organisationstheorien 1. Handlungsorientierte Ansätze, Weik, E./ Lang, R., (Hrsg.), S. 48
[121] Die beiden Biologen haben den Versuch unternommen, die Organisation von lebenden Systemen hinsichtlich ihres Charakters zu verstehen. Der Begriff Kognition ist der Grundbegriff dieser Theorie. Unter Kognition wird ein empirisch zu untersuchendes Phänomen verstanden; ´Was findet in lebenden Systemen statt, dass sie in der Lage sind, erfolgreich zu operieren?´ – vgl. Fried, A., (2005): Konstruktivismus, In: Moderne Organisationstheorien 1. Handlungsorientierte Ansätze, Weik, E./ Lang, R., (Hrsg.), S. 48.
[122] Fried, A., (2005): Konstruktivismus, In: Moderne Organisationstheorien 1. Handlungsorientierte Ansätze, Weik, E./ Lang, R., (Hrsg.), S. 48-49

sind in diesem Sinne nicht vollständig durchschaubar und eindeutig vorhersehbar. Dies bedeutet, dass lebende Systeme nur begrenzt gestalt- und steuerbar sind.[123]

Vor diesen Überlegungen tritt das Phänomen Vertrauen in den Vordergrund, denn eine der wichtigsten Folgen von doppelter Kontingenz ist die Entstehung von Vertrauen und Misstrauen. Sie tritt immer dann auf, wenn die Situation durch doppelte Kontingenz gekennzeichnet ist und das Sich-Einlassen darauf als besonders riskant empfunden wird. Schließlich kann der Akteur anders handeln, als von ihm erwartet wird, und er kann, gerade wenn oder weil er weiß, was der andere erwartet, anders handeln als dieser erwartet. Der Akteur kann den anderen täuschen und über seine Absichten im Unklaren lassen.[124] Gerade der permanente Strom von Ereignissen, denen sich die Akteure gegenübersehen, zeichnet sich dabei durch Gleichzeitigkeit und Übergangslosigkeit aus. So besteht das Problematische für Menschen darin, dass ein Zuviel an möglichen Bezügen und damit Mehrdeutigkeit existiert. Eine Mehrdeutigkeit bedeutet in diesem Fall zudem Mehrzeitlichkeit.[125]

Es stellt sich die Frage, wie menschliches Handeln in sozialen Systemen möglich sein kann? Weick versteht menschliches Denken und Handeln in seinem organisationstheoretischen Ansatz immer unter Bezug auf etwas. Wahrnehmung und Handlung, als auch Interpretation geschehen folglich in einer ständigen Suche nach Bezügen, mittels denen Sinn hergestellt werden kann. Sinn als rein kognitives Konstrukt ist jedoch nicht fassbar, sondern wird sozial vermittelt; ist also an Sprache gebunden. Verstehen kann daher nur mittels Kommunikation stattfinden und ist zur selben Zeit Voraussetzung derselben. Sinn wird durch die Sprache zu einem Bindeglied von „interindividuellen Handlungen und Kognitionen bzw. zum Kopplungsmedium von psychischen und sozialen Systemen".[126]

---

[123] Vgl. Fried, A., (2005): Konstruktivismus, In: Moderne Organisationstheorien 1. Handlungsorientierte Ansätze, Weik, E./ Lang, R., (Hrsg.), S. 49.
[124] Vgl. Luhmann, N., (1984): Soziale Systeme. Grundriß einer allgemeinen Theorie, S. 181.
[125] Vgl. Wetzel, R., (2005): Kognition und Sensemaking, In: Moderne Organisationstheorien 1. Handlungsorientierte Ansätze, Weik, E./ Lang, R., (Hrsg.), S. 167.
[126] Wetzel, R., (2005): Kognition und Sensemaking, In: Moderne Organisationstheorien 1. Handlungsorientierte Ansätze, Weik, E./ Lang, R., (Hrsg.), S. 168.

Weick als auch Luhmann sehen die sequentielle Qualität von Sinnstiftung in den Zeiträumen Vergangenheit, Gegenwart und Zukunft. Vertrauen kann vor diesem Hintergrund die Gegenwart in ihrem Potential, Komplexität zu erfassen, stärken.[127] Die Gegenwart ist ein klar begrenzter Moment, dagegen scheinen Vergangenheit und Zukunft als deutlich ausgedehnter. Auch ist nur die Gegenwart gestaltbar, alle anderen Zustände sind mehr oder weniger nicht erreichbar. Die subjektive Sinnstiftung erfolgt daher im Gegenwärtigen, jedoch operiert sie auch mit Bezügen in die Vergangenheit und die Zukunft. Es werden Ausschnitte „im Moment der Verknüpfung (Gegenwart)" aus (…) „der erlebten Vergangenheit (Erfahrung) aktiviert, Teile der Zukunft (Erwartung) in die Gegenwart hereingeholt und hier miteinander verbunden."[128] An diesem Punkt kommt der oftmals in der wissenschaftlichen Vertrauensforschung genannte Begriff Sicherheit ins Spiel, denn Sicherheit ist nach Luhmann nur in der Gegenwart möglich; dies gilt auch für Vertrauen als eine Form der Sicherheit. Vertrauen kann in diesem Sinne nur in der Gegenwart gewonnen und erhalten werden. „Nicht die ungewisse Zukunft, aber auch nicht die Vergangenheit, kann Vertrauen erwecken, da auch das Gewesene nicht vor der Möglichkeit künftiger Entdeckungen einer anderen Vergangenheit sicher ist. (…) Grundlage allen Vertrauens ist (…) die Gegenwart als dauerndes Kontinuum im Wechsel der Ereignisse, als Gesamtheit der Bestände, an denen Ereignisse sich ereignen können." Jede Gegenwart hat dabei „ihre eigene Zukunft als offenen Horizont ihrer künftigen Möglichkeiten. Sie vergegenwärtigt sich eine Zukunft, von der nur eine Auswahl künftig Gegenwart werden kann."[129]

Neben der erkenntnisleitenden Theorie ist für die Forschungsarbeit die substanztheoretische, soziologische Auffassung entscheidend. Die Arbeit von Burrell und Morgan hat hinsichtlich vorhandener Vielfalt an Forschungsansätzen einen Bezugsrahmen zur Systematisierung des Forschungsvorhabens geboten. Sie wird im nachfolgenden Kapitel ausführlich vorgestellt.

---

[127] Vertrauen stärkt (…) die Toleranz für Mehrdeutigkeit. – vgl. Luhmann, N., (2000): Vertrauen, S. 19.
[128] Wetzel, R., (2005): Kognition und Sensemaking, In: Moderne Organisationstheorien 1. Handlungsorientierte Ansätze, Weik, E./ Lang, R., (Hrsg.), S. 167.
[129] Luhmann, N., (2000): Vertrauen, S. 23-24.

2. Die paradigmatische Einordnung der Forschungsarbeit

In einer vieldiskutierten Studie[130] haben Burrell und Morgan sozialwissenschaftliche Erklärungsansätze hinsichtlich ihrer wissenschaftstheoretischen Grundannahmen untersucht und dabei erkannt, dass sie sich auf unterschiedliche wissenschaftstheoretische (Grund-)positionen beziehen lassen.[131] Diese Positionen lassen sich wiederum auf verschiedene wissenschaftliche Paradigmen zurückführen. Paradigmen beziehen sich in diesem Sinne auf anerkannte Standards der Wissenschaftlichkeit innerhalb einer Wissenschaftsgemeinschaft, jedoch kann außerhalb dieser Gemeinschaft kein Anspruch auf unbedingte Gültigkeit beansprucht werden, vielmehr wird dieser unter Umständen sogar ausdrücklich abgelehnt.[132] Burrell und Morgan weisen in diesem Zusammenhang darauf hin, dass „the four paradigms as being defined by very basic meta-theoretical assumptions which underwrite the frame of reference, mode of theorizing and modus operandi of the social theorist who operate within them. It is a term which is intended to emphasize the commonality of perspective which binds the work of a group of theorists together in such a way that they can be usefully regarded as approaching social theory within the bounds of same problematic."[133]

Die Autoren gehen in ihrem Buch "Sociological Paradigms and Organisational Analysis" von der Grundthese aus, dass sich die Organisationstheorien einerseits auf eine Gesellschaftstheorie ('Theory of society') und andererseits auf eine Erkenntnistheorie ('Philosophy of science') stützen. Unter dem ersten Gesichtspunkt wird der normative Rahmen der Theorie angesprochen, darin zeigt sich das

---

[130] Hierzu vgl. Astley, W. G./ Van de Ven, A. H., (1983): Central perspectives and debates in organization theory, In: ASQ, 28, S. 245-273; Gioia, D. A./ Pitre, E., (1990): Multiparadigm perspectives on theory building, In: AMR, 15, S. 584-602; Deetz, S., (1996): Describing differences in approaches to organization science: Rethinking Burrell and Morgan and their legacy, In: Organization Science, 7, S. 191-207; Schultz, M./ Hatch, M. J., (1996): Living with multiple paradigms: The case of paradigm interplay in organizational culture studies, In: AMR, 21, S. 529-557.
[131] Die Entstehung des Ansatzes geht auf eine scharfe Kritik der Autoren am Stand der organisationstheoretischen Forschung Ende der 70er Jahre zurück.
[132] Vgl. Grieger, J., (2004): Ökonomisierung in Personalwirtschaft und Personalwirtschaftslehre. Theoretische Grundlagen und praktische Bezüge, S. 110; hierzu auch vgl.: Steinmann, H./ Scherer, A. G., (1994): Lernen durch Argumentieren. Theoretische Probleme konsensorientierten Handelns, In: Globale soziale Marktwirtschaft. Festschrift für Santiago Garcia Echevarria, Albach, H., (Hrsg.),S. 265; Scherer, A. G., (1999): Kritik der Organisation oder Organisation der Kritik? – Wissenschaftstheoretische Bemerkungen zum kritischen Umgang mit Organisationstheorien, In: Organisationstheorien, A. Kieser, (Hrsg.), S. 19.
[133] Burrell, G./ Morgan, G., (2008): Sociological paradigms and organizational analysis, S. 23.

Erkenntnisinteresse des Forschers – unter dem zweiten dessen methodische Grundannahmen. Die beiden Aspekte werden von Burrell und Morgan in einem zweidimensionalen Analyseraster vereint, dies wiederum ermöglicht eine Orientierung anhand folgender Fragestellungen:

- Mit welchen methodischen Mitteln können die Zwecke erreicht werden?
- Welchem Zweck dient die sozialwissenschaftliche Forschung?[134]

Aufbauend darauf haben Burrell und Morgan den Versuch unternommen, organisationstheoretische Ansätze in vier Gruppen einzuteilen. Sie spannen eine Matrix in zwei Dimensionen:

- Subjective and Objective
- The sociology of radical change and the sociology of regulation

Subjective and Objective (Die methodischen Grundannahmen)

Die Autoren gehen in ihrer These davon aus, dass sich Organisationstheorien anhand ausgewählter Kriterien, welche die methodischen Grundannahmen des jeweiligen theoretischen Ansatzes widerspiegeln, beschreiben lassen.

- Die ontologische Grundannahme
- Die epistemologische Grundposition
- Die Annahmen in Bezug auf menschliches Verhalten und
- Die methodische Grundposition

---

[134] Scherer, A. G., (2006): Kritik der Organisation oder Organisationen der Kritik? – Wissenschaftstheoretischer Bemerkungen zum kritischen Umgang mit Organisationstheorien, In: Organisationstheorien, Kieser, A./ Ebers, A., (Hrsg.), S. 34.

Die methodischen Grundannahmen werden anhand dichotomer Begriffe in einen subjektiven und objektiven Ansatz der Sozialwissenschaften unterschieden. Jedoch betonen die Autoren, dass Zwischenformen möglich sind.[135]

Die Kategorie der objektiven Ansätze bezieht sich auf solche Perspektiven, die auf eine positivistische, realistische, nomothetische und deterministische Grundannahme hinsichtlich der sozialwissenschaftlichen Forschung setzen. So betont auch Jacksons, dass die „social reality will be perceived as having a hard, objective existence, external to the individual (i. e., the theory adheres to a 'realist' ontology). The theory will seek to establish the existence of regularities and causal relationships in the social world ('positivist' epistemology)."[136] Organisationale Phänomene sind in diesem Sinne als harte Fakten zu behandeln. Die Ansätze basieren auf einer positivistischen Sichtweise, gehen also davon aus, dass sich die soziale Wirklichkeit vollständig durch Theorien abbilden lässt, sie gehen also von einer objektiven sozialen Wirklichkeit aus. Auch sind sie durch deterministische Ansätze charakterisiert, nach denen Handeln auf Ursachen zurückgeführt und mittels Reiz-Reaktions-Mechanismen umfassend erklärt werden kann.[137] „Human behavior will be seen as being determined by external circumstances ('determinist')."[138] Abschließend werden objektive Ansätze als nomothetisch dargestellt, dies bedeutet, dass Organisationen mit Hilfe von naturwissenschaftlichen Methoden der Erkenntnisgewinnung zu analysieren sind und sich durch allgemeine Gesetzesaussagen, wie von Naturgesetzen, identifizieren lassen.[139]

Subjektivistische Ansätze setzen sich aus nominalistischen, antipositivistischen, idiographischen und voluntaristischen Grundannahmen zur sozialwissenschaftlichen Forschung zusammen. Die subjektiven Ansätze, die durch Nominalismus geprägt sind, gehen davon aus, dass organisationale Phänomene und grundsätzlich

---

[135] Vgl. Kutschker, M./ Schmid, S., (2008): Internationales Management, S. 473; Scherer, A. G., (2006): Kritik der Organisation oder Organisationen der Kritik? – Wissenschaftstheoretischer Bemerkungen zum kritischen Umgang mit Organisationstheorien, In: Organisationstheorien, Kieser, A./ Ebers, A., (Hrsg.), S. 34.
[136] Jacksons, M. C., (2000): Systems approaches to management, S. 22.
[137] Vgl. Scherm, E./ Pietsch, G., (2007): Organisation. Theorie, Gestaltung, Wandel, S. 12.
[138] Jacksons, M. C., (2000): Systems approaches to management, S. 22.
[139] Vgl. Scherm, E./ Pietsch, G., (2007): Organisation. Theorie, Gestaltung, Wandel, S. 12.

Organisationen nur in den Köpfen der Menschen existieren und daher als subjektiv und sozial konstruiert anzusehen sind. Die antipositivistischen Ansätze verneinen zudem die Chance auf objektive Erkenntnis. Auch können organisationale Phänomene nach Ansicht von Burrell und Morgan, da Wirklichkeit in der Wissenschaft sozial konstruiert ist, nur aus der Teilnehmerperspektive der handelnden Akteure analysiert werden. „(...) One can only 'understand' by occupying the frame of reference of the participant in action. One has to understand from the inside rather than the outside."[140] Daneben betonen die subjektivistischen Ansätze die Handlungsfreiheit der Akteure und sind daher als voluntaristisch anzusehen. Menschen sind demnach nicht völlig durch Reiz-Reaktions-Ketten bestimmt, sondern können weitgehend frei ihre Ziele, Motive, Kognitionen und Handlungen wählen. Subjektive Ansätze sind zudem ideographisch geprägt und streben weniger nach grundlegenden sozialen Naturgesetzen, als vielmehr nach dem Verstehen von individuellen bzw. sozialen Sinnkontexten in Organisationen.[141]

Nach einer Unterscheidung zwischen subjektivistischen und objektivistischen Ansätzen auf der erkenntnistheoretischen Ebene folgt die Betrachtung auf der zweiten Dimension. Burrell und Morgan gehen in ihrem Ansatz davon aus, dass die Organisationstheorien auch auf Gesellschaftstheorien basieren, die sich einerseits eher mit Stabilität, Strukturen und Zuständen und andererseits eher mit Veränderungen, Wandel und Prozessen beschäftigen. Die Annahme basiert auf der Beobachtung, dass verschiedene Theorien nicht nur unterschiedliche methodische Perspektiven einnehmen, sondern auch verschiedene Probleme aufgreifen.[142]

---

[140] Burrell, G./ Morgan, G., (2008): Sociological paradigms and organizational analysis, S. 5.
[141] Vgl. Scherm, E./ Pietsch, G., (2007): Organisation. Theorie, Gestaltung, Wandel, S. 13.
[142] Vgl. Kutschker, M./ Schmid, S., (2008): Internationales Management, S. 473; Scherer, A. G., (2006): Kritik der Organisation oder Organisationen der Kritik? – Wissenschaftstheoretischer Bemerkungen zum kritischen Umgang mit Organisationstheorien, In: Organisationstheorien, Kieser, A./ Ebers, A., (Hrsg.), S. 34.

The sociology of radical change and the sociology of regulation (Erkenntnisinteresse)

Die gesellschaftstheoretischen Gesichtspunkte hinsichtlich Grundannahmen sozialwissenschaftlicher Forschung lassen sich in die zwei Bereiche:

- die Regulationssoziologie ('sociology of regulation') und
- die Soziologie des radikalen Wandels ('sociology of radical change')

unterscheiden. Dies bedeutet eine Differenzierung einerseits in Annahmen zur Natur der Gesellschaft anhand einer Orientierung an Ordnung (es geht um die Untersuchung von Bedingungen für den Bestand des sozialen Systems) und andererseits anhand einer Orientierung an Konflikten (Untersuchung von Bedingungen für den Wandel sozialer Systeme). Diese Orientierungen bestimmen das Erkenntnisinteresse der Wissenschaftler. Die erste Gruppe ist dabei an der Erhaltung des Status quo interessiert und konzentriert sich in ihrer Untersuchung auf die 'vorfindbaren' Phänomene sozialer Ordnungsbildung. Es wird der Frage nachgegangen, warum soziale Einheiten Bestand haben. Auch werden die Bedingungen untersucht, die den Bestand des sozialen Systems sichern (Problem der sozialen Ordnung). Prozesse der sozialen Integration, Konsensbildung und Gesichtspunkte der Bedürfnisbefriedigung gelangen in diesem Sinne in das Blickfeld der Untersuchung. In der zweiten Gruppe wird dagegen betont, dass eine Emanzipation des Menschen von entwicklungshemmenden sozialen Strukturen erforderlich ist. Es wird versucht zu erklären, warum soziale Systeme aus verschiedenen Gründen einem Wandel unterliegen. In dieser Gruppe werden die in diesen Strukturen angelegten Konflikte und Formen von Herrschaft über/von Menschen thematisiert. Es wird der Frage nachgegangen, wie sich der Status quo sozialer Systeme kritisieren und verbessern lässt. Das erkenntnistheoretische Augenmerk liegt – wie angesprochen - auf der Emanzipation und Entwicklungsmöglichkeit von Gesellschaften und Menschen, so wird auch die Befreiung von Individuen und sozialen Gemeinschaften hinsichtlich struktureller Zwänge thematisiert.[143]

---

[143] Vgl. Scherer, A. G., (2006): Kritik der Organisation oder Organisationen der Kritik? – Wissenschaftstheoretischer Bemerkungen zum kritischen Umgang mit Organisationstheorien, In: Organisationstheorien, Kieser, A./ Ebers, A., (Hrsg.), S. 34-35; Grieger, J., (2004): Ökonomisierung in Personalwirtschaft und Personalwirtschaftslehre. Theoretische Grundlagen und praktische Bezüge, S. 113-114; hierzu auch vgl. Burrell, G./ Morgan, G., (2008): Sociological paradigms and organizational

Aufbauend auf den beiden Dimensionen lässt sich hinsichtlich der organisationstheoretischen Forschung eine 2 x 2 Matrix für vier unterschiedliche Ausgangssituationen ausmachen. In diesem Sinne werden vier Paradigmen im Hinblick auf die Bildung sozialwissenschaftlicher Theorien unterschieden und klassifiziert (Abbildung 1).[144]

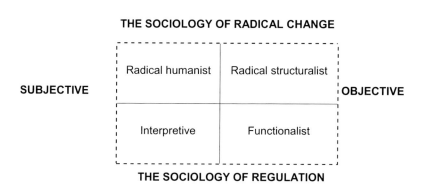

Abbildung 1: Four paradigms for the analysis of social theory[145]

Burrell und Morgan geben jedoch hinsichtlich den vier Paradigmen zu bedenken, dass "to understand the nature of all four is to understand four different views of society. They offer different ways of seeing. A synthesis is not possible, since in their pure forms they are contradictory (...) They are alternatives, in the sense that one can operate in different paradigms sequentially over time, but mutually exclusive, in the sense that one cannot operate in more than one paradigm at any given point in time, since in accepting the assumptions on one, we defy the assumptions of all the others."[146]

---

analysis, S. 10ff.; Reed, M. I., (1992): The sociology of organizations: Themes, perspectives and prospects, S. 253; Hassard, J., (1993): Sociology and organization theory. Positivism, paradigms and postmodernity, S. 66f.
[144] Grieger, J., (2004): Ökonomisierung in Personalwirtschaft und Personalwirtschaftslehre. Theoretische Grundlagen und praktische Bezüge, S. 114; vgl. hierzu im Überblick: Türk, K., (1989): Neuere Entwicklungen in der Organisationsforschung. Ein Trendreport, S. 17ff.; Hassard, J., (1991): Multiple paradigms and organizational analysis. A case study, In: OS, 12, S. 275ff.; Scherer, A. G., (1995): Pluralismus im strategischen Management, S. 137; Gioia, D. A./ Pitre, E., (1990): Multiparadigm perspectives on theory building, In: AMR, 15, S. 588ff.
[145] Burrell, G./ Morgan, G., (2008): Sociological paradigms and organizational analysis, S. 22.
[146] Ebd., S. 25.

Burrell und Morgan differenzieren zwischen dem radikal-humanistischen, dem radikal-strukturalistischen, dem funktionalistischen und dem interpretativen Paradigma. Die einzelnen Perspektiven schließen sich gegenseitig aus. Dies bedeutet, dass eine wissenschaftstheoretische Begründung über die unterschiedlichen Paradigmen hinweg abgelehnt wird, da die notwendigen Kriterien einem Paradigma entnommen werden müssen. Diese Unmöglichkeit, objektiv begründete Entscheidungen zwischen den Theorien zu treffen, wird als Inkommensurabilität bezeichnet. Mit der These wird folglich die Chance auf einen einheitlichen Rationalitätsbegriff und –standard aufgegeben. Theorien können damit ausschließlich an den Rationalitätskriterien des jeweiligen Paradigmas gemessen werden. Paradigmen beziehen sich demnach auf anerkannte Standards der Wissenschaftlichkeit innerhalb einer Wissenschaftsgemeinschaft, außerhalb dieser Gemeinschaft kann dagegen kein Anspruch auf unbedingte Gültigkeit beansprucht werden; unter Umständen wird dies sogar ausdrücklich abgelehnt.[147] Aufbauend darauf haben die Autoren die vorhandenen soziologischen und organisationstheoretischen Ansätze vier Paradigmen zugeordnet:

- Radikaler Humanismus
- Radikaler Strukturalismus
- Funktionalismus und
- Interpretatives Paradigma

Der radikale Humanismus

Der radikale Humanismus zielt auf das Kritisieren und Verändern von bestehenden Strukturen, um die Mitglieder sozialer Einheiten von Entfremdung, Ausbeutung, Unterdrückung und Bevormundung zu befreien. Das radikal humanistische Paradigma setzt sich also mit der Frage auseinander, "how reality is socially created and socially sustained but ties the analysis to an interest in what may be described as the pathology of consciousness, by which human beings become imprisoned within the bounds of the reality that they create and sustain. This perspective is

---

[147] Vgl. Grieger, J., (2004): Ökonomisierung in Personalwirtschaft und Personalwirtschaftslehre. Theoretische Grundlagen und praktische Bezüge, S. 110 und S. 116-117.

based on the view that the process of reality creation may be influenced by psychic and social processes which channel, constrain, and control the minds of human beings, in ways which alienate them from the potentialities inherent in their true nature as humans."[148]

Der radikal humanistische Ansatz versteht die bestehenden Strukturen als Ergebnis sozialer Konstruktionen, die insbesondere durch die subjektiven Konstruktionen der mächtigsten Akteure beeinflusst werden und dadurch zu einem faktischen Konsens zumindest an der Oberfläche der sozialen Phänomene beitragen. Burrell und Morgan betonen in diesem Zusammenhang, dass "one of the most basic notions underlying the whole of this paradigm is that the consciousness of man is dominated by the ideological superstructures with which he interacts, and that these drive a cognitive wedge between himself and his true consciousness. This wedge is the wedge of 'alienation' or 'false consciousness', which inhibits or prevents true human fulfillment."[149] Vor diesem Hintergrund zielen radikal humanistische Ansätze, in marxistischer Tradition stehend, auf die bereits angesprochene Kritik und Veränderung bestehender Verhältnisse.[150]

Der radikale Strukturalismus

Der radikale Strukturalismus interessiert sich insbesondere für sozialen Wandel. Die radikal strukturalistischen Ansätze orientieren sich häufig an den Arbeiten von Max Weber. Es wird die Forschungsperspektive verfolgt, dass objektive Strukturen der gesellschaftlichen Realität analysiert und kritisiert werden, um damit einen sozialen Wandel herbeizuführen.[151] Wandel bedeutet, dass ein fundamentaler Konflikt zwischen den sozialen Einheiten in tieferen Strukturen der Welt, bspw. im

---

[148] Morgan, G., (1980): Paradigms, metaphors and puzzle solving in organization theory, In: Administrative Science Quarterly, 25, S. 609.
[149] Burrell, G./ Morgan, G., (2008): Sociological paradigms and organizational analysis, S. 32.
[150] Vgl. Scherer, A. G., (2006): Kritik der Organisation oder Organisationen der Kritik? – Wissenschaftstheoretischer Bemerkungen zum kritischen Umgang mit Organisationstheorien, In: Organisationstheorien, Kieser, A./ Ebers, A., (Hrsg.), S. 37-38; Gioia, D. A./ Pitre, E., (1990): Multiparadigm perspectives on theory building, In: AMR, 15, S. 584-602; Grieger, J., (2004): Ökonomisierung in Personalwirtschaft und Personalwirtschaftslehre. Theoretische Grundlagen und praktische Bezüge, S. 115.
[151] Vgl. Grieger, J., (2004): Ökonomisierung in Personalwirtschaft und Personalwirtschaftslehre. Theoretische Grundlagen und praktische Bezüge, S. 115.

marktwirtschaftlichen System und in den Produktionsverhältnissen, jedoch nicht im Bewusstsein der Menschen angelegt ist. Der radikale Strukturalismus zielt auf das Verstehen, Erklären und Kritisieren seiner Ansicht nach objektiv gegebener Strukturen der sozialen Welt ab.[152] Entsprechend betont auch Morgan, dass "the reality defined by the radical structuralist paradigm, like that of the radical humanist, is predicated upon a view of society as a potentially dominating force. However, it is tied to a materialist conception of the social world, which is defined by hard, concrete, ontologically real structures. Reality is seen as existing on its own account independently of the way in which it is perceived and reaffirmed by people in everyday activities. This reality is viewed as being characterized by intrinsic tensions and contradictions between opposing elements, which inevitably lead to radical change in the system as a whole."[153] Dies bedeutet für die Untersuchung von Organisationen, dass die Vertreter dieses Ansatzes bspw. nicht mehr von Organisationskultur, sondern von Organisationsideologie sprechen und in ihrer Wahrnehmung von objektiv gegebenen Strukturen der sozialen Welt ausgehen, die es zu kritisieren und zu ändern gilt.[154]

Der Funktionalismus

Das funktionalistische Paradigma wird aktuell als das dominierende Paradigma in der sozialwissenschaftlichen Theoriebildung angesehen[155], ist jedoch durch seine darin enthaltenen Theorienströmungen als heterogen einzustufen. Die am kritischen Rationalismus orientierten Organisationstheorien fallen in diese Kategorie, auch – mit Abstrichen – die Systemtheorie. Im funktionalistischen Paradigma werden soziale Regelmäßigkeiten auf kausale Zusammenhänge untersucht. Das vorliegende Paradigma möchte den Status quo eines sozialen Systems (Gesellschaft, Organisation, etc.) erklären und erhalten. Es basiert auf einem objektiven Standpunkt. Die Vertreter dieses Ansatzes gehen entsprechend davon aus, dass

---

[152] Vgl. Scherer, A. G., (2006): Kritik der Organisation oder Organisationen der Kritik? – Wissenschaftstheoretischer Bemerkungen zum kritischen Umgang mit Organisationstheorien, In: Organisationstheorien, Kieser, A./ Ebers, A., (Hrsg.), S. 38.
[153] Morgan, G., (1980): Paradigms, metaphors and puzzle solving in organization theory, In: Administrative Science Quarterly, 25, S. 609.
[154] Vgl. Ochsenbauer, C./ Klofat, B., (1997): Überlegungen zur Paradigmatischen Dimension der Unternehmenskulturdiskussion in der Betriebswirtschaftslehre, In: Unternehmenskultur – Perspektiven für Wissenschaft und Praxis, Heinen, E./ Frank, M., (Hrsg.), S. 95.
[155] Vgl. zur relativen Dominanz des funktionalistischen Paradigmas: Gioia, D. A./ Pitre, E., (1990): Multiparadigm perspectives on theory building, In: AMR, 15, S. 586.

soziale Systeme reale Entitäten sind, die einerseits durch Kräfte erhalten werden und andererseits unabhängig von ihren Mitgliedern wirken und erforscht werden können. Nach Burrell und Morgan basiert das funktionalistische Paradigma auf der Annahme, "that society has a concrete, real existence, and a systemic character oriented to produce an ordered and regulated state of affairs. (…) Behavior is always seen as being contextually bound in a real world of concrete and tangible social relationships. The ontological assumptions encourage a belief in the possibility of an objective and value-free social science in which the scientist is distanced from the scene which he or she is analyzing through the rigor and technique of the scientific method."[156] Dem funktionalistischen Paradigma zuzuordnende Forschung ist also versucht, mittels empirischer Untersuchungen – insbesondere naturwissenschaftliche Methoden - Beziehungen zwischen den Kräften aufzudecken und zu erforschen. Die zentrale Annahme dieses Ansatzes basiert auf der Vorstellung einer unabhängig von den Akteuren wirkenden Ordnung sozialer Systeme. Burrell und Morgan weisen daneben daraufhin, dass die Ansätze des funktionalistischen Paradigmas sehr pragmatisch orientiert und versucht sind, „to understand society in a way which generates knowledge which can be put to use." Sie sind also oftmals problemorientiert, denn sie wollen verwendbare Lösungen für auftretende Probleme. Daneben sind sie fest "committed to a philosophy of social engineering as a basis of social change and emphasizes the importance of understanding order, equilibrium and stability in society and the way in which these can be maintained. It is concerned with the effective ´regulation´ and control of social affairs."[157] Das Ziel ist damit das Formulieren von generellen Prinzipien zur Thematik: ´Der Beitrag von Strukturen für das Überleben von Organisationen´.[158]

---

[156] Morgan, G., (1980): Paradigms, metaphors and puzzle solving in organization theory, In: Administrative Science Quarterly, 25, S. 608.
[157] Burrell, G./ Morgan, G., (2008): Sociological paradigms and organizational analysis, S. 26.
[158] Vgl. Scherer, A. G., (2006): Kritik der Organisation oder Organisationen der Kritik? – Wissenschaftstheoretischer Bemerkungen zum kritischen Umgang mit Organisationstheorien, In: Organisationstheorien, Kieser, A./ Ebers, A., (Hrsg.), S. 35-36; Grieger, J., (2004): Ökonomisierung in Personalwirtschaft und Personalwirtschaftslehre. Theoretische Grundlagen und praktische Bezüge, S. 115.

Das interpretative Paradigma

Das interpretative Paradigma basiert auf der Annahme, "that the social world has a very precarious ontological status, and that was passes as social reality does not exist in any concrete sense, but is the product of the subjective and inter-subjective experience of individuals."[159] Grundlage für das interpretative Paradigma ist demnach die Annahme, dass soziale Realitäten nicht als ´harte Fakten´ gegeben sind, vielmehr müssen sie von den Mitgliedern einer Gemeinschaft konstruiert und interpretiert werden. Soziale Einheiten werden in diesem Sinne nicht als gegenständliche Einheiten, sondern als durch das Handeln der Akteure entstehende Bedeutungen und Regeln verstanden.[160] „The interpretive social theorist attempts to understand the process through which shared multiple realities arise, are sustained, and are changed. (…) Science is viewed as a network of language games, based upon sets of subjectively determined concepts and rules, which the practitioners of science invent and follow."[161] Die soziale Wirklichkeit wird demnach als durch Interpretationshandlungen konstituierte Realität begriffen. Dies bedeutet, dass die gesellschaftlichen Zusammenhänge als das Resultat eines interpretationsgeleiteten Interaktionsprozesses zwischen Gesellschaftsmitgliedern verstanden wird und nicht als objektiv vorgegebene und erklärbare soziale Tatbestände.[162] Die Annahmen unterlegen die Anlehnung der vorliegenden Forschungsarbeit hinsichtlich der erkenntnisleitenden Theorie am interpretativen Paradigma. Schließlich ist mittels teilnehmender Beobachtung und qualitativen Interviews der Versuch unternommen worden, die subjektiven Sinngehalte der Akteure zu erfragen. So sind weniger die objektiv beobachtbaren und instrumentell einsetzbaren Symbole, als vielmehr die subjektiv wahrgenommenen und interpretierbaren Phänomene, welche Sinn gestiftet haben, im Vordergrund der vorliegenden Untersuchung gestanden. Soziale Phänomene werden entsprechend als Konzepte verstanden, die den Akteuren Sinnzuschreibungen ermöglichen. Dies bedeutet in weiterer Folge, dass Individuen nicht einer bestimmten, außerhalb von ihnen existierenden Realität leben, sondern

---

[159] Morgan, G., (1980): Paradigms, metaphors and puzzle solving in organization theory, In: Administrative Science Quarterly, 25, S. 608-609.
[160] Vgl. Scherer, A. G., (2006): Kritik der Organisation oder Organisationen der Kritik? – Wissenschaftstheoretischer Bemerkungen zum kritischen Umgang mit Organisationstheorien, In: Organisationstheorien, Kieser, A./ Ebers, A., (Hrsg.), S. 36; „Society is understood form the standpoint of the participant in action rather than the observer."- Morgan, G., (1980): Paradigms, metaphors and puzzle solving in organization theory, In: Administrative Science Quarterly, 25, S. 608-609.
[161] Morgan, G., (1980): Paradigms, metaphors and puzzle solving in organization theory, In: Administrative Science Quarterly, 25, S. 608-609.
[162] Vgl. Lamnek, S., (2005): Qualitative Sozialforschung. Lehrbuch, S. 272 und S. 34.

sich ihre Realität selbst konstruieren, „indem sie bestimmten Situationen, die sie erfahren, reflexiv Bedeutung zuschreiben. Dieselben Symbole können dabei für verschiedene Individuen unterschiedliche Bedeutung haben, da sie in unterschiedlicher Weise zur Konstruktion von Sinn gebraucht werden."[163]

Die Ergebnisse des Forschungsvorhabens können daher weniger nach einem Wahrheitskriterium beurteilt werden, schließlich kann der Forscher keine objektiv beobachtbare und beschreibbare soziale Realität entdecken. Eine Wirklichkeitskonstruktion kann entsprechend nicht als richtig oder falsch angesehen werden.[164] Das Verständnis impliziert, dass "das, was in organisierten Sozialsystemen als Wirklichkeit erlebt und woran das Handeln orientiert wird, was also die 'Verhältnisse', die 'Ziele', die 'Probleme' usw. ausmacht, durch soziales Handeln (Interaktion) der Mitglieder herbeigeführt"[165] wird. Dies kann jedoch nur aufrecht erhalten werden, wenn es eine fortgesetzte Interaktion gibt, was wiederum bedeutet, dass es jenseits von Interaktionen und Interpretationen keine Wirklichkeit geben kann.[166] Die Erkenntnisse sind gerade im Hinblick auf die Ergebnisse der empirischen Untersuchung und damit für deren 'Inhalte und Aussagen' interessant, wie die nachfolgenden Ausführungen zur qualitativen Sozialforschung zeigen werden.

---

[163] Lang, R./ Winkler, I./ Weik, E., (2001): Organisationskultur, Organisationaler Symbolismus und Organisationaler Diskurs, In: Moderne Organisationstheorien 1. Handlungsorientierte Ansätze, Weik, E./ Lang, R., (Hrsg.), S. 235.
[164] Vgl. Kößler, M., (2000): Organisation, Umwelt, Konstruktivismus – zur Bedeutung des Social Constructionist Paradigmas für die Organisationstheorie, S. 41.
[165] Wollnik, M., (1995): Interpretative Ansätze in der Organisationstheorie, In: Organisationstheorien, Kieser, A., (Hrsg.), S. 308.
[166] Vgl. Wollnik, M., (1995): Interpretative Ansätze in der Organisationstheorie, In: Organisationstheorien, Kieser, A., (Hrsg.), S. 308.

3. Die qualitative Sozialforschung

Das Ziel des Forschungsvorhabens hat darin bestanden, „die Prozesse zu rekonstruieren, durch die die soziale Wirklichkeit in ihrer sinnhaften Strukturierung hergestellt"[167] worden ist. Es ist also der Versuch unternommen worden, mittels teilnehmender Beobachtung und qualitativer Interviews, Ergebnisse zum Phänomen Vertrauen zu generieren. In den nachfolgenden Ausführungen wird entsprechend das Forschungsverständnis, die Herangehensweise, die eingesetzten Verfahren der qualitativen Sozialforschung und die Auswertungsmethode GABEK ® vorgestellt, kritisch diskutiert und deren Chancen und Grenzen aufgezeigt.

3.1. Das Forschungsverständnis

Das Ziel des Forschungsvorhabens ist es, eine Beschreibung dafür zu bieten, was die Menschen in der untersuchten Organisation zur Zeit der Veränderungsprozesse hinsichtlich des Phänomens Vertrauen wahrgenommen und subjektiv interpretiert haben. Der Forscher[168] strebt mit dieser Arbeit also nicht an, ein normatives System von Vertrauen zu schaffen, auch keine Möglichkeit der einfachen Duplikation. Die Interviews sollen in diesem Sinne einen zumindest kurzen und keinesfalls vollständigen Blick auf die eingefahrenen Denkgewohnheiten, die Interpretationsinhalte und –muster der Befragten im Hinblick auf die aus ihrer Sicht erlebten Veränderungsprozesse und den Forschungsgegenstand Vertrauen ermöglichen. Auch sollen die Vorstellungen von Logik bei den Befragten, die längst zur Gewohnheit oder nicht mehr wahrgenommen werden, aufgezeigt werden. In diesem Zusammenhang gilt es zu beachten, dass Organisationen keineswegs - in Anlehnung an Heinz von Foerster – als triviale Maschinen zu betrachten sind, schließlich sind sie durch Freundschaften und Feindschaften, von Gunst und Gemeinheiten, von Ambivalenzen und Paradoxien, von Komplexität und Simplifizierungen und von Vertrauen und Misstrauen gekennzeichnet. Die nachfolgenden Beschreibungen sind daher „weniger und mehr als die Wirklichkeit",

---

[167] Lamnek, S., (2005): Qualitative Sozialforschung. Lehrbuch, S. 32-33.
[168] Der Autor bezeichnet sich in der vorliegenden Forschungsarbeit selbst als Forscher. Die Auswahl des Begriffs basiert auf der Annahme, dass der Autor während des Forschungsprojekts die Rolle eines Forschers eingenommen hat und sich damit als jemanden sieht, der auf einem bestimmten Gebiet wissenschaftlich arbeitet, also forscht. Der Begriff Forscher soll dagegen nicht dazu dienen, den geschilderten Ergebnissen einen allzu leicht entstehenden trügerischen und verführerischen Schein von Objektivität zu geben.

die gerade beschrieben wird. „Weniger, weil sie immer selektiv ist, mehr, weil sie genau diese Selektivität und ihre Interpretationsnotwendigkeit in die Welt bringt."[169]

Das qualitative Grundverständnis der Forschungsarbeit basiert demnach auf der Idee: Wie kann ich wissen, was die Befragten denken, bis ich höre, was sie sagen. Der Forscher geht also davon aus, dass das Phänomen Vertrauen nicht nur auf Denken beschränkt ist, sondern auch auf Emotionen und Handlungen basiert und/ oder beeinflusst wird. Eine weitere hierzu passende Spruchweisheit lautet: 'Ich werde es sehen, wenn ich es glaube'. Glaube wird in diesem Zusammenhang als Ursachenkarte definiert.[170] Dies bedeutet, dass die Organisationsmitglieder der Welt Ursachenkarten auferlegen; danach sehen sie, was sie ihr zuvor auferlegt haben. Der Glaube hat das Sehen kontrolliert, das Sehen seinerseits beeinflusst weitere Glaubensvorstellungen; dies wiederum bedeutet weitere Zwänge für das Sehen.[171] Aufbauend auf dem Verständnis wird es ein Ziel des Forschungsvorhabens sein, die Leser mit einer Menge von geäußerten Glaubensvorstellungen in der untersuchten Organisation hinsichtlich des Forschungsgegenstandes Vertrauen auszurüsten, damit sie zumindest einiges von dem sehen, wovon die Rede ist.

Auch werden sie beim Lesen möglicherweise auf Inhalte stoßen, die sie schon immer zu wissen geglaubt haben oder schon immer wissen wollten. Übernehmen sie nichts ungeprüft, sondern hinterfragen, reflektieren sie Inhalte und Aussagen. Eine Hilfe bietet folgende Leitfrage, die auch für das vorliegende qualitative Forschungsvorhaben gilt: „Wie denkt einer, wenn er so denkt, wie er denkt?"[172] Aufbauend darauf ist die Frage „Wie denkt einer, wenn er so denkt, wie er denkt?"[173]

---

[169] Kappler, E., (2006): Controlling. Eine Einführung für Bildungseinrichtungen und andere Dienstleistungsorganisationen, S. 164.
[170] Unter Ursachenkarten versteht Weick, dass „festgehaltene Inhalte in Formen organisiert und gespeichert werden. (...) Sie fassen Kovariationen zwischen etikettierten Teilen einer vorher mehrdeutigen Vorlage zusammen." - Weick, K. E., (1985): Der Prozess des Organisierens, S. 196-197.
[171] Vgl. Weick, K. E., (1985): Der Prozess des Organisierens, S. 196-197.
[172] Kappler, E., (2006): Controlling. Eine Einführung für Bildungseinrichtungen und andere Dienstleistungsorganisationen, S. 21; vgl. Kappler, E., (1994): Theorie aus der Praxis – Rekonstruktion als wissenschaftlicher Praxisvollzug der Betriebswirtschaftslehre, In: Das Theorie-Praxis-Problem der Betriebswirtschaftslehre, Wolf, F., (Hrsg.), S. 45.
[173] Kappler, E., (2006): Controlling. Eine Einführung für Bildungseinrichtungen und andere Dienstleistungsorganisationen, S. 21; vgl. Kappler, E., (1994): Theorie aus der Praxis –

nicht nur im Hinblick auf die Person des Forschers und dessen Forschungsverständnis, sondern auch in Bezug auf die vorgestellten Ergebnisse interessant. So bietet die Forschungsarbeit eine Anregung, über Veränderungsprozesse in Unternehmen und das Phänomen Vertrauen nachzudenken.[174] Für den Forscher hat dies bedeutet, dass er, indem er die aufmerksame Zuwendung auf die Erlebnisse vollzogen hat, in einem Akt der Reflexion, aus dem Strom der reinen Dauer und damit aus dem schlichten Dahinleben des Flusses herausgetreten ist. Die Erlebnisse sind also nicht nur erfasst und herausgehoben, sondern auch differenziert und abgegrenzt worden. Dies bedeutet, dass die Erlebnisse, welche sich im Erleben phasenweise konstituiert haben, nun als konstituierte Erlebnisse in den Blick genommen werden. Was sich phasenweise aufgebaut hat, wird entsprechend als ´fertiges´ Erlebnis von all den anderen Erlebnissen scharf abgegrenzt.[175] So hat der Forscher Netzwerkgraphiken, Gestaltenbäume und Assoziationsgraphen mit der Absicht ausgearbeitet und eingesetzt, um etwas zu finden, was zumindest einen Teil der Organisation erfasst und andere vielleicht übersehen haben. Die Wahl dieses Vorgehens gründet sich darauf, dass die Leser schließlich mit etwas ´Handfestem´ konfrontiert werden, an dem sie ihre kontrastierenden Argumente schärfen können.[176]

Rekonstruktion als wissenschaftlicher Praxisvollzug der Betriebswirtschaftslehre, In: Das Theorie-Praxis-Problem der Betriebswirtschaftslehre, Wolf, F., (Hrsg.), S. 45.
[174] Viele Leser hätten sich allenfalls mehr Details oder sogar eine umfassende Darstellung des Phänomens Vertrauens gewünscht, dies hätte den Umfang der Arbeit weit überstiegen.
[175] Schütz, A., (1960): Der sinnhafte Aufbau der sozialen Welt, S. 49.
[176] Vgl. Weick, K. E., (1985): Der Prozess des Organisierens, S. 43; hierzu auch: vgl. Mol, H., (1971): The dysfunction of sociological knowledge, American Sociologist, 6, S. 221-223; Chaftez, J. S., (1970): A brief and informal essay in the social-psychology of sociology, In: Sociological focus 4, 2, S. 53-60; Ziman, J. M., (1970): Some pathologies of the scientific life, In: Advancement of science, 27, S. 1-10; Graves, R., (1970): The human toll of science, In: Science, 168, S. 96; Merton, R. K., (1969): Behavior patterns of scientists, In: American Scientist, 57, S. 1-23; Mitroff, I. I., (1974): Norms and counter-norms in a select group of the Apollo moon scientist: A case study of the ambivalence of scientist, In: American sociological review, 39, S. 579-595; Weisskopf-Joelson, E., (1971): Some comments on the psychology of the psychologist, In: Journal of psychology, 78, S. 95-113.

3.2. Die Herangehensweise

Die teilnehmende Beobachtung und die qualitativen Interviews haben einen sensiblen Zugang zum Untersuchungsfeld erfordert, schließlich wollte der Forscher im Unternehmen nicht den Eindruck eines Störfaktors hinterlassen. Aufbauend darauf sind genauere Vorüberlegungen zur Vorgehensweise nicht nur als sinnvoll, sondern als notwendig erachtet worden; die qualitative wissenschaftliche Erkenntnisgewinnung hat es aus diesem Grund erforderlich gemacht, folgende Grundprämissen in die Vorgehensweise mit einzubeziehen.

3.2.1. Teilnehmende Beobachtung als aktives Handeln des Forschers

Hat die eigentliche Beobachtungsphase im Untersuchungsfeld begonnen, fällt diese mit dem aktiven Handeln des Forschers zusammen.[177] Indem der Forscher teilnimmt, hat er sich sprachlich und handelnd auf die Situation eingelassen. Dabei gewinnt er, gezielt oder nicht gezielt ist hier nicht die Frage, handlungsrelevante Informationen.[178] Der Forscher hat im Laufe des Projekts besonders darauf geachtet, dass er sich als Beobachter in einer nur verkürzten Form zu einem Weisen im Sinne Goffman's entwickelt hat. „Ein Weiser ist (...) jemand, der sich unreflektiert positiv mit einer (meist marginalen) Gruppe identifiziert und diese patronisiert."[179] Die Phase zum Weisen ist einerseits in einem gewissen Maße erforderlich gewesen, da sie wesentlicher Bestandteil für eine angemessene Beobachtung ist. Andererseits hätte eine zu starke Ausprägung zu einer (Über)-identifikation führen können, dies aufgrund der Tatsache, dass der Forscher sowohl Beobachter als auch Teilnehmer ist und im konkreten Fall nur schwer zwischen den einzelnen Rollen differenzieren kann. Eine starke berufliche Identität hinsichtlich der Rolle als Forscher hat dazu beigetragen, dass die Phase des Weisen nur verkürzt gewesen ist und damit keine zu ausgeprägte Identifizierung mit dem Untersuchungsfeld stattgefunden hat. In diesem Sinne ist auch eine Rollenreflexion, da methodisch bedeutsam, ein ständiger 'Begleiter' gewesen, denn sie hat dazu beitragen, die Forscheridentität zu stärken.[180]

---

[177] Vgl. Mayring, P., (2002): Einführung in die Qualitative Sozialforschung, S. 82.
[178] Vgl. Merkens, H., (2007): Teilnehmende Beobachtung: Grundlagen – Methoden – Anwendung, In: Teilnehmende Beobachtung in interkulturellen Situationen, Hess, R./ Weigand, G., (Hrsg.), S. 24.
[179] Dechmann, M., (1978): Teilnahme und Beobachtung als soziologisches Basisverhalten, S. 177.
[180] Vgl. Lamnek, S., (2005): Qualitative Forschung, S. 627-628.

3.2.2. Konkurrenzsituation Forschungsrolle und Forschungsabsicht

Gerade bei der teilnehmenden Beobachtung können Forscher und Beforschte die Grenzen zwischen sozialer Interaktion und Forschungsintention verwischen, dies kann zum Aufbau sozialer Beziehungen führen und eine Konkurrenzsituation zwischen Forschungsrolle und Forschungsabsicht schaffen. So ist sich der Forscher im Laufe des Forschungsvorhabens auch ethischen Aspekten gegenübergestanden. Ein Interviewter hat den Forscher mit der Forderung nach einer unmittelbaren Verbesserung der Situation konfrontiert. Die wissenschaftliche Literatur hat auf diese Gesichtspunkte keine allgemeine oder abschließende Antwort, vielmehr wird darauf verwiesen, dass es an der individuellen Verantwortung des Forschers liegt.[181] Der Forscher hat in diesem Sinne auf die Präsentation der Untersuchungsergebnisse in den drei Workshops und den dafür geschaffenen Rahmen eines gemeinsamen Diskurses verwiesen.

3.2.3. Erfassung aller Daten

Der Forscher weist ausdrücklich darauf hin, dass durch die verwendeten Methoden nicht alle Phänomene in einer Situation beobachtbar sind.[182] Die Komplexität des Beobachtungsfeldes und die Zahl der im Untersuchungsfeld agierenden Personen in verschiedenen Situationen sind hierfür viel zu vielfältig, als dass das gegenwärtige Wissen der Befragten ausreichen würde, um ihre Interaktionen und Beziehungen genau festzuhalten. Im Sinne einer Überschaubarkeit und Begrenztheit des Untersuchungsfeldes hat der Forscher, trotz oder gerade wegen des Anspruchs einer umfassenden Erfassung von Vielschichtigkeit und Komplexität der interagierenden Akteure im untersuchten sozialen System, nur die Ergebnisse eines Unternehmens einfließen lassen.[183] Das Forschungsvorhaben ist daher hinsichtlich des eigenen Forschungsanspruchs mehr an ′Tiefe′ als ′Breite′ interessiert gewesen.

---

[181] Vgl. Atteslander, P., (2003): Methoden der empirischen Sozialforschung, S. 117.
[182] Vgl. Flick, U., (1995): Qualitative Forschung. Theorie, Methoden, Anwendung in Psychologie und Sozialwissenschaften, S. 164.
[183] Vgl. Friedrichs, J./ Lüdtke, H., (1973): Teilnehmende Beobachtung. Einführung in die sozialwissenschaftliche Feldforschung, S. 27.

3.2.4. Flexibilität und Offenheit

In jedem Interviewkontext können die Interviewer mit anderen Situationen konfrontiert sein, daher ist der Forscher versucht gewesen, möglichst flexibel auf spontane Äußerungen oder überraschende Reaktionen und damit unvorhergesehene Situationsänderungen zu reagieren. Die Kommunikation und Interaktion zwischen Interviewten und Forscher und der mögliche Einfluss dieser Interaktionsbeziehung auf das Ergebnis der Untersuchung sind daher weniger als Störgröße, sondern als ein konstitutiver Bestandteil des Forschungsvorhabens angesehen worden.[184] Den Kritikern der quantitativen Sozialforschung verdanken wir in diesem Zusammenhang die Erkenntnis, „dass der komplexe und prozessuale Kontextcharakter der sozialwissenschaftlichen Forschungsgegenstände kaum durch normierte Datenermittlung zu erfassen ist, vielmehr situationsädaquate, flexible und die Konkretisierung fördernde Methoden notwendig sind"[185].

3.2.5. Validität

Der Forscher hat die Überzeugung, dass die Erfassung von Informationen zum Forschungsgegenstand nicht in einer künstlichen Versuchsanordnung, sondern im natürlichen Lebensraum der Interviewten zu erfolgen hat. Die Nähe zum Gegenstand ist gerade in der qualitativen Sozialforschung nicht nur von besonderer Bedeutung, sondern ein methodologisches Grundprinzip.[186] Die Ausrichtung des Forschungsvorhabens ist entsprechend auf die natürliche Lebenswelt der Akteure ausgerichtet gewesen und bei der Ausarbeitung des Fragekatalogs berücksichtigt worden.

3.2.6. Reflexivität

Im interpretativen Paradigma nach Burrell und Morgan wird der Bedeutung von menschlichem Verhalten eine prinzipielle Reflexivität unterstellt, ob sie nun verbaler (Sprechakte, Symbole, etc.) oder nonverbaler Natur (Gesten, etc.) sind. Dies

---

[184] Vgl. Lamnek, S., (2005): Qualitative Sozialforschung. Lehrbuch, S. 22.
[185] Witzel, A., (1982): Verfahren der qualitativen Sozialforschung. Überblick und Alternativen, S. 10.
[186] Vgl. Mühlfeld, C./ Windolf, P./ Lampert, N./ Krüger, H., (1981): Auswertungsprobleme offener Interviews, In: Soziale Welt, (1981): 32, Nr. 3, S. 325-352.

bedeutet, dass auch in der vorliegenden Arbeit die Bedeutung der Ergebnisse kontextgebunden sind und die „Bedeutung eines Handelns oder eines sprachlichen Ausdrucks nur durch den Rekurs auf den symbolischen oder sozialen Kontext seiner Erscheinung verständlich"[187] ist.

Aufbauend auf den Erkenntnissen hat sich der Forscher in seinem Vorgehen an den Vorschlägen von Atteslander orientiert.

- Ständige Selbstreflexion über sich und die Forschungsabsichten
- Im Zweifel für die Forschungsbeteiligten
- Offenheit für Menschen und Kulturen
- Achtung der Selbstbestimmungsrechte anderer
- Mögliche Folgen von Veröffentlichungen bedenken und mit Forschungsanliegen abwägen[188]

---

[187] Lamnek, S., (2005): Qualitative Sozialforschung. Lehrbuch, S. 24.
[188] Atteslander, P., (2003): Methoden der empirischen Sozialforschung, S. 118.

3.3. Verfahren qualitativer Analyse

3.3.1. Teilnehmende Beobachtung

Die teilnehmende Beobachtung wird als Standardmethode der Feldforschung angesehen, dabei ist der Beobachter ein Teil der sozialen Situation. So hat der Forscher in direktem persönlichen Kontakt und Beziehung zu den Beobachteten gestanden und hat in der Zeit des Forschungsvorhabens an der natürlichen Lebenssituation der Interviewten partizipiert. Der Forscher hat durch die Vorgehensweise eine Innenperspektive auf das Untersuchungsfeld bekommen. Auch ist das Verfahren gewählt worden, da davon ausgegangen worden ist, dass der Forschungsgegenstand Vertrauen nur durch dieses Vorgehen erschließbar und von außen zugänglich ist.[189] Die teilnehmende Beobachtung hat also das Ziel gehabt, die alltäglichen Praktiken der Akteure, mit denen sie eine für sie subjektiv sinnhaft soziale Wirklichkeit herstellen, zu untersuchen. Es sollen die subjektiven Bedeutungen, mit denen die Akteure ihr Handeln verbinden, offengelegt und in ihrer Bedeutung dargestellt und bewertet werden.[190] Die Zielsetzung besteht in der Rekonstruktion von Handlungsgründen, Erklärungen und Absichten aus Handlungen durch kommunikative Interaktion mit den Handelnden[191]. Die Herangehensweise „kann als methodisch kontrolliertes Fremdverstehen bezeichnet werden."[192]

Die teilnehmende Beobachtung hat sich – wie bereits angesprochen - durch die unmittelbare Beteiligung des Beobachters an sozialen Prozessen im sozio-kulturellen System des Untersuchungsfeldes ausgezeichnet. Der Forscher hat im Unternehmen eine Rolle übernommen und ist während der Zeit des Forschungsvorhabens, ob gewollt oder nicht, Mitglied des Systems geworden.[193] Der Forscher hat im

---

[189] Vgl. Mayring, P., (2002): Einführung in die Qualitative Sozialforschung, S. 80; Flick, U./ Kardorff, E. v./ Keupp, H./ Rosenstiel, L. v./ Wolff, S., (1991): Handbuch qualitativer Sozialforschung, S. 189ff.; weitere Literatur hierzu: Girtler, R., (1984): Methoden der qualitativen Sozialforschung. Anleitung zur Feldarbeit; Burgess, R. C., (1984): In the field. An introduction to field research; Aster, R./ Merkens, H./ Repp, M., (1989): Teilnehmende Beobachtung. Werkstattberichte und methodologische Reflexion;
[190] Vgl. Mikos, L., (2005): Teilnehmende Beobachtung, In: Qualitative Sozialforschung – Ein Handbuch, Mikos, L./ Wegener, C., (Hrsg.), S. 318.
[191] Vgl. Köckeis-Stangl, E., (1980): Methoden der Sozialisationsforschung, In: Handbuch der Sozialisationsforschung, Hurrelmann, K./ Ulich, D., (Hrsg.), S. 348.
[192] Lamnek, S., (2005): Qualitative Sozialforschung, Lehrbuch, S. 547.
[193] Vgl. Mayntz, R./ Holm, K./ Hübner, P., (1978): Einführung in die Methoden der empirischen Soziologie, S. 100.

Untersuchungsfeld im Hinblick auf den Forschungsansatz in der Rolle als Forscher im sozialen System teilgenommen. So offensichtlich die Rolle des Forschers für die Organisationsmitglieder gewesen ist, bedeutet dies nicht und dies trotz Präsentation des Forschungshabens am Firmentag, dass die Befragten über die vollständigen Ziele der Studie informiert gewesen sind. Die theoretischen Konzepte in der Vertrauensforschung sind einerseits für eine kurze Vorstellung zu komplex und zu differenziell gewesen. Anderseits ist der Forscher darauf bedacht gewesen, die Vertrauensthematik nicht ausdrücklich als Untersuchungsgegenstand anzusprechen, damit nicht voreilig die Beobachtungssituationen beeinflusst werden.[194] Die Vorgehensweise hat einen ungehinderten und unmittelbaren Kontakt zu den Systemmitgliedern und damit einen tiefen Einblick in deren konkretes Verhalten und konstruiertes Sinnverständnis auch hinsichtlich des Phänomens Vertrauen ermöglicht.[195]

Abschließend wird betont, dass teilnehmende Beobachtung in der Regel für aussagekräftige Ergebnisse nicht ausreicht, deswegen sind im vorliegenden Forschungsvorhaben hinsichtlich Methodenpluralität in der Ethnographie[196] 25 qualitative Interviews geführt, wörtlich transkribiert und mit der Methode GABEK, ausgewertet worden. Das nachfolgende Kapitel zu den qualitativen Interviews befasst sich eingehend mit der Thematik.

3.3.2. Die qualitativen Interviews

3.3.2.1. Das analysierte Unternehmen SACOL

Das Fallunternehmen SACOL (Solution for Automation and Control) ist ein Dienstleistungs- und Handelsunternehmen und hat zur Zeit des Projkts in Österreich 50 Mitarbeiter beschäftigt und zwei Tochtergesellschaften in Irland und Tschechien (mit einem 50 %igen Gesellschafteranteil) betrieben. In den letzten Jahren hat es eine Vielzahl von Veränderungen im Unternehmen gegeben. So hat im

---

[194] Vgl. Lamnek, S., (2005): Qualitative Sozialforschung, Lehrbuch, S. 560-561.
[195] Vgl. Mayntz, R./ Holm, K./ Hübner, P., (1978): Einführung in die Methoden der empirischen Soziologie, S. 100.
[196] Vgl. Mikos, L., (2005): Teilnehmende Beobachtung, In: Qualitative Sozialforschung – Ein Handbuch, Mikos, L./ Wegener, C., (Hrsg.), S. 318.

Jahr 2003 der Sohn des Gründers die Führung des Unternehmens übernommen, wobei dieser bereits seit 1994 im Unternehmen gearbeitet hat. Desweiteren hat sich das Fallunternehmen von einem langjährigen Lieferanten nach äußerst hart und offen geführten, internen und externen Diskussionen, die auch durch verhandlungsstrategische Manöver geprägt gewesen sind, getrennt. Bei diesem Prozess sind völlig differenzielle Vorstellungen über die weitere strategische Ausrichtung des Unternehmens massiv erkennbar geworden. Die Folge ist eine Auseinandersetzung zwischen dem erst vor kurzem eingesetzten Geschäftsführer und den Mitgliedern des erweiterten Führungsgremiums auf der einen, und einer Gruppe von langjährigen Mitarbeitern in ihrer Rolle als informelle Führer auf der anderen Seite gewesen. Die Unklarheiten zur strategischen Ausrichtung haben nicht nur zu einem Richtungsstreit im Unternehmen geführt, sondern auch zu Unsicherheit. Das Unternehmensklima hat sich in der Folge insoweit verschlechtert, dass einige Mitarbeiter das Unternehmen verlassen haben.

Ein weiterer wichtiger Faktor im Unternehmen ist das Modell einer Mitarbeiterbeteiligung in Form einer stillen Gesellschaft (das SACOL MitUnternehmerModell). Jede Mitarbeiterin und jeder Mitarbeiter wird nach einer gewissen Zeit - zumeist 2 Jahre - eingeladen, als stiller Gesellschafter am Unternehmenserfolg teilzuhaben. Das Mitunternehmermodell soll dazu beitragen, dass die Mitarbeiter eigenverantwortlicher arbeiten, entsprechend sind die Mitunternehmer auch im Kundenkontakt entscheidungsbefugt und arbeiten verbindlich. Sie sollen sich dabei auf den Bereich beschränken, in dem sie sich sicher fühlen. Bei Unklarheiten können sie sich, so die Vorstellung, auf die Unterstützung durch ihren Abteilungsverantwortlichen verlassen. Selbstbestimmung statt Fremdbestimmung soll im Vordergrund stehen, denn es sollen neue Erfahrungen und neues Wissen gesammelt werden. In gemeinsamen, regelmäßig stattfindenden Sitzungen soll es anschließend zu einer offenen Thematisierung und Reflexion hinsichtlich der gemachten Erfahrungen kommen.

Der Wunsch nach Offenheit ist daneben ausgeprägt, so sind die Unternehmensdaten, wie Einkaufspreise, Kalkulationsfaktoren, Umsatzzahlen und

Deckungsbeitrag, als auch Kunden- und Projektdaten, jederzeit von allen Mitarbeitern einsehbar. Eine Basis hierfür ist das vernetzte Computersystem. Schließlich sollen die Kunden stets auf ´informierte´ Ansprechpartner treffen, die verbindliche Aussagen machen können. Bei Bedarf sollen die internen Kalkulationen dem Kunden offen gelegt werden, denn SACOL möchte auf faire Preisgestaltung setzen. Jeder ist gefordert, unternehmerisch zu denken und zu handeln, Aufgaben zielgerichtet zu lösen und in seinem Bereich laufend Verbesserungen einzuführen. So können Mitarbeiter ihren Arbeitsplatz frei gestalten und selbst entscheiden, ob sie bspw. einen neuen Drucker fürs eigene Büro brauchen oder nicht. Mitunternehmer haben zudem im Geschäftsjahr Euro 720,-- (Stand: Jahr 2005) zur Unterstützung von sozialen und karitativen Initiativen zur Verfügung.

Kritik soll im Unternehmen als etwas Konstruktives wahrgenommen werden, das sowohl der persönlichen als auch der unternehmerischen Weiterentwicklung hilft. Entscheidend hierfür ist die „Art des Kritik Übens", denn dies soll sachlich und fair, nicht persönlich und verletzend sein. Die Abteilungsverantwortlichen sollen hierfür eine Vorbild- und Integrationsfunktion übernehmen. Konflikte sollen also nicht ignoriert, sondern angesprochen und gemeinsam aufgearbeitet werden. Die Organisation soll dadurch anpassungsfähiger und damit flexibler für Veränderungen und Innovationen werden. Sorgen und Ängste – als natürliche Begleiter bei Veränderungsprozessen – sollen daneben frühzeitig reduziert und abgelegt werden.[197]

Die vorgestellten Ausführungen zum MUM und zur Unternehmensphilosophie basieren auf Unterlagen, die vom MUM Initiator - dem Unternehmensgründer – in Zusammenarbeit mit dem Institut für Markentechnik (Genf) ausgearbeitet worden sind. Dass Theorie und Praxis, Wunsch und Wirklichkeit auseinanderliegen können, werden die geschilderten Erlebnisse und Erfahrungen der Interviewten vor oder während des Forschungsprojekts deutlich zeigen. Das Forschungsprojekt hat in der Zeit von Entstehungs- und Eskalationsphase der Veränderungsprozesse stattgefunden. Eine schwierige Zeit für das Unternehmen, Mitarbeiter und

---

[197] Vgl. SACOL MitUnternehmerModell

Führungskräfte, doch ein Glücksfall für das Forschungsprojekt – die Phänomene Vertrauen und Misstrauen sind offen und kritisch von den Interviewten thematisiert worden.

3.3.2.2. Das Setting

Die Ausgangslage für die Untersuchung ist die Annahme, dass sich menschliches Handeln – im Vergleich zu natürlichen Prozessen – nicht durch Kausalitäten erklären lässt, sondern durch die Finalität des Menschen, d.h. durch deren Absichten, Motive und Ziele. Dieser Umstand erschwert die Prognose und das Erklären menschlichen Handelns.[198]

Der Einsatz von deduktiven Methoden (die Aufstellung und das Testen von Hypothesen, das Erklären im Sinn der Anwendung des eigenen Modells zur Beschreibung der Welt), wie in den Naturwissenschaften häufig angewandt, greift oft zu kurz. So ist der Versuch unternommen worden, das Untersuchungsfeld anhand induktiver Methoden (z. B. durch Einzelfallanalysen - Beschreiben, Verstehen und Interpretieren) zu analysieren, um aussagekräftige wissenschaftliche Erkenntnisse zu generieren.[199]

Grundlage für die linguistische Analyse ist das verbale Datenmaterial der Interviews. Die Interviews sind mit Hilfe eines digitalen Diktiergerätes aufgezeichnet worden. Die Interviewten haben dabei üblicherweise in Dialekt gesprochen, dies ist zwecks besseren Verständnisses in das Hochdeutsche übertragen worden. Auch Gläser und Laudel betonen in diesem Zusammenhang, dass eine Tonbandaufzeichnung der unverzichtbare Bestandteil eines qualitativen Interviews ist, da ansonsten zu viele Informationen verloren gehen könnten. Sie vertreten daneben die Ansicht, dass das Tonbandgerät den natürlichen Gesprächsfluss nur unwesentlich beeinflusst, da es ohnehin allzu schnell vergessen wird.[200] Diese Ansicht teilt der Forscher nur

---

[198] Vgl. Weick, K. E., (2001), Making sense of the organizations, S. 93.
[199] Vgl. Blumer, H., (1973), Der methodologische Standort des Symbolischen Interaktionismus, In: Alltagswissen, Interaktion und gesellschaftliche Wirklichkeit, Arbeitsgruppe Bielefelder Soziologen, (Hrsg.), S. 118.
[200] Vgl. Gläser, J./ Laudel, G., (2004): Experteninterviews und qualitative Inhaltsanalyse, S. 152.

ansatzweise; durch das rot leuchtende Licht für die fortlaufende Aufnahme und den freien Blick darauf, können die Befragten ständig daran erinnert werden, dass alles Gesagte aufgezeichnet und festgehalten wird. Das digitale Diktiergerät ist infolgedessen nach Einschalten der Aufzeichnung in eine Mappe gelegt worden und ist so für den Befragten nicht unmittelbar sichtbar gewesen. Auch hat sich der Interviewer nicht ständig vom Funktionieren des Diktiergerätes versichert und damit den Interviewten fortlaufend daran erinnert. In einem nächsten Schritt ist das verbale Datenmaterial mittels Transkription zu Papier – 220 A4 Seiten in Zeilenabstand 1 – gebracht worden.[201] Durch die Transkription ist die Flüchtigkeit des Gesprochenen überwunden und einer sorgfältigen Betrachtung zugänglich gemacht worden.[202]

Der Forschungsprozess hat sich zusammenfassend in drei Phasen gegliedert:

- In der ersten Phase hat die Kontaktaufnahme zu den sozialen Akteuren, der Einstieg ins Feld und die Übernahme einer Rolle als Forscher im Vordergrund gestanden.

- Die zweite Phase hat einerseits in der Erhebung der Daten mittels qualitativen Interviews und teilnehmender Beobachtung, andererseits in dem Verarbeiten des Datenmaterials durch Protokollieren und Transkribieren bestanden.

- Die abschließende Phase hat sich mit der Auswertung der Daten, dem gemeinsamen Diskurs und Reflexion der Ergebnisse und dem Ausstieg aus dem Feld befasst.

Die Phasen machen deutlich, dass die gewählte Methode der teilnehmenden Beobachtung im vorliegenden Forschungsvorhaben als Prozess verstanden worden ist. Dies impliziert, dass der Forscher mehr und mehr zum Teilnehmer im Untersuchungsfeld geworden ist und dadurch einen tiefen Einblick ins Feld und die

---

[201] Auch Thomas plädiert für Tonbandaufzeichnungen, da der Interviewte ansonsten gleichzeitig denken, schreiben und hören müsste. – vgl. Thomas, R. J., (1995): Interviewing important people in big companies, In: Studying elites using qualitative methods, Hertz, R./ Imbers, J. B., (eds.), S. 16.
[202] Redder, A., (2001): Aufbau und Gestaltung von Transkriptionssystemen, In: Text und Gesprächslinguistik : ein internationales Handbuch zeitgenössischer Forschung, Brinker, K., (Hrsg.), S. 1038.

Akteure des sozialen Systems erhalten hat.[203] Die Studie ist auf eine Langzeitstudie ausgelegt gewesen und hat in einem Zeitraum von Juli 2005 – Oktober 2006 stattgefunden. Sie hat folgendes (grob gegliedert) beinhaltet:

- Vorbereitung des Projekts und Durchführung der Interviews
- Auswertung des verbalen Datenmaterials mittels der Methodik GABEK ®
- Durchführung von 3 Workshops
    - Feedbackworkshop – Datenpräsentation und gemeinsame Reflexion der Resultate
    - Umsetzungsworkshop - die gemeinsame Reflexion von Widersprüchen
    - Realisierungsworkshop - Die Auswahl und Konkretisierung von Maßnahmen
- Endpräsentation – Vorstellung der Maßnahmen vor der gesamten Belegschaft.

Neben dem grob skizzierten Ablauf des Forschungsvorhabens ist die zwischen den Führungskräften und dem Forscher vereinbarte Zielsetzung, die im Folgenden behandelt wird, interessant. Sie bringt Erkenntnisse zur Sichtweise der Führungskräfte hinsichtlich Einfluss und Wirkung der Veränderungsprozesse am Beginn des Forschungsvorhabens, denn sie zeigt die Bereiche des Unternehmens, die es aus ihrer Sicht zu analysieren gilt.

3.3.2.3. Zielsetzung des Projekts aus Sicht des Unternehmens

- Veränderte Kommunikations-/Dialogkultur im Unternehmen
- Stärkere Betonung und Verankerung der Unternehmenskultur zur Förderung des wirtschaftlichen Leistungsvermögens und Führungsverständnisses
- Beitrag zu einer klaren Definierung von Partizipation im Unternehmen
- Allgemeine Erhöhung zukünftiger Problemlösungskompetenz
- Steigerung der produkt- und strategiebezogenen Leistungsfähigkeit

---

[203] Vgl. Flick, U., (1995): Qualitative Forschung. Theorie, Methoden, Anwendung in Psychologie und Sozialforschung, S. 158.

3.3.2.4. Die methodischen Rahmenbedingungen

Die nachfolgenden Rahmenbedingungen geben einen Überblick über den Entstehungs-, Diskussions- und Verwendungsprozess des Fragekatalogs und die Grundprämissen hinsichtlich der Interviews. Zudem ermöglicht sie einen ersten Einblick in das unternehmerische Verständnis der Führungskräfte, als auch in den gebotenen Handlungsspielraum des Forschers.

Vorabbefragung einer Teilnehmerin des Führungsgremiums

Vor Erstellung des Fragekatalogs hat ein 90 minütiges Interview mit einer Teilnehmerin des Führungsgremiums stattgefunden. Dem Forscher ist eine Woche vor dem Interview eine Mitarbeitermappe des Unternehmens SACOL ausgehändigt worden. Die Mappe hat Ausführungen zur Unternehmensgeschichte, zu den Unternehmenswerten, als auch zum Mitunternehmermodell und zum Produkt- und Leistungsspektrum des Unternehmens enthalten. Die nachfolgenden Fragen hat der Forscher aus den Inhalten der Mitarbeitermappe abgeleitet, die darunter in kursiver Schriftart und Schriftgröße 10 angeführten Antworten stammen von der Befragten.

Der Forscher hat mit Hilfe des Interviews versucht, einen Blick auf die eingefahrenen Denkgewohnheiten und die Interpretationsinhalte und –muster der Befragten zu erhalten. Er ist also der Frage nachgegangen, inwieweit bspw. die festgeschriebenen unternehmerischen Werte von der Befragten gelebt werden und/oder wie sie andere Organisationsmitglieder des Unternehmens in diesem Zusammenhang in ihrem Handeln erlebt. Das Interview hat gerade im Hinblick auf ein 'besseres' Verständnis der Unternehmenskultur wesentliche Hinweise und erste Eindrücke zu möglichen Konfliktsituationen im Unternehmen geliefert. Das Ausarbeiten des Fragekatalogs ist damit erheblich erleichtert worden.[204]

---

[204] Es ist dabei nur jener Teil des Interviews abgebildet, welcher aus Sicht des Forschers Hinweise für mögliche Konfliktsituationen geliefert und ein 'besseres' Verständnis der Unternehmenskultur gefördert hat.

Wie werden die Fähigkeiten und das vernetzte Denken von Mitarbeitern im Unternehmen SACOL gefördert?

Jeder Mitarbeiter erhält zu Beginn eine Philosophieschulung, die eine Erläuterung der Mitarbeitermappe beinhaltet. In dieser Schulung soll das unternehmerische Denken gestärkt und die Vorstellungen an die Mitarbeiter näher erläutert werden. Die Mitarbeiter sollen das Mitunternehmermodell verstehen und über die gegebenen Unternehmensstrukturen informiert werden.

Mit welchen Konsequenzen müssen Mitarbeiter rechnen, wenn Sie in der Ausübung Ihrer Tätigkeit Fehler begehen?

Eigentlich ist mit keinen Konsequenzen zu rechnen. Jedoch gibt es auch bei uns Wunschvorstellung und Wirklichkeit: Die Mitarbeiter, die einen Fehler entdecken, sollten zu dem Mitarbeiter hingehen und mit ihm gemeinsam den Fehler besprechen. In der Wirklichkeit wird nicht auf den Mitarbeiter zugegangen, sondern es werden Gerüchte über ihn gestreut.

In den letzten Monaten hat es einen Lieferantenwechsel gegeben, hat sich dieser im Unternehmen ausgewirkt bzw. bemerkbar gemacht?

Die endgültige Entscheidung für einen Lieferantenwechsel ist erst vor 4 Monaten getroffen worden. Der Lieferantenwechsel war im Unternehmen folgendermaßen spürbar.

- *Es hat in der Projektgruppe Uneinigkeit gegeben*
- *Es ist Stimmung gegen den Lieferantenwechsel gemacht worden*
- *Es sind Ängste und Sorgen geschürt und dies mit der augenblicklichen Lage in Verbindung gebracht worden (die Geschäfte gehen eh nicht so gut)*
- *Es ist für den Lieferantenwechsel das Führungsgremium verantwortlich gemacht worden*

Fragekatalog

Bei der Ausformulierung des Fragekatalogs ist dem Forscher freie Hand gegeben worden. Die Vorabpräsentation der Fragen – sie sind dem Geschäftsführer vor dem Projektstart vorgelegt und besprochen worden – hat dessen Unterstützung für das Projekt gesichert. Für den Forscher ist es daneben ein erster Beleg für die von ihm gewünschte Offenheit und Transparenz gegenüber dem Projektpartner hinsichtlich des Forschungsprojekts gewesen.

Die Grundlage für die Ausarbeitung des Fragekatalogs haben die Gespräche mit dem Führungsgremium, mehrere Einzelgespräche mit dem Geschäftsführer, sowie das vorgestellte Interview mit einer Führungskraft und den Betreuern auf wissenschaftlicher Seite em. Univ.-Prof. Dr. Dr. h.c. Kappler E., Univ.-Prof. Dr. Scheytt T. und em. Univ.-Prof. Dr. Zelger J. gebildet.

In den Fragestellungen ist auf die Verwendung des Begriffs Vertrauen bewusst verzichtet worden. Die Befragten sind daher nur im Zusammenhang auf die angesprochenen Themen auf das Phänomen Vertrauen eingegangen. Die Vorgehensweise basiert auf der Annahme, dass Vertrauen letztlich immer unbegründbar ist und es durch das Überziehen der vorhandenen Informationen zustande kommt. Es ist, in Anlehnung an Simmel, eine Mischung aus Wissen und Nichtwissen.[205]

Bei der Ausformulierung des Fragekatalogs ist darauf geachtet worden, dass es sich um offene Fragen handelt. Offene Fragen haben es dem Forscher erlaubt, flexibel auf die angesprochenen Erfahrungen, Wünsche, Probleme und Vorlieben der Befragten einzugehen. Die Fragenformulierungen haben, wie die Ergebnisse später zeigen werden, Aussagen zu ihrem Denken, Fühlen, Wollen gefördert. Die Daten sind gerade für Problemlösungen von hoher Relevanz gewesen, da sie auch konkrete Vorschläge enthalten haben. Auch sind die Befragten nicht gezwungen gewesen, sich zu Themen zu äußern, zu denen sie wenig Erfahrung oder Wissen haben, vielmehr haben sie auf Bereiche eingehen können, die ihnen persönlich wichtig erschienen sind. Der Fragekatalog hat sich wie folgt zusammengesetzt:

---

[205] Vgl. Simmel, G., (1923): Soziologie: Untersuchungen über die Formen der Vergesellschaftung, S. 263f.; Luhmann, N., (1989): Vertrauen – ein Mechanismus zur Reduktion sozialer Komplexität, S. 31.

Einstiegsfragen

- Was fällt Ihnen spontan zum Unternehmen SACOL ein?
- Unterscheidet sich SACOL Ihrer Ansicht nach zu anderen Unternehmen?

Fragen zu den Rahmenbedingungen

- Was kommt Ihnen in den Sinn, wenn Sie an das Mitunternehmermodell denken?
- Gibt es innerhalb des Unternehmens intensive persönliche Kontakte über Abteilungen und Funktionen hinweg?

Wirkungen und Einfluss von Veränderungsprozessen

- Sie entdecken zufällig einen Fehler Ihrer Kollegin bzw. Ihres Kollegen – was machen Sie?
- Fühlen Sie sich bei Entscheidungen beteiligt?
- Sehen Sie Ihre persönliche Zukunft im Unternehmen SACOL?

Abschlussfragen

- Fällt Ihnen ein Bild oder ein Symbol ein, mit dem Sie SACOL in Verbindung bringen?
- Fällt Ihnen noch etwas ein, was Sie hinzufügen möchten?

Bei der Vorstellung des Fragekataloges hat insbesondere die Frage: „Sehen Sie Ihre persönliche Zukunft im Unternehmen SACOL?" zu einer kontroversiellen Diskussion über Sinn und Wirkung auf wissenschaftlicher Seite gesorgt. em. Univ.-Prof. Dr. Dr. h.c. Kappler und em. Univ.-Prof. Dr. Zelger sind der Ansicht gewesen, dass die Frage zu sehr persönliche Aspekte der Befragten anspricht und haben deshalb an dem sinnvollen Einsatz der Frage gezweifelt. Die Frage ist daraufhin in einem Pretest unterzogen worden. Das Ziel des Pretests hat einerseits darin bestanden, Fehler, Missverständnisse und Unklarheiten hinsichtlich der Fragestellungen und des Ablaufs aufzudecken, andererseits die Interviewdauer realitätsnah abzuschätzen. Die sehr positive Resonanz, auch im Hinblick auf die angesprochene Frage, hat den Forscher überzeugt, den Fragekatalog in der ausgearbeiteten Form beizubehalten. An dieser Stelle wird betont, dass diese Art von Frage keinesfalls in jedem Unternehmen eingesetzt werden kann. Der Forscher hat sich für den Einsatz entschieden, da die Kommunikation im Unternehmen bis zum Beginn der qualitativen Interviews als sehr offen erlebt worden ist. Die Frage hat sich im Laufe des Projekts als wahre Fundgrube entpuppt, denn die Antworten der Interviewten haben tiefe Einblicke hinsichtlich ihrer Wünsche, Befürchtungen und Perspektiven erlaubt. Der Forscher hat daneben darauf geachtet, dass der Leitfaden nicht zu starr verwendet worden ist, vielmehr ist er in der jeweiligen Befragungssituation, also in der konkreten Praxis, angepasst worden. Die gestellten Fragen sind in diesem Sinne oftmals von der ursprünglichen Reihenfolge des Fragekatalogs abgewichen. Die Vorgehensweise hat einen wichtigen Beitrag für die Offenheit der Befragten geleistet.[206]

Interviews - Die Grundprämissen

Am Projektbeginn, so kann die Vorgehensweise des Geschäftsführers und des Forschers interpretiert werden, ist eine Vorleistung im Vordergrund gestanden. Die beiderseitigen Erwartungen und Vereinbarungen zum Projekt sind nicht in einem schriftlichen Vertrag, sondern in einem gemeinsamen Gespräch vereinbart und mit einem Handschlag, besiegelt worden. Dieser Schritt ähnelt einem impliziten Vertrag und ist damit nicht für das Forschungsvorhaben, sondern auch für den Forschungsgegenstand Vertrauen interessant gewesen. Die Akteure eines impliziten Vertrages müssen sich nicht gut kennen, auch müssen sie keine gemeinsamen Ziele haben oder sich ihrer Interdependenz vergegenwärtigen, um ein Handeln zustande zu bringen. Entscheidend ist, dass "die Chance jeder Person, sich vollendendem Handeln widmen zu können, vom instrumentellen Verhalten"[207] des anderen Akteurs abhängt. Für das Zustandekommen der Transaktion sind in diesem Sinne weniger

---

[206] Vgl. Mayer, H. O., (2002): Interview und schriftliche Befragung, S. 37; Meuser, M./ Nagel, U., (1991): Experteninterviews – vielfach erprobt, wenig bedacht: Ein Beitrag für qualitativen Methodendiskussion, In: Qualitativ-empirische Sozialforschung, Garz, D./ Kramer, K., (Hrsg.), S. 449.
[207] Die Akteure eines impliziten Vertrages müssen sich nicht gut kennen, auch müssen sie keine gemeinsamen Ziele haben oder ihrer Interdependenz vergegenwärtigen, um eine Transaktion zustande zu bringen. Entscheidend ist, dass "die Chance jeder Person, sich vollendendem Handeln widmen zu können (...) vom instrumentellen Verhalten" des anderen Akteurs abhängt. – Weick, K., (1985): Der Prozess des Organisierens, S. 146 - hierzu auch Wolff, K. H., (1950): The sociology of Georg Simmel, S. 317-319.

die wechselseitigen Gemeinsamkeiten, als vielmehr die wechselseitigen Vorhersagbarkeit ´unter bestimmten Umständen´ ausschlaggebend. Daneben müssen „andere Verhaltensweisen in vorhersehbarer Weise mit den eigenen Aktivitäten verbunden werden können"[208]. Beide Akteure haben dabei nie eine vollständige Sicht auf die Situation und keiner versteht sie jemals ganz, dennoch ist eine reibungslose Koordination möglich. Das wiederholte Aktivieren der instrumentellen Handlung führt dazu, dass „individuals can produce a socio-culture system which is beyond their own comprehension"[209].

Beide Akteure haben sich mit ihrem Verhalten auf die Situation eingelassen und sich dadurch einem möglichen Vertrauensbruch ausgesetzt. Die erbrachte Vorleistung kann in diesem Sinne als riskante Vorleistung verstanden werden. In weiterer Folge hat der Forscher dieses Verhalten honorieren können, indem die Möglichkeit eines Vertrauensbruchs für den Geschäftsführer nicht als Aufschub, sondern als verpasste Gelegenheit dargestellt hat. Dies wiederum kann als erste Sequenz zur Vertrauensbildung angesehen werden.[210]

Die vereinbarten Grundprämissen haben wie folgt ausgesehen:

- die Örtlichkeit (Besprechungsraum im Unternehmen SACOL)
- der Zeitpunkt (während der Arbeitszeit)
- die Art der Teilnahme (freiwillig)
- die Freigabe der Daten durch die Interviewten (Die Befragten entscheiden nach dem Interview, ob die Daten für die Analyse verwendet werden dürfen.)
- die Anonymität (Nach der Befragung sind alle Interviewten gefragt worden, ob die jeweiligen Namen in die Auswertung der Daten mit einfließen dürfen.) Die Prämisse ist auch zu Beginn jedes Interviews nochmals betont worden und hat so zu einem vertrauensvollen Rahmen beigetragen.

---

[208] Weick, K., (1985): Der Prozess des Organisierens, S. 146.
[209] Vgl. Wallace, A. F. C., (1961): Culture and personality, S. 38.
[210] Vgl. Luhmann, N., (2000): Vertrauen - Ein Mechanismus der Reduktion sozialer Komplexität, S. 53-54.

- der Interviewer befragt jeweils nur eine Person und dies alleine[211]

Die 25 Interviews sind von Mitte Oktober 2005 – Mitte Februar 2006 geführt worden. Aufgrund des längeren Studien-Zeitraumes sind die Wirkungen und die Einflüsse von Veränderungsprozessen auf das Phänomen Vertrauen im Unternehmen deutlicher 'sichtbar' geworden. Die Führungskräfte haben dem Forscher bei der Ausgestaltung der Grundprämissen freie Hand gelassen. Die Interviews sind daher als Basis für einen Lernprozess, in Anlehnung an Edgar Schein, als eine Unterscheidung zwischen dem, was man weiß, dem, was man zu wissen glaubt, und dem, was man wirklich nicht weiß, verstanden worden.[212]

Interview-Sample

Um eine freiwillige Teilnahme[213] sicherzustellen, sind vorab die jeweiligen Personen vom Interviewer telefonisch um Zustimmung zur Befragung kontaktiert worden. Der Befragung haben 25 Personen zugestimmt, nur eine Person hat die Teilnahme abgelehnt.

Das Sample setzt sich somit aus 17 Mitarbeitern, 7 Mitgliedern des Führungsgremiums und dem Unternehmensgründer zusammen. Die Namen der Befragten werden aus Grund des Datenschutzes nicht bekanntgegeben bzw. werden den drei Hauptakteuren fiktive Namen gegeben:

- Unternehmensgründer - Gregor S.
- Geschäftsführer - Christian S.
- Vertriebsleiter - Reinhold G.

---

[211] Gläser und Laudel betonen in diesem Zusammenhang, dass „zwei Interviewer ein besseres Erhebungsinstrument als nur ein Interviewer sind (Entlastung, höhere Vollständigkeit, besser abgestützte Interpretation, gegebenenfalls bessere Kompatibilität eines Interviewers mit dem Befragten), empfehlen" aber die Interviews alleine durchzuführen, da sich die soziale Situation durch die dritte Person wandeln könnte. – Gläser, J./ Laudel, G., (2004): Experteninterviews und qualitative Inhaltsanalyse, S. 149ff.
[212] Vgl. Schein, E., (2003): Prozessberatung für die Organisation der Zukunft: Der Aufbau einer helfenden Beziehung
[213] Auch Jäger und Reinecke betonen in ihren Ausführungen, dass die Gewinnung von Interviewpartnern immer auf dem Prinzip der Freiwilligkeit beruhen soll. – vgl. Jäger, U./ Reinecke, S., (2009): Expertengespräch, In: Empirische Mastertechniken – Eine anwendungsorientierte Einführung für die Marketing- und Managementforschung, Baumgarth, C./ Eisend, M./ Evanschitzky, H., (Hrsg.), S. 46.

Die Unterscheidung zwischen befragten Führungskräften und Mitarbeitern hat nach folgenden Kriterien stattgefunden.

- **Führungskräfte** müssen Mitglied des Mitunternehmermodells sein, zudem tragen sie die inhaltliche und personelle Verantwortung für die Leitung eines organisatorischen Bereichs.

- **Mitarbeiter** können, müssen aber nicht Mitglied des Mitunternehmermodells sein, sind Teil eines organisatorischen Bereichs, tragen keine personelle Verantwortung und haben damit keine leitende Funktion inne.

3.3.2.5. Vorstellung des Forschungsvorhabens am Firmentag

Nach den Besprechungen und der endgültigen Festlegung des Fragekatalogs ist das Projekt vor der gesamten Belegschaft am Firmentag präsentiert worden. Der Forscher hat die zeitlich-methodische Grundstruktur des Projekts inklusive den festgelegten Kriterien und den Zielen vorgestellt bzw. allfällige Fragen beantwortet. An diesem Punkt wird festgehalten, dass die vereinbarten Grundprämissen eine wesentliche Grundlage für die Schaffung von Akzeptanz und die freiwillige Teilnahme der Befragten am Projekt gewesen ist. Eine freiwillige Teilnahme hat daneben die Chance auf aussagekräftige Ergebnisse erhöht. Die Vorgehensweise beruht auf der Annahme, dass eine soziale Organisation nur verbessert werden kann, wenn deren Mitglieder befragt und damit in den Veränderungsprozess integriert werden.

Bei der Projektvorstellung ist auch die mit dem Führungsgremium vereinbarte Prämisse vorgestellt worden, dass Vorschläge, die sich durch das Forschungsprojekt ergeben, nur dann zu Maßnahmen werden, wenn sie auf breite Akzeptanz der Teilnehmer in den drei Workshops stoßen. Die Besprechung etwaiger Maßnahmen hat entsprechend in öffentlichen Workshops stattgefunden, denn jeder Interessierte im Unternehmen hat daran teilnehmen können - unabhängig von seiner/ihrer Rolle oder Position im Unternehmen. Es ist damit eine Plattform für eine öffentliche Diskussion geschaffen worden, die auch den Stellenwert der verbalen Daten und die zu erwartenden Ergebnisse unterlegt hat. Daneben ist vereinbart worden, dass es während des Forschungsvorhabens laufend Feedback durch den Forscher zum aktuellen Stand gibt. Dieser Vereinbarung ist der Forscher dadurch nachgekommen, dass er in regelmäßigen zeitlichen Abständen alle Organisationsmitglieder über den Projektstand per E-Mail informiert hat.

Wie wichtig die Projektvorstellung gewesen ist, hat sich zu einem späteren Zeitpunkt des Projekts gezeigt. Ein Interviewpartner hat angezweifelt, dass der Forscher aus eigener Initiative heraus das Unternehmen für ein Forschungsvorhaben angesprochen hat und hat hierzu gemeint[214]: „Sie sind doch vom Führungsgremium engagiert worden." Die Aussage ist für den Forscher ein Hinweis dafür gewesen, dass im Unternehmen SACOL zur Zeit des Forschungsvorhabens eine angespannte Vertrauenssituation bestanden hat. Die präsentierten Ergebnisse in den Workshops werden dieses Bild noch deutlicher machen.

---

[214] Die Aussage ist gerade aufgrund der Tatsache interessant, dass sowohl der Geschäftsführer als auch der Forscher dies im Zuge der Projektpräsentation ausdrücklich betont haben.

3.3.2.6. Daten zur Untersuchung

Datenerhebung - Durchführung der Interviews

Vor Beginn des Interviews sind die vereinbarten Kriterien nochmals mit den Befragten besprochen worden. In einem anschließenden kurzen Gespräch ist vom Forscher darauf geachtet worden, eine angenehme und entspannte Atmosphäre zu 'schaffen'.[215] Der Kommunikationsstil des Forschers ist aus dieser Sicht als weich einzustufen, da er den Versuch unternommen hat, ein Vertrauensverhältnis zu den Befragten aufzubauen. Die vereinbarte Grundprämisse für die Interviews, dass die Befragten nach der Befragung entscheiden können, ob der Text verwendet werden darf oder nicht, hat sich hierfür als besonders hilfreich erwiesen. Die Phase vor Interviewbeginn ist entsprechend für die Schaffung eines vertrauensvollen Rahmens äußerst nützlich gewesen und hat dazu beigetragen, dass ein offener kommunikativer Austausch stattgefunden hat.

Im untersuchten Unternehmen sind 25 Probanden befragt worden (Abbildung 2).

- 17 Mitarbeiter
- 7 Mitglieder des Führungsgremiums und
- die Person des Unternehmensgründers

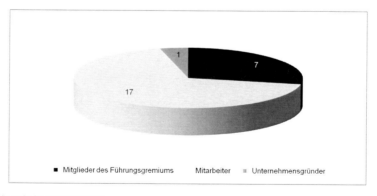

Abbildung 2: Anzahl Interviews

---

[215] Der Forscher hat sich am Beginn jedes Interviews nochmals kurz persönlich vorgestellt. Die Befragten haben dadurch einen zumindest 'kleinen' Einblick bekommen, wer ihnen gegenüber sitzt und die Interviews führt.

Anzahl befragter Führungskräfte und Mitarbeiter

Bei den Interviews ist auf ein ausgewogenes Verhältnis von männlichen und weiblichen Befragten geachtet worden. Das Verhältnis von 18 männlichen zu 7 weiblichen Probanden entspricht dem Anteil der jeweiligen Gruppe in der gesamten Belegschaft. Ein überwiegender Teil der weiblichen Personen arbeitet in der Abteilung Vertrieb und Service, zwei Mitarbeiterinnen im Produktmanagement, sowie im Bereich Einkauf und eine im Marketing. Die weiblichen Mitarbeiter im Vertrieb sind ausschließlich für die Auftragsverarbeitung verantwortlich, die technische Beratung übernehmen die männlichen Kollegen. In der Abteilung Service arbeiten die Mitarbeiterinnen als Reinigungskräfte bzw. als Buchhalterin. So arbeiten im Lager – zur Zeit des Projekts - ausnahmslos männliche Personen. Die Anzahl von 7 Führungskräften an der Befragung entspricht der Gesamtheit der Gruppe im Unternehmen (Abbildung 3).

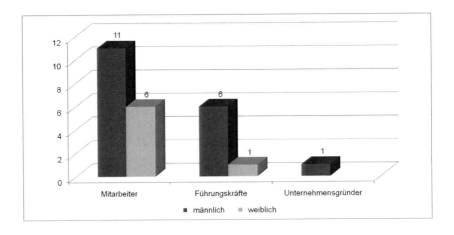

Abbildung 3: Anzahl befragter Führungskräfte und Mitarbeiter

Interessanterweise haben die Interviews mit den männlichen Befragten um mehr als durchschnittlich 13 Min. länger gedauert. Erklären lässt sich dies durch ein Interview mit einer weiblichen Befragten, da dieses im Verhältnis zu den anderen Interviews erheblich kürzer gewesen ist (Tabelle 1).

	Belegschaft	Interviewte	Befragte in % zur Belegschaft	~ Dauer Interviews (in Minuten)
Weiblich	16	7	43,8	49:37
Männlich	34	18	52,9	62:39

Tabelle 1: Anzahl Interviews

Anzahl Befragter im Hinblick auf deren Unternehmenszugehörigkeit in Jahren

Besonderer Wert ist bei der Auswahl der Befragten auf deren Unternehmenszugehörigkeit in Jahren gelegt worden. Das gewählte Verhältnis entspricht in etwa den jeweiligen Gruppen im Unternehmen. Der Forscher hat also darauf geachtet, ein ausgewogenes Verhältnis zu den einzelnen Gruppen und deren Erfahrungswerten im Unternehmen sicherzustellen. Die vorliegenden Zahlen spiegeln dabei den sehr jungen Altersdurchschnitt von ca. 35 Jahren wider. Eine Besonderheit ist der hohe Anteil an Personen in der Gruppe 15 - 20 Jahren Unternehmenszugehörigkeit. So haben viele Mitarbeiter, aber auch Führungskräfte direkt nach der Schule ihre berufliche Karriere im Unternehmen SACOL begonnen, entsprechend sind die Berufserfahrungen in anderen Organisationen oftmals nur bedingt ausgeprägt gewesen (Abbildung 4).

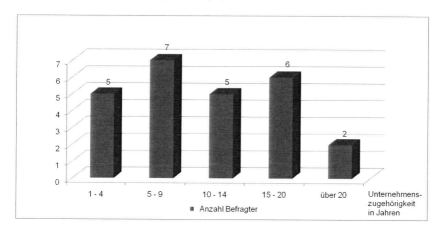

Abbildung 4: Anzahl Befragter im Hinblick auf deren Unternehmenszugehörigkeit in Jahren

Verhältnis von Befragten zu Beschäftigten im jeweiligen Funktionsbereich

Aus dem Bereich Marketing und Geschäftsleitung – den kleinsten Abteilungen mit jeweils nur einer Person - sind alle befragt worden, bei den anderen – so der personell größten Abteilung Vertrieb - ist hinsichtlich der Anzahl an Interviews auf eine ausgeglichene Verteilung zwischen den einzelnen Vertriebsbüros geachtet worden. Die Interviewverteilung im Bereich Vertrieb hat daneben die vorgefundenen Aufgabenbereiche Auftragsbearbeitung, Techniker und Außendienstmitarbeiter berücksichtigt. So sind auch Interviews mit zwei Außendienstmitarbeitern geführt worden (Abbildung 5).

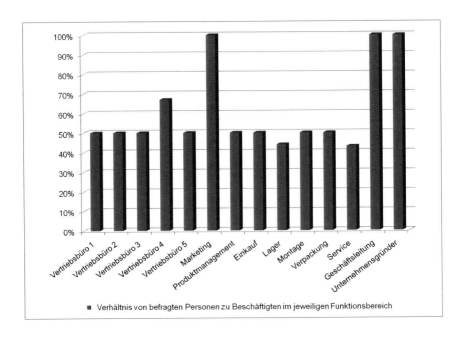

Abbildung 5: Verhältnis von Befragten zu Beschäftigten im jeweiligen Funktionsbereich

Anzahl befragter Mitunternehmer und Nicht-Mitunternehmer

Jede Mitarbeiterin und jeder Mitarbeiter wird nach einer gewissen Zeit im Unternehmen SACOL - zumeist 2 Jahre - eingeladen, nicht nur am Erfolg mitzuarbeiten, sondern als stiller Gesellschafter (Mitunternehmermodell) daran teilzuhaben. Die Anzahl der Interviews entspricht dem Verhältnis von Mitunternehmern zu Nicht-Mitunternehmern im Unternehmen. Der Stellenwert des Mitunternehmermodells spiegelt sich im hohen Anteil von befragten Mitunternehmern wider (Abbildung 6).

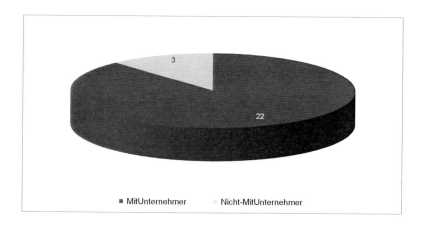

Abbildung 6: Anzahl befragter Mitunternehmer und Nicht-Mitunternehmer

Anzahl an nicht-anonymisierten und anonymisierten Interviews

Die Führungskräfte haben in den Vorgesprächen den Wunsch geäußert, dass auf die Datenanonymisierung verzichtet werden soll. Nach einem Gespräch mit dem Forscher hat sich die Überzeugung durchgesetzt, dass die verbalen Daten anonym sein sollen, denn dies soll ein offenes Gesprächsklima bei den Interviews ermöglichen. Die Vereinbarung ist vom Forscher insofern ergänzt worden, dass die Befragten nach dem Interview gefragt worden sind, ob sie freiwillig auf eine Anonymisierung der Daten verzichten. Auf die Frage haben 23 Interviewte mit einem Ja und nur 2 mit einem Nein geantwortet. Ein erstaunlicher Wert, auch aus der Sicht, dass die Befragten sehr offen auf die Fragen bspw. nach der persönlichen Zukunft im Unternehmen geantwortet haben. Die Antworten können als Beleg für die gelebte

Offenheit im Unternehmen und die Erfahrungswerte der Befragten, sich persönlich bei Themen äußern und einbringen zu können, interpretiert werden (Abbildung 7).

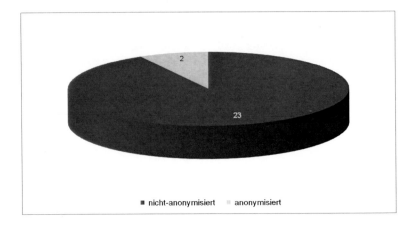

Abbildung 7: Anzahl an nicht-anonymisierten und anonymisierten Interviews

3.4. Die Auswertungsmethode GABEK ®

3.4.1. Sinnstrukturen als Erkenntnisobjekt

„In einer Welt, in der zunehmend Organisationen, Pläne, verallgemeinernde Richtlinien und auf den Umgang mit Massen gerichtete Verfahren in den Vordergrund rücken, ist es gut und zweckmäßig, sich ständig bewusst zu sein, dass das Individuum und sein Wille zur Fortentwicklung der Schlüssel zur dynamischen Leistung in allen Zweigen der Industrie sind".[216] Das Wissen und die Erfahrungen der Organisationsmitglieder ist also eines der Potentiale für den Erfolg eines Unternehmens, den es zu nutzen gilt. Jeder Mitarbeiter verfügt über ein angesammeltes Wissen basierend auf den gemachten Erfahrungen im Unternehmen. Durch diese Erfahrungen werden Mitarbeiter zu Wissensträgern für ihren individuellen Arbeitsplatz.[217] Dieses isolierte Wissen gilt es im Sinne der holistischen Darstellung des gesamten Systems zu integrieren[218] und für die Wertschöpfung der Organisation nutzbar zu machen.[219] Nicht nur aus diesem Grund ist es interessant gewesen, die Organisationsmitglieder im untersuchten Unternehmen, unabhängig von ihrer Position und Rolle, in das vorliegende Projekt zu integrieren. Es ist entsprechend darauf geachtet worden, einen Rahmen für Diskussionen zuzulassen und damit die Grundlage für ein besseres gegenseitiges Verständnis zu ermöglichen.[220] Basierend auf dem Verständnis, dass „nur die Praxis die ganze Theorie enthält, also nur in der realen Situation alle historischen Bestimmungsmomente der Situation anwesend sind"[221], ist für die Analyse des Phänomens Vertrauen ein qualitativer Forschungsansatz gewählt worden. Das Vorgehen, mittels teilnehmender Beobachtung und qualitativen Interviews neue Erkenntnisse zu generieren, wird von der Einsicht inspiriert, dass menschliches Handeln im Vergleich zu natürlichen Abläufen oder Prozessen nicht durch Kausalitäten erklärbar ist, vielmehr ist es durch Absichten, Interessen, Vorlieben, Sympathien, Antipathien, Zielen und Motiven geleitet. Die Methode GABEK ® zur

---

[216] Barnard, C., (1969): Organisation und Management, S. 7.
[217] Vgl. Agyris, C./ Schön, D., (1999): Die lernende Organisation – Grundlage, Methode, Praxis
[218] Vgl. Zelger, J., (2000a): Twelve Steps of GABEK WinRelan, In: GABEK II – zur qualitativen Forschung, Buber, R./ Zelger, J., (Hrsg.), S. 205.
[219] Vgl. Wissensmanagement Forum, (2000): Praxishandbuch Wissensmanagement, S. 7.
[220] Vgl. Kappler, E., (2004): Management by Objectives, In: Handwörterbuch Unternehmensführung und Organisation, Schreyögg, G., (Hrsg.), S. 776-777.
[221] Kappler, E., (1993): Gegenwartsfähigkeit als zentrales Thema von Personalentwicklung, In: Spannungsfeld Personalentwicklung – Konzepte, Analysen, Perspektiven, Laske, S./ Gorbach, S., (Hrsg.), S. 64.

Analyse des verbalen Datenmaterials zeichnet sich gerade dadurch aus, solch komplexe Sinnstrukturen 'abbilden' zu können.

Die Anwendung der Methode GABEK® verspricht, die kollektiven Sinnstrukturen[222], durch die sich das Geschehen in Organisationen erklären lässt, näherungsweise zu erschließen. Diese Sinnstrukturen sind Teil einer Organisationskultur, entsprechen also einem „konstruierten" Moment von Organisationen. Kultur ist daher als eine Diskursfunktion zu rekonstruieren, die eher unter dem Aspekt der Problemlösungskapazität, als dem der Objektivität und Wahrheit zu verstehen ist. Sprache und Wirklichkeit, sowie Zeichen und Bedeutung sind in diesem Sinne funktionale Einheiten, deren Sinn erst im Diskurs konstituiert wird. „Was immer 'da draußen' in einer 'Realität an sich' sein und vorgehen mag: Für den Beobachter gibt es nur, was er handelnd, in Interaktionen mit anderen in Geschichten und Diskursen mit seinen 'Bordmitteln' beobachtet und beschreibt, und zwar auf der Grundlage von Unterscheidungen und Benennungen, die er als Mitglied einer bestimmten Gesellschaft und Kultur erworben hat und die er anwenden und beurteilen kann. Die Grundlage subjektgebundener Wirklichkeitskonstruktion bildet daher kollektives soziokulturelles Wissen und Handeln – und nicht etwa die 'Wirklichkeit'".[223]

3.4.2. Die Auswertungsmethode GABEK ®

Die Auswertungsmethode GABEK ® ist ein PC-unterstütztes Verfahren, das in theoretischer Grundlage auf Konzepten des Verstehens, Lernens und Erklärens basiert. Als Datenbasis dienen umgangssprachliche Äußerungen aus den Interviews, diese werden übereinander gelegt und geordnet. Individuelle Meinungen können so zu Netzen verdichtet werden. Wissen, Werthaltungen, Empfindungen und Erfahrungen werden in sprachliche Gestalten, Wirkungsnetzen und Bewertungsprofilen miteinander vernetzt. Eine anschließende Darstellung mittels Landkarten ermöglicht eine sinnvolle Ausrichtung über die differenzielle

---

[222] Vgl. Weick, K. E., (1995): Sensemaking in Organizations
[223] Schmidt, S., (2005): Unternehmenskultur – die Grundlage für den wirtschaftlichen Erfolg von Unternehmen, S. 60.

Meinungslandschaft. Zusammenhänge können so transparent dargestellt, Ziele bestimmt und Entwicklungen frühzeitig erkannt werden.[224]

Die Methode GABEK ® beruht auf der Theorie der Wahrnehmungsgestalten von Stumpf[225] und ist ein Verfahren zur Durchdringung und Analyse von Wissensorganisationen[226]. GABEK ® unterstützt das bessere Verstehen von komplexen Situationen, gerade wenn sich der geäußerte Erfahrungsschatz der Befragten aus einem ungeordneten verbalen Datenmaterial zusammensetzt. Im Unterschied zu intuitiven Prozessen des Verstehens sind GABEK-Analysen dabei immer subjektiv überprüfbar und rekonstruierbar.[227] Das vorliegende Forschungsvorhaben ist also darauf ausgerichtet gewesen, Operationen des Verstehens nachzubilden und auf komplexe Texte anzuwenden. Dieses Verständnis ist gerade hinsichtlich der Erkenntnis interessant, dass Mitarbeiter durch die gemachten Erfahrungen zu individuellen Wissensträgern ihrer Arbeitsbereiche und Arbeitsprozesse werden.

Mittels GABEK ® werden neue Einsichten und ein besseres Verständnis für untersuchte Situationen und Prozesse möglich. Wahrnehmungen, Erfahrungen und Wissen der Teilnehmer werden strukturiert, indem das zuvor isolierte Wissen im Sinne einer holistischen Darstellung in das gesamte System integriert wird.[228] Dies basiert auf der Annahme, dass Menschen die Umwelt in Form von geordneten Gestalten und nicht durch isolierte Sinnesdaten wahrnehmen. Dieser Prozess wird auf sprachliche Äußerungen übertragen, d. h. wir nehmen sie nicht separat wahr, sondern in ihrem Zusammenhang. Diese sprachlichen Komplexe werden als

---

[224] Vgl. Zelger, J., (2002): GABEK – Handbuch zum Verfahren, S. 5-6.
[225] Vgl. Stumpf, C., (1939): Erkenntnislehre
[226] Vlg. Zelger, J., (1999a): Wissensorganisation durch sprachliche Gestaltbildung im qualitativen Verfahren GABEK, In: Zelger, J./ Maier, M. (Hrsg.): GABEK. Verarbeitung und Darstellung von Wissen, S. 41-87.
[227] Vgl. Zelger, Josef, (2000b): Parallele und serielle Wissensverarbeitung: Die Simulation von Gesprächen durch GABEK, In: GABEK II – Zur qualitativen Sozialforschung, Buber, R./ Zelger, J., (Hrsg.), S. 65.
[228] Vgl. Zelger, J., (2000a): Twelve Steps of GABEKWinRelan, In: GABEK II – zur qualitativen Forschung, Buber, R./ Zelger, J., (Hrsg.), S. 205.

sinnvolle Einheiten verstanden. Basierend auf der Gestalttheorie von Stumpf[229], wird das Konzept auf die Sprache übertragen.

3.4.2.1. Die Kodierung des verbalen Datenmaterials

<u>Von der objektsprachlichen Kodierung zur Ausdrucksliste</u>

Das zu analysierende Datenmaterial ist in kurze Sinneinheiten zerteilt worden. Sinneinheiten sind in sich abgeschlossene Gedanken und nicht nur bloße formale Einheiten. Gedanken werden oftmals als formale Einheiten (bspw. in Form eines Satzes) zum Ausdruck gebracht. Eine Sinneinheit ist eine semantische Einheit eines Textes, die min. 3 und max. 9 relevante lexikalische Begriffe enthält. Unter lexikalischen Begriffen sind Wörter verstanden worden, die eine selbstständige semantische Bedeutung haben. Diese Ausdrücke sind wiederum die Schlüsselbegriffe der Sinneinheit.[230]

Die gewählten Schlüsselbegriffe stellen den Inhalt des Textes nach einer Art 'protolanguage'[231] dar. Sie sind auf Karteikarten im Programm WinRelan ® festgehalten worden. Jede Karteikarte enthält eine Satzbezeichnung, doch kann davon keinerlei semantische Bedeutung abgelesen werden. Hierfür ist ein semantisches Indexierungssystem erforderlich, das erkennt, welche Sinneinheiten sich inhaltlich gleichen und wie sie zusammenhängen. Das Indexierungssystem erlaubt dadurch ein schnelles Finden von ausgewählten Sinneinheiten, ohne unpassende Karteikarten durchlesen zu müssen. Es ermöglicht die Suche und das Navigieren im verbalen Datenmaterial.[232]

In der Ausdrucksliste ist die Gesamtheit der Schlüsselbegriffe abgebildet. Sie erleichtert das Auffinden von inhaltlich zusammenhängenden Texten. Die in Abbildung 8 angeführte Ausdruckliste geht auf zwei Details der Analyse genauer ein

---

[229] Vgl. Stumpf, C., (1939): Erkenntnislehre
[230] Vgl. Zelger, J., (2002): GABEK – Handbuch zum Verfahren, S. 22.
[231] Vgl. Bickerton, D., (1990): Language & Species; Pask, G., (1976): Conversation Theory
[232] Vgl. Zelger, J., (2002): GABEK – Handbuch zum Verfahren, S. 30–31.

– sie bestätigt einerseits das immense Volumen des verbalen Datenmaterials - es sind 1517 Sätze gebildet worden. Andererseits unterlegt sie die Bedeutung des Phänomens Vertrauen bei den Befragten, sie haben den Begriff insgesamt 84mal genannt.

Die Auswahl und Bestimmung dieser Schlüsselbegriffe wird objektsprachliches Kodieren genannt. Sie erlaubt Systematisierungen und Darstellungen der Textinhalte. Es werden dabei nur die Ausdrücke hervorgehoben, die auch von den Befragten in ihren Befragungen verwendet worden sind. Bei der anschließenden metasprachlichen Kodierung ordnet der Auswerter die Texte Kategorien zu, wie die Unternehmenszugehörigkeit in Jahren, oder ob die Befragten männlich oder weiblich sind.[233] Mittels Kriterien sind Teilbereiche der Daten ausgewählt und neu abgebildet worden. Dies hat Vergleiche und statische Auswertungen von Meinungen und Einstellungen zu ausgewählten Personengruppen ermöglicht. Die Schlüsselbegriffe bei der objektsprachlichen Kodierung stammen von den Befragten, die metasprachlichen stammen vom Forscher. Die objektsprachliche und metasprachliche Kodierung zusammen ergeben die Grundkodierung.[234]

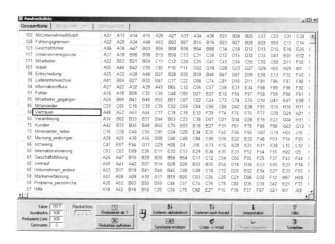

Abbildung 8: Ausdrucksliste gereiht nach Häufigkeit der vorgekommenen Ausdrücke

---

[233] Vgl. Zelger, J., (2002): GABEK-Handbuch zum Verfahren, S. 32.
[234] Vgl. Ebd., S. 46.

Bewertungskodierung

Die verbalen Daten enthalten auch präskriptive Urteile (Normen und Werturteile), denn die Befragten haben sich zu Merkmalen oder Situationen positiv oder negativ geäußert. Die Schlüsselbegriffe sind entsprechend bewertet worden. Die Befragten haben zwischen tatsächlich existierenden Merkmalen und Situationen (IST-Situation) und gewünschten oder befürchteten Zukunftssituation (SOLL-Situation) im Unternehmen unterschieden. In ihrer Gesamtheit hat die Bewertungskodierung eine übersichtliche Darstellung der geäußerten Urteile erlaubt.

Die Bewertungs- und Kausalanalyse (Abbildung 9) zeigt in der Bewertungsliste 1 (Bew.Liste 1) die durch die Befragten wahrgenommene aktuelle Situation und in der Bewertungsliste 2 (Bew.Liste 2) die befürchtete und gewünschte Soll-Situation im Unternehmen SACOL. Die Summe (Bew.Summe) veranschaulicht die Gesamtheit aller Bewertungen. Aus dem Auszug ist ersichtlich, dass die Befragten – in der IST-Situation - Vertrauen 10mal positiv und 15mal negativ genannt haben. Vertrauen ist auch 9mal neutral bewertet worden (Bew.-Liste 1 - Spalte mit dem Kreis). Dies bedeutet, dass der Begriff in einem Satz sowohl positiv als auch negativ genannt worden ist. Die 8mal positive Beurteilung von Vertrauen in der Bewertungsliste 2 (Bew.Liste 2) bringt den Wunsch der Befragten nach Vertrauen zum Ausdruck.

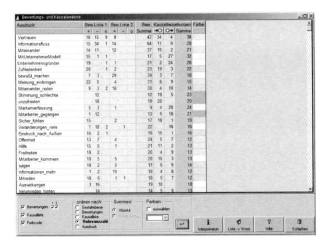

Abbildung 9: Bewertungs- und Kausalanalyse

Kausalkodierung

Neben Beschreibungen und Bewertungen haben die umgangssprachlichen Äußerungen auch Kausalannahmen zum Ausdruck gebracht. Die Befragten haben Meinungen über Wirkungszusammenhänge im Unternehmen geäußert, die sich oftmals über einen längeren Zeitraum durch Erfahrungen und durch verschiedene Gespräche mit anderen Personen entwickelt haben.

Für die Kausalkodierung sind die verbalen Daten nochmals durchgelesen und folgendermaßen bewertet worden. Ist von einem Merkmal, einem Zustand oder einem Prozess eine Wirkung von einem Ausdruck auf einen anderen ausgegangen, dann ist die Wirkungsvermutung berücksichtigt worden. Ist im Text eine steigende Wirkung auf eine andere Variable des Textes vermutet worden, ist dies mit „+", bei einer verminderten Wirkung mit „–" bewertet worden.

Äußert sich ein Befragter dahingehend, dass Verlässlichkeit zu mehr Vertrauen führt (günstiger Einfluss), so wird dies mit einem grünen Pfeil von der einen auf die andere Variable angezeigt. Sind negative Zusammenhängen geäußert worden, wie bspw. dass laufende Gerüchte die schlechte Stimmung im Unternehmen verstärken (ungünstige Einflüsse), ist dies durch einen roten Pfeil von der einen auf die andere Variable gekennzeichnet worden. Ist eine Person der Meinung gewesen, dass die Variable abnimmt, dann ist die Pfeilspitze durch einen Kreis ersetzt worden (Abbildung 10).

Bei der Kausalkodierung wie bei der Bewertungskodierung kommt es auf die Fragestellung an. Es gibt „sehr unterschiedliche normalsprachliche Äußerungen, die für eine solche Kodierung in Frage kommen z. B. quantitative Aussagen (z. B. „je mehr A desto mehr B"), eigentliche Kausalzusammenhänge („A ist eine Ursache von B"), aber auch qualitative Beziehungsangaben („Wenn sich A verbessert, dann nimmt die Qualität von B zu"), statistische Verallgemeinerungen („Wenn A, dann gilt meistens auch B"), logische Implikationen („Wenn A zutrifft, dann gilt notwendig auch B") und viele weitere."[235]

In der Bewertungs- und Kausalanalyse im Bereich Farbkodierungen (Abbildung 9) werden im roten rechten Bereich die Kausalbeziehungen gezeigt. Auf Vertrauen haben bspw. 34 andere Variablen einen positiven oder negativen Einfluss, Vertrauen dagegen wirkt ausschließlich auf 4 andere Variablen. Vertrauen ist dabei die am meisten beeinflusste Variable in der Untersuchung gewesen, ein klarer Hinweis für Einfluss und Wirkung bzw. Zusammenhang zwischen Veränderungsprozessen und Vertrauen.

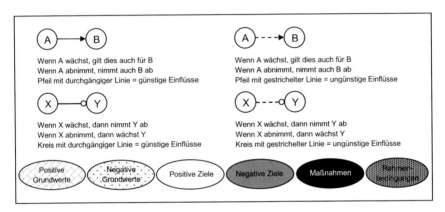

Abbildung 10: Kausalkodierungen

Abbildung 10 zeigt die Zuteilung der Farbkodierungen für die Begriffe entsprechend ihrer Zugehörigkeit zu einer bestimmten Kategorie. Mit Hilfe von Farbkodierungen ist festgelegt worden, ob es sich bei den geäußerten Variablen um positive Grundwerte, negative Grundwerte, positive Ziele, negative Ziele, Maßnahmen oder nicht veränderbare Rahmenbedingungen handelt. Die Zuordnung zu den jeweiligen Kategorien ist durch den Forscher erfolgt und ist ein nicht unproblematischer Vorgang, da eine Unterscheidung zwischen Grundwerten, Zielen und Maßnahmen oftmals fließend ist.

---

[235] Zelger, J., (2002): GABEK – Handbuch zum Verfahren, S. 144.

3.4.2.2. Der Gestaltenbaum

Die Entwicklung eines Gestaltenbaums kann mit der Zusammenstellung eines Puzzles verglichen werden. Die Sätze, die Antworten der Befragten, haben in diesem Sinne als Puzzleteile für die Herausbildung eines Bildes gedient. Die entstandenen Bilder haben in weiterer Folge selbst wieder als Puzzleteile agiert. Die größeren Bilder – sprachliche Hypergestalten – sind zu einem Gesamtbild zusammengefügt worden (Abbildung 11). Die sich ergebende selbstähnliche Gesamtstruktur (Gestaltenbaum), hat Meinungen und Einstellungen der Befragten so abgebildet, dass die differenziellen Komplexitätsebenen lesbar geworden sind. Auf jeder Ebene ist dabei die Gesamtproblematik abgebildet worden, wobei die tieferen Ebenen die erklärenden Details und die höheren Ebenen die Übersichten zum Wesentlichen geliefert haben. Die Texte höherer Ebene haben den Workshopteilnehmern überblicksmäßige Informationen gebracht, dagegen sind die Texte aus den unteren Ebenen weniger differenziert gewesen.[236]

Es ist das Ziel gewesen, aus den ungeordneten Sätzen des verbalen Datenmaterials sinnvoll zusammenhängende Textgruppen zu bilden. Die Textgruppen sind über gemeinsame Schlüsselausdrücke eng miteinander verbunden und haben aus 3 – 9 Sätzen bestanden. Jeder Satz weist mehrere auch in anderen Sätzen der Textgruppe vorkommende Ausdrücke auf.[237] Bei der Bildung der Textgruppe ist überprüft worden, ob sie intern konsistent sind (interne Konsistenzprüfung). Dafür sind die Aussagen der Textgruppe auf jeden gemeinsamen Knotenpunkt hin überprüft und verglichen worden. Die Sätze der Textgruppe sollen inhaltlich ergänzen, einen Neuigkeitswert aufweisen, sowie hinreichend voneinander unterscheidbar, also nicht redundant sein. Auch ist überprüft worden, ob die Textgruppen semantisch interpretierbar und pragmatisch annehmbar sind. Das Verfahren ist von oben nach unten fortgesetzt worden, bis keine Textgruppen mehr gebildet werden konnten.[238]

---

[236] Vgl. Zelger, J., (1999b): Der Gestaltenbaum des Verfahrens GABEK: Theorie und Methode anhand von Beispielen, In: GABEK, Verarbeitung und Darstellung von Wissen, Zelger, J. / Maier, M., (Hrsg.), S. 65.
[237] Vgl. Ebd. S. 54.
[238] Vgl. Ebd. S. 59.

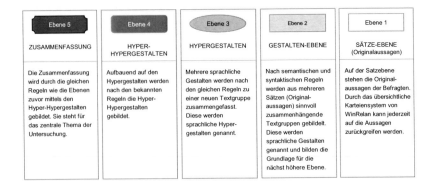

Abbildung 11: Gliederungsebenen

Eine sprachliche Gestalt durfte auch nicht zu umfangreich sein, schließlich soll sie als gedankliche Einheit noch erfassbar sein. Verfolgt man die inhaltlichen Verknüpfungen über die gemeinsam vorkommenden Schlüsselausdrücke, soll man von jedem Satz in der Textgruppe über höchstens einen anderen Satz zu einem weiteren Satz gelangen. Die formalen Regeln sind nicht allzu streng gehandhabt worden, sie haben vielmehr als allgemeine Richtlinien gedient, um ein inhaltliches Auseinanderfallen (Vernetzungsregel), eine zu große Redundanz (Abgrenzungsregel) und eine Unübersichtlichkeit (Regel der formalen Distanz) zu verhindern. Alle Regeln vollständig zu erfüllen ist schwierig, da eine leichte Verletzung der Vernetzungsregel zu einer Regelverletzung bei der Abgrenzungsregel führt und umgekehrt.[239]

Textgruppen bestehend aus drei bis neun Aussagen sind oft zu komplex, um als gedankliche Einheit verstanden zu werden. Die Textgruppen sind daher zusammengefasst worden. Bei diesen Zusammenfassungen, welche als selektive Repräsentationen bezeichnet werden, ist darauf geachtet worden, dass die sprachliche Gestalt durch die Inhalte der mehrmals in der Textgruppe vorkommenden Ausdrücke mitbestimmt worden ist. Diese selektiven Repräsentationen haben genau die vorkommenden Knotenbegriffe als Schlüsselbegriffe der Textgruppe enthalten. Die Zusammenfassung (selektive

---

[239] Vgl. Zelger, J., (1999b): Der Gestaltenbaum des Verfahrens GABEK: Theorie und Methode anhand von Beispielen, In: GABEK, Verarbeitung und Darstellung von Wissen, Zelger, J. / Maier, M., S. 56.

Repräsentation) der Textgruppe hat dabei die Bedingung erfüllen müssen: Wenn alle Sätze der Gruppe wahr sind, muss auch die Zusammenfassung wahr sein. Die letzte Bedingung (pragmatische Anwendbarkeit) fordert bei der Gruppierung der Texte das Beachten einer möglichen Problemlösung. Die sprachliche Gestalt soll also für zumindest eine Person Sinn machen, damit die Zusammenfassung der Textgruppe in zukünftigen Situationen als Erklärungs- und Handlungsmuster Anwendung finden kann.[240] Die Einhaltung der Verfahrensregeln hat die Vollständigkeit des Gestaltenbaums gesichert und eine willkürliche Auswahl von Inhalten verhindert. Es kann von einer gestalthaften linguistischen Struktur gesprochen werden (Abbildung 12).

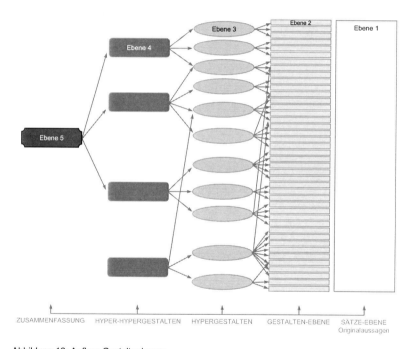

Abbildung 12: Aufbau Gestaltenbaum

---

[240] Vgl. Zelger, J., (1999b): Der Gestaltenbaum des Verfahrens GABEK: Theorie und Methode anhand von Beispielen, In: GABEK, Verarbeitung und Darstellung von Wissen, Zelger, J. / Maier, M., Ebd. S. 57-58.

3.4.2.3. Die Relevanzanalyse

Die Relevanzanalyse (Abbildung 13) gibt einen Überblick zur Bedeutsamkeit von Variablen oder Themen, sowie darauf, wie sie im Zuge der Untersuchung zu beachten sind. Nimmt ein Merkmal bzw. eine Variable im Gestaltenbaum eine hohe Position ein und weist sie zudem einen hohen Stellenwert im Wirkungsgefüge und im Bewertungsprofil auf, dann handelt es sich um eine bedeutungsvolle Kernvariable. Die vorliegende Relevanzanalyse (Relevanzzahl 83) zeigt den wichtigen Stellenwert des Phänomens Vertrauen in der untersuchten Organisation SACOL (Abbildung 13).

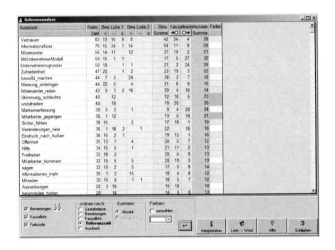

Abbildung 13: Relevanzanalyse

3.4.2.4. Der Assoziationsgraph

Anhand einer umfassenden Grundkodierung des verbalen Datenmaterials sind Begriffsgruppen oder Satzgruppen, über welche die Begriffe zusammenhängen, gebildet worden. Ein computerunterstützt dargestellter Assoziationsgraph hat die Begriffe gezeigt, die mit der ausgewählten Variablen aus dem kodierten Textmaterial verbunden gewesen sind bzw. in den Interviews mit ihm assoziiert worden sind. Das Instrument des Assoziationsgraphen hat damit der Strukturierung von Inhalten gedient.

Die im Assoziationsgraph miteinander vernetzten Merkmale aus der empirischen Datenbasis sind von den Befragten miteinander gedacht worden. Assoziationsgraphen sind also gedankliche Systematisierungshilfen und stellen vorläufige gedankliche Verknüpfungen dar, da sie von den Organisationsmitgliedern in unterschiedlichen Situationen gedacht worden sind. Sie zeigen an, woran oder an wen man denken soll, wenn das zentrale Thema des Assoziationsgraphen besprochen wird.[241]

Die Beziehungen zwischen den Ausdrücken werden mittels Verbindungslinien dargestellt. Sie zeigen, dass die miteinander verbundenen Ausdrücke in einem gemeinsamen Satz vorkommen. Es sind jene Begriffe selektiert worden, die in normalsprachigen Äußerungen immer wieder mit dem gewählten Ausdruck zusammen genannt worden sind. Mit GABEK ® können also jene Begriffsverbindungen aus den Texten herausgefiltert werden, die am meisten miteinander verbunden sind. Die Bedeutung eines Begriffs ist laut Wittgenstein im Sprachspiel einer konkreten Lebenswelt gegeben und diese wird auf Grundlage des verbalen Datenmaterials rekonstruiert. Die dabei definierten Merkmale können in einem späteren Schritt ihrerseits analysiert werden. Dies bedeutet, dass die Personen, welche die Sprache beherrschen, dies mit dem Definiendum in Zusammenhang bringen, auch wenn dieser Vorgang nicht immer bewusst geschieht.[242]

Der nachfolgende Assoziationsgraph (Abbildung 14) stellt mit dem Startausdruck Mitunternehmermodell eine begriffliche Assoziation dar. Die Begriffspaare sind durch 76 Karteikarten bzw. durch mindestens 11 Sätze miteinander verbunden.

---

[241] Vgl. Zelger, J., (2002): GABEK – Handbuch zum Verfahren, S. 57-64.
[242] Vgl. Ebd., S. 73.

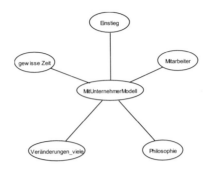

Abbildung 14: Assoziationsgraph

3.4.2.5. Die Netzwerkgraphik

Die Netzwerkgraphiken bauen auf dem System der Assoziationsgraphen auf und sind ein formales Netz von lexikalischen Ausdrücken und dienen als Instrument zur Skizzierung von 'kognitiven Landkarten'. Die inhaltlichen Zusammenhänge werden auf 'Reiserouten' erkundet. Die häufig genannten Ausdrücke sind als große Städte in der Landschaft zu verstehen, die eher selten vorkommenden als kleinere Ortschaften. Die in verschiedenen Aussagen auftauchenden Begriffskonstellationen sind als die Verbindungswege zwischen den Ortschaften bzw. als die Straßenkreuzungen anzusehen, von denen man aus Ortschaften erreichen kann. Aufbauend auf dieser Metapher können neue Ortschaften und Verbindungen entstehen und alte, die nicht mehr verwendet werden, fallen weg. Die Landkarte ist ein nützliches Instrument zur Orientierung und zum Navigieren in der ‚geistigen' Landschaft gewesen.

Mittels Ausdrucksnetzen sind Zusammenhänge erkundet und nachvollzogen, neue gebildet und bewertet worden. Die Zusammenhänge haben folglich einen Teil der verborgenen Ordnung von Meinungen abgebildet und haben als Indexierungssystem gedient, da man zu jeder beliebigen Fragestellung schnell eine relevante sprachliche Äußerung gefunden hat.[243]

Ein Vorteil von Assoziationsgraphen und Netzwerkgraphiken ist das Hervorheben von stark miteinander vernetzten Aussagen. Es werden die Sätze angezeigt, die durch oft vorkommende Ausdrücke miteinander verbunden sind – so können Trends aufgezeigt werden. Auch können jene Sätze mit schwachen Signalen oder Aussagen, welche nicht im Trend liegen, angezeigt werden. Sie sind mit anderen Sätzen kaum verbunden und sprechen vereinzelt Tabus an oder weisen auf Gefahren oder Chancen hin.[244]

Beziehungen zwischen den einzelnen Sätzen haben sich, wie in Abbildung 15, erst dann ergeben, wenn sie zumindest viermal miteinander verbunden gewesen sind. Die Anzahl der Verbindungen kann frei gewählt werden, doch wird eine Mindestanzahl von 3 Verknüpfungen empfohlen. Ein Unterschied von Netzwerkgraphiken zu Assoziationsgraphiken ist die Einbindung der zuvor durchgeführten Bewertungskodierung.

- Die Zahl unter den Begriffen gibt Aufschluss darüber, wie oft die Befragten den Begriff in den Interviews positiv „+" oder negativ „-" genannt haben.
- Begriffe, die von den Befragten überwiegend positiv genannt worden sind, sind durch einen Kreis mit der Hintergrundfarbe weiß gekennzeichnet.
- Begriffe, die überwiegend negativ verwendet worden sind, werden durch einen Kreis mit grauer Hintergrundfarbe angezeigt.
- Begriffe, die durch die Befragten gleich oft positiv als auch negativ geäußert worden sind, sind durch ein Sechseck mit hellgrauer Hintergrundfarbe erkennbar.

---

[243] Vgl. Zelger, Josef, (1999): Wissensorganisation durch sprachliche Gestaltbildung im qualitativen Verfahren GABEK, In: GABEK, Verarbeitung und Darstellung von Wissen, Zelger, J./ Maier, M., S. 50-51.
[244] Vgl. Ebd. S. 53.

- Begriffe, die von den Befragten neutral verwendet worden sind, sind durch ein abgerundetes Rechteck mit weißem Hintergrund ersichtlich.

Die Netzwerkgraphik Arbeit im folgenden Beispiel zeigt, wie positiv die erlebten Freiheiten im Zusammenhang mit der Arbeit von den Befragten gesehen worden ist. Beim Begriff Erfahrung wird ersichtlich, dass sie einerseits als Verbindungsglied zur Arbeit fungiert hat und andererseits eine differenzielle Beurteilung von 8mal positiv und 5mal negativ aufgewiesen hat. Die abgebildete Netzwerkgraphik zeigt die wahrgenommene IST-Situation durch die Befragten (Abbildung 15).

Abbildung 15: Netzwerkgraphik - Arbeit

Ausgehend von der Variable Freiheiten kann im Computerprogramm WinRelan ® mittels der Funktion 'Knoten erweitern' das Ausdrucksnetz vergrößert werden. Bei dieser Erweiterung kann frei gewählt werden, wie stark sich das Netz um neue Begriffe erweitern soll. In der Abbildung 16 ist das Netz bei der Variablen Freiheiten erweitert worden. Es ist die hohe Anzahl von mindestens 8 Verbindungen ausgewählt worden, damit die Übersichtlichkeit der Netzwerkgraphik sichergestellt ist.

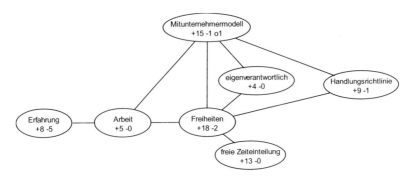

Abbildung 16: Netzwerkgraphik - Freiheiten

Die hinzugekommenen Begriffe - wie die freie Zeiteinteilung und das eigenverantwortliche Arbeiten - sind von den Befragten nicht nur positiv wahrgenommen, sondern auch in direktem Zusammenhang mit dem Mitunternehmermodell gebracht worden. Wie sehr das Mitunternehmermodell das Denken und Handeln der Befragten geprägt hat, zeigen die Ergebnisse in den nachfolgenden Kapiteln zum Analyse- und Reflexionsprozess im zweiten Teil der Forschungsarbeit.

Teil II: Analyse- und Reflexionsprozess

Nach Durchführen der Interviews und anschließender Auswertung des immensen Datenvolumens mittels der Methode GABEK ® sind die Ergebnisse in drei Workshops gemeinsam reflektiert und Maßnahmen diskutiert und festgelegt worden. Die nachfolgenden Kapitel gehen auf diesen gemeinsamen Prozess näher ein und gliedern sich wie folgt:

- Feedbackbackworkshop – Datenpräsentation und gemeinsame Reflexion der Resultate (Kapitel IV)

- Umsetzungsworkshop – Die gemeinsame Reflexion von Widersprüchen (Kapitel V)

- Realisierungsworkshop – Die Auswahl und Konkretisierung von Maßnahmen (Kapitel VI)

In den jeweiligen Kapiteln sind Ausschnitte aus dem verbalen Datenmaterial zur Veranschaulichung der Ergebnisse eingearbeitet worden. Die Interviewausschnitte sind durch die Schriftgröße 10 und die Schriftform *kursiv* gut zu erkennen. Die umgangssprachlichen Äußerungen sind insoweit verändert worden, dass sie in eine gut leserliche Sprache umgewandelt worden sind. Dies soll den Lesefluss und ein besseres Verständnis für die Aussage fördern. Im Hinblick auf die gemachten Aussagen sind die Interviewteile unverändert geblieben.

Das nachfolgende Kapitel beschäftigt sich mit dem Normen- und Wertesystem der untersuchten Organisation SACOL (Kapitel VII). Das Datenmaterial ist einerseits in die Bewertungen der IST-Situation, als auch in die der SOLL-Situation unterteilt worden. Andererseits sind die Daten in die Kategorien Führungskräfte (FK) und Mitarbeiter (MA) eingeteilt und dann miteinander verglichen worden. Der Datenvergleich hat erstaunliche und interessante Auffassungsunterschiede zur wahrgenommenen Situation aus Sicht der zwei Gruppen im Unternehmen SACOL gezeigt.

Das abschließende Kapitel fasst die wichtigsten Ergebnisse der Forschungsarbeit zusammen und ermöglicht eine Übersicht zu den wichtigsten Einfluss- und Wirkungsfaktoren im Hinblick auf das Phänomen Vertrauen im Unternehmen SACOL zur Zeit der Untersuchung (Kapitel VIII). Die Forschungsimplikationen geben daneben einen Ausblick auf denkbare zukünftige Forschungsfragen und –vorhaben.

Kapitel IV: Feedbackworkshop – Datenpräsentation und gemeinsame Reflexion der Ergebnisse

Das vorliegende Kapitel zeigt, wie mit Hilfe von Netzwerkgraphiken die ersten Ergebnisse im Feedbackworkshop präsentiert und gemeinsam reflektiert worden sind. Die Netzwerkgraphiken bauen auf einem formalen Netz von lexikalischen Ausdrücken auf und haben als Instrument zur Skizzierung von 'kognitiven Landkarten' gedient. Neben den drei Netzwerkgraphiken zu den Themenbereichen Führungsgremium, Mitunternehmermodell und Vertrauen ist mit dem Gesamtüberblick eine wissenschaftliche Innovation – eine Netzwerkgraphik mit 278 Knotenpunkten - erstellt worden. Ausgearbeitete Netzwerkgraphiken in früheren GABEK Projekten haben zumeist nur über ein ¼ der Knotenpunkte verfügt. Die Graphik erweitert in ihrer Komplexität den bisher bekannten Rahmen von Netzwerkgraphiken als kognitive Landkarte.

1. Einladung zum Feedbackworkshop

Nach einer terminlichen Einigung mit dem Geschäftsführer ist per e-Mail die gesamte Belegschaft zum Feedbackworkshop eingeladen worden. Es ist damit allen Organisationsmitgliedern die Chance eingeräumt worden, am Workshop teilzunehmen. Die positive Resonanz in Gesprächen mit Organisationsmitgliedern im Laufe des Projekts hat erwarten lassen, dass die Teilnehmerzahl im ersten Workshop größer sein wird, als die Anzahl der Befragten. In diesem Zuge wird auf eine keineswegs 'optimale' Vorgehensweise des Forschers im Hinblick auf die Einladungen zum Feedbackworkshop hingewiesen. Die Einladung hat den Aufbau des Workshops, der Anmeldemöglichkeit (inkl. Deadline) und dem Dank bei den Befragten beinhaltet. Auch ist eine mögliche Einschränkung der Teilnehmeranzahl – aufgrund der erwarteten hohen Nachfrage - in Aussicht gestellt worden. Die angekündigte Beschränkung hat bei den Organisationsmitgliedern ambivalente Reaktionen ausgelöst. Sie ist einerseits auf Verständnis und damit auf positive Resonanz gestoßen, andererseits haben Organisationsmitglieder – dies ist der überwiegende Teil gewesen - irritiert reagiert und von einer Teilnahme am Workshop Abstand genommen. Hieraus lässt sich die geringe Anzahl von 9 Personen erklären, die zwei Wochen später ihr Interesse bekundet haben. Die Teilnehmeranzahl hat knapp 20 % der Belegschaft entsprochen.

In einem weiteren Schritt ist den Teilnehmern eine Übersicht – anhand der Ausdrucksliste - zu den 20 meist genannten Begriffen persönlich im Unternehmen überreicht worden. Die persönliche Übergabe ist bei den Teilnehmern auf sehr positive Resonanz gestoßen, da offene Fragen zum bevorstehenden Workshop vorab geklärt werden konnten. Anhand der Liste haben die Teilnehmer jene drei Begriffe, die sie am meisten interessierten, ausgesucht. Die Nennung der Begriffe zeigt, in welcher Reihenfolge und wie oft sie von den Teilnehmern genannt worden sind (Tabelle 2). Sie spiegeln die Priorität der Begriffe aus Sicht der Workshopteilnehmer wider.

Der Ausdruck Führungsgremium hat mit mehr als 6 Nennungen die Liste angeführt. Das Mitunternehmermodell als zweites ist 5mal als erster Begriff genannt worden. Erstaunlich ist die Anzahl differenzieller Begriffe, ein Zeichen für die unterschiedlichen Interessen der Teilnehmer. Für die drei meist genannten Begriffe Führungsgremium, Mitunternehmermodell und Vertrauen ist aufbauend auf dem Ergebnis eine Netzwerkgraphik ausgearbeitet bzw. im Feedbackworkshop präsentiert und gemeinsam reflektiert worden.

Ausdrücke	1. Nennung	2. Nennung	3. Nennung	Gesamt
Führungsgremium	2	3	1	6
Mitunternehmermodell	5			5
Vertrauen		2	1	3
Geschäftsführer	1	1		2
Meinung einbringen			2	2
Veränderung	1	1		2
Lieferantenwechsel		1		1
Informationsfluss		1		1
Internationalisierung			1	1
Unternehmensgründer			1	1
Markenverfassung			1	1
Miteinander			1	1
Miteinander reden			1	1
				27

Tabelle 2: Auswahl der 20 meist genannten Begriffe

2. Der Feedbackworkshop

Im vorliegenden Kapitel wird auf den Ablauf und das Ziel des Feedbackworkshop näher eingegangen. Der erste Schritt hat darin bestanden, den Workshopteilnehmern den Projektablauf und das -ziel nochmals kurz vorzustellen, schließlich hat die Präsentation am Firmentag bereits einige Zeit zurückgelegt.[245] Als nächstes hat eine Gruppenarbeit[246] zu den zuvor ausgewählten Begriffen Führungsgremium,

---
[245] Details hierzu im Kapitel III: 3.3.2.5. Vorstellung des Forschungsvorhabens am Firmentag, S. 81-82.
[246] Weitere Ausführungen zum Aufbau, Ablauf und Ziel der Gruppenarbeit – Anhang: 2. Die Gruppenarbeit (Feedbackworkshop), S. 333-335.

Mitunternehmermodell und Vertrauen stattgefunden. Die anschließende Präsentation mittels einer zuvor ausgearbeiteten Netzwerkgraphik hat einen ersten Einblick in das Verständnis der Befragten hinsichtlich der drei Themenbereiche erlaubt. Das Ziel des Feedbackworkshops hat also darin bestanden, anhand von Netzwerkgraphiken und einem gemeinsamen Diskurs Handlungsfelder zu identifizieren, die aus Sicht der Workshopteilnehmer Widersprüche aufgewiesen und Handlungsdruck und –chancen aufgewiesen haben.

Im Hinblick auf das Verständnis von Netzwerkgraphiken wird in diesem Zusammenhang nochmals darauf hingewiesen, dass die häufig genannten Begriffe, als Städte und die eher selten vorgekommenen, als kleinere Ortschaften in dieser Landschaft zu verstehen sind. Die in verschiedenen Aussagen auftauchenden Begriffskonstellationen sind als die Verbindungswege zwischen den Ortschaften (als die Straßenkreuze) anzusehen, durch die man Ortschaften erreichen kann. Aufbauend auf dieser Metapher können neue Ortschaften und Verbindungen zwischen den Begriffen entstehen und alte, die nicht mehr verwendet werden, fallen weg.[247] Die Anzahl der Nennungen durch die Befragten sind in Klammer [..] unter dem jeweiligen Begriff hinterlegt worden.

---

[247] Vgl. Zelger, Josef, (1999a): Wissensorganisation durch sprachliche Gestaltbildung im qualitativen Verfahren GABEK, In: GABEK, Verarbeitung und Darstellung von Wissen, Zelger, J./ Maier, M., (Hrsg.), S. 50-51.

2.1. Netzwerkgraphik - Führungsgremium

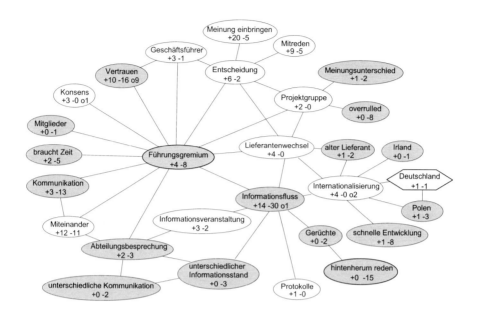

Abbildung 17: Netzwerkgraphik - Führungsgremium

Das Führungsgremium [+4/-8] ist von den Befragten überwiegend negativ beurteilt worden. Ein Grund hierfür ist der unzureichend erlebte Informationsfluss [-30], die am häufigsten negative beurteilte Variable der Untersuchung und die wahrgenommene Kommunikation [-13] durch die Führungskräfte. Auslöser hierfür sind die Auffassungsunterschiede zwischen Mitarbeitern und Führungskräften zur Internationalisierung [+4] und zum Lieferantenwechsel [+4] gewesen. Die grundsätzlich positive Beurteilung der beiden Themen zeigt die Bereitschaft und das Verständnis der Befragten für die geplanten Schritte. Der Ablauf und die Umsetzung der Veränderungsprozesse sind dagegen kritisch beurteilt worden. Ein wesentliches Problem ist die Informationspolitik der Führungskräfte gewesen, so haben die Befragten ausschließlich die Informationsveranstaltung [+3/-2] zu den Themen als informativ erlebt. Eine Besprechung in den jeweiligen Abteilungen ist dagegen kritisch gesehen worden, da sich die Führungskräfte in der Art ihrer Kommunikation [-2] und in der Menge an weitergegebenen Informationen unterschieden haben. Ein inkongruenter Informationsstand [-3] in den einzelnen Abteilungen ist die Folge gewesen. Die unzureichende Informierung und der unterschiedliche Informationsstand hat in weiterer Folge zu einer Zunahme von informellen Gesprächen hintenherum [-15] und damit zur Entwicklung von Gerüchten [-2] im Unternehmen geführt.

Ein weiterer Grund für die Beurteilung des Führungsgremiums sind die Erlebnisse in der einberufenen Projektgruppe zum Thema Lieferantenwechsel gewesen. Das Instrument Projektgruppe [+2] ist von den Befragten bei früheren Gelegenheiten positiv erlebt worden. Für eine negative Einschätzung und Enttäuschung sorgt in diesem Fall die unklare Aufgabenstellung und Zielvorgabe in der Projektgruppe. Dies hat zu einer wesentlichen und nachhaltigen negativen Beeinflussung der Stimmung im Unternehmen geführt. Wie die Analyse unterlegt, entwickeln sich anfängliche Auffassungsunterschiede im Hinblick auf den Zweck der Projektgruppe zu einem chronischen Problem im Unternehmen. Das Führungsgremium hat die Projektgruppe als Diskussionsplattform für einen bevorstehenden Produktwechsel gesehen. Es sollen konkrete Schritte für einen Umsetzungsprozess besprochen und festgelegt werden. Die Mitarbeiter haben dagegen darin mehr eine Möglichkeit gesehen, über die strategische Ausrichtung des Unternehmens zu diskutieren und mitzuentscheiden. Der Begriff overruled [-8] verdeutlicht mit acht negativen Nennungen die unklare Aufgabenverteilung in der Projektgruppe, sowie den negativ entstandenen Eindruck. An diesem Punkt wird darauf verwiesen, dass eine Erschließung neuer europäischer Märkte – unter Einschließung aller drei Produktsparten - nur mit einem Wechsel des alten Lieferanten möglich gewesen ist. Der alte Lieferant hat in der Expansionsstrategie von SACOL eine Gefährdung seiner Vertriebsstruktur gesehen und aus diesem Grund den Schritt abgelehnt.[248] Bei den mehrjährigen Verhandlungen zwischen SACOL und dem alten Lieferanten konnten kein nennenswerten Ergebnisse erzielt worden. Einige befragte Mitarbeiter haben daneben in dem Wechsel eine Gefährdung der unternehmerischen Grundfeste von SACOL gesehen, denn die Produkte des alten Lieferanten sind als unabdingbarer Bestandteil des SACOL Sortiments wahrgenommen worden. Eine Projektgruppe ist

---

[248] Der alte Lieferant ist bereits seit 25 Jahren Partner von SACOL gewesen, dessen Produkte haben einen Anteil von ca. 20 % am Gesamtumsatz gehabt.

daraufhin einberufen worden. Eine Teilnahme ist für alle Interessierten möglich gewesen, sofern der Sortimentswechsel deren Aufgabenbereich betroffen hat.

Die vorliegende Konfliktsituation zwischen Führungskräften und Mitarbeitern zeigt Ansätze eines (kognitiv und kommunikativ komplexen) Problems, das sich gleichsam rekursiv in den wechselseitigen Verhaltenserwartungen der Organisationsmitglieder stabilisiert hat. Gleichsam ist es ein Beispiel für Theorien organisationalen (Nicht-)Lernens; Probleme, die als nicht-thematisierbar empfunden worden sind, sind nicht thematisiert worden und daher auch nicht-thematisierbar geblieben. Themen sind nur insoweit miteinander diskutiert worden, dass dies durch ein Hintenherum-Reden stattgefunden hat. Dies hat zu einem unterschiedlichen Informationsstand bei den Organisationsmitgliedern und in den jeweiligen Abteilungen geführt. In weiterer Folge haben sich Gerüchte im Unternehmen entwickelt und verbreitet. Das ‚Problem' hat dabei nicht an den offenkundigen Symptomen gelegen, die ‚kuriert' werden müssen: Das eigentliche Problem sind vielmehr die Kräfte gewesen, die die Organisationsmitglieder so lange davon abgehalten haben, etwas gegen diese Symptome zu unternehmen. Derartige grundlegende Probleme in Angriff zu nehmen, erfordert eine gemeinsame Reflexion und damit eine bewusste Auseinandersetzung mit den 'nicht diskutierbaren' Fragen; also ein Bemühen - durch das Überbrücken interner Barrieren - die systemumspannenden Probleme zu bewältigen.[249] Eine – nach der Theorie des organisationalen Lernens - Phase der gemeinsamen Reflexion kann jedoch nur eingeleitet werden, wenn es eine offene Gesprächskultur im Unternehmen gibt. Eine solche Bereitschaft zum offenen Einbringen von Eindrücken und Empfindungen in Reflexionsprozesse kann sich allerdings nur entwickeln, wenn sich die Organisationsmitglieder - unabhängig von ihrer Position, ihrem Rang oder sozialem Status – glaubwürdig eingeladen fühlen. Hierfür bedarf es eines hohen Grades an organisationsinterner Offenheit. Offenheit kann wiederum nur gelebt werden, wenn es ein ausreichendes Maß an Vertrauen[250] gibt, doch dieses hat es zur Zeit der Veränderungsprozesse im Unternehmen SACOL nicht gegeben. O´Reilly

---

[249] Vgl. Senge, P., (2000): The Dance of Change – Die 10 Herausforderungen tiefgreifender Veränderungen in Organisationen, Senge, P./ Kleiner, A./ Roberts, C./ Ross, R./ Roth, G./ Smith, B., (Hrsg.), S. 54.
[250] Das ´richtig´ empfundene Maß an Vertrauen hängt von den individuellen Erfahrungen und Erwartungen der Personen ab, ist daher nicht statisch, sondern kann sich zeitlich entwickeln, verändern oder anpassen.

weist in diesem Zusammenhang daraufhin, dass Vertrauen einen essentiellen Beitrag für die Offenheit der Mitarbeiter leisten kann und damit für die Quantität und Qualität an weitergegebenen Informationen im Unternehmen.[251] Eine offene Gesprächskultur begünstigt wiederum das Einleiten einer Phase der gemeinsamen Reflexion.

EXKURS: Reflexion

Nach Giddens ist die Reflexivität neben den Routinen eine wesentliche Grundlage für das Handeln in komplexen Organisationen. Unter Reflexion versteht Giddens das bewusste Überdenken von Handlungen und daraus resultierenden potentiellen Folgen. Das Handeln bezieht sich dabei auf Vorangegangenes, ist also rekursiv. Die Akteure produzieren also durch ihre Aktivitäten die Bedingungen, die diese Aktionen ermöglichen. Handeln ist daher auch Reproduktion und Routine bzw. begründet sich Kontinuität aus der rekursiven Ordnung praktischen sozialen Handelns. Die rekursive Ordnung setzt dabei Reflexivität voraus.[252] Hinsichtlich des untersuchten Phänomens Vertrauen und den interorganisatorischen Beziehungen in Organisationen könnte dies bedeuten, dass es zu einer ständigen reflexiven Beobachtung des Interaktionspartners, sowie der eigenen Person kommt. Wird Vertrauen in diesem Sinne betrachtet, ist es das Ergebnis einer sozialen Konstruktion durch die Interaktionspartner. Mag sich der Handelnde dieses Gesichtspunktes bewusst sein oder nicht, darauf hinarbeiten oder ihm zuwiderhandeln, die Vertrauensfrage ist Bestandteil jeder Interaktion.[253] Die „Grundlage allen Vertrauens ist damit die Darstellung des eigenen Selbst als eine soziale, sich in Interaktion aufbauenden, mit der Umwelt korrespondierenden Identität."[254]

---

[251] Vgl. O´Reilly, C. A., (1978): The intentional distortion of information in organizational communication: A laboratory and field investigation, In: Human relations, 31, S. 253-265;
[252] Vgl. Mikl-Horke, G., (2001): Soziologie: historischer Kontext und soziologische Theorie-Entwürfe, S. 370.
[253] Vgl. Luhmann, N., (2000): Vertrauen – Ein Mechanismus der Reduktion sozialer Komplexität, S. 48.
[254] Luhmann, N. (2000): Vertrauen – Ein Mechanismus der Reduktion sozialer Komplexität, S. 80.

2.2. Netzwerkgraphik – Mitunternehmermodell

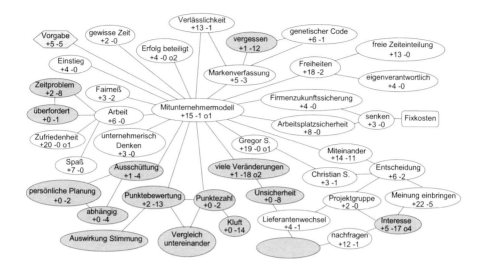

Abbildung 18: Netzwerkgraphik - Mitunternehmermodell

Das Modell der Mitarbeiterbeteiligung ist bei SACOL im Jahre 1993 implementiert worden. Ein entscheidender Schritt für diese Entwicklung sind die schwierigen wirtschaftlichen Jahre zuvor gewesen, auch gekennzeichnet durch das Verlassen eines Mitgründers von SACOL. Die Trennung ist aus mehreren Gründen erfolgt; einerseits haben unterschiedliche Vorstellungen für eine Neuausrichtung des Unternehmens bestanden – dies reicht von differenziellen Vorstellungen hinsichtlich einer Beibehaltung der hierarchischen Strukturen bis zu einer vermehrten Partizipation der Mitarbeiter an Entscheidungsprozessen. Andererseits hat es Auffassungsunterschiede über die zukünftigen Leistungsbereiche von SACOL gegeben. Die Vorstellungen reichen von einer intensiven Produktentwicklung bis zur Fortführung des bestehenden Handels mit Produkten ausgewählter Partnerlieferanten. Schließlich hat sich die Überzeugung durchgesetzt, dass die Dienstleistungen ausschließlich zur Lösung von individuellen Kundenherausforderungen genutzt werden sollen. Ein weiterer Grund für Veränderungsprozesse im Unternehmen ist das stark angewachsene Auftragsvolumen gewesen. Die Unternehmensgründer haben bis dahin den überwiegenden Teil der anfallenden Entscheidungen selbst getroffen, doch haben die Entwicklungen, insbesondere das Wachstum des Unternehmens, eine Änderung des Führungsstils notwendig gemacht.

Nach intensiven Gesprächen zwischen den beiden SACOL-Gründern und mit der Belegschaft hat sich einer der beiden für die Gründung eines neuen Unternehmens entschieden. Ermöglicht wird diese Entwicklung durch eine vereinbarte Ablöse- und Auszahlung des 50 %igen Unternehmensanteils über einen Zeitraum von 15 Jahren. Der Zahlungsplan hat die Liquidität von SACOL während dieser Zeit erheblich verringert. Im darauffolgenden Jahr ist – auch aufgrund der finanziellen Situation - die Idee einer Mitarbeiterbeteiligung konkretisiert und umgesetzt worden. Die Unternehmensstruktur ist in diesem Zuge ebenfalls verändert worden. Die Mitarbeiter haben dann, begünstigt durch eine flache Hierarchie, flexibler und schneller auf die Kundenherausforderungen reagieren können.

Im ersten Schritt sind vier langjährige Mitarbeiter gebeten worden, sich als 'Testpersonen' am neu implementierten Mitunternehmermodell zu beteiligen. Der Unternehmensgründer hat in diesem Zusammenhang den Mut der ersten Mitunternehmer gelobt, denn damals hat aus seiner Sicht niemand gewusst, ob das vereinbarte System überhaupt funktioniert.[255] Ein Eckpunkt der damaligen Vereinbarungen für das Mitunternehmermodell ist gewesen, dass Mitarbeiter zukünftig erst nach 5 Jahren Unternehmenszugehörigkeit ins MUM einsteigen dürfen. Die Einstiegshürde als Prämisse für zukünftige Mitunternehmer hat in den Jahren an Bedeutung verloren, das Vorhandensein von sozialen und beruflichen Fähigkeiten ist ausschlaggebend geworden. Weitere, essentielle Veränderungen hat es im MUM seit Einführung keine gegeben. Die nachfolgenden Ergebnisse zeigen, wie präsent das Mitunternehmermodell in den Köpfen der Befragten verankert gewesen ist.

Die Befragten äußern ein breites Spektrum von wahrgenommen Wirkungsfeldern durch das MUM. Einen Einfluss haben die Befragten beim Denken und Handeln

---

[255] Mit dem Einstieg ins Mitunternehmermodell ist das Gehalt der 'Testpersonen' in einen fixen und einen variablen Teil unterteilt worden. Gerade im Hinblick auf den ungewissen Ausgang sind sie bereit gewesen, ein persönliches Risiko für das Unternehmen einzugehen, schließlich hätte der variable Gehaltsteil aufgrund nicht vorhandener Unternehmensgewinne entfallen können. Zu ihrem Gehalt vor dem Einstieg ins MUM hätte dies starke Einbußen bedeutet.

wahrgenommen, so haben sie die erlebten Freiheiten [+18], die freie Zeiteinteilung [+13] und das eigenverantwortliche Arbeiten [+3] in direktem Zusammenhang zum MUM gesehen. Außerdem haben die Befragten zwischen dem MUM und der Unternehmenszukunft eine Verbindung wahrgenommen, denn durch die Fixkostensenkung [+3] ist ein Beitrag zur Sicherung der Firmenzukunft [+4] und der Arbeitsplätze [+8] geleistet worden.

Das Mitunternehmermodell ist daneben als eine Chance zur Personalpolitik verstanden worden. So bestätigen die Ergebnisse, dass die Philosophieschulung bei Einstieg eines neuen Mitarbeiters eine positive Wirkung auf das Verständnis der Markenverfassung[256] und des genetischen Codes der Marke SACOL gehabt hat. Ein negativer Faktor wird in der Analyse mit dem Begriff vergessen [-11] aufgezeigt – es ist von den Interviewten der Eindruck geäußert worden, dass viele Mitarbeiter die Inhalte der Markenverfassung und des genetischen Codes vergessen haben. Dies betrifft insbesondere jenen Personenkreis (langjährige Mitarbeiter), deren Philosophieschulung bereits einige Zeit zurückgelegen hat. Die vermutete Unkenntnis ist ein bedeutsamer Einflussfaktor bei den Diskussionen zum Lieferantenwechsel und zur Internationalisierung in der dafür einberufenen Projektgruppe gewesen.[257]

Negative Äußerungen hat es zu einem essentiellen Bestandteil des MUM´s gegeben; der jährlich stattfindenden Selbst- und Fremdevaluierung. Die damit im Zusammenhang stehende Punktebewertung [-13] ist durch die Befragten kritisch beurteilt worden, sie hat die erlebte Kluft [-13] im Unternehmen begünstigt. Im speziellen Fall ist es um die Berechnung und die Höhe der festgelegten Punkte für den einzelnen als auch für die Abteilungen gegangen. Anhand eines vorgegebenen Schemas finden jährlich Selbst- und Fremdevaluierungen durch jeden Mitunternehmer statt. Jeder Mitunternehmer ist einem gewissen Aufgabenbereich

---

[256] Wie beim Thema Mitunternehmermodell geht es bei der Markenverfassung und dem genetischen Code der Marke SACOL um einen essentiellen Bereich im Unternehmen. Ende der 90iger Jahre hat sich der Unternehmensgründer von wissenschaftlicher Seite in der Ausrichtung der Marke SACOL beraten lassen. In diesem Prozess sind die wesentlichen Bestandteile der Marke, ob Leistungsspektrum, Leistungsverständnis, partnerschaftlicher Umgang mit Kunden und Lieferanten als auch aktive Kommunikation des Mitunternehmermodells nach Innen und Außen, festgelegt worden.
[257] Details zum Verständnis der Markenverfassung im Kapitel V: 1.2.2. Markenverfassung, S. 148-151.

zugeordnet. Dieser Aufgabenbereich hat eine vorgegebene Punktezahl. Genau diese Punktezahl hat für einige befragte Mitarbeiter metaphorisch für die Aufgabenbereiche und damit für die tragende Verantwortung und Kompetenz gestanden und damit für die Rolle und die Stellung der Personen im Unternehmen. Die ungleiche Punktehöhe macht die Gegensätze zwischen den Organisationsmitgliedern sichtbar und transparent. Das Festschreiben der zugewiesenen Punkte für jeden Aufgabenbereich in der Mitarbeitermappe - im Abschnitt MUM – verdeutlicht und verfestigt den Eindruck auch während des Jahres, wie ein Mitarbeiter betont hat.

Es ist so, dass früher nicht so starke Hierarchien in der Punkteaufteilung vorhanden gewesen sind. Es hat sich im Laufe der Zeit herauskristallisiert. Ich bin jetzt seit 5 Jahren dabei, dass der Vertrieb das wichtigste im Unternehmen ist und die anderen werden eher hinten angereiht.

Ein weiterer negativ beurteilter Punkt in diesem Zusammenhang ist der Hinweis der Befragten im Hinblick auf eine erschwerte Planung der persönlichen Vorhaben gewesen. Das Gehalt jedes Mitunternehmers hat aus einem variablen und einem fixen Teil bestanden. Der fixe wird jeden Monat als Gehalt ausgezahlt, der variable wird nach einem festgelegten Verfahren – ausgehend von einem positiven Unternehmensergebnis - einmal jährlich errechnet und ausgezahlt. Anhand der Aufgabenbeschreibung des Mitunternehmers und dem Ergebnis der Selbst- und Fremdevaluierung wird die Punktehöhe ermittelt und der jeweiligen Person ein Teil aus dem variablen Topf zugeteilt. Vor einer Ausschüttung an die Mitunternehmer wird ein fixer Prozentsatz aus dem zur Verfügung stehenden finanziellen Topf abgezogen und der Firmenzukunftssicherung zugerechnet. Die Firmenzukunftssicherung ist laut MUM-Bestimmungen ein wichtiger Schritt für den zukünftigen Erfolg des Unternehmens. Von den Mitarbeitern ist der Beitrag zur Firmenzukunftssicherung dagegen als Kostenfaktor wahrgenommen worden, denn dadurch hat sich der Ausschüttungstopf hinsichtlich des variablen Einkommens verringert. Die unterschiedlichen Ansichten zeigen ein interessantes Bild im Hinblick auf das Mitunternehmermodell und dessen Zweck zukünftige Investitionen zu erleichtern. Der Auszug aus einem Interview mit einem Mitarbeiter unterlegt diesen Eindruck.

Irland ist eine Geschichte der letzten drei, vier Jahre, wo nicht wirklich etwas weitergegangen ist. Wo man weder Geld in die Hand genommen, noch Taten gesetzt hat. Ich glaube, die Leute sagen, diese

Expansionsgeschichten müssen irgendetwas kosten. Egal, ob es sich tatsächlich auf den Ausschüttungstopf auswirkt oder nicht.

Die Ergebnisse legen nahe, dass die Befragten hinsichtlich des Mitunternehmermodells, dem variablen Einkommensteil und der Internationalisierung Erwartungen entwickelt haben. Die Erwartungen haben sich dabei keineswegs unabhängig von positiven oder negativen Erfahrungen, sondern vielmehr aus ihnen heraus, gebildet.[258] Auch kumulative Erfahrungen im Umgang mit Personen – insbesondere mit dem Unternehmensgründer Gregor S. - sind für die Entwicklung von Erwartungen verantwortlich gewesen, diese wiederum haben die Einstellungen zu Personen beeinflusst.[259]

Exkurs: Erwartungen

Erwartungen sind keineswegs stabil, sondern können sich im Zeitverlauf ändern. Zeitnahe Erfahrungen nehmen in der Erwartungsbildung einen höheren Stellwert ein, als zeitlich weiter zurückliegende.[260] Daneben zeigen viel diskutierte Experimente im Hinblick auf die Stabilisierung von Erwartungen, dass sichere Erwartungen weniger bestandsfester gelernt werden als unsichere. Sichere Erwartungen, so paradox es erscheint, brechen zumeist bei der ersten Enttäuschung zusammen, dagegen sind unsichere Erwartungen psychologisch stabiler, da bei ihnen das Gegenteil gleich mit erwartet wird, ohne dass die Erwartung aufgegeben würde. Die Enttäuschungserklärung ist bereits in sie eingebettet und stellt damit im Einzelfall kein Problem mehr dar, vielmehr wird die Erwartungsstruktur bestätigt.[261] Im Hinblick auf Vertrauen bedeutet dies, dass immer dann davon gesprochen werden kann, wenn die vertrauensvolle Erwartung[262] den Ausschlag gibt. Ansonsten handelt es

---

[258] Vgl. Albach, H., (1991): Vertrauen in der ökonomischen Theorie, In: Unternehmen im Wettbewerb, Albach, H., (Hrsg.), S. 5.
[259] Vgl. Mayer, R. C./ Davis, J. H./ Schoorman, F. D., (1995): An integrative model of organizational trust, In: Academy of management review, 20, Nr. 3, S. 727 f.
[260] Vgl. Schütze, R., (1992), Kundenzufriedenheit – After Sales Management auf industriellen Märkten, S. 85f.
[261] Vgl. hierzu auch: Luhmann, N., (1972): Rechtssoziologie, S. 40ff.
[262] Vertrauen als Erwartung: vgl. Belker, P., (2000): Leitbilder für Veränderungsmanagement – Wie Qualität und Innovation zusammenwirken, S. 203; Boersma, M. F./ Buckley, P. J./ Ghauri, P. N., (2003): Trust in international joint venture relationships, In: Journal of business research, 56, S. 1032; Bradach, J. L./ Eccless, R. G., (1989): Price, Authority and Trust: From Ideal Typest o Plural Forms, In: Annual Review Sociology, S. 104; Dasgupta, P., (1988): Trust as a commodity, In: Trust making and breaking cooperative relations, Gambetta, D., (eds.), S. 51; Deutsch, M., (1958): Trust and Suspicion, In: Journal of conflict resolution, 2, No. 2, S. 265f.; Diller, H./ Kusterer, M. (1998): Beziehungsmanagement: Theoretische Grundlagen und explorative Befunde, In: Marketing ZFP, 10.

sich um bloße Hoffnung,[263] denn der Hoffende fasst trotz Unsicherheit einfach Zuversicht. Die Ausführungen lassen den Schluss zu, dass Hoffnung Kontingenz eliminiert, Vertrauen dagegen Kontingenz reflektiert.

Die Akteure werden also versucht sein, sich klar zu machen, dass Vertrauen nicht bedingungslos ist, sondern sich nach Maßgabe und an Grenzen vernünftiger Erwartungen orientiert.[264] Vertrauen wird, da „die Wirklichkeit für eine reale Kontrolle zu komplex ist, mit Hilfe von symbolischen Implikationen 'kontrolliert'". Anhand eines vereinfachten Gerüsts von Indizien werden laufend nach einer Art von Rückkopplungsschleife Informationen darüber zurückgemeldet, „ob die Fortsetzung des Vertrauens gerechtfertigt ist oder nicht."[265] Der Vertrauende macht sich damit der Chance eines übergroßen Schadens durch „die Selektivität des Handelns anderer bewusst und stellt sich ihr."[266]

Jg., Nr. 3, S. 218; Frost, T./ Stimpson, D. V./ Maughan, M. R., (1978): Some correlates of trust, In: Journal of Psychology, 99, S. 104; Fuhrmann, H., (2001): Vertrauen im Electronic Commerce: rechtliche Gestaltungsmöglichkeiten unter besonderer Berücksichtigung verbindlicher Rechtsgeschäfte und des Datenschutzes, S. 39ff.; Grüninger, S., (2001): Vertrauensmanagement, S. 111; Hosmer, L. T., (1995): Trust: The connecting link between organizational theory and philosophical ethics, In: Academy of Management Review, 20, No. 2, S. 381ff.; Kahle, E., (1999): Konkurrenz und Kooperation, In: Wirtschaft und Sozialpolitik, Fritzsche, A./ Kwiran, M., (Hrsg.), S. 46; Koller, M., (1997): Psychologie interpersonalen Vertrauens: Eine Einführung in theoretische Ansätze, In: Interpersonales Vertrauen: Theorie und empirische Befunde, Schweer, M. K. W., (Hrsg.), S. 13; Mayer, R. C./ Davis, J. H./ Schoorman, D. F., (1995): An integrative model of organizational trust, In: Academy of management review, 20, Nr. 3, S. 712; Nieder, P., (1997): Erfolg durch Vertrauen: Abschied vom Management des Misstrauens, S. 24ff.; Plötner, O., (1995): Das Vertrauen des Kunden: Relevanz, Aufbau und Steuerung auf industriellen Märkten, S. 36; Ripperger, T., (1998): Ökonomik des Vertrauens: Analyse eines Organisationsprinzips, S. 13 ff.; Rotter, J. B., (1967): A new scale for the measurement of interpersonal trust, In: Journal of Personality, 35, No. 4, S. 651; Rotter, J. B., (1971): Gerneralized expectancies for interpersonal trust, In: American Psychologist, 26, S. 444; Seifert, M., (2001): Vertrauensmanagement in Unternehmen: Eine empirische Studie zwischen Angestellten und ihren Führungskräften, S. 18; Vogt, J., (1997): Vertrauen und Kontrolle in Transaktionen: Eine institutionenökonomische Analyse, S. 73; Zucker, L. G., (1986): The production of trust: Institutional sources of economic structure, In: Research in organizational behavior, 8, S. 54ff.
[263] Eine Mutter übergibt jeden Vormittag ihr Kind in einer Kinderkrippe ab und hat dabei die Hoffnung, dass die Betreuerinnen gut auf das Kind aufpassen. Es handelt sich dagegen um Vertrauen, wenn die Mutter bei Eintritt eines Geschehnisses ihren Entschluss bereuen würde, das Kind jemanden in der Krippe anvertraut zu haben. - Vgl. Luhmann, N., (2000): Vertrauen – Ein Mechanismus der Reduktion sozialer Komplexität, S. 28.
[264] Vertrauen bezieht sich dabei stets auf eine kritische Alternative, in der der Schaden beim Vertrauensbruch größer sein kann, als der Vorteil, der aus dem Vertrauenserweis gezogen wird.
[265] Luhmann, N., (2000): Vertrauen – Ein Mechanismus der Reduktion sozialer Komplexität, S. 36-37.
[266] Ebd., S. 28-29.

2.3. Netzwerkgraphik – Vertrauen

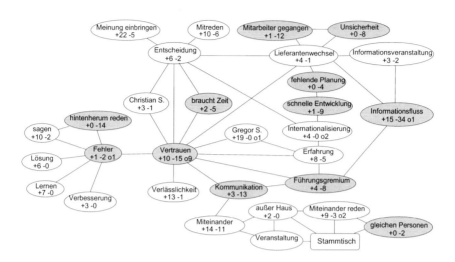

Abbildung 19: Netzwerkgraphik - Vertrauen

Die überwiegend negative Bewertung des Begriffs Vertrauen [-16] hängt mit den Mitgliedern des Führungsgremiums, sowie mit den gemachten Erfahrungen hinsichtlich der gesetzten Schritte zur Internationalisierung, zusammen. Die Erlebnisse beim Aufbau der irischen Tochtergesellschaft und der Etablierung der Marke SACOL auf dem deutschen Markt – nur wenige Jahre zuvor – hat zudem einen essentiellen Einfluss auf das Meinungsbild der befragten Mitarbeiter gehabt.

Als SACOL Irland oder SACOL Deutschland geplant gewesen ist, habe ich schlechte Erfahrungen gemacht. Da hat man ziemlich viel investiert, und man lässt das Ganze jetzt irgendwie laufen, obwohl es im Prinzip ein Verlustgeschäft ist. Deswegen bin ich jetzt total skeptisch.

Beeinflusst ist diese Einschätzung durch den Umstand worden, dass die Befragten den bereits gesetzten Internationalisierungsschritten eine fehlende Planung [-4] unterstellt haben.[267] Der Partner in Irland ist aus Sicht der Mitarbeiter zu wenig

---

[267] Ein Grund für die Internationalisierung sind die stabilen Marktanteile in Österreich gewesen, diese sind nach Einschätzung der Entscheidungsträger nicht mehr ausbaubar. Ein Unternehmenswachstum kann aus dieser Perspektive nur durch die Gewinnung neuer Kunden und damit dem Engagement auf internationalen Märkten geben. Der Schritt würde auch die Attraktivität von SACOL im Hinblick auf die Lieferanten steigern.

unterstützt worden. Ihrer Ansicht nach kann es nur zu einer Annäherung oder zu einem Kennenlernen eines neuen Partners kommen, wenn ausreichend persönlicher Kontakt – auch durch Besuche vor Ort – bestehen. Zudem wird die Unterstützung mittels Unterlagen als unzureichend wahrgenommen. Erlebnisse und Eindrücke, die zu einer verstärkten Unsicherheit beim Lieferantenwechsel und der bevorstehenden Internationalisierung beigetragen haben.

In gewissen Zeitabständen muss man sich einfach um diese Firmen kümmern. Das heißt, vor Ort fahren und eine genaue Berichterstattung von dort einfordern. Was ist Sache, wo stehen wir. Was sind die Probleme, was kann man verbessern.

Ein weiterer Grund für die überwiegend negative Beurteilung des Führungsgremiums durch die befragten Mitarbeiter ist dessen personelle Zusammensetzung gewesen; es hat sich erst kurz zuvor in dieser Form konstituiert. Dem Führungsgremium ist nach Einschätzung der befragten Mitarbeiter fachlich und persönlich nur wenig zugetraut worden. Das Vertrauen ist in das Führungsgremium als Gruppe, sowie in die einzelnen Führungskräfte nicht sehr ausgeprägt gewesen.

Zum Teil ist es ja auch, weil das Gremium aus mehreren Personen besteht und da eine Person drinnen sitzt, zu der ein paar Leute kein Vertrauen haben. Der stellt ja das ganze Gremium in Frage. Ja, das ist so. Die Person ist Teil des Gremiums, zu der habe ich kein Vertrauen, also können die Entscheidungen nicht gut sein.

Einige Mitarbeiter haben zudem den Eindruck gehabt, dass sich das Führungsgremium von der übrigen Belegschaft abgeschottet hat. Die Führungskräfte haben diese Situation ähnlich beschrieben; die Gruppe ist sehr stark mit sich selbst und dem eigenen Gruppenbildungsprozess beschäftigt gewesen. Dies hat dazu geführt, dass sich die Führungskräfte zu wenig um die Weitergabe von Informationen und damit um einen funktionierenden Informationsfluss gekümmert haben. So sind die Vorhaben Internationalisierung [+4] und Lieferantenwechsel [+4] zwar positiv beurteilt worden, doch hat die Umsetzungsphase bei den befragten Mitarbeiter den Eindruck geweckt, dass die schnelle Entwicklung [-8] von einer fehlenden Planung [-4] begleitet worden ist. Dies hat zu Ängsten und damit zu Irritationen und Verstimmungen im Unternehmen geführt; auch ein Grund für die überwiegend negative Beurteilung des Führungsgremiums [+4/-8].

2.4. Netzwerkgraphik – Häufigste Assoziationen von Führungskräften und Mitarbeitern als Gesamtüberblick zum untersuchten Unternehmen

Die nachfolgende Graphik mit 278 Knotenpunkten erweitert in ihrer Komplexität den bisherig bekannten Rahmen von Netzwerkgraphiken als kognitive Landkarte. Die Zusammenhänge in Unternehmen können mit dieser Art der Darstellung 'besser'[268] gezeigt werden, auch werden vermeintliche Widersprüche 'klarer' aufgespürt und erfasst. Die Netzwerkgraphik hat gerade im Hinblick auf die aufgedeckten Widersprüche und Diskontinuitäten einen Blick über die Einzelteile hinaus, auf das Ganze ermöglicht.[269] Für die Organisationsmitglieder hat die Abbildung von Widersprüchen den erforderlichen Anlass gebracht, sich mit den Veränderungsprozessen auseinanderzusetzen.[270]

Den überwiegend positiv erlebten Begriffen ist in der Netzwerkgraphik – wie zuvor – die Hintergrundfarbe grün, den überwiegend negativen gelb, gegeben worden. Begriffe mit einer weißen Farbhinterlegung sind neutral, sie wurden von den Befragten nicht bewertet.[271] Widersprüche sind gut daran erkennbar, dass der Begriff neben einer starken Vernetzung (=inhaltliche Zusammenhänge) mit positiv geäußerten Variablen (grün) und mit negativ genannten Variablen (gelb) aufgewiesen hat.

Die Netzwerkgraphik ist das Ergebnis einer Analyse oder Synthese von selektiv miteinander vernetzten Aussagen, die auf Grundlage der ursprünglich authentischen

---

[268] Der Begriff „Besser" ist unter der Annahme verwendet worden, dass die Netzwerkgraphik einen Einblick für das Ausmaß an Vernetzungen der Problemfelder aufzeigt. Das Verändern eines Faktors hat zwangsläufig, ob gewollt oder ungewollt, auch Auswirkungen auf andere Faktoren.
[269] Vgl. Senge, P., (2001): Die fünfte Disziplin – Kunst und Praxis der lernenden Organisation, S. 15
[270] Vgl. Ulich, E., (1999): Lern- und Entwicklungspotentiale in der Arbeit – Beiträge der Arbeits- und Organisationspsychologie, In: Personalentwicklung in Organisationen – Psychologische Grundlagen, Methoden und Strategien, Sonntag, K., (Hrsg.), S. 123-153.
[271] Eine derart umfassende und komplexe Netzwerkgraphik benötigt eine besondere Vorbereitung. Die Graphik ist im Feedbackworkshop für eine bessere Übersicht auf ein A0 Blatt ausgedruckt und an einer Pinn-Wand befestigt worden, zudem haben die Teilnehmer die Netzwerkgraphik auf einem A2-Blatt ausgedruckt bekommen. Die Teilnehmer haben dadurch einer Kombination aus visueller Darstellung und verbaler Erläuterung gut folgen und einen umfassenden Eindruck zu den Resultaten gewinnen können.

Formulierungen zusammengestellt worden ist.[272] Bei der Erstellung der Graphik sind drei Punkte berücksichtigt worden.

- Vereinzelt sind Begriffe weggelassen worden, die sich am äußeren Rand der Netzgraphik befunden haben, da sie nicht aussagekräftig gewesen sind.
- Auch sind wenige Verbindungslinien zwischen den Begriffen, zwecks Übersichtlichkeit, entfernt worden. Es hat sich um Verbindungslinien gehandelt, welche bei der inhaltlichen Auseinandersetzung redundant gewesen sind. Sie sind also immer dann gelöscht worden, wenn die inhaltlichen Zusammenhänge durch die Vernetzung mit anderen Variablen erkennbar geblieben sind.
- Eine wichtige Änderung hat es bei den geäußerten Namen zu Personen der Organisation gegeben, diese sind aus Gründen des Datenschutzes anonymisiert worden.

Ausgangspunkt für die Erstellung der Netzwerkgraphik ist der Begriff Mitunternehmermodell gewesen, welcher von den Befragten am häufigsten genannt worden ist. Ausgehend von diesem Punkt sind die verschiedenen Themenbereiche angesprochen und mit den Teilnehmern thematisiert worden. Die Netzwerkgraphik erscheint dabei auf den ersten Blick komplex und unübersichtlich, doch hat sie – unterlegt mit einer verbalen Erläuterung im Feedbackworkshop - einen guten Über- und Einblick in die Zusammenhänge von Themen ermöglicht (Abbildung 20). Auch konnten Handlungsfelder identifiziert werden, die aus Sicht der Workshopteilnehmer Widersprüche aufgewiesen und Handlungsdruck und –chancen aufgewiesen haben.

---

[272] Vgl. Zelger, Josef, (1999): Wissensorganisation durch sprachliche Gestaltbildung im qualitativen Verfahren GABEK, In: GABEK, Verarbeitung und Darstellung von Wissen, Zelger, J./ Maier, M., (Hrsg.), S. 53.

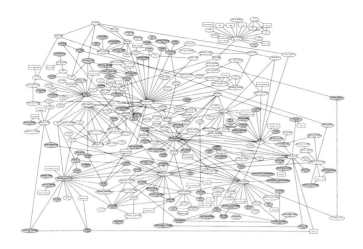

Abbildung 20: Netzwerkgraphik – Der Gesamtüberblick[273]

Dass die Befragten nicht nur interessante und kritische Aussagen zu den Themen Mitunternehmermodell, Führungsgremium und Vertrauen gemacht haben, sondern auch hinsichtlich des Vertriebsleiters und des Geschäftsführers, zeigen nachfolgende Ausführungen. Ein essentieller Punkt sind die Aussagen zur Person des Vertriebsleiters gewesen. Die markant negativen Bemerkungen und Beurteilungen durch die Befragten haben es für den Forscher ratsam erscheinen lassen, die Variable im Hinblick auf die Präsentation der Netzwerkgraphik im Feedbackworkshop umzubenennen. Auch ist der geäußerte Begriff unnahbar in Verbindung mit dem Geschäftsführer (Christian S.) entfernt worden. Eine Präsentation der Variablen – als Ergebnis einer wissenschaftlichen Studie - hätte die Stimmung in den Workshops erheblich beeinflussen und zu einem nachhaltig negativen Bild in Bezug auf die betreffenden Personen beitragen können. Die Thematik ist mittels den abgeschwächten Begriffen Abteilungsleiter [-5] für den Vertriebsleiter (Reinhold G.) und Geschäftsführer (Christian S.) in den Workshops diskutiert worden. Das sensible Vorgehen hat Irritationen bei den Workshopteilnehmern verhindert und zugleich Raum geschaffen, sich thematisch damit auseinanderzusetzen. Zugleich führt die Vorgehensweise die Grenzen

---

[273] Eine ausführliche Darstellung der Netzwerkgraphik – Der Gesamtüberblick:
http://www.gabler.de/index.php?q=raunicher&do=search

teilnehmender Beobachtung und damit die Rücksichtnahme auf Personen vor Augen. So sind in einem Forschungsprozess einerseits ethische Fragen hinsichtlich beabsichtigter oder unbeabsichtigter Folgen zu berücksichtigen, welche zu einer verzerrten Darstellung und Wahrnehmung der untersuchten Kultur oder Person/Personen führen und damit deren Lebenswelt nachhaltig verändern könnten. Andererseits ist der Forscher in Anlehnung an seinen eigenen Anspruch bestrebt gewesen, einen Eingriff in das Projekt, deren Daten und damit in die Ergebnisse zu vermeiden. Die Situation ist dadurch gelöst worden, dass der Forscher mit dem Geschäftsführer über die Ergebnisse des Vertriebsleiters vorab informiert hat. In diesem Zuge ist auch vereinbart worden, dass mit beiden Personen unabhängig der geplanten Workshops zusätzliche Gespräche stattfinden werden. Ziel dieser Gespräche ist es gewesen, die durch die Befragten angesprochenen Problemfelder in einer 'kleineren Runde' zu thematisieren, zu reflektieren und daraus Maßnahmen abzuleiten. Ist mit der Vorgehensweise das Vertrauen der anderen Workshopteilnehmer riskiert worden? Der Forscher ist überzeugt, dass die gewählte Vorgehensweise den eigentlich Zweck, die Situation zu verändern bzw. sie zu reflektieren, erreicht hat. Dies ist möglich geworden, ohne die persönliche Lebenswelt der betroffenen Person im Unternehmen nachhaltig zu beeinflussen. Die Ergebnisse im Umsetzungsworkshop und Realisierungsworkshop zeigen, dass die angesprochenen Problemfelder Führungsstil und –verhalten miteinander diskutiert und Maßnahmen abgeleitet worden sind, ohne die Probleme mit dem Vertriebsleiter außer Acht zu lasen.

2.4.1. Der Vertriebsleiter (Reinhold G.)

Reinhold G. [-8] ist durch die Befragten auffallend negativ beurteilt worden. Dies hat daran gelegen, dass seine Qualifikation für eine Führungsposition angezweifelt und sein Führungsstil als bedenklich eingestuft worden ist. Die Befragten haben im Umgang mit den Mitarbeitern eine fehlende Feinfühligkeit [-2] und fehlendes Gespür [-3] erlebt. Auch haben einige den Eindruck – gerade in der Phase der Veränderungsprozesse - von ihm alleine gelassen [-3] worden zu sein. Die befragten Mitarbeiter zeigen sich zudem von seinem persönlichen Auftreten, seinem Verhalten und seiner Art der Kommunikation enttäuscht [-3]. Sie haben den Eindruck in direkten Zusammenhang mit der schlechten Stimmung [-12] im Unternehmen gebracht.

Zum Vertriebsleiter finde ich persönlich keinen Zugang. Dadurch tue ich mir auch schwerer, mit offenen Fragen hinzugehen. Mir kommt vom Reinhold zu wenig, persönlich komme ich mit ihm nicht klar.

Daneben ist Reinold G. für die Auflösung des Dreiergremiums mitverantwortlich gemacht geworden. Im Jahr 2003 haben sich der Unternehmensgründer und der Geschäftsführer darauf geeinigt, dass die Leitung des Unternehmens durch ein Dreiergremium erfolgt. Dieses Dreiergremium hat aus zwei langjährigen Mitarbeitern und dem Geschäftsführer bestanden. Die Mitglieder des Dreiergremiums haben von Anfang an mit widersprüchlichen Vorstellungen und Erwartungen zur weiteren Ausrichtung des Unternehmens gekämpft. Dies hat dazu geführt, dass sich das Dreiergremium bereits nach kurzer Zeit aufgelöst hat. Der Geschäftsführer hat daraufhin, mit einer verstärkten Einbindung des Führungsgremiums in die Entscheidungsprozesse, die alleinige Leitung des Unternehmens übernommen. Mit Auflösung des Dreiergremiums ist auch die Verantwortung im Bereich Vertrieb neu geregelt worden. Die bis dahin tätigen Vertriebsleiter sind in diesem Zuge zurückgetreten und haben das Unternehmen verlassen; es ist zu einer personellen Neubesetzung gekommen. Reinhold G. ist in diesem Zusammenhang zum neuen Vertriebsleiter aufgestiegen, auch ist er Mitglied des Führungsgremiums geworden. Für viele Befragte hängt der persönliche Aufstieg des Vertriebsleiters und die Auflösung des Dreiergremiums bzw. der Rückzug der vorherigen Vertriebsleiter unmittelbar miteinander zusammen. Das Handeln des Vertriebsleiters ist daher von den Befragten als das Befriedigen und Verfolgen von persönlichen Machtambitionen und –streben wahrgenommen und erlebt worden. Ein Auszug aus einem Interview mit einem Mitarbeiter unterlegt diesen Eindruck.

Der Reinhold G. ist meiner Meinung nach wesentlich daran beteiligt gewesen, dass einerseits das Dreiergremium abgeschossen worden ist. Andererseits ist er an der einen oder anderen personellen Geschichte beteiligt gewesen, schließlich hat er daraus einen persönlichen Vorteil gezogen.

Auch haben die Interviews gezeigt, dass sich die befragten Mitarbeiter von Reinhold G., als verantwortlicher Führungskraft, mehr Aktivitäten in Sachen Personalpolitik erwartet haben.

Ich habe dem Reinhold im Jahresgespräch gesagt, fürs Personalwesen müsse er schon mehr tun, schließlich ist er ja zuständig. Ich erwarte mir da einiges mehr.

Ich sage, Reinhold hat es nicht erkannt, dass es manchen Leuten schlecht geht und dass sie das Unternehmen verlassen wollen. Im Nachhinein hat er gesagt, wenn er das gewusst hätte, dann hätte er etwas getan. Er sitzt unmittelbar mit der Person im Büro an einem Schreibtisch. Nachher denke ich mir, er ist fürs Personal verantwortlich. Jemand, der fürs Personal verantwortlich ist, der soll ein Gefühl für so etwas haben. Sonst braucht man ihn ja gar nicht.

Die Daten lassen den Schluss zu, dass der Vertriebsleiter in seiner neuen Rolle noch nicht gefestigt und noch selbst unsicher bzw. durch sein neues Aufgabenfeld überfordert gewesen ist. Aus diesem Grund ist von seiner Seite auch kein sensibles Erkennen der Situation möglich gewesen. Auch sind die Mitarbeiter ihm gegenüber, aufgrund der gemachten Erfahrungen skeptisch und zurückhaltend gewesen bzw. haben sie seine Schritte insbesondere hinsichtlich seiner neuen Rolle als Vertriebsleiter genau beobachtet. Dies wiederum legt nahe, dass auf Seiten von Reinhold G. als auch auf Seiten seiner Mitarbeiter nicht die notwendige Bereitschaft für Vertrauen bestanden hat. Die Personen wären in diesem Zusammenhang eher vertrauensbereit gewesen, wenn sie eine Art von Selbstsicherheit gehabt hätten.[274] Die innere Sicherheit wäre dabei eine jener inneren Ressourcen gewesen, die ihnen als Grundlage für die Vertrauensbereitschaft gedient hätte.[275]

EXKURS: Vertrauensbereitschaft

Fromm weist in seinen Ausführungen zur Liebe darauf hin, dass es von der Charakterentwicklung des Betreffenden abhängt, ob man auf die eigenen menschlichen Kräfte vertraut und den Mut aufbringt, sich auf die Liebe einzulassen.[276] Aus seiner Sicht kann man bei allen beobachten, die fähig sind, andere zu lieben, dass sie sich auch selbst lieben, denn Liebe ist grundsätzlich unteilbar. Liebe zu anderen Liebesobjekten kann demnach nicht von der Liebe zum eigenen Selbst getrennt werden.[277] Für das Phänomen Vertrauen könnte dies

---

[274] Vgl. Luhmann, N., (2000): Vertrauen – Ein Mechanismus der Reduktion sozialer Komplexität, S. 102.
[275] Vgl. Ebd., S. 108-109.
[276] Vgl. Fromm, E., (2008): Die Kunst des Liebens, S. 37.
[277] Vgl. Ebd., S. 73.

bedeuten, dass der Vertrauende nur dann Vertrauen entgegen bringen kann und/oder zu einer riskanten Vorleistung bereit ist, wenn er über genügend Selbstvertrauen und die Bereitschaft für diesen Schritt verfügt.[278] Es ist dagegen unmöglich, dass nur anderen vertraut wird, aber sich selbst nicht, denn dann kann erst gar nicht vertraut werden. Die Bereitschaft Vertrauen zu geben ist dabei kein Affekt in dem Sinne, dass ein anderer auf uns eingewirkt hat, sondern basiert auf einem freiwilligen Akt.

2.4.2. Der Geschäftsführer (Christian S.)

Im Jahr 2003 hat der Unternehmensgründer (Gregor S.) die Geschäftsleitung an seinen Sohn und Nachfolger (Christian S.) übergeben. Christian S. hat seine berufliche Laufbahn direkt nach Abschluss seiner Schulausbildung und seinem Militärdienst im Unternehmen als 21-jähriger begonnen. Auf Wunsch von Gregor S. hat er in den folgenden Jahren mehrere Lehrgänge besucht, sie hätten ihn auf die bevorstehende Aufgabe vorbereiten sollen. Eine gemeinsame Leitung des Unternehmens durch Gregor S. und Christian S. – als definierter Begleitprozess - kurz vor der Firmenübergabe hat den Schritt für beide erleichtern sollen. Bei der Belegschaft hat diese Zeit einen nachhaltigen Eindruck zum neuen Geschäftsführer hinterlassen und ist aus Sicht von Christian S. sowohl hilfreich als auch schwierig gewesen. Ein Grund hierfür ist die Person des Unternehmensgründers und dessen Einschätzung durch die Belegschaft gewesen. Die Befragten haben ihn aufgrund seiner Ausstrahlung und den positiven Erfahrungen als charismatische Führungspersönlichkeit beschrieben. Gerade in der Zeit der gemeinsamen Geschäftsleitung sind dabei die unterschiedlichen Charaktereigenschaften erlebt und miteinander verglichen [-4] worden. So haben sich die beiden insbesondere in ihrem Führungsstil unterschieden. Die Belegschaft ist über die Jahre hinweg einen sehr patriarchalischen Führungsstil von Gregor S. gewohnt gewesen, der sich interessanterweise durch eine starke Einbindung der Belegschaft ausgezeichnet hat. Gregor S. hat mittels kurzen Unterhaltungen [+6] auf informeller Ebene eine Nähe zu den Mitarbeitern aufgebaut. Das Nachfragen von Meinungen hat bei den Mitarbeitern den Eindruck verstärkt, dass man sich um sie kümmert [+9/-5]. Die Gespräche haben

---

[278] Vgl. Grabner-Kräuter, S., (2002): Die Bedeutung von Vertrauen im elektronischen Handel, In: Wirtschaftsethische Perspektiven, Arnold, V., (Hrsg.), S. 123.

zudem eine gute Möglichkeit geboten, die Stimmung [+6/-4] im Unternehmen wahrzunehmen. Daneben hat Gregor S. - dies hat den patriarchalischen Führungsstil gekennzeichnet - ohne große Einbindung anderer Organisationsmitglieder, auch Führungskräften, strategische Entscheidungen getroffen. Christian S. hat, aufgrund eines anderen Führungsverständnisses, diese persönlichen Gespräche auf informeller Ebene reduziert. Die Informationsweitergabe hat weitestgehend über formelle Wege wie Informationsveranstaltungen und das Hinterlegen von Protokollen im unternehmensinternen Intranet oder dem Versenden von Informationen per e-Mails stattgefunden. Christian S. ist daneben mehrmals an dem Versuch gescheitert, in Informationsveranstaltungen an die Rhetorik von Gregor S. anzuschließen. Für die Mitarbeiter hat, aufgrund des neuen Führungsverständnisses, die zuvor erlebte und gewohnte Nähe zur Führungskraft gefehlt und damit die zuvor gewohnte und ritualisierte Informationsweitergabe auf informeller Ebene. Dies hat dazu beigetragen, dass das Auftreten von Christian S. als unnahbar [-7] beschrieben worden ist. Christian S. ist sich möglicherweise der entstandenen große Lücke nach der Firmenübergabe und dem Abgang von Gregor S. bewusst gewesen und hat gerade aus diesem Grund den Versuch unternommen, durch gezielte Aktionen, wie das Kopieren der Rhetorik und/oder dem Auftreten des Unternehmensgründers, Vertrauen in der Belegschaft zu gewinnen. Die Situation hat sich jedoch durch den gezeigten und offensichtlich gezielten Aktionismus von Christian S. weniger entschärft als vielmehr verschärft. Dies hat auch damit zu tun, dass die Art von Rhetorik und Auftreten des Unternehmensgründers keineswegs dem Charakter des Geschäftsführers entsprochen hat und daher auch nicht als authentisch wahrgenommen worden ist. Christian S. hat in diesem Sinne die gebotene Chance im Zuge der Firmenübergabe, ein Bewusstsein hinsichtlich seines Führungsstils und –verständnisses bzw. seiner Fähigkeiten zu schaffen, nicht genutzt. Es mag dabei erstaunlich klingen, doch es hätte für das ´Gewinnen´ von Vertrauen keineswegs einen solchen Aktionismus seinerseits benötigt. Das ´Geheimnis´ von Transformation liegt ja gerade darin, dass sie sich nicht offen zeigt und dadurch die Grundlage schafft, das Vertrauen in den anderen immer mehr zu verstärken und zu verankern. Alleine durch die bloße Tatsache, dass dieser Prozess nie unterbrochen wird, kann er sich entfalten, wird integriert und läuft von selbst ab. Letzten Endes muss der Weise „sich nicht bewegen, damit er respektiert wird", muss nicht „sprechen, damit ihm geglaubt wird", muss nicht „belohnen, damit er Mut macht" [279]. Kurz gesagt, er muss sich nicht (in die eine oder andere Richtung, das ist immer willkürlich) bewegen, um die Realität zu modifizieren. Anders gesagt, und diese Formulierung ist eloquenter, er muss nicht handeln, um etwas geschehen zu lassen. Die Wandlung ergibt sich als Konsequenz aus dem Prozess, ohne auf die Situation Druck auszuüben oder sich zu verausgaben. Die Realität wird, ohne dazu gezwungen zu werden, verändert. Man sorgt also dafür, dass sich die „Wirkung von selbst durchsetzt und durch zunehmende Sedimentierung Gestalt annimmt oder eine Masse bildet. Sodass nicht mehr ich es bin, der sie gebieterisch verlangt, sondern die Situation, die sie zunehmend beinhaltet."[280]

EXKURS: Zeit und Wirksamkeit

Die Entwicklung von Vertrauen wird im positiven Sinne durch die Vorstellung einer gemeinsamen zukünftigen Verbindung beeinflusst.[281] Vertrauen ist also auf die Zukunft gerichtet. Daneben ist Vertrauen nur in einer vertrauten Welt möglich, doch ist sie keine Folgerung aus der Vergangenheit, vielmehr werden die vorhandenen Informationen aus der Vergangenheit bedacht und damit eine Bestimmung der Zukunft riskiert. Dies bedeutet, dass Vertrauen die Komplexität der zukünftigen Welt reduziert. Der vertrauensvoll Handelnde engagiert sich also so, „als ob es in der Zukunft nur bestimmte Möglichkeiten gäbe. Er legt seine gegenwärtige Zukunft auf eine künftige Gegenwart fest. Er macht (…) den anderen Menschen das Angebot einer bestimmten Zukunft, einer gemeinsamen Zukunft, die sich nicht ohne weiteres aus der gemeinsamen Vergangenheit ergibt, sondern ihr gegenüber etwas Neues enthält."[282] Im Hinblick auf die Transformation von Beziehungen lässt dies den Schluss zu, dass sie sich ununterbrochen und fortschreitend entwickelt. Die Transformation wirkt sich dabei überall aus und läuft normalerweise unbemerkt ab. Sie lässt sich weder einem individuellen Willen zuzuschreiben, noch ist eine bestimmte Zeit oder ein bestimmter Ort lokalisierbar. Auch ist sie nicht isolierbar, kann nicht gekennzeichnet werden und ist dadurch nicht sichtbar. Im Gegensatz zur Aktion mit ihrem theatralischen Aspekt, löst sich deren Wirkung in der Situation

---
[279] Jullien F., (1999): Über die Wirksamkeit, S. 84.
[280] Jullien, F., (1999): Über die Wirksamkeit, S. 84-85.
[281] Vgl. Fladnitzer, M., (2006): Vertrauen als Erfolgsfaktor virtueller Unternehmen, S. 161.
[282] Luhmann, N., (2000): Vertrauen – Ein Mechanismus der Reduktion sozialer Komplexität, S. 23-24.

auf.[283] Durch die Transformation der Beziehung, unabhängig von der Stärke der empfundenen Tendenz, wird die Situation unweigerlich verändert. Es ist vielleicht zu Beginn noch nichts zu 'sehen', doch ist eine Richtung eingeschlagen worden bzw. hat sich etwas in Bewegung gesetzt. Dies bedeutet, dass eine winzige Erschütterung den Lauf der Dinge und damit das Bewusstsein verändern kann.[284] Im Gegensatz zum direkten, willentlichen Handeln hat das Handeln-ohne-Handeln eine indirekte Wirksamkeit, die sich durch das Schaffen von Bedingungen entwickelt und durch Transformation verwirklicht.[285] Weder Vertrauen noch Misstrauen gibt es dabei als universelle Einstellungen; dies wäre viel zu belastend und riskant. Beide Haltungen setzten jedoch voraus, „dass das mögliche Verhalten als spezifisches Problem bewusst wird. Man vertraut, wenn man davon ausgeht, dass dieses Verhalten sich in die eigene Lebensführung sinnvoll einfügt; man misstraut, wenn man damit rechnen muss, dass dies nicht der Fall sein wird."[286]

Ausgehend von einem gemeinsamen Diskurs im Feedbackworkshop hat es an den Teilnehmern gelegen, Handlungsfelder zu identifizieren, die aus ihrer Sicht Widersprüche aufgewiesen und Handlungsdruck und –chancen besessen haben. Die festgelegten Handlungsfelder (=Themenbereiche) sind daraufhin mittels des Instruments Kausalgraphiken ausgearbeitet und im Umsetzungsworkshop – das nächste Kapitel geht darauf eingehend ein - diskutiert und reflektiert worden.

---

[283] Vgl. Jullien, F., (1999): Über die Wirksamkeit, S. 85.
[284] Vgl. Ebd., S. 97-98.
[285] Vgl. Ebd., S. 129; Es geht dabei nicht um den Entwurf einer idealen Form des 'vertrauensvollen Verhaltens', als vielmehr um das Bemühen, günstige Faktoren aufzuspüren, die „in ihrer Konfiguration wirksam sind; statt also seinem Handeln ein Ziel zu setzen, sollte man sich von der Neigung leiten lassen; kurz gesagt, statt der Welt einen Plan aufzuzwingen, sollte man sich auf das Situationspotential stützen. (...) Das Handlungsverständnis setzt dabei weniger auf eine Ursache-Wirkungs-Kette und damit auf eine Beziehung zwischen Mittel und Zweck, als auf eine Beziehung von Bedingung und Konsequenz."– Jullien, F., (1999): Über die Wirksamkeit, S. 53.
[286] Luhmann, N., (2000): Vertrauen – Ein Mechanismus der Reduktion sozialer Komplexität, S. 95.

Kapitel V: Umsetzungsworkshop – Die gemeinsame Reflexion von Widersprüchen

Einen Monat nach dem Feedbackworkshop hat mit dem Umsetzungsworkshop die nächste gemeinsame Veranstaltung stattgefunden. Als erstes sind der Gestaltenbaum und die Regeln für dessen Erarbeitung erklärt worden, anschließend sind einzelne Inhalte der Zusammenfassung und Ausschnitte aus der Hyper-HyperEbene in mündlicher Form vorgestellt worden. Die Teilnehmer haben zudem die vollständigen Inhalte in übersichtlicher und ausgedruckter Form erhalten und ein ausgiebiger Zeitrahmen hat ein Durchlesen und Auseinandersetzen mit den Texten erlaubt. Eine kurze gemeinsame Diskussion zu den Themenbereichen des Gestaltenbaums hat den ersten Teil des Umsetzungsworkshops abgerundet. Als nächstes - aufbauend auf dem Feedbackworkshop und der Auswahl von Widersprüchen und der Bestimmung von Handlungsfeldern – sind die zuvor ausgearbeiteten Kausalgraphiken präsentiert worden. Die Kausalgraphiken sind ein ausgesprochen hilfreiches Instrument für die Darstellung von Wirkungsbeziehungen gewesen. Die nachfolgenden Ausführungen gehen auf folgende Themenbereiche näher ein:

1.1. Einfluss und Wirkung der Unternehmensphilosophie
1.2. Abgänge langjähriger Mitarbeiter
1.3. Einfluss und Wirkung von Führungskräften und Führungsstil
1.4. Einflüsse und Wirkungen von/auf Vertrauen

Im Anschluss daran werden zwei Gestaltenbäume vorgestellt und die Ergebnisse abschließend zusammengefasst. Die ausgearbeiteten Gestaltenbäume ermöglichen einen Einblick in das differenzielle Verständnis der Gruppen Führungskräfte und Mitarbeiter hinsichtlich des untersuchten Phänomens Vertrauen.

2.1. Das Phänomen Vertrauen aus Sicht der Mitarbeiter
2.2. Das Phänomen Vertrauen aus Sicht der Führungskräfte
2.3. Das Phänomen Vertrauen aus Sicht der Mitarbeiter und aus Sicht der Führungskräfte – Ein Überblick

Der Workshop hat zusammenfassend das Ziel verfolgt, Maßnahmen aufzuzeigen und im Hinblick auf deren möglichen Folgen hin zu diskutierten.

1. Kausalgraphiken – Ursache-Wirkungs-Zusammenhänge

Neben Beschreibungen und Bewertungen bringen die umgangssprachlichen Äußerungen auch Kausalannahmen zum Ausdruck. Die Befragten äußern Meinungen über Wirkungszusammenhänge im Unternehmen, die sich oftmals über einen längeren Zeitraum durch Erfahrungen und/oder durch verschiedene Gespräche mit anderen Personen entwickelt haben.

Äußert sich ein Befragter dahingehend, dass bspw. Verlässlichkeit zu mehr Vertrauen führt (günstiger Einfluss), so wird dies mit einem grünen Pfeil von der einen auf die andere Variable anzeigt (Abbildung 21). Werden negative Zusammenhänge geäußert - wie - dass laufende Gerüchte die schlechte Stimmung im Unternehmen verstärken (ungünstige Einflüsse), ist dies durch einen roten Pfeil von der einen auf die andere Variable gekennzeichnet worden. Ist ein Befragter dagegen der Ansicht, dass die Variable abnimmt und nicht wächst, dann wird die Pfeilspitze durch einen Kreis ersetzt.

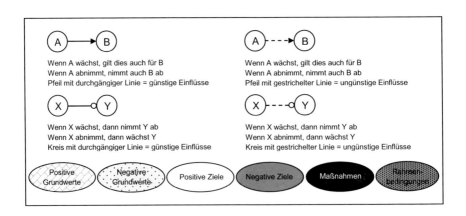

Abbildung 21: Kausalkodierungen

1.1. Einfluss und Wirkung der Unternehmensphilosophie

Die Befragten haben sich sehr ausführlich zur Unternehmensphilosophie, insbesondere zu Einfluss und Wirkung des Mitunternehmermodells und der Markenverfassung geäußert. Die beiden Themenbereiche sind unter den Top 20 der meist genannten Begriffe, mit 150 Äußerungen führt das Mitunternehmermodell diese Liste sogar an - ein Zeichen für die starke Verankerung des Mitarbeiterbeteiligungs-Instrument im Unternehmen SACOL.

1.1.1. Das Mitunternehmermodell

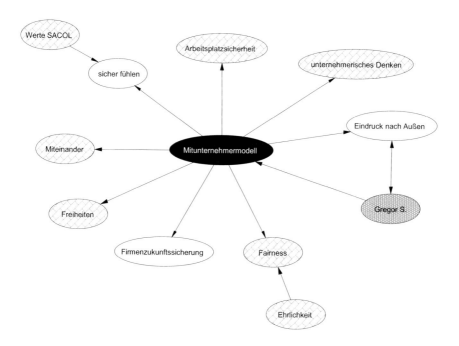

Abbildung 22: Mitunternehmermodell

Ein erstaunliches Bild liefern die Resultate zum Mitunternehmermodell (MUM). Die Befragten sind der Ansicht gewesen, dass das MUM 8 Variablen positiv beeinflusst. Es handelt sich dabei überwiegend um positive Grundwerte des untersuchten Unternehmens wie Fairness, Miteinander, Freiheiten, Arbeitsplatzsicherheit und unternehmerisches Denken. Auch hat das MUM aus Sicht der Befragten zu einem positiven Erscheinungsbild des Unternehmens nach Innen und Außen beigetragen. Die Senkung der Fixkosten - als wesentlicher Bestandteil des MUM´s – unterstützt die Sicherung der Firmenzukunft und erhöht die Arbeitsplatzsicherheit. Dies verstärkt den Eindruck, dass sich die befragten Mitarbeiter im Unternehmen sicher fühlen (Abbildung 22).

Zwei grundlegende Dinge: die Zukunftssicherung für die Firma und für unseren Arbeitsplatz. Geht es der Firma gut, dann geht es uns gut. Für jeden einzelnen Arbeiter, der bei dem Modell dabei ist oder auch nicht dabei ist, ist es eine Zukunftssicherung. Man sieht es, oder hört es immer wieder – es gibt viele Pleiten oder einen Abbau von Personal oder sonst irgendetwas. Wir haben bis jetzt immer noch einen Zuwachs gehabt. Dazu trägt sicher das MUM-Modell bei.

Mit der Einführung des Mitunternehmermodells sind auch ein gesteigertes Engagement der Mitarbeiter, eine Optimierung der Prozessabläufe und eine gesteigerte Unternehmensperformance in Verbindung gebracht worden.

Ich brauche mir nur die Bilanzen anzuschauen seit Einführung des Mitunternehmermodells. Das Modell ist zu einem Zeitpunkt eingeführt worden, an dem wir Mitte des Jahres auf Ergebnis 0 waren. Wir waren gefährdet, dass wir das erste Jahr negativ bilanzieren. Seit dem ist es nur bergauf gegangen.

Die Befragten sind zudem überzeugt, dass das MUM einen positiven Beitrag für die Entwicklung von unternehmerischem Denken begünstigt hat. Selbstständiges Arbeiten wird von Unternehmensseite her auch gewünscht. Mittels entscheidungsfähigen Mitarbeitern soll eine unternehmerische Ausrichtung in Bezug auf die Kundenherausforderungen und –wünsche gefördert werden. Die von den Mitarbeitern getroffenen Entscheidungen sind im Übrigen für das Unternehmen bindend.

Das Modell MUM lässt sehr viel Freiheit, eine völlige Entscheidungsfreiheit. Jede Entscheidung beim Kunden ist eine bindende Entscheidung. Das heißt, sie muss nicht von jemandem abgesegnet werden.

Mitarbeitern wird auch intern ein hoher Grad an Entscheidungsspielraum zugestanden. Jeder beurteilt und entscheidet selbst, ob bspw. für das Büro ein neuer Drucker benötigt wird oder nicht. Diese Zunahme an individueller Verantwortung hat nach Ansicht der Befragten einen wesentlichen Beitrag dafür geleistet, dass sich das Denken im Unternehmen verändert hat.

Das Mitunternehmermodell unterstützt, dass die Personen gesamtheitlich denken, vernetzter denken. Nicht in Schablonen denken, sondern wirklich auch über den Tellerrand hinaus schauen. Und die Gesamtzusammenhänge vom Wirtschaften und vom Geben und Nehmen besser sehen.

Die Belegschaft nimmt daneben einen Einfluss des MUM´s in Hinsicht auf ein größeres Kostenbewusstsein wahr. Es wird über Sinn, Ausmaß und Notwendigkeiten von Investitionen intensiver nachgedacht und miteinander diskutiert. Auch äußern sich die Befragten positiv zur Wirkung des MUM auf die Integration und Loyalität der Mitarbeiter ins/zum Unternehmen. Unter dem Gesichtspunkt, dass die Nachfrage das Angebot an qualifiziertem Personal am Arbeitsmarkt übersteigt, ein interessanter Aspekt hinsichtlich Personalbeschaffung und -marketing, wie die Aussage eines Mitarbeiters unterlegt.[287]

Ich finde das MUM ist eine tolle Sache. Es fördert das Zugehörigkeitsgefühl. Das ist etwas Besonderes. Es ist immer spannend, wie läuft das Jahr. Man macht sich natürlich Gedanken. Vielleicht fällt es mir nicht auf, aber unbewusst tut man manche Dinge mal anders, oder sieht sie vielleicht anders, wenn es jetzt vielleicht kein Mitunternehmermodell geben würde. Sei auch in Sachen Kosten. Über Kosten, wenn sie einen nicht betreffen oder wenn sie einen betreffen, wird wahrscheinlich mehr darüber nachgedacht und darüber diskutiert. Was kann man anders machen?

Die vorliegenden Ergebnisse zeigen, dass die Organisationsmitglieder, trotz bestehendem Risiko eines negativen Geschäftsjahres und einem möglichen Streichen des variablen Einkommensteils, dem MUM als Instrument der Mitarbeiterbeteiligung ein ausgeprägtes Vertrauen entgegenbringen. Dies lässt den Schluss zu, dass die Mitunternehmer durch ihr Vertrauen ins MUM die damit

---

[287] Eine wichtige Bewährungsprobe steht für das Mitunternehmermodell noch aus. Jedes Geschäftsjahr ist bisher positiv abgeschlossen und ein Teil der Gewinne als variabler Gehaltsteil an die Mitunternehmer ausbezahlt worden. Auf das Szenario, wie die Mitunternehmer auf ein Geschäftsjahr mit negativem Ergebnis und das Streichen des variablen Teils reagieren würden, gibt es gegenwärtig keine Erkenntnisse. Es würde interessante Einblicke in eine unter Umständen veränderte Sichtweise zu Einfluss und Wirkung des MUM´s liefern können.

verbundenen Risiken von finanziellen Einbußen 'ausblenden' oder zumindest auf ein angemessenes bzw. ertragbares Maß reduzieren können. Vertrauen hilft also den Mitunternehmern das Risiko einzugehen und damit umzugehen.[288]

EXKURS: Risiko

Risiko ist für die Entwicklung von Vertrauen fundamental[289], es ist sogar ein Element, „that gives the trust dilemma its basic character"[290]. Risiken treten jedoch erst bei Entscheidungen und Handlungen auf, für sich alleine existieren sie nicht. Die menschliche Erfahrung wird entsprechend mit dem Begriff Risiko um eine weitere Dimension ergänzt, denn es ist unvermeidlich, dass Entscheidungen Risiken miteinschließen.[291] Risiken können also nur verhindert werden, wenn alles Handeln unterlassen wird,[292] so ist auch die Chance eines Verlustes erst dann möglich, wenn sich der Handelnde entschieden hat. Soziologen, Psychologen und Ökonomen sind sich daher über den Zusammenhang von Risiko und Vertrauen bzw. über den notwendigen Bedarf von Risiko für die Entwicklung von Vertrauen einig.[293] Meyerson, Weick & Kramer haben dies treffend zum Ausdruck gebracht: „(...) trust is about risk and risk is about the choice to expose oneself to a situation where the possible

---

[288] Im Managementdiskurs wird in diesem Zusammenhang oftmals auf eine mögliche Erfolgsfalle hingewiesen; einen durch Erfolg manifestierten Glauben, einer verhängnisvoll und falsch gewordenen Annahme eines 'Wir können immer wieder'. Weitere Ausführungen hierzu im Exkurs: Routine und Rituale, S. 166-167.

[289] Vgl. Hardin, R., (2006): Trust, S. 44; Deutsch, M., (1958): Trust and suspicion, In: Journal of conflict resolution, 2, No. 2, S. 265f.; Luhmann, N., (2000): Vertrauen – Ein Mechanismus der Reduktion sozialer Komplexität, S.27ff.; Coleman, J. S., (1990): Foundations of social theory, S. 99; Rotter, J. B., (1967): A new scale for the measurement of interpersonal trust, In: Journal of Personality, 35, No. 4, S. 651-665; Rousseau, D. M./ Sitkin, S. B./ Burt, R./ Camerer, C., (1998): Not so different after all: A cross discipline view of trust, Academy of Management Review, 20, No. 3, S. 393-404; Williamson, O. E., (1993): Calculativeness, trust and economic organization, In: Journal of Law and Economics, 36, April, S. 453-486.

[290] Johnson-George, C./ Swap, W. C., (1982): Measurement of specific interpersonal trust: Construction and validation of a scale to assess trust in a specific other, Journal of Personality and Social Psychology, 43, No. 3, S. 1307.

[291] Vgl. Luhmann, N., (2001): Vertrautheit, Zuversicht, Vertrauen: Probleme und Alternativen, In: Vertrauen – Die Grundlage des sozialen Zusammenhalts, Hartmann, M./ Offe, C., S. 146.

[292] Vgl. Ebd., S. 152.

[293] Vgl. Deutsch, M., (1958): Trust and suspicion, In: Journal of Conflict Resolution, 2, S. 265ff.; Luhmann, N., (2000): Vertrauen – Ein Mechanismus zur Reduktion von Komplexität, S. 27ff.; Das, T. K./ Teng, B. S., (1998): Between trust and control – Developing confidence in partner cooperation in alliances, In: Academy of Management Review, 23, S. 491-512; Luhmann, N., (2001): Vertrautheit, Zuversicht, Vertrauen, In: Vertrauen – Die Grundlage des sozialen Zusammenhalts, Hartmann, M./Offe, C., S. 143-160; Mayer, R. C./ Davis, J. H., (1995): An integration model of trust, Academy of Management Review, 20, Nr. 3, S. 709-734; Petermann, F., (1996): Psychologie des Vertrauens, S. 11; Rotter, J. B., (1967): A new scale for measurement of interpersonal trust. Journal of Personality, 35, 651-665; Schottländer, R., (1957): Theorie des Vertrauens, S. 28ff.

damage may be greater than the advantage that is sought"[294]. Vertrauen bezieht sich also immer auf eine kritische Alternative, in der der Vorteil durch den Vertrauenserweis geringer ist, als der Schaden beim Vertrauensbruch.[295] Der vertrauensvoll Handelnde macht sich diese Chance auf Schaden, die durch die Selektivität des Handelns möglich wird, bewusst und stellt sich ihr.

Die Frage nach Vertrauen wird erst aktuell, wenn es sich um ein Problem der riskanten Vorleistung handelt,[296] denn Vertrauen reduziert in einer risikobehafteten Situation die Unsicherheit. Vertrauen basiert in diesem Sinne auf einer zirkulären Beziehung zwischen Handlung und Risiko, beide sind komplementäre Voraussetzungen. Die Handlung bestimmt sich „im Verhältnis zu einem bestimmten Risiko als externe (zukünftige) Möglichkeit, obwohl Risiko zugleich der Handlung inhärent ist und nur existiert, falls der Akteur sich entscheidet, die Möglichkeit ungünstiger Konsequenzen auf sich zu nehmen und zu vertrauen."[297] Es ist dabei keineswegs vorausgesetzt, dass vor dem Verhalten die Gründe für das Vertrauen und das Risiko rational bewertet werden, denn sonst könnten Handlungen unter der Annahme von vollständigen Informationen entschieden werden. In diesem Fall gäbe es weder ein Risiko, noch einen Bedarf und genügend Raum für Vertrauen.[298]

Evaluierung

Dass das vorgestellte Modell der Mitarbeiterbeteiligung auch andere interessante Aspekte aufweist, zeigen die nachfolgenden Untersuchungsergebnisse. Der jährlich stattfindende Bewertungsprozess mittels eines strukturierten Evaluierungsbogens (Tabelle 3) ist ein wesentlicher Bestandteil des Mitunternehmermodells. Im Bogen werden die fachliche Kompetenz (Hardfacts) und die sozialen Fähigkeiten (Softfacts) unterschieden. Der Evaluierungsablauf ist so gestaltet, dass jeder Mitunternehmer gefordert ist, einerseits sich selbst (Eigenevaluierung), andererseits die

---

[294] Meyerson, D./ Weick, K. E./ Kramer, R. M., (1996): Swift trust and temporary groups, In: Trust in organizations: Frontiers of theory and research, Kramer, R. M./ Tyler, T. R.,(eds.), S. 178.
[295] Vgl. Luhmann, N., (2001): Vertrautheit, Zuversicht, Vertrauen, In: Vertrauen – Die Grundlage des sozialen Zusammenhalts, Hartmann, M./ Offe, C., S. 148.
[296] Vgl. Ebd., S. 152; Luhmann, N., (1988): Familiarity, confidence, trust: Problems and alternatives, In: Trust – Making and breaking cooperative relations, Gambetta, D., (eds.), S. 98.
[297] Luhmann, N., (2001): Vertrautheit, Zuversicht, Vertrauen, In: Vertrauen – Die Grundlage des sozialen Zusammenhalts, Hartmann, M./ Offe, C., S. 152.
[298] Vgl. Deutsch, M., (1958): Trust and suspicion, In: Journal of conflict resolution, 2, No. 2, S. 265-279; Lewis, D. J./ Weigert, A. J., (1985): Trust as a social reality, Social Forces, 63, No. 4, S. 967-985.

Arbeitskollegen der jeweiligen Abteilung (Fremdevaluierung) anhand der vorgegebenen Kriterien zu beurteilen.

Name Bewerter:	Person 1	Person 2	Person 3	Person 4	Durch-schnitt	Unter-teilung	Anteil
Fachliche Kompetenz lt. Funktionsbeschreibung						Hardfacts	50%
Positive Einstellung zum Unternehmen						Softfacts	50%
Risiko-/Chancen-Bereitschaft							
Persönliche Verantwortung wahrnehmen							
Flexibilität							
Engagement in der Gruppe							
Teamfähigkeit							
Konflikt- und Kritikfähigkeit							
Offenheit für Weiterentwicklung							
Kenntnis des Beteiligungsmodells und Philosophie							

Tabelle 3: Evaluierungsbogen im Mitunternehmermodell[299]

Die Punkte-Bewertungsskala setzt sich wie folgt zusammen:

1,4 - gewaltig (hervorragend)

1,2 - super (ausgezeichnet)

1,0 - einwandfrei

0,8 - genügend

0,6 - Handlungsbedarf und

0,4 - großer Handlungsbedarf

---

[299] Vgl. SACOL Mitunternehmermodell (2005)

Der jährliche Evaluierungsprozess soll - laut Unterlagen des Unternehmens zum Mitunternehmermodell - für die Mitunternehmer einen motivierenden und mobilisierenden Effekt haben. Auch sollen die mittels Eigen- und Fremdevaluierung ´entstanden Bilder´ zu jeder Person die jeweiligen Abteilungsverantwortlichen bei ihrer Personalarbeit unterstützen. Anhand der Bewertungen sollen mögliche Maßnahmen zur Personalentwicklung wie Schulungsbedarf ermittelt und in einem Gespräch mit der betreffenden Person besprochen und festgelegt werden. Die resultierenden Effekte können dabei, wie nachfolgende Ausführungen zeigen, sehr unterschiedlich sein (Abbildung 23). So ist gerade die Eigenevaluierung für neue Organisationsmitglieder ein ungewohnter und gewöhnungsbedürftiger Vorgang. Aus diesem Grund werden Nicht-Mitunternehmer bereits vor dem Einstieg ins MUM zu diesem Prozess eingeladen. Die Aussage eines Mitarbeiters zeigt die Notwendigkeit des Schrittes:

Man ist ein Notendenker und wenn da steht gewaltig. Was heißt gewaltig. Es hat deswegen viele Diskussionen gegeben. So ist es oftmals schwierig, den anderen anhand der Punkte zu bewerten. Es kann es zwar eine gute und eine schlechte Auftragsabwicklerin geben, doch schlussendlich bekommen sie gleich viel. Die gute jammert, was soll das, sie ist nicht gleich gut, dennoch bekommt sie gleich viel wie ich. Ich habe Reinhold G. damit konfrontiert, doch er hat nur gesagt, dies hat man gemacht, damit es persönlich gerecht aufgeteilt ist. Für mich ist es keine überzeugende Erklärung gewesen.

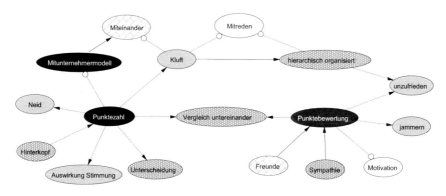

Abbildung 23: Punktezahl und Punktebewertung

Ergeben sich durch die Eigen- und Fremdevaluierung Widersprüche oder Unzufriedenheit, wie die Über- oder Unterschätzung der beurteilten Leistungen -

wird mit der entsprechenden Person ein Einzelgespräch geführt. In dieser Besprechung geht es um die Reflexion der Ergebnisse, also um die Bestimmung der Faktoren, die hierzu beigetragen haben. Die Gespräche haben zu breiter Zustimmung und Konsens hinsichtlich der besprochenen und festgelegten Maßnahmen bis hin zu hitzigen Debatten über die Interpretation der Ergebnisse geführt, wie folgende Aussage eines Mitarbeiters zeigt (Abbildung 23).

Das letzte halbe Jahr habe ich mich intensiv damit auseinander gesetzt, ob ich die Richtung weiter gehen kann und will, oder ob mir das zu viel wird. Einer der größten Auslöser war die letztjährige Bewertung im MUM. Das sind stundenlange Gruppendiskussionen in der eigenen Gruppe gewesen, wo wir auch sehr emotional geworden und die Fetzen geflogen sind. Wir haben dann ein sehr positives Schlussgespräch gehabt, doch der endgültige Schlussstrich ist dann wieder ein großer Rückschritt gewesen, zumindest für einige aus der Gruppe. Sie haben gesagt, nein, wozu das Ganze. Stunden der Diskussion, ein positives Ergebnis und dann in einer Art und Weise, in der man nicht mehr mitredet, eine Revision nach hinten. Da hat man gesagt, da waren wir schon vor 27 Stunden und das haben wir nicht akzeptiert. Und jetzt sind wir wieder da.

Der letzte Interviewausschnitt verdeutlicht, wie sich solche Gruppengespräche auf Abteilungsebene auf das Empfinden und die intrinsische Motivation des Einzelnen, und damit auf das zukünftige Verhalten und die Beziehungen zueinander auswirken können. Ein sensibles Vorgehen von den Abteilungsleitern in ihrer Rolle als Diskussionsleiter ist gefordert, schließlich ist eine offene Gesprächsatmosphäre erwünscht. Wie schwierig solche Gespräche in der Praxis zu führen sind, zeigt folgende Aussage eines Mitarbeiters.

Es ist zwar keine riesige Affäre, aber es hat etwas mit der Motivation zu tun. Wenn ich bei der Beurteilung beim Punkt fachliche Kompetenz nur 90 Punkte kriege, dann habe ich ein Problem. Ich bin der Meinung, dass alles, was meinen Job betrifft, mir keiner in der Firma zu erzählen hat, was ich zu tun habe. Und ich habe ein Problem, wenn da 90 steht. Wenn ich dann frage, warum steht das dort, dann wird gesagt, dass ich halt kein Verkäufer bin, oder zu wenig Kundenkontakte habe. Das ist ja nicht meine Arbeit gewesen, deswegen bin ich ja nicht eingestellt worden. Die Meldung kommt von Leuten, die mich mit beurteilen, mit denen ich aber nie zusammenarbeite. Der andere weiß gar nicht, was ich mache. Und das ist, sage ich einmal, die gefährliche Situation an der ganzen Geschichte.

Die festgelegten Bewertungskriterien im Evaluierungsbogen schaffen zwar einen Bewertungsrahmen, doch lassen Begriffe wie Flexibilität und Offenheit für Weiterentwicklung etc. einen großen individuellen Interpretationsspielraum. Das

Führungsgremium ist sich dieses Unterschiedes bewusst und begründet ihn damit, dass sich durch die große Anzahl der abgegebenen Beurteilungen ein gerechter und ausgeglichener Durchschnittswert ergibt. Dass der offene Spielraum in der Definition einzelner Begriffe unterschiedlich gesehen wird, zeigen die nachfolgenden Ausschnitte aus Interviews mit zwei Mitarbeitern.

Ich finde die Bewertungen, wie sie das letzte Jahr präsentiert worden sind, dass jeder jeden in der Gruppe bewertet, eher schwierig. Ich glaube, dass da sehr viel Sympathie mit im Spiel ist. Es kann mir keiner erzählen, dass sich da jeder nur 100 % auf die geleistete Arbeit konzentriert und das bewertet. Wenn man sich vielleicht mit jemandem nicht so gut versteht, dann ist eine Konzentration nur auf die Arbeit schwierig.

Je besser du dich verkaufst als Person, sprich, du ein Schmähführer bist oder was auch immer, wirst auch anders bewertet, als wie jemand, der zwar eine Spitzenarbeit macht, aber den du nicht hörst. Der nicht schreit und sich auf die Arbeit konzentriert. Und da wird es immer wieder Leute geben, die dann irgendwie durch den Rost fallen. Und berechtigt sagen, sie sind unterbewertet. Oder auch sagen, wieso hat der und der so viele Punkte, für das, was er tut. Das birgt meiner Meinung nach sehr viele Gefahren, denn umso besser du dich verkaufst, umso besser wirst du bewertet und dies kann zum Auseinandertriften des Ganzen führen.

Die Ergebnisse legen nahe, dass oftmals die Evaluierungsprozesse negative Emotionen freigesetzt haben und dies hat sich wiederum auf die Beziehungen der Organisationsmitglieder zueinander ausgewirkt. Gerade die unterschiedlichen Vorstellungen zur Punktehöhe durch die differenten Bilder zu gemeinsamen Erlebnissen, entstanden durch individuelle Interpretation der gemachten Erfahrungen, haben zu hitzigen Auseinandersetzungen geführt. Auch haben anschließende gemeinsame Diskurse die entstandenen Enttäuschungen häufig nicht ausräumen können. Dies lässt den Schluss zu, dass sich Emotionen auch auf die Qualität der Beziehungen im Unternehmen und damit auf das Vertrauen zueinander ausgewirkt haben. So haben einige Mitunternehmer nur noch ungern am Evaluierungsprozess teilgenommen.

Ein wesentlicher Aspekt der Selbst- und Fremdevaluierung hat dabei im Treffen von Entscheidungen bestanden. Entscheidungen bedeuten in diesem Zusammenhang, dass sich die Organisationsmitglieder, aufbauend auf den gemachten Erfahrungen -

ob nonverbale Handlung, ein Wort, ein Satz oder eine Kombination daraus - anhand von Kriterien des Evaluierungsbogens ein Bild von sich selbst und von anderen Personen gemacht haben. Das Denken und die Entscheidung hängen dabei so eng miteinander zusammen, dass sie in der Literatur oftmals synonym verwendet werden. Entsprechend wird gerne übersehen, dass sich im Laufe dieses Prozesses, auch wenn nur kurz, ein unangenehmes Empfinden im Körper breit machen kann. Der Neurowissenschaftlicher Damasio hat dem Phänomen den Terminus somatischer Zustand gegeben (soma = griechische Wort für Körper). Die durch die Situation gekennzeichneten oder ´markierten´ Vorstellungsbilder werden dagegen als Marker bezeichnet. Mit somatischen Marker sind also „alle Prozesse und Reaktionen des Nervensystems gemeint, die mit dem Erleben einer bestimmten Situation oder den jeweils stattfindenden Denk- und Entscheidungsprozessen einhergehen."[300] Im Hinblick auf das Phänomen Vertrauen könnte dies bedeuten, dass nicht nur kognitive, sondern auch affektive Leistungen - Emotionen und den daraus erwachsenden Verhaltensweisen – zu berücksichtigen sind.[301]

EXKURS: Emotionen

Somatische Marker werden durch Erfahrungen erworben, denn „jedes Objekt oder jede Situation, mit denen ein Organismus Erfahrungen gesammelt hat, hinterlässt einen somatischen Marker (…)."[302] Damasio[303] geht davon aus, dass somatische Marker, welche wir zur Entscheidungsfindung heranziehen, im Gehirn entstehen. Bestimmte Klassen von Reizen werden mit bestimmten Klassen von somatischen Zuständen verbunden.[304] Somatische Marker helfen uns beim Denken, sie rücken Wahlmöglichkeiten, ob gefährliche oder günstige, in das rechte Licht. Das Ganze

---

[300] Hartje, W./ Poeck, K, (2006): Klinische Neuropsychologie, S. 405.
[301] Vgl. Dederichs, A. M., (1997): Vertrauen als affektive Handlungsdimensionen: Eine emotionssoziologischer Bericht, In: Vertrauen und soziales Handeln – Facetten eines alltäglichen Phänomens, Schweer, M. K. W., (Hrsg.), S. 66ff.; Klaus, E., (2002): Vertrauen in Unternehmensnetzwerken: Eine interdisziplinäre Analyse, S. 250; Nooteboom, B., (2002): Trust: Forms, foundations, functions, failures and figures, S. 62; Mauelshagen, J., (2008): Vertrauen in den Abschlussprüfer: Entstehung, Nutzen und Grenzen der Beeinflussbarkeit, S. 205; Ripperger, T., (1998): Ökonomik des Vertrauens: Analyse eines Organisationsprinzips, S.236ff.; Schödel, S., (2005): Wechselwirkung zwischen Kulturen, Vertrauen und Management: Am Beispiel Japans und Deutschlands, S. 49;
[302] Rothland, M., (2007): Belastung und Beanspruchung im Lehrerberuf: Modelle, Befunde, Interventionen, S. 296.
[303] Vgl. Damasio, A. R., (2006): Descartes´Irrtum – Fühlen, Denken und das menschliche Gehirn
[304] Vgl. Heckhausen, H., (1989): Motivation und Handeln, S. 606 f. - Für Entscheidungsprozesse dürften derweil somatische Marker nicht ausreichen, vielmehr erhöhen sie die Nützlichkeit und Genauigkeit von Entscheidungsprozessen.

kann man sich als ein automatisches Bewertungssystem vorstellen, welches die antizipierte Zukunft durch verschiedene Szenarien beurteilt, unabhängig davon, ob es von der Person gewünscht wird oder nicht.[305] Ein positiver somatischer Marker wird dabei durch das Vorstellungsbild einer angenehmen Zukunft ausgelöst, welcher die Voraussetzung dafür schafft, dass unmittelbare Unannehmlichkeiten als Introduktion auf eine potentielle Verbesserung der Situation ertragen werden. Entscheidend ist, welcher somatische Zustand und welche Empfindung beim Individuum an einem bestimmten Punkt und in einer bestimmten Situation hervorgerufen werden.[306] Es wird deutlich, dass zwischen kognitiven Prozessen und solchen, die 'allgemein' als 'emotional' bezeichnet werden, eine enge Verbindung und Partnerschaft besteht[307] bzw. ineinander fließen und sich gegenseitig beeinflussen.[308] Emotionen können dabei - „als physikalische Registrierungen körperlicher Veränderungen - "bewusst erlebt werden", müssen es aber nicht. Damasio unterscheidet in diesem Zusammenhang zwischen Emotionen und Gefühlen. „Eine Emotion ist eine unbewusste, nach außen gerichtete und beobachtbare- bzw. messbare physiologische Reaktion"[309], ein Gefühl dagegen ist „die bewusste private, mentale Erfahrung einer Emotion."[310]

---

[305] Dass auch Hormone eine Rolle spielen können, zeigen die Studien der ETH Zürich. Das Hormon Oxytocin gilt in diesem Sinne nicht nur als Wundermittel für die Liebe, sondern als Mittel zur Vertrauenssteigerung gegenüber anderen Menschen; es verringert die Aktivität von Amygdala. Amygdala ist nach dem Neurowissenschaftler Baumgartner ein wesentlicher Faktor bei der Verarbeitung von Angst. Amygdala wird daneben in der Literatur oftmals mit positiven Gefühlen in Verbindung gebracht. So sind die Forscher der University of New South Wales aufgrund ihrer Studie überzeugt, dass Personen mit einem höheren Oxytocinspiegel, die Emotionen anderer 'besser' lesen können, weil sie sich mehr auf die Mimik des Gegenübers konzentrieren. Die Psychologin Beate Ditzen von der ETH Zürich schränkt jedoch im Hinblick auf einen möglichen Einsatz von Oxytocin ein, dass noch zu wenig über die Dosierung, die Nebenwirkungen und die Langzeiteffekte bekannt ist. Vgl. Einzmann, S., (2009): Streitschlichter Oxytocin, In: Psychologie Heute, 36, Nr. 7, S. 8-9; weiterführende Literatur: Baumgartner, T./ Heinrichs, M./ Lanthen von, A., Fischbacher, U./ Fehr, E., (2008): Oxytocin shapes the neural circuitry of trust and trust adaption, Neuron, 58, Nr. 5, S. 639-650; Baumgartner, T., (2008): Oxytocin shapes the neural circuitry of trust and adaptation in humans, Neuron, 58, Nr. 4, S. 639-650; Donaldson, Z. R./ Young, L. J., (2008): Oxytocin, vasopressin, and the neurogenetics of sociality, Science, 322 (5903), No. 11, S. 900-904; Guastella, A. J., Mitchell, P. B./ Dadds, M. R. (2008): Oxytocin increases gaze to the eye region of human faces, Biological Psychiatry, 63, No. 1, S. 3-5; Kosfeld, M./ Heinrichs, M./ Zak, P. J./ Fischbacher, U./ Fehr, E., (2005): Oxytocin increases trust in humans, Nature, 435, S. S.673-676; Savulescul, J./ Sandberg, A., (2008): Neuroenhancement of love and marriage: the chemicals between us, Neuroethics, 1, No. 1, S. 31-44.
[306] Werden Personen bspw. nach Betriebsausflügen befragt, sind sie vermutlich in der Lage ein Komplex aus kategorisierten Vorstellungsbildern zu rekonstruieren. So können sie auch Auskunft darüber geben, ob sie Betriebsausflüge mögen oder nicht.
[307] Vgl. Damasio, A. R., (2006): Descartes'Irrtum – Fühlen, Denken und das menschliche Gehirn, S. 242-268.
[308] Vgl. Heckhausen, H., (1989): Motivation und Handeln, S. 606 f.
[309] Düsing, E./ Klein, H.-K., (2008): Geist und Psyche, S. 348
[310] Damasio, A. R., (2006): Descartes'Irrtum – Fühlen, Denken und das menschliche Gehirn, S. 50ff, 67ff, 90.

1.1.2. Die Markenverfassung

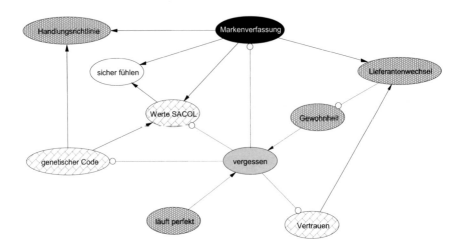

Abbildung 24: Die Markenverfassung

Die Philosophie ist Anfang der 90er Jahre im Zuge des Abgangs eines Mitgründers von SACOL grundlegend geändert worden. Es ist eine flachere Organisationsstruktur eingeführt und auf ein verstärktes eigenverantwortliches Arbeiten der Mitarbeiter gesetzt worden. Im weiteren Verlauf ist Ende der 90iger Jahre ein wissenschaftliches Team des Instituts für Markentechnik aus Genf eingeladen worden. Es sind die Kernkompetenzen des Unternehmens analysiert und ein Markenkern erarbeitet worden. Die Resultate sind in der Markenverfassung und dem genetischen Code der Marke SACOL festgehalten worden. Die Markenverfassung gilt seitdem als Leitfaden und Handlungsrichtlinie für die strategische Ausrichtung des Unternehmens und ist daher oftmals bei weitreichenden Entscheidungen zur Unternehmensstrategie herangezogen worden. In der Markenverfassung sind auch Verhaltensrichtlinien zum Aufbau einer partnerschaftlichen Beziehung im Hinblick auf Lieferanten und Kunden festgeschrieben worden. Dass die Markenverfassung beim Lieferantenwechsel eine Rolle gespielt und als Entscheidungsrichtlinie und –hilfe gedient hat (Abbildung 24), zeigt die nachfolgende Aussage einer Führungskraft.

Die Markenverfassung oder der genetische Code sind für mich schon eine Hilfe, dass man sagt, OK, wir stehen da, oder gibt es Möglichkeiten bzw. hat jemand eine Idee. Sind wir da noch in einer Richtung unterwegs und bleiben wir unserer Linie treu, oder verlassen wir da unseren Weg und tun plötzlich etwas anderes. Und wenn etwas anderes – wollen wir das. Für mich ist das auch so eine Art Richtschnur.

Im Laufe des Lieferantenwechsels ist es im Unternehmen zu einer kontroversiellen Auseinandersetzung über die Markenverfassung als Handlungsrichtlinie gekommen. Neben der missverständlichen Sichtweise zur Einbindung der Teilnehmer in die Projektgruppe ist gerade die Orientierung und in weiterer Folge das starre Festhalten der Führungskräfte an der Markenverfassung kritisch beurteilt worden. In der Projektgruppe ist in dieser Hinsicht von einigen Mitarbeitern sogar die Änderung der Markenverfassung in Betracht gezogen worden. Aus ihrer Sicht hätte dies eine Alternative zum Lieferantenwechsel sein können. Das starre Festhalten der Führungskräfte an den Bestimmungen ist gerade in diesem Zusammenhang negativ beurteilt worden, auch ist die Geschäftslage des Unternehmens zu diesem Zeitpunkt unterschiedlich eingeschätzt worden. Die positiv zu erwartende Unternehmensentwicklung hat, nach Ansicht einiger Befragten, einen Lieferantenwechsel überflüssig gemacht. Andere haben dagegen den Eindruck gehabt, dass nicht alle im Unternehmen den Inhalt der Markenverfassung ´wirklich´ kennen. So sind einige davon überzeugt gewesen, dass gerade langjährige Mitarbeiter schon lange keine Philosophieschulung mehr mitgemacht haben. Ein Teil der Befragten hat daneben die Ansicht vertreten, dass ein umfassendes Wissen gerade in dieser Phase zu einer Eindämmung des eskalierten Diskussionsverlaufs in der Projektgruppe und zu mehr Akzeptanz für die Entscheidung zugunsten des Lieferantenwechsels beigetragen hätte.

Im Frühjahr, als eine große Entscheidung zum Lieferantenwechsel angestanden ist, haben an dem Projekt 6 oder 7 Leute aus verschiedenen Abteilungen gemeinsam gearbeitet. Das ist komplett richtig. Dass in den Diskussionen sehr verschiedene Meinungen gesagt worden sind, ist auch gut. In dieser Phase ist zum Teil auf die Markenverfassung zurückgegriffen worden. Man hat gesagt, das ist schön und gut und sicherlich auch richtig, aber entspricht es dem oder verlassen wir da unsere Richtung. Wir haben sie sicherlich ein oder zweimal herausgezogen und nachgelesen.

Die vermutete Nicht-Präsenz der Markenverfassung in manchen Köpfen der Organisationsmitglieder, auch die Gewohnheit, die Produkte des alten Lieferanten zu kennen und die Einschätzung, dass die unternehmerische Geschäftslage als gut erlebt wird, hat dazu beigetragen, dass ein Lieferantenwechsel divergent beurteilt worden ist. Im Unternehmen haben sich zwei Lager gebildet und in weiterer Folge hat diese Entwicklung essentielle Auswirkungen auf die Stimmung im Unternehmen gehabt.

Derzeit ist es so, dass im Unternehmen die Stimmung sehr schwankend ist. Die ganzen Veränderungen, da glaube ich schon, dass manche ein bisschen Angst davor haben, was bringt die Zukunft. Dies beeinflusst das Ganze auch. In einem Jahr werden wir sicher mehr wissen, weil die Dinge viel klarer sind.

So hat das unzureichende Wissen zur Markenverfassung einen essentiellen Einfluss und Auswirkungen auf die Wahrnehmung und Beurteilung des Lieferantenwechsels gehabt. Die unterschiedlichen Sichtweisen zu Sinn und Zweck des Veränderungsprozesses haben in weiterer Folge zu Unsicherheit im Unternehmen und zu einem Vertrauensverlust geführt.

Bei vielen Mitarbeitern hat es im Zuge des Lieferantenwechsels eine ziemlich große Unsicherheit gegeben. Der alte Lieferant ist seit 30 Jahren Stammlieferant im Haus. Wir haben Leute, die sind seit 25 Jahren da und die verkaufen die Produkte des Lieferanten, seit dem sie etwas verkaufen. Sie sind schon unsicher.

Mit dem Wechsel des bekannten Lieferanten ist für einige Organisationsmitglieder die Komplexität der Welt ´überraschend´ in ungewohnten Dimensionen sichtbar geworden. Die Frage nach Vertrautheit ist offenkundig geworden, denn sowohl Risiken als auch günstige Perspektiven benötigen eine gewisse Vertrautheit, um ein auf Vertrauen oder Misstrauen basiertes Hineinleben in die Zukunft zu ermöglichen. Dies bedeutet, dass neben der Unterscheidung von Vertrauen und Misstrauen, eine „Vertrautheit mit der Welt, die Erwartungen typischen Stils überhaupt erst ermöglicht und die es als ganze weder negieren noch ablehnen lässt. (…) Misstrauen kann sich demnach sowohl aus fragloser Vertrautheit durch plötzlich auftretende Unstimmigkeit entwickeln" – die gewohnten Produkte sollen getauscht werden – „als auch durch Umschlag des Vertrauens, wenn symbolisch diskreditierende Symptome wahrgenommen werden."[311]

EXKURS: Vertrautheit

Vertrautheit trifft eine asymmetrische Unterscheidung zwischen vertrauten und unvertrauten Bereichen, doch bleibt das Unvertraute undurchsichtig.[312] Vertrautheit kann in diesem Sinne einerseits als ein Absorbieren verbleibender Risiken und andererseits als ein relativ sicheres Erwarten verstanden werden. Die Vertrautheit ist dabei weder eine ungünstige, noch eine günstige Erwartung, vielmehr Bedingung für beide Möglichkeiten. Vertrautheit ist daneben Voraussetzung „für Vertrauen wie für Misstrauen, das heißt für jede Art des ´Sich-Engagierens´ in einer bestimmten Einstellung zur Zukunft."[313] Weiteres ist anzunehmen, dass das Beziehungsverhältnis von Vertrautheit und Vertrauen nicht invariant ist und es zu Akzentverschiebungen kommen kann. Je komplexer und variabler eine Sozialordnung ist, desto mehr verliert sie ihren Charakter der Vertrautheit, da man sich an tägliche Erfahrungen nur ausschnitthaft erinnern kann. Dies wiederum ergibt einen erhöhten Bedarf an Vertrauen. Unter diesen Bedingungen müssen Vertrauen und Vertrautheit ein neues Verhältnis in der wechselseitigen Stabilisierung suchen, das nicht auf die unmittelbar erlebte Nah-Welt anknüpfen kann. Dies hat zur Folge, dass die ursprünglich-fraglose Vertrautheit mit steigendem Bedarf nach Komplexität zurückgedrängt wird, jedoch nie ganz ersetzt werden kann.[314]

---

[311] Luhmann, N., (2000): Vertrauen – Ein Mechanismus der Reduktion sozialer Komplexität, S. 95.
[312] Vgl. Luhmann, N., (2001): Vertrautheit, Zuversicht, Vertrauen: Probleme und Alternativen, In: Vertrauen – Die Grundlage des sozialen Zusammenlebens, Harmann, M., Offe, C., (Hrsg.), S. 151
[313] Luhmann, N., (2000): Vertrauen – Ein Mechanismus der Reduktion sozialer Komplexität, S. 22-23.
[314] Vgl. Luhmann, N., (2000): Vertrauen – Ein Mechanismus der sozialen Reduktion der Komplexität, S. 27.

1.2. Abgänge langjähriger Mitarbeiter

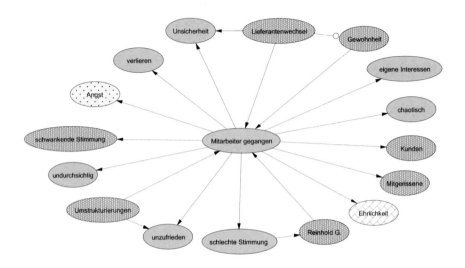

Abbildung 25: Abgänge langjähriger Mitarbeiter

Der Einfluss des Veränderungsprozesses Lieferantenwechsel ist von den Befragten als sehr intensiv wahrgenommen worden (Abbildung 25). Nach Ansicht der Mitarbeiter sind die Führungskräfte ihrer Aufgabe, einer umfassenden Informierung der Belegschaft, nicht ausreichend gerecht geworden. Ein Grund hat darin gelegen, dass sich das Führungsgremium in seiner personellen Zusammensetzung erst seit kurzer Zeit konstituiert hat und dadurch mit dem eigenen Gruppenbildungsprozess beschäftigt gewesen ist. Die neuen Führungskräfte haben sich zudem in ihrer Rolle noch nicht zu Recht gefunden, was wiederum zu Problemen hinsichtlich ihrer Vorbildfunktion geführt hat, wie der Interviewausschnitt mit einer Führungskraft zeigt.

Das Führungsgremium hat sich parallel dazu erst finden müssen. Das ist ja nicht so einfach, wenn ich heute mit mir selber beschäftigt bin. Vom ich zum Du zum Wir. Wenn ich mit dem „Ich" beschäftigt bin, dann kann ich nicht zum „Du", geschweige denn zum „Wir" kommen. Und diese Parallelität war meiner Ansicht nach die Hauptursache. Das Führungsgremium hat sich erst finden müssen. Auch sind Dinge am Laufen gewesen, wo man gesagt hat, da kommt die Kommunikation, die Aufklärung zu kurz.

Ein Teil dieser Informationslücke ist während dieser Zeit durch die informellen Führer abgedeckt worden, dabei haben sich deren Zielvorstellungen von denen der Führungskräfte immens unterschieden. Die informellen Führer haben im Hinblick auf den Lieferantenwechsel auf Gefahren für das zukünftige Bestehen des Unternehmens und den Verlust eines beachtlichen Teils der Kunden in einem Produktbereich hingewiesen.[315] Einige Befragte haben diese Art von Informationspolitik als Verfolgung eigener Interessen und Motive wahrgenommen, andere haben darin ein Schließen der Informationslücke gesehen und sich dadurch gut informiert gefühlt.

Diese Entwicklung ist aufgrund des im Unternehmen geschichtlich gewachsenen Verständnisses möglich geworden, dass die informellen Führer oftmals die Informationen an die anderen Mitarbeiter weitergegeben haben. Im Unternehmen sind bereits zuvor kontroversielle Themenbereiche in einer beachtlich offenen Weise über Abteilungen hinweg diskutiert worden.

Die informellen Führer haben diese bestehende informelle Kommunikationsebene zur Darlegung ihrer Vorstellungen und Befürchtungen im Hinblick auf den Lieferantenwechsel genutzt. Erstaunlicherweise sind sie sehr offen gegenüber den Mitarbeitern gewesen, gegenüber den Führungskräften haben sie sich dagegen in ihren verbalen Ausführungen eher bedeckt gehalten. Durch das Verbreiten unterschiedlicher Informationen hat sich nicht nur zwischen informellen Führern und Führungskräften, sondern auch unter den anderen Organisationsmitgliedern ein Spannungsfeld entwickelt. Die Atmosphäre im Unternehmen ist – wie eine Führungskraft betont - durch unterschiedliche Annahmen, Erwartungen und Zielsetzungen und in weiterer Folge Gerüchten über die unternehmerische Entwicklung gekennzeichnet gewesen, wie folgender Ausschnitt aus einem Interview mit einer Führungskraft unterlegt.

---

[315] Das Unternehmen SACOL ist in den drei Produktbereichen Pneumatik, Industriearmaturen und Hydraulik tätig, die Produkte des alten Lieferanten haben einen Anteil von ca. 20 % am Gesamtumsatz ausgemacht.

Wir haben starke informelle Führer im Haus gehabt. Dies ist eigentlich die stärkste oder die größte Herausforderung gewesen, mit der wir in der ganzen Umstellungsgeschichte zu kämpfen gehabt haben. Einige informelle Führer sind von dem Ganzen absolut nicht überzeugt gewesen, doch sie haben es nicht offen genug gesagt. Und vielleicht hat man das auch von der Führungsebene her zu wenig erkannt, wer weiß, ob überhaupt mehr möglich gewesen wäre. Definitiv empfinde ich es schon so, dass die entsprechenden Leute zu wenig offen damit umgegangen sind.

Der Einfluss der informellen Führer ist im Unternehmen so stark ausgeprägt gewesen, dass auch Mitarbeiter im Zuge des Konflikts das Unternehmen verlassen haben, die ihre Ansichten zur Entwicklung vertreten haben. Die Einschätzungen der Organisationsmitglieder zu den Abgängen sind dabei sehr unterschiedlich ausgefallen. So haben sich einige von der Eskalation der Situation und den daraus resultierenden Entwicklungen der personellen Abgänge schockiert gezeigt, andere dagegen sind über die personellen Abgänge erleichtert gewesen. Dies hat den Eindruck verstärkt, dass es im Unternehmen zwei Lager gegeben hat. Die personellen Abgänge sind in diesem Sinne als Symptom für die ausgeprägte Unsicherheit und das Verfolgen von persönlichen Interessen im Unternehmen gestanden. Dies hat dazu beigetragen, dass die Unzufriedenheit bei den befragten Mitarbeitern gegenüber den Führungskräften zugenommen hat und dies übergreifend hinsichtlich ihrer Zugehörigkeit zu einem der zuvor angesprochenen zwei Lager. Gerade die Entscheidung zugunsten des Lieferantenwechsels ist von vielen Befragten auch in Bezug auf die Führungskräfte als das Verfolgen von persönlichen Interessen wahrgenommen worden. Dies bedeutet, dass nicht nur den informellen Führern, sondern auch den Führungskräften in der Frage des Lieferantenwechsels das Verfolgen von persönlichen Interessen unterstellt worden ist. Die Entwicklung ist wiederum ein Grund dafür gewesen, dass die intrinsische Motivation bei den befragten Mitarbeitern abgenommen hat. Bei den Führungskräften hat dagegen der gemeinsam getroffene Gruppenentscheid (im Führungsgremium) zugunsten des Lieferantenwechsels in dieser Hinsicht positive Kräfte freigesetzt. Die Ergebnisse legen nahe, dass Motivation und Interesse hinsichtlich des Phänomens Vertrauen eine Rolle gespielt haben.

EXKURS: Motivation und Interesse

Von Motivation wird in der Psychologie gesprochen, wenn „in konkreten Situationen aus dem Zusammenspiel verschiedener aktivierter Motive das Verhalten entsteht."[316] Jede Person verfügt demnach über eine Vielzahl von latenten Motiven - gemeinsam bilden sie die Motivstruktur der Person - wobei die verhaltensrelevante Motivation durch die gemeinsam aktivierten Motive gebildet wird.[317] Im Hinblick auf das Phänomen Vertrauen vermuten Käser und Miles einen Zusammenhang zwischen intrinsischer Motivation und dem Ausmaß an Vertrauen in Organisationen.[318] Aufbauend darauf würde dies bedeuten, dass eine belastbare und dauerhafte Motivation nur mit Vertrauen möglich ist. Jedoch erfordert es zunächst einen Anlass, an dem Vertrauen erwiesen werden kann. Es ist also eine Situation notwendig, in der ein Akteur auf den anderen angewiesen ist, denn ansonsten kann es gar kein Vertrauensproblem geben. Die Akteure müssen sich durch ihr Verhalten auf die Situation einlassen und sich damit einem möglichen Vertrauensbruch aussetzen. Dem anderen Akteur wird dadurch die Chance eingeräumt, das ihm entgegengebrachte Vertrauen zu enttäuschen. Es ist dabei entscheidend, dass der andere nicht nur die Chance, sondern auch ein ernsthaftes Interesse an einem Vertrauensbruch hat.[319] Er darf also „nicht schon von sich aus, in eigenem Interesse auf der Vertrauenslinie laufen",[320] vielmehr benötigt es ein Zurückstellen der eigenen Interessen, schließlich kann dies der Vertrauende honorieren. Vertrauen kann in weiterer Folge jedoch nur bestätigt werden, wenn die Zurückstellung eine gewisse Faktizität erreicht; sich also nicht als vorläufiger Aufschub eines Vertrauensbruchs darstellt, sondern als verpasste Gelegenheit interpretiert wird. Ein gewisses Maß an Gegeninteresse ist in diesem Sinne erforderlich. Swinth ist sogar der Ansicht, dass

---

[316] Rosenstiel von, L., (1996): Motivation im Betrieb: mit Fallstudien aus der Praxis, S. 6.
[317] Vgl. Rosenstiel von, L., (1996): Motivation im Betrieb: mit Fallstudien aus der Praxis, S. 7 - Im Hinblick auf Organisationen unterscheiden Rempel, Holmes & Zanna in ihrer Untersuchung zwischen drei Arten von Beziehungszuschreibungen. 1. Die extrinsische, 2. die instrumentelle und 3. die intrinsische Beziehungsmotivation. Unter extrinsischer Beziehungsmotivation versteht sie, dass der Anreiz für deren Aufrechterhaltung außerhalb der Beziehung liegt. Bei der instrumentellen Beziehungsmotivation liegt zwar ein Anreiz innerhalb der Beziehung vor, doch nur, weil die Partner den Interessen des jeweils anderen dienen. Hat dagegen die Beziehung einen intrinsischen Status erreicht, gewinnt sie auch eine eigene Identität und einen emotionalen Wert. - Vgl. Rempel, J./ Holmes, J./ Zanna, M., (1985): Trust in close relationships, In: Journal of personality and social psychology, 49, S. 98f.
[318] Vgl. Käser, P.A./ Miles, R. E., (2002): Understanding knowledge activists successes and failures, In: Long range planning, 35, S. 9-28.
[319] Vgl. Luhmann, N., (2000): Vertrauen – Ein Mechanismus der Reduktion sozialer Komplexität, S. 53.
[320] Luhmann, N., (2000): Vertrauen – Ein Mechanismus der Reduktion sozialer Komplexität, S. 53.

die Bedingung nur ersetzbar ist, wenn sich beide Seiten gegenseitiges Vertrauen erweisen.[321] „I trust you because your interest encapsulates mine, which is to say that you have an interest in fulfilling my trust."[322]

---

[321] Vgl. Swinth, R. L., (1967): The establishment of the trust relationship, In: The journal of conflict resolution, 11, S.336f.
[322] Hardin, R., (2002): Trust and trustworthiness, S. 3

1.3. Einfluss und Wirkung von Führungskräften und Führungsstil

Die Einflüsse und Wirkungen der Veränderungsprozesse sind von personellen Ereignissen geprägt gewesen. Für die Befragten sind einerseits die Firmenübergabe vom Unternehmensgründer an den Geschäftsführer und andererseits die Abgänge langjähriger Mitarbeiter bzw. die Übernahme deren Rollen als Führungskräfte durch Mitarbeiter (bspw. Vertriebsleiter Reinhold G.)[323] dafür verantwortlich gewesen. Zunächst wird auf den Unternehmensgründer Gregor S. eingegangen, da er einen sehr ´starken´ Eindruck im Unternehmen hinterlassen hat und dies hat sich wiederum entscheidend auf die Einschätzung der Situation durch die Befragten ausgewirkt.

1.3.1. Unternehmensgründer (Gregor S.) – Ein Mythos im Unternehmen SACOL

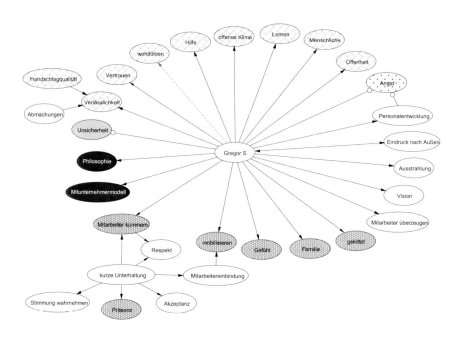

Abbildung 26: Unternehmensgründer – Ein Mythos im Unternehmen SACOL

---

[323] Weitere Ausführungen hierzu: Kapitel IV: 2.4.1. Der Vertriebsleiter (Reinhold G.), S. 128-131.

Interessante Erkenntnisse hat die Interview-Auswertung zu Gregor S. gebracht (Abbildung 26). Die Befragten haben in seinem Handeln und Denken nur positive Einflüsse und Wirkungen wahrgenommen. Aus ihrer Sicht hat der Unternehmensgründer mit seinen kurzen Unterhaltungen zwischen Tür und Angel dazu beigetragen, dass sich die Mitarbeiter stärker in die unternehmerischen Geschehnisse eingebunden gefühlt haben. Ein Grund für den positiven Eindruck ist der Umstand, dass sich Gregor S. um das Besprochene und um die Sorgen des Gesprächspartners aktiv gekümmert hat. Die Gespräche auf informeller Ebene haben zudem nicht nur den direkten Kontakt zur Belegschaft gefördert, sondern auch zu einer stärkeren Präsenz seiner Person im Unternehmen beigetragen. Dies hat die Mobilisierung der Belegschaft und den Eindruck des „Menschlichen" im Unternehmen gestärkt. Daneben hat Gregor S. die Mitarbeiter in der Weiterentwicklung ihrer fachlichen und sozialen Fähigkeiten unterstützt. Bei Fragen oder Unklarheiten haben sie ihn jederzeit um Rat fragen oder um Hilfe bitten können. Das gemeinsame Erarbeiten und Finden von Lösungen ist in diesem Zusammenhang sehr positiv erlebt worden. Dies hat den individuellen Lernprozess begünstigt und hat einen positiven Einfluss auf das erlebte Miteinander im Unternehmen hinterlassen. SACOL wird von den Befragten im Hinblick auf die Zeit des Unternehmensgründers als große Familie geschildert.

Bei Gregor S. habe ich viel Positives gesehen. Er hat mir in meiner persönlichen Weiterentwicklung viel geholfen. Ich war früher total schüchtern und zurückgezogen und er hat mich immer wieder aus der Reserve gelockt; dass hat er wunderbar gemacht.

Gregor S. wird eine außergewöhnliche Ausstrahlung zugesprochen, entsprechend überzeugend hat er auch bei Diskussionen zu kontroversiellen Themen gewirkt. Gerade in der Phase direkter Konfrontationen – während den Veränderungsprozessen – ist Gregor S. unter der Annahme, dass er noch Geschäftsführer gewesen wäre, einiges von den Befragten zugetraut worden. Aus ihrer Sicht hätte er die Situation beruhigt und die Eskalation, die zu den Abgängen der langjährigen Mitarbeiter geführt hat, verhindert. Auch hätte die Angst hinsichtlich der Veränderungsprozesse im Unternehmen abgenommen.

Eines ist sicher, wenn Gregor S. das Unternehmen geleitet hätte, dann hätte er als Person vielleicht das eine oder das andere gekittet. Der eine oder der andere hätte dann gesagt, da mache ich mit, denn dann weiß ich, woran ich bin.

Auch ist seine Verlässlichkeit bei Abmachungen sehr geschätzt worden - charakteristisch hierfür steht seine erlebte Handschlagqualität.[324] Eine Kombination aus den genannten Einflussfaktoren hat zudem das Vertrauen ins Unternehmen gestärkt, wie folgende Aussage eines Mitarbeiters bestätigt.

Gregor S. ist einfach eine Person, die man mit keiner anderen vergleichen kann. Er ist ein Visionär gewesen, und er hat die Firma im Griff gehabt. Er war die personifizierte Firma. Während der Zeit von Gregor S. ist es eher eine One-Man-Show gewesen. Das ist einfach fantastisch gewesen.

Die Erfahrungen mit dem Unternehmensgründer beruhen jedoch nicht nur auf persönlichen Erlebnissen, sondern auch – dies hat insbesondere für neue Mitarbeiter gegolten – auf Erzählungen von langjährigen Mitarbeitern. Im Unternehmen hat sich aus einer Kombination von wahrgenommenen Erlebnissen und kursierenden Geschichten ein Mythos zur Person entwickelt. Der Unternehmensgründer ist als Archetyp eines makellosen Geschäftsführers und im Hinblick auf zukünftige Führungskräfte im Unternehmen als Idealtypus geschildert worden. Die Ergebnisse sind gerade hinsichtlich des untersuchten Phänomens Vertrauen von Interesse gewesen, wie nachfolgende Ausführungen zum Thema Mythos unterlegen.

---

[324] In der Vertrauensforschung wird davon gesprochen, dass die Zuschreibung eines integeren Verhaltens gefördert wird, wenn Versprechungen erfüllt und Verbindlichkeiten eingehalten werden. Schließlich würde dies die Vorhersagbarkeit, als auch das Unterstellen von Zuverlässigkeit und Verlässlichkeit begünstigen. In weiterer Folge könnte dies die Unsicherheit verringern. - Vgl.; Mc Knight, D. H./ Cummings, L. L./ Chervany, N. L., (1998): Initial trust formation in new organization relationships, In: Academy of management review, 23, No. 3, S. 473-490; Rempel, J. K./ Holmes, J. G./ Zanna, M. P., (1985): Trust in close relationships, In: Journal of personality and social psychology, 49, No. 1, S. 95-112; Dasgupta spricht von glaubwürdigen Versprechen - Dasgupta, P., (1988): Trust as a commodity, In: Trust making and breaking co-operative relations, Gambetta, D., (eds.), S. 49-72;

EXKURS: Mythos

„Ein Mythos ist eine Aussage", doch nicht irgendeine beliebige, denn „die Sprache braucht besondere Bedingungen, um Mythos zu werden". Der Mythos ist eine Botschaft, ein Mitteilungssystem, so ist er auch kein Begriff, Objekt oder Idee, vielmehr ist er „eine Weise des Bedeutens, eine Form"[325]. Im Hinblick auf das Phänomen Vertrauen bedeutet dies, dass ein Mythos Vertrauen schaffen kann, denn er vermittelt eine aus dem Jenseits reichende Aura und gibt an oder legitimiert, „wer man ist oder welche Identität man hat"[326] Mythen dienen in diesem Sinne als Erklärung und Rechtfertigung von Institutionen und Herrschaft und übernehmen ansatzweise eine Gestaltung einer zuvor unbestimmten Wirklichkeit.[327] Die Funktion des Mythos ist es demzufolge nicht, „Erklärungen zu liefern, sondern Gewissheit zu geben, nicht, Neugierde zu befriedigen, sondern Vertrauen in Macht einzuflößen, nicht, Geschichten zu erfinden, sondern jene Ereignisse festzuhalten und herauszuheben, die im kontinuierlichen Strom des Alltagslebens für die Gültigkeit des Glaubens zu zeugen vermögen"[328]. Dies macht deutlich, dass jedes Unternehmen seine Mythen braucht und diese, obwohl unabhängig voneinander entstanden, eine erstaunliche Ähnlichkeit aufweisen. Mythen zeichnen sich dabei durch drei Eigenschaften aus. 1. Mythen sind sprachliche Texte, also Texte, die zumeist in längeren narrativen Sequenzen (Berichten) - in mündlicher Form - überliefert und weitergegeben werden. 2. Mythen benötigen für die Überwindung der Kluft zwischen sich und der Alltagserfahrung, so wie sie in den Texten vorkommen, gesagt oder ´geglaubt´ werden, keine Interpretation. Der Inhalt ist eine vergangene, hingenommene und immer gegebene Realität. 3. Mythen sind in unterschiedlicher Weise eng mit der Kultur verbunden, in der sie vorkommen. Sie beschreiben, begründen und legitimieren gegenwärtige Zustände, dabei weisen sie einen schöpferischen Freiraum auf.[329] Mythen sind in diesem Sinne „nicht mehr zu begründende dogmatisierte, selektive und stereotypisierte, sinnstiftende Erzählungen; immer wieder unwidersprochene Feststellungen oder gar schiere

---

[325] Barthes, R., (1964): Mythen des Alltags, S. 85.
[326] Reichertz, J., (2007): Die Macht der Worte und der Medien, S. 220.
[327] Vgl. Blumenberg, H., (1979): Arbeit am Mythos, S. 9-39.
[328] Malinowski, B., (1983): Magie, Wissenschaft und Religion, S. 91.
[329] Vgl. Schuster, M., (1993): Mythenlosigkeit außerhalb Roms, In: Mythos in mythenlosen Gesellschaften Graf, F., (Hrsg.), S. 191-192.

Behauptungen".[330] Sie übernehmen dabei die Funktionen, Ungewissheit und Unsicherheit abzubauen, nicht weiter hinterfragbare Gewissheiten zu transportieren und/oder den Status quo zu stabilisieren. Es mag dabei paradox erscheinen, doch der Mythos verbirgt nichts und seine Absicht ist es nicht, etwas verschwinden zu lassen, vielmehr wird etwas deformiert. „So wie für Freud der latente Sinn des Verhaltens dessen offenkundigen Sinn deformiert wird, so deformiert im Mythos der Begriff den Sinn. Natürlich ist diese Deformation nur möglich, weil die Form des Mythos schon durch einen linguistischen Sinn gebildet wird."[331]

---

[330] Grundwald, W., (2008): Wer oder was bestimmt „Wirklichkeit" in Organisationen, In: Steuerung versus Emergenz: Entwicklung und Wachstum von Unternehmen, Bouncken, R. B./ Jochims, T./ Küsters, E. A., (Hrsg.), S. 127.
[331] Barthes R., (1964): Mythen im Alltag, S. 103.

1.3.2. Beteiligung an Entscheidungen

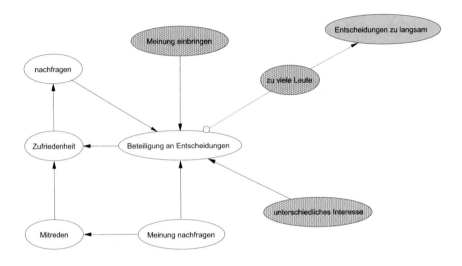

Abbildung 27: Beteiligung an Entscheidungen

Die Unternehmenskultur von SACOL hat sich in der Zeit des Unternehmensgründers dadurch ausgezeichnet, dass im Unternehmen ein intensiver kommunikativer Austausch untereinander stattgefunden hat (Abbildung 27). Die persönlichen Gespräche auf formeller und informeller Ebene haben zum Eindruck eines starken Miteinanders beigetragen. Insbesondere Gregor S., in seiner Rolle als Geschäftsführer, hat diese Entwicklung mit seinen zahlreichen Gesprächen gefördert. Die Stimmung im Unternehmen ist dadurch sensibler wahrgenommen und Probleme früher erkannt worden. Das aktive Zugehen hat bei den Befragten den Eindruck gefördert, dass man sich aktiv um sie kümmert. Für die Befragten hat es auch eine Chance geboten, sich mit Vorschlägen und Meinungen einzubringen. Dieses Nachfragen hat den Eindruck eines Mitredens an Themen gestärkt. Mit dem Vorgehen hat sich daneben die Akzeptanz für Entscheidungen erhöht, denn die Befragten haben sich in den Entscheidungsfindungsprozess stärker integriert gefühlt. Eine höhere Zufriedenheit ist die Folge gewesen. Diese Zufriedenheit wiederum hat ein Zugehen der Mitarbeiter auf die Führungskräfte begünstigt.

1.3.2.1. Die Abteilungsbesprechung

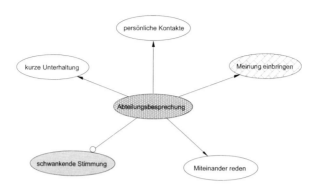

Abbildung 28: Abteilungsbesprechung

Ein interessanter Aspekt hat das Thema Abteilungsbesprechung gezeigt (Abbildung 28). Gerade für die Besprechung von Problemen, Herausforderungen oder Projekten innerhalb der Gruppe haben die Abteilungsbesprechungen aus Sicht der Befragten einen geeigneten Rahmen geboten. Sie haben sich persönlich zu Themen einbringen können bzw. haben die kurzen Unterhaltungen geholfen, die persönlichen Kontakte zueinander zu pflegen. Mit den regelmäßig stattfindenden Abteilungsbesprechungen sind anfallende Missstimmungen innerhalb der Gruppe miteinander diskutiert und gelöst worden. Das Miteinander reden hat das Aufklären von Missverständnissen unterstützt und hat dazu beigetragen, dass schwankende Stimmungen in der Gruppe früher erkannt worden sind, wie folgende Aussage einer Führungskraft zeigt.

Es gibt persönliche Befindlichkeiten. Jemand ist mal schlechter oder besser drauf. Das sind die Sachen, die innerhalb von der Gruppe abgefedert werden müssen oder sollen. Und da muss man einfach darüber reden. Da spielt sich natürlich einiges ab, zwischen den Leuten. Das ist ganz klar. Aber man muss halt darüber reden, wenn man der Ansicht ist, dass es so nicht laufen kann.

Die Befragten sind daneben der Ansicht gewesen, dass es nicht unbedingt immer eine Abteilungsbesprechung braucht, um berufliche und persönliche Probleme in den Gruppen der Abteilungen zu klären. Die Personen würden den ganzen Tag zusammen arbeiten, oder sich im Laufe des Tages zu einem Kaffee treffen. Aus Sicht der Befragten ist dies eine gute Möglichkeit um Missstimmungen früher zu besprechen und zu lösen. Dies trifft insbesondere auf Unklarheiten oder Missverständnissen zu 'Kleinigkeiten' in der Gruppe zu. Der folgende Interviewausschnitt mit einem Mitarbeiter zeigt, dass diese Chance oftmals nicht genutzt worden ist.

Die Logistik hat einmal im Monat eine Abteilungsbesprechung. Wenn in der monatlichen Sitzung herauskommt, dass es ein Problem gibt, weil die Palette hinaus muss oder eine Kiste versorgt wird, dann brauchen wird dafür keine zwei Stunden zusammensitzen. Das kann ich beim Kaffee oder sonst unterm Tag dem anderen sagen. Wir sitzen in den Sitzung sehr lange und da wird viel Zeit vergeudet. Für solche Kleinigkeiten brauche ich keine Sitzung.

1.3.2.2. Dauert das Treffen von Entscheidungen zu lange?

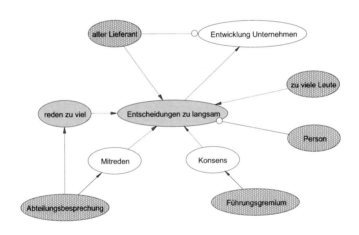

Abbildung 29: Dauert das Treffen von Entscheidungen zu lange?

Das Führungsgremium hat sich selbst das Ziel gesetzt, dass Entscheidungen auf einem breiten Konsens basieren sollen. In Verbindung mit der hohen Anzahl von 7 Mitgliedern wird aus Sicht der befragten Mitarbeiter die Entscheidungsfindung durch zu zeitintensive Diskussionen unnötig verlängert. Auch wäre aus ihrer Sicht das Finden eines gemeinsam tragbaren Konsensus schwierig, denn dies würde zu einer zeitlichen Verzögerung von Entscheidungen führen (Abbildung 29).

Meiner Meinung nach soll die Entscheidungsfindung kürzer sein. Es sollen ein oder zwei Leute und nicht fünf oder sechs beteiligt sein. Es werden viele Sachen zu Tode diskutiert. Eben durch den Umstand, dass es viele Leute sind. Umso mehr Personen drinnen sitzen, umso mehr Meinungen gibt es. Wenn fünf Leute drinnen sitzen, dann habe ich möglicherweise fünf verschiedene Meinungen. Alle auf den gleichen Nenner zu bringen, das braucht naturgemäß seine Zeit. Und oft geht es gar nicht.

Der Entscheidungsprozess zum Lieferantenwechsel ist entsprechend als zu lange empfunden worden. Im Hinblick auf die zeitlich lang geführten Verhandlungen mit dem alten Lieferanten ist der Wunsch geäußert worden, dass es eine Person mit weitreichenden Kompetenzen gibt, welche die Entscheidung trifft. Dann kann und soll die Entscheidung schneller getroffen werden.

Ich sage, das System selber ist teilweise langsam. Gerade die Umstellungsentscheidung; das ist sehr langsam gegangen. Wenn sich die Sachen in die Länge ziehen, wünscht man sich jemanden, der sagt, Punkt und das ist nun so. Da diskutieren wir nicht mehr darüber.

Im Laufe der Zeit haben sich aus den geschilderten Prozessen:

- Beteiligung an Entscheidungen
- Abteilungsbesprechungen und
- das Treffen von Entscheidungen dauert zu lange

im untersuchten Unternehmen SACOL Organisationsroutinen und -rituale entwickelt. Von den Befragten ist in diesem Zusammenhang das Nachfragen des Unternehmensgründers Gregor S. vor Entscheidungen genannt worden, denn dies hat dazu beigetragen, dass Informationslücken geschlossen worden sind. Auch sind dadurch Ängste und Unsicherheiten im Unternehmen reduziert worden.[332] Auf der anderen Seite ist von den Befragten der Entscheidungsprozess zum

---

[332] Dieser Eindruck ändert sich im Zusammenhang mit den neuen Führungskräften grundlegend, denn der kommunikative Austausch zwischen Mitarbeitern und Führungskräften hat auf informeller Ebene in einer weitaus geringeren Intensität stattgefunden. Details zum sich entwickelten Spannungsfeld zwischen Mitarbeitern und Führungskräften liefert das Kapitel IV: 2.1. Netzwerkgraphik – Führungsgremium, S. 113-116.

Lieferantenwechsel als zu lange empfunden worden. Die Suche nach einem breiten Konsens im Führungsgremium hat aus ihrer Sicht zu viel Zeit in Anspruch genommen und hat dazu geführt, dass die Entscheidung verwässert worden ist. Routinen können in diesem Sinne einerseits dazu beitragen, dass Vertrauen gestärkt wird, da nicht alles ständig hinterfragt werden muss. Andererseits benötigt es ausreichend Vertrauen in die Routinen, denn nur dann sind sie möglich.[333] Wir ´vertrauen´ also „nicht etwa Handlungsroutinen oder Ritualen (…),"vielmehr sind wir „mit Routinen und Ritualen ´vertraut´"[334]. Organisationsrituale haben also die Funktion einer nachträglichen „Sinnstiftung, die für die Gegenwart festgehalten und als Erwartung in die Zukunft gewendet wird: als Kreation, Fiktion und Tradition."[335]

EXKURS: Routinen und Rituale

Die Bedeutung von Handlungsroutinen zeigt sich an Beispielen wie ´und so weiter´ und ´ich kann immer wieder´.[336] „Die erste führt zu der Annahme, dass, was sich bisher in unseren Erfahrungen als gültig erwiesen hat, auch weiterhin gültig bleiben werde; die letztere führt zur Erwartung, dass ich, was ich bisher in dieser Welt und auf sie wirkend vollbringen konnte, in Zukunft wieder und immer wieder vollbringen kann."[337] Im Wege einer Idealisierung, eines Als ob, wird die Kluft zwischen Erfahrung und Erwartung überbrückt, doch bleiben natürlich auf diese Weise Erschütterungen nicht aus. Im Managementdiskurs wird in diesem Zusammenhang einerseits auf eine mögliche Erfolgsfalle hingewiesen; einen durch Erfolg manifestierten Glauben, einer verhängnisvoll und falsch gewordenen Annahme eines ´Wir können immer wieder´.[338] Andererseits sind Routinen hinsichtlich begrenzter Informationssuche und Verarbeitungsmöglichkeit eine Bedingung dafür, dass ´sinnlose´ Informationssuche und die damit verbundenen Evaluations- und Selektionskosten auf einem angemessenen Niveau gehalten werden. Dies ist möglich, indem sie ein Maß an Vorhersehbarkeit, Verlässlichkeit und Sicherheit

---

[333] Vgl. Möllering, G., (2008): Vertrauensaufbau in internationalen Geschäftsbeziehungen: Anregungen für ein akteursorientiertes Forschungsdesign, In: Vertrauen im interkulturellen Kontext, Jammal, E., (Hrsg.), S. 100.
[334] Endreß, M., (2001): Vertrauen und Vertrautheit, In: Vertrauen: Die Grundlage des sozialen Zusammenhalts, Hartmann, M./ Offe, C., (Hrsg.), S. 167.
[335] Ortmann, G., (2004): Als ob: Fiktionen und Organisationen, S. 43.
[336] Vgl. Ortmann, G., (2004): Als ob: Fiktionen und Organisationen, S. 34.
[337] Schütz, A., (1971c): Rationales Handeln innerhalb der Alltagserfahrung, In: Gesammelte Aufsätze I. – Das Problem der sozialen Wirklichkeit, S. 34.
[338] Vgl. Ortmann, G., (2004): Als ob: Fiktionen und Organisationen, S. 34.

'produzieren'. Gerade für das Stabilisieren von sozialen Interaktionen und damit von Organisationen ist dies unerlässlich. Sicherheit kann jedoch nicht einfach hergestellt oder beschrieben werden, denn es weist die Eigenschaft auf, sich gerne zu verflüchtigen. Sicherheit ist ein dynamisches Nicht-Ergebnis (also ein Fehler, der nicht eintritt).[339] Zahlreiche Experimente haben zudem gezeigt, dass die Erwartung zusätzliche Stabilität bekommt, wenn 'miterwartet' wird, wie man sich im Enttäuschungsfalle verhalten soll.[340] Das Erwarten wird also durch das vorherige Aufnehmen eines Widerspruchs gegen äußere Widerlegung abgesichert.[341] Dies bedeutet, dass gerade bei unsicheren Erwartungen im Hinblick auf einen Enttäuschungsfall die Fortsetzung des Erwartens nicht 'miterwartet' und „als Routineverhalten mit vorbereitet wird; vielmehr beruht die Sicherheit des Vertrauens gerade umgekehrt darauf, dass ein Bruch des Vertrauens (…) eine radikale Änderung der Beziehung zur Folge haben muss."[342]

---

[339] Vgl. Weick, K., (1987): Organizational culture as a source of high reliability, In: California management review, 29, S. 112-127.
[340] Vgl. Luhmann, N., (1984): Soziale Systeme. Grundriss einer allgemeinen Theorie, S. 436.
[341] Vgl. Luhmann, N., (2000): Vertrauen: Ein Mechanismus der Reduktion sozialer Komplexität, S. 103-104.
[342] Luhmann, N., (2000): Vertrauen – Ein Mechanismus der Reduktion sozialer Komplexität, S. 104.

1.3.3. Die Einführung der Bereichsleiter

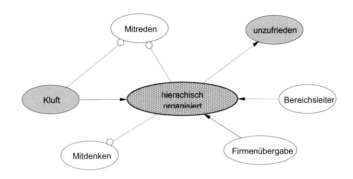

Abbildung 30: Die Einführung der Bereichsleiter

Mit Einführung der Bereichsleiter – im Zuge der Firmenübergabe - hat sich aus Sicht der Befragten eine stärkere Hierarchie im Unternehmen entwickelt; eine veränderte Wahrnehmung gegenüber der Zeit des Unternehmensgründers. Die Befragten haben den kommunikativen Austausch auf informeller Ebene vermisst. In weiterer Folge ist diese Entwicklung als Kluft zwischen Mitarbeitern und Führungskräften wahrgenommen worden, wie die Aussage eines Mitarbeiters zeigt (Abbildung 30).

Was mir derzeit abgeht, ist ein bisschen das Persönliche, was wir vor ein paar Jahren sehr intensiv gehabt haben. Ich meine, früher ist es so gewesen, dass Gregor S. in der Früh durchs Haus gegangen ist und 'Guten Morgen' gesagt hat. Dass sind so Dinge, die ich dem neuen Geschäftsführer auch schon mehrmals gesagt habe. Kleinigkeiten, wo man sagt, er ist da, und er nimmt mich wahr.

Gregor S. – als charismatische Persönlichkeit wahrgenommen – hat aktiv den Kontakt zu den Mitarbeitern gesucht. Durch das Nachfragen von Meinungen ist aus Sicht der Befragten das Mitreden und das Mitdenken zu Themen gefördert worden. Dieses persönliche Zugehen auf die Mitarbeiter hat bei den Befragten den Eindruck von Nähe und Präsenz gefördert. Ein zeitlich aufwendiger Prozess, doch hat es in weiterer Folge das Vertrauen in den Unternehmensgründer gestärkt, wie folgende Aussage eines Mitarbeiters unterlegt.

Zu Gregor S. ist ein totales Vertrauen da. Einfach wenn man mit ihm geredet hat, dann hat man das Gefühl gehabt, o.k., das passt. Auch hat er gefragt, wie geht es dir oder erzählt dir im Treppenhaus etwas, ob es einen betrifft oder nicht. Aber man hat durch solche Kontakte im Haus viel mehr erfahren, als jetzt.

Die Ergebnisse zeigen, dass sich die wahrgenommene Distanz zwischen Führungskraft und Mitarbeiter nach der Zeit des Unternehmensgründers (Gregor S.) durch die Firmenübergabe an den neuen Geschäftsführer (Christian S.) und sein Team (Führungsgremium) vergrößert hat. So hat bspw. das persönliche Zugehen auf die Mitarbeiter durch die Führungskräfte nicht mehr stattgefunden, es ist dadurch ein Eindruck von Distanz entstanden und dies hat sich wiederum negativ auf das Vertrauen der Mitarbeiter in die Führungskräfte ausgewirkt. In der Frage nach ´richtiger´ Distanz und Nähe gerade hinsichtlich des Phänomens Vertrauen kann es jedoch keine Handlungsvorschläge oder sogar -richtlinien geben. Schließlich geht es nicht einfach um Nähe oder Distanz, sondern um das „richtige" individuell empfundene Maß an Nähe und Distanz.

EXKURS: Nähe und Distanz

Die Worte Nähe und Distanz verweisen metaphorisch auf Bewegung in Raum und Zeit. Die bildliche Vorstellung eines Prozesses von Annähern oder Distanzieren zu anderen Menschen bezieht sich auf das Gelingen oder Misslingen von Interaktionsprozessen. Die beiden Begriffe sind jedoch weniger als objektive berechenbare Kategorien zu verstehen, vielmehr als subjektive und intersubjektive Zeit- und Raumerfahrungen, die interpretierbar und veränderbar sind. Der jeweilige Ort, von dem aus der Blick gerichtet ist, ob von weit weg, über nahe dran oder zu nahe dran, konstituiert das Phänomen Nähe und Distanz mit. Die Räume der lebensweltlichen Erfahrungen sind dabei nicht unbedingt reale soziale Räume, denn Räume können sich, wenn von Nähe und Distanz die Rede ist, ins Virtuelle verlagern. Was vertraut und nahe ist, muss nicht zwingend physisch nahe sein.[343] Es bleibt die Frage, wie viel Nähe erlaubt und wie viel Distanz notwendig ist.

Ein zu viel an empfundener Nähe kann dazu führen, dass einerseits die andere Person zu einem unkritischen Sprachrohr wird und Informationen einfach unreflektiert

---

[343] Vgl. Dörr, M./ Müller, B., (2007): Nähe und Distanz als Strukturen der Professionalität pädagogischer Arbeitsfelder, In: Nähe und Distanz: Ein Spannungsfeld pädagogischer Professionalität, Dörr, M./ Müller, B., (Hrsg.), S. 7.

weitergibt. Andererseits ermöglicht ein viel an Nähe eine enge Zusammenarbeit und einen funktionierenden und umfassenden Informationsfluss. Eine fehlende Nähe kann dagegen zu einer Störung in der Kommunikation führen und damit zu einer Abnahme der Interaktion. Eine grundlegende Voraussetzung für Nähe ist eine emotionale Offenheit, d. h. eine Selbst-Reflektion und Selbst-Wahrnehmung „der positiven, negativen und/oder ambivalenten Gefühle/ Einstellungen" gegenüber der anderen Person. Daneben erfordert es ein engagiertes und bewusstes Einbringen „der eigenen Person im Hinblick auf das Zustandekommen einer" der anderen Person „achtenden Begegnung."[344]

Die Frage nach Distanz spielt bspw. im Bereich Personalführung eine Rolle. Die Annahme begründet sich darauf, dass Mitarbeiterführung auch durch eine mittelbare wirkende Gestaltung der Bedingungen möglich (=strukturelle Personalführung) ist. Dies bedeutet, dass direkte Führung teilweise durch die strukturelle Dimension beeinflusst und/oder substituiert wird et vice versa.[345] Die strukturelle 'Verhaltenssteuerung' kann also einen Rahmen für ein förderndes Umfeld im Hinblick auf die eigenverantwortlichen Leistungen der Mitarbeiter bieten. Dies erfordert jedoch eine 'wohltuende' Distanz zwischen Führungskräften und Mitarbeitern.[346]

Ein 'perfektes' Maß zwischen unumgänglicher, erforderlicher Nähe und kritischer, 'wohltuender' Distanz zwischen Führungskräften und Mitarbeitern ist und bleibt gerade im Hinblick auf fortlaufende Veränderungen und Anpassungen sehr schwierig.

---

[344] Duppel, S., (2005): Nähe und Distanz als gesellschaftliche Grundlage in der ambulanten Pflege, S. 62.
[345] Vgl. Wunderer, R., (2003): Führung und Zusammenarbeit: Eine unternehmerische Führungslehre, S. 4ff; Rosenstiel von, L, (2003): Wandel in der Karrieremotivation – Neuorientierungen in den 90er Jahren, In: Wertewandel, Rosenstiel von, L./ Djarrahzadeh, M./ Einsiedler, H. E./ Streich, R., K., (Hrsg.), S. 3ff.
[346] Vgl. Becker, G., (2006): Personalführung – Zwischen Distanz und persönlicher Nähe, In: Praxishandbuch des Mittelstandes: Leitfaden für das Management mittelständischer Unternehmen, Krüger, W./ Klippstein, G., Merk, R./ Wittberg, V., (Hrsg.), S. 282-283.

1.3.4. Fehlende Führung

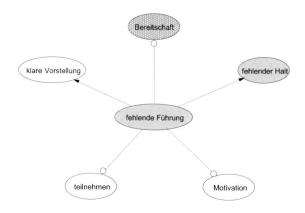

Abbildung 31: Fehlende Führung

Die Befragten haben sich gerade in der Phase der Veränderungen eine intensivere Unterstützung durch die Führungskräfte erwartet, stattdessen hat sich ein Eindruck von fehlendem Halt im Unternehmen entwickelt. Ein Grund hierfür ist das Verhalten der Führungskräfte gewesen, die sich immer mehr zurückgezogen haben. In weiterer Folge hat ihre unklare Kommunikation zu den Vorstellungen und den Zielen bspw. zum Lieferantenwechsel dazu beigetragen, dass die Bereitschaft bei den Mitarbeitern für ein aktives Zugehen auf die Führungskräfte abgenommen hat. Der Lieferantenwechsel ist zudem als sehr schlecht geplant und chaotisch wahrgenommen worden. Dies hat dazu geführt, verstärkt durch die personellen Abgänge von ehemaligen Kollegen, dass sich Unsicherheit und Angst im Unternehmen ausgebreitet haben. Die fehlende Unterstützung durch die Führungskräfte in der Zeit der Veränderungsprozesse hat sich daneben negativ auf die intrinsische Motivation der befragten Mitarbeiter ausgewirkt, entsprechend hat sich die Teilnehmerzahl am internen Stammtisch auf eine bedenkliche kleine Gruppe von Interessierten (ca. 80 % weniger Teilnehmer gegenüber früheren Jahren) verkleinert. In diesem Zusammenhang ist darauf hinzuweisen, dass der monatlich stattfindende Stammtisch im Unternehmen zuvor eine wichtige Stellung als Informations- und Austauschplattform eingenommen hat. Gerade während der Veränderungsprozesse hat die Bereitschaft zur Teilnahme sehr stark abgenommen.

Die Führungskräfte haben die Entwicklung, nach ihren Aussagen zu schließen, erkannt, doch nicht auf die Entwicklung, bspw. durch eine stärkere Aktivierung der Belegschaft zur Teilnahme, reagiert (Abbildung 31), wie folgender Interviewausschnitt zeigt.

Wenn ich mich als Führungskraft zurückziehe und gleichzeitig die Leute nicht motiviere, dass heute Stammtisch ist, dann werden immer weniger hingehen. Manche Leute muss man ein bisschen anstoßen, am nächsten Tag werden sie sagen, das war total lustig. Für mich ist dies eine Frage der Führung. Das ist für mich auch die Erklärung, warum die Teilnehmerzahl über die ganze Breite zurückgegangen ist.

Die Befragten haben dem Stammtisch hinsichtlich Problemlösung oder Klärung von Missverständnissen ein enormes Potential eingeräumt. Das geschilderte Potential ist jedoch während der Veränderungsprozesse nicht ausgeschöpft worden. Dass der Stammtisch gerade für diese Zeit ein wertvolles Instrument hätte sein können, zeigt die folgende Aussage einer Führungskraft.

Ich merke es immer wieder, wenn wir Stammtisch haben. Wir hatten da eine ganz lustige Situation vor 3 - 4 Monaten. Da haben zwei daran teilgenommen, die nur selten am Stammtisch dabei sind. Dieses Mal sind sie auch lange sitzen geblieben. Nach 3 - 4 Bier ist es auf einmal aus ihnen herausgebrochen. Sie haben sich zusammen geredet, damit sie gemeinsam stark auftreten können. Wir sind gesessen bis um 1.00 Uhr in der Früh, da ist vieles herausgekommen und aufgebrochen, was ja total wichtig ist.

Die Aussagen legen nahe, dass in Bezug auf den Stammtisch die hohe Anzahl an Teilnehmern in früheren Jahren die Beziehungen zwischen den Organisationsmitgliedern intensiviert hat. Dies wiederum würde bedeuten, dass der Stammtisch die Nähe, die Verbundenheit und damit die Vertrautheit der Organisationsmitglieder zueinander gestärkt hat. In weiterer Folge hat sich dies positiv auf die Qualität der sozialen Beziehungen ausgewirkt.

EXKURS: Die Qualität der sozialen Beziehung

Die Qualität der sozialen Beziehung misst sich durch das individuell erfahrene und empfundene Maß an sozialer Nähe in der Beziehung. Ein ausschlaggebender Faktor hinsichtlich des individuellen Maßes ist die relative Nähe von Personen, denn sie kann für die Akteure ein Beleg dafür sein, wie nah sich die Personen sind und in welchem Verhältnis sie zueinander stehen. Die Nähe in der Beziehung ist in diesem Sinne umso höher, je mehr eine persönliche Verbundenheit besteht und eine Vertrautheit zwischen den Personen beobachtbar ist oder sie selbst wahrnehmen. Starke Beziehungen zeichnen sich daher durch einen hohen zeitlichen Aufwand, gegenseitige Nähe, einen hohen Grad an emotionaler Verbundenheit, gegenseitiger Hilfeleistung und Vertrauen aus. Granovetter nennt diese Art von sozialen Beziehungen strong ties. Schwache Beziehungen (weak ties) dagegen weisen eine solche Intensität an emotionalem und zeitlichem Einsatz nicht auf, vielmehr werden sie als Gelegenheitskontakte bezeichnet und bestehen insbesondere zwischen Bekannten, Nachbarn oder Freunden von Freunden.[347] Erstaunlich sind die Unterschiede zwischen den beiden Gruppen bei der Weitergabe von Informationen. Bei starken Beziehungen werden zwar Informationen ausgetauscht, doch gelangt - durch die dichte Struktur - nur wenig Neues in die Gruppe. Dies ist darauf zurückzuführen, dass Informationen im Zeitverlauf zunehmend redundant werden und die Person sie bereits von mehreren Freunden bekommen hat. Die Chancen auf neue Informationen sind demnach in schwachen Beziehungen höher. Krackhardt betont in diesem Zusammenhang, dass in schwachen Beziehungen ein höherer Informationszugang besteht, doch weist er daraufhin, dass in starken Beziehungen das Motivationspotential für die gegenseitige Unterstützung höher ist und die Informationen schneller verfügbar sind.[348] Hinsichtlich des Phänomens Vertrauen bedeutet dies, dass in unsicheren Zeiten oder in Zeiten starker Veränderungen ein Mindestmaß an starken Beziehungen von Personen in sozialen Systemen fundamental ist, denn dies erlaubt ein Vertrauen im Hinblick auf die starken Beziehungen. Dies wiederum kann den Umgang mit Veränderungen und Unsicherheiten erleichtern.

---

[347] Vgl. Granovetter, M., (1973): The strength of weak ties, In: American journal of sociology, 78, S. 1361; Marsden, P. V./ Campbell, K. E., (1984): Measuring tie strength, In: Social forces, 63, S. 483.
[348] Vgl. Ebd., S. 1370 f.

1.3.5. E-Mail als Medium zur Informationsweitergabe

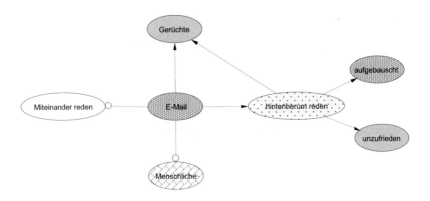

Abbildung 32: E-Mail als Medium zur Informationsweitergabe

Die Führungskräfte haben aufgrund eines anderen Führungsverständnisses die persönlichen Gespräche auf informeller Ebene reduziert und vermehrt in der Informationsweitergabe auf formelle Wege wie bspw. das Versenden von Informationen per e-Mails gesetzt. Aufgrund der geschichtlichen Erfahrungen mit Gregor S. ist dieser Wechsel in der Informationsweitergabe von den Befragten als sehr einschneidend wahrgenommen worden. Es ist in diesem Zusammenhang der Wunsch geäußert worden, dass gerade bei der Informierung zu weitreichenden Entscheidungen ein persönlicher Kontakt zur Belegschaft gesucht werden soll. Das Medium e-Mail kann zwar zu einem schnellen Update beitragen, doch kann es zu einem inhaltlich ambivalenten Verständnis führen. Auch kann sich ein zu viel an Informationen über das Medium E-Mail auf die Beziehungen im Unternehmen negativ auswirken. Ein aktives Zugehen auf den anderen kann dagegen das Miteinander stärken. So würden gemeinsame Gesprächsrunden ein offenes Ansprechen von Themen, das Klären von Missverständnissen und das Beseitigen von Unklarheiten ermöglichen. Das geschriebene Wort wirkt zudem viel stärker als das gesprochene (Abbildung 32). Dass Entscheidungen, wie der Wechsel der Lieferanten oder personelle Abgänge, von den Führungskräften per e-Mail verkündet worden sind, ist ein wesentlicher Faktor für die Unzufriedenheit der befragten Mitarbeiter gewesen, wie folgende zwei Interviewausschnitte zeigen.

Wichtige Entscheidungen werden so gut wie überhaupt nicht an die Personen herangetragen, wie bspw. der Lieferantenwechsel. Da macht man nach dreißig Jahren einen wirklich sehr wichtigen Schritt und dann bekommt man das in einem einzigen Satz per e-Mail mitgeteilt. Da habe ich mir schon meine Gedanken gemacht. Und natürlich wenn man sehr wenige Informationen kriegt, dann macht man sich viele Gedanken und fängt an zu reden – das ist ja ganz klar.

Zuerst hört man Gerüchte und dann kommen die Tatsachen. Da haben wir heute eine e-Mail bekommen, in der ist drinnen gestanden, dass ein Mitarbeiter gekündigt hat. Ich erwarte mir schon von einem Personalchef, dass er da auf die Personen in der betroffenen Abteilung zugeht.

Die personellen Abgänge sind mit den betroffenen Mitarbeitern der jeweiligen Abteilungen nicht diskutiert worden. Vielmehr ist die Belegschaft über die Entwicklung mit einer kurzen e-Mail informiert worden. Die Vorgehensweise hat den Eindruck verstärkt, dass die Leistungen der Mitarbeiter, die das Unternehmen SACOL verlassen haben, durch die Führungskräfte nicht gewürdigt und damit kein Respekt gezollt worden ist. Aus Sicht der befragten Mitarbeiter hat das Verhalten den unbefriedigenden Eindruck hinsichtlich der Führungskräfte gefestigt. Es ist dabei betont worden, dass gerade in dieser Phase ein Mehr an sozialer Präsenz durch die Führungskräfte einen positiven Beitrag für das Phänomen Vertrauen hätte leisten können.

EXKURS: Die soziale Präsenz

Der gestiegene Bedarf an Vertrauen in Interaktionssituationen, die durch keine persönliche Präsenz der Interagierenden gekennzeichnet sind, hat durch die rasche Zunahme unterschiedlichster Medien immens zugenommen. Anonyme Kommunikationssituationen zeichnen sich gerade durch fehlendes Wissen über den Kommunikationspartner aus,[349] entsprechend kann auch das Gefühl von Vertrautheit sinken.[350] Die Studie von Short, Williams & Christie zur Theorie der sozialen Präsenz im Bereich Medienkommunikation ist hierzu beachtenswert. Die Theorie, ausgehend von einer sozial-psychologischen Tradition, sieht das Zugegensein eines anderen generell als Determinante für die Verhaltensweisen eines Individuums an; dies unter der Bedingung, dass das Zugegensein des anderen wahrgenommen oder empfunden wird. Darunter wird nicht nur ein tatsächliches Zugegensein verstanden,

---

[349] Vgl. Sassenberg, K./ Kreutz, S.,(1999): Online research und Anonymität, S. 62.
[350] Short, J./ Williams, E./ Christie, B., (1976): The social psychology of telecommunication, London: Wiley, S. 65

sondern ein „perzipiertes Zugegensein"[351] des Interaktionspartners. Entsprechend ist für Short et. al. die soziale Präsenz „the degree of salience of the other person in the interaction and the consequent salience of the interpersonal relationships."[352] Die soziale Präsenz wird daher oftmals als „quality of the communication medium"[353] bezeichnet. Je mehr Zeichen dabei übertragen werden, also je intensiver, persönlicher und kontextsensitiver miteinander kommuniziert wird, desto ausgeprägter kann das Gefühl der Anwesenheit des Kommunikationspartners sein.[354] Wie die ´quality of communication´ wahrgenommen und eingeschätzt wird, hängt dabei vom Individuum ab.[355]

---

[351] Mühlenfeld, H.-U., (2004): Der Mensch in der Online-Kommunikation: Zum Einfluss webbasierter audiovisueller Fernkommunikation auf das Verhalten von Befragten, S. 46.
[352] Short, J./ Williams, E./ Christie, B., (1976): The social psychology of telecommunication, S. 65.
[353] Ebd., S. 65. – vgl. hierzu auch: Köhler, T., (2003): Das Selbst im Netz: Die Konstruktion sozialer Identität in der computervermittelten Kommunikation, S. 32.
[354] Vgl. Taddicken, M., (2008): Die Bedeutung von Methodeneffekten der Online-Befragung: Zusammenhänge zwischen computer-vermittelter Kommunikation und erreichbaren Datengüte, In: Sozialforschung im Internet: Methodologie und Praxis der Online-Befragung, Jackob, N./ Schoen, H./ Zerback, T., (Hrsg.), S. 94; Misoch, S., (2006): Online-Kommunikation, S. 64
[355] Bei der Theorie von Short et. Al. darf nicht übersehen werden, dass es keine genaue Definition von sozialer Präsenz gibt. Das Phänomen soziale Präsenz berücksichtigt zudem sehr viele Faktoren in einer Kommunikationssituation, jedoch können niemals alle Faktoren, sondern nur Ausschnitte beachtet werden. - Vgl. Mühlenfeld, H.-U., (2004): Der Mensch in der Online-Kommunikation: Zum Einfluss webbasierter audiovisueller Fernkommunikation auf das Verhalten von Befragten, S. 45-46.

1.3.6. Fehler und damit verbundene Reaktionen der Organisationsmitglieder

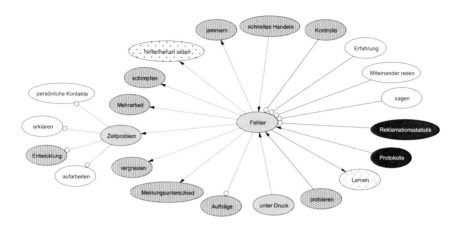

Abbildung 33: Fehler und damit verbundene Reaktionen der Organisationsmitglieder

Der Themenbereich Fehler hat einen tiefen Einblick ins Verständnis von Offenheit im Unternehmen gebracht. Auf die Frage: *Sie entdecken zufällig einen Fehler Ihrer Kollegin bzw. Ihres Kollegen – was machen Sie?* haben die Befragten übereinstimmend ausgesagt, dass sie den persönlichen Kontakt zum Kollegen suchen und ihn auf den Fehler hinweisen und gemeinsam mit ihm besprechen. In der Unternehmensphilosophie wird in diesem Zusammenhang betont, dass Fehler erlaubt sind und ohne Konsequenzen bleiben, wie eine Führungskraft betont hat.[356]

Die Aufforderung, Mut zum Fehler. Man muss die Grenzen überschreiten, um die eigenen Grenzen kennen zu lernen. Das geht nicht anders.

Der Belegschaft ist in diesem Sinne genügend Freiraum für das Probieren eingeräumt worden, auch haben die Organisationsmitglieder – laut Unternehmensphilosophie – für gemachte Fehler mit keinen ´Sanktionen´ zu rechnen gehabt. Die vorliegenden Ergebnisse haben jedoch gezeigt, dass gemachte Fehler

---

[356] Mitarbeiter sind von Unternehmensseite aufgefordert, in ihrem Aufgabenfeld eigenverantwortlich zu agieren und im Kundenkontakt schnelle und verbindliche Aussagen zu treffen. Erfahrungen im jeweiligen Aufgabenbereich sollen über die tägliche Arbeit, auch durch Probieren, gemachten werden. Das ´learning by doing´ soll in weiterer Folge zu Erfahrungswerten und Senkung der Fehlerquote beitragen. – vgl. SACOL Mitunternehmermodell

sehr wohl Konsequenzen gehabt haben. Ein Einfluss ist im MUM-Evaluierungsprozess erlebt worden. In der jährlichen Selbst- und Fremdevaluierung finden die Ereignisse und die damit zusammenhängenden Erlebnisse – nach Ansicht eines Mitarbeiters - beabsichtigt oder unbeabsichtigt Berücksichtigung.

Ich bin einfach der Meinung gewesen, dass die Person unterbewertet worden ist. Für das, was man ihm aufgehalst hat, ist er nicht geeignet gewesen. Es wird dann viel geschimpft und bei der MUM-Bewertung berücksichtigt. Das ist ein Resultat daraus. Wenn einmal zu viel zusammen kommt, dann schlägt es sich halt irgendwo nieder.

Die Ergänzung der vorherigen Frage: *Sie entdecken zufällig einen Fehler Ihrer Kollegin bzw. Ihres Kollegen – was machen Sie?* mit dem Zusatz: *Wie erleben sie es im Unternehmen?* hat weitere erstaunliche Erkenntnisse gebracht. Wie zuvor sind die Antworten der Befragten übereinstimmend geblieben, doch führen die Resultate zu einer völligen Verkehrung der vorherigen Eindrücke. Die Befragten haben zwischen dem eigenen und dem Verhalten von Kollegen bei Fehlern große Unterschiede wahrgenommen. Auch hat das erwartete und das erlebte Handeln der Kollegen ein ambivalentes Bild gezeigt. Die Entdecker der Fehler haben nur selten den direkten Kontakt zum Betroffenen gesucht, vielmehr ist hintenherum geredet und damit die Basis für Gerüchte geschaffen worden. Die Ereignisse sind dadurch aufgebauscht worden, entsprechend sind Gespräche zur Lösung – wie ein Mitarbeiter betont - weniger auf sachlicher, als auf emotionaler Ebene ausgetragen worden (Abbildung 33).

Das Ganze wird aufgebauscht, weil man zur falschen Person geht. Die andere Person weiß eigentlich nichts darüber. Meistens bemerkt dann auch diese Person, dass über ihn geredet wird und es kommt dann zumeist ein total schlimmer Schlamassel heraus.

Die Ergebnisse zeigen, dass die Befragten von sich selbst behaupten, einen entdeckten Fehler der betreffenden Person („Fehlerverursacher") direkt und persönlich mitzuteilen. Die Kollegen dagegen gehen weniger auf den ´Fehlerverursacher´ zu, vielmehr erzählen sie den entdeckten Fehler einem anderen Kollegen. Das Erstaunliche an den Ergebnissen ist, dass alle Befragten die Situation so geschildert haben. Die Befragten sind also davon überzeugt gewesen, dass sie das erwartete reziproke Verhalten gegenüber den anderen Organisationsmitgliedern hinsichtlich eines entdeckten Fehlers gezeigt haben. Die Arbeitskollegen haben dagegen lieber andere über den Fehler informiert und damit oftmals die Basis für Gerüchte geschaffen. Das wahrgenommene Verhalten hat sich wiederum auf die Vertrauenssituation im Unternehmen ausgewirkt.

EXKURS: Reziprozität

Gerade für das Entwickeln von sozialen Ordnungen und die Kooperation von Akteuren ist ein Mindestmaß an Reziprozität und Vertrauen erforderlich.[357] Die Annahme lässt den Schluss zu, dass Reziprozität eine Voraussetzung für Vertrauen ist und Vertrauen wiederum auf Wechselseitigkeit abzielt.[358] Die Bedeutung eröffnet sich in der Untersuchung von Harold Garfinkel[359], der nachgewiesen hat, dass Regeln erst reflexiv gebraucht werden. Die Regeln und Erwartungen für die Reziprozität müssen in diesem Sinne erst hergestellt und unterstellt werden;[360] Vertrauen ist hierfür der zentrale Mechanismus. Mittels Vertrauen agieren die Akteure so, „als ob zwischen" ihnen „eine soziale Beziehung bestünde", sie „fingieren" eine „soziale Beziehung, um sie dadurch Wirklichkeit werden zu lassen".[361] Dieses Vertrauen beinhaltet auch die Kenntnis ethisch-moralischer Prinzipien, die den Handelnden nicht ständig bewusst sein müssen. Sie treten eher episodisch auf, doch spielen sie gerade bei Entscheidungs- und Konfliktsituationen eine wesentliche Rolle. Die Menschen sehen moralische Prinzipien dabei nicht als bedingungslose Vorschriften, vielmehr werden situative Gegebenheiten und Zwänge,

---

[357] Vgl. Aldoff, F./ Mau, S., (2005): Zur Theorie der Gabe und Reziprozität, In: Vom Geben und Nehmen: Zur Soziologie der Reziprozität, Adloff, F./ Mau, S., (Hrsg.), S. 43.
[358] Vgl. Grundwald, W., (1997): Das Prinzip der Wechselseitigkeit: Fundament aller Sozial- und Arbeitsbeziehungen, In: Vertrauen und soziales Verhalten – Facetten eines alltäglichen Phänomens, Schweer, M., (Hrsg.), S. 207-218; Vertrauen kann – dies wird hier nochmals betont - nur freiwillig gewährt werden und wird dadurch als freiwillig charakterisiert. – vgl. . Luhmann, N., (1984): Soziale Systeme: Grundriß einer allgemeinen Theorie, S. 181; Brenkert, G. G., (1998): Trust, morality and international business, In: Business ethics quarterly, 8, No. 2, S. 295f.; Hosmer, L. T., (1995): Trust: The connecting link between organiziational theory and philosophical ethics, In: Academy of management review, 20, No. 2, S. 390; Weibler, J., (1997): Vertrauen und Führung, In: Personal als Strategie, Klimecki, R./ Remer, A., (Hrsg.), S. 192.
[359] Vgl. Garfinkel, H., (1967): Studies in ethnomethodology
[360] Vgl. Wenzel, H., (2001): Die Abenteuer der Kommunikation: Echtzeitmassenmedien und der Handlungsraum der Hochmoderne, S. 330.
[361] Wenzel, H., (2001): Die Abenteuer der Kommunikation: Echtzeitmassenmedien und der Handlungsraum der Hochmoderne, S. 335f.

sowie eigene und fremde Bedürfnisse berücksichtigt.[362] „Deswegen sind es nicht nur die in der Vergangenheit kumulierten Erfahrungen dessen, der vertraut, sondern auch die moralischen Verpflichtungen desjenigen, dem vertraut wird, worauf sich der Vertrauende im Hinblick auf die Kontinuität der Vertrauensbeziehung und das zukünftige Handeln des Empfängers von Vertrauen verlassen kann."[363] Vertrauen kann also aus der Kraft der moralischen Verpflichtung, die durch das Schenken von Vertrauen erwächst, zu einer sich selbst erfüllenden Erwartung werden.[364] Es gilt dabei: Wird von Vertrauen zu wenig abverlangt, sind die Akteure genauso schlecht beraten, als wenn sie zu viel von Vertrauen abverlangen.[365]

Zum Abschluss werden die Ergebnisse im Hinblick auf die - durch die Befragten - wahrgenommen Einflüsse auf Vertrauen und den Wirkungen von Vertrauen vorgestellt. Die Befragten haben interessanterweise weniger Wirkungen von Vertrauen als Einflüsse auf Vertrauen erlebt, wie die nachfolgenden Ergebnisse zeigen.

---

[362] Vgl. Haller, M., (2003): Soziologische Theorie im systematisch-kritischen Vergleich: Systematisch-kritischer Vergleich zeitgenössischer Sozialtheorien und Versuch einer Neubestimmung im Geiste von Max Weber und Karl Popper, S. 554.
[363] Offe, C., (2001): Wie können wir unseren Mitbürgern vertrauen?, In: Vertrauen – Die Grundlage des sozialen Zusammenhalts, Hartmann, M./ Offe, C., (Hrsg.), S. 254.
[364] Vgl. Offe, C., (2001): Wie können wir unseren Mitbürgern vertrauen?, In: Vertrauen – Die Grundlage des sozialen Zusammenhalts, Hartmann, M./ Offe, C., (Hrsg.), S. 254.
[365] Vgl. Gambetta, D., (2001): Können wir dem Vertrauen vertrauen?, In: Vertrauen – Die Grundlage des sozialen Zusammenhalts, Hartmann, M./ Offe, C., (Hrsg.), S. 236-237.

1.4. Einflüsse und Wirkungen von/auf Vertrauen

1.4.1. Einflüsse auf Vertrauen

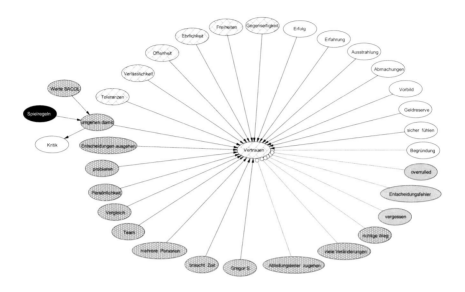

Abbildung 34: Einflüsse auf Vertrauen

Die Untersuchung zeigt ein erstaunlich breites Spektrum von Faktoren, die Einfluss auf Vertrauen im Unternehmen gehabt haben (Abbildung 34). Ein interessanter Aspekt ist die Vielfalt an unterschiedlichen Themenbereichen. Diese reichen von Personen wie dem Unternehmensgründer, über unternehmerische Grundwerte wie Toleranz, Verlässlichkeit, Offenheit, Ehrlichkeit, Freiheiten und Gegenseitigkeit und positive Unternehmensziele wie Erfolg, Erfahrung, Abmachungen, Vorbild und klare Begründungen. Auch werden negative Ziele wie Entscheidungsfehler und ein Eindruck von overruled als Faktoren genannt. Weiteres gibt es einige Punkte, die keiner Gruppe zugeordnet werden können, wie die Persönlichkeit, das Team und das Probieren.

Einige Befragte hätten gerne das Entscheidungssystem nach dem früheren Muster aufgebaut, als Gregor S. in seiner Funktion als Geschäftsführer viel alleine entschieden hat. Auch ist betont worden, dass einer Person leichter vertraut werden könnte, als einer Personengruppe, wie eine Führungskraft betont hat.

Die Leute haben Schwierigkeiten gehabt, einem Personenkreis Vertrauen zu schenken. Sie würden sich viel leichter tun, wenn sie nur einer Person zu vertrauen hätten. Aus ihrer Sicht sollte das System oder die Organisation danach ausgerichtet sein.

Ein Grund hierfür ist, dass Gregor S. als eine sehr charismatische Persönlichkeit wahrgenommen worden ist. Auch sind seine Fähigkeiten geschätzt worden, Hilfestellungen bei Schwierigkeiten zu geben. Er ist zudem als sehr integer erlebt worden. Gregor S. ist in der Frage des Lieferantenwechsels und der Internationalisierung auch mehr zugetraut worden. Aus Sicht der Befragten hat er über sehr viel unternehmerische Erfahrung verfügt; dies hätte – wie folgender Interviewausschnitt mit einer Führungskraft zeigt - dazu beigetragen, dass die Entscheidung zu keinen Existenzängsten im Unternehmen geführt hätte.

Hätte der Unternehmensgründer den Schritt der Internationalisierung und des Lieferantenwechsels gemacht, dann wäre das Vertrauen viel größer gewesen, als wenn dies der neue Geschäftsführer macht. Der Geschäftsführer und die Personen des Führungsgremiums sind sehr jung und haben alle wenig Erfahrung. Dies hat Existenzängste geschaffen.

Die Führungskräfte selbst fühlen sich in einem Führungsgremium, bestehend aus mehreren Personen, sehr wohl. Sie sind überzeugt, dass die Entscheidungsträger dadurch weniger aus dem System ausbrechen können und dadurch mehr als Team agieren würden.

Aus meiner Sicht möchte ich die Kraft des Teams nutzen. Ich vertraue lieber einem Team, als einer Einzelperson. Auch bin ich lieber in einem Team beschäftigt. Ich weiß nicht, ob ich einer Einzelperson so viel Vertrauen schenken könnte, dass ich mich dabei wohlfühle.

Im Laufe der Veränderungsprozesse sind im Unternehmen aufgrund eines unzureichenden Informationsflusses durch die Führungskräfte Unklarheiten und Missverständnisse entstanden. Aus Sicht einiger Befragter haben die Führungskräfte die Gründe für den Lieferantenwechsel nicht klar kommuniziert. Ein sehr intensiver Prozess der Informationsweitergabe durch die informellen Führer hat diesen negativen Eindruck verstärkt. Die Führungskräfte haben die Informationsweitergabe vernachlässigt, da sie in dieser Zeit einerseits mit sich selbst und andererseits mit dem eigenen Gruppenbildungsprozess - neue Mitglieder sind zum Führungsgremium hinzugekommen - beschäftigt gewesen sind. Dies hat nicht nur zu einem unterschiedlichen Informationsstand im Unternehmen geführt, sondern auch zu Unsicherheit. Von Seiten der Führungskräfte sind daneben in Bezug auf die Projektgruppe zum Lieferantenwechsel keine Versuche unternommen worden, die entstandenen Missverständnisse über Aufgaben und Ziele gemeinsam mit den Mitarbeitern aufzuarbeiten. Dies hat einen wesentlichen Einfluss darauf gehabt, dass sich einige Befragte im Entscheidungsprozess ´overruled´ gefühlt haben. In diesem Zusammenhang spielt auch das philosophische Konzept von SACOL eine wichtige Rolle, denn die Führungskräfte sind der Ansicht gewesen, dass die Ansätze zur Zeit der Veränderungsprozesse nur zumeist jungen Mitarbeitern geläufig gewesen sind. Langjährige Mitarbeiter hätten dagegen schon lang nicht mehr an einer Philosophieschulung teilgenommen. Der vermutete unterschiedliche Wissensstand aus Sicht des Führungsgremiums ist wiederum dafür verantwortlich gemacht worden, dass die Mitarbeiter völlig falsche Vorstellungen zur Beteiligung an strategischen Entscheidungen gehabt haben. Erstaunlich daran ist, dass den befragten Mitarbeitern das Ausmaß an Beteiligung völlig ausreichend vorgekommen ist, denn sie haben sich mit der Entscheidung nicht belasten wollen. Die Mitarbeiter haben jedoch eine Möglichkeit gewünscht, sich mit ihrer Meinung einbringen zu können. Die Ergebnisse zeigen, dass sowohl auf Seiten der Führungskräfte als auch auf Seiten der Mitarbeiter falsche Vorstellungen darüber bestanden haben, welche Erwartungen die jeweilige Gruppe gehabt hat. Dies ist ein Zeichen dafür, dass sich die Gruppen im Unternehmen zur Zeit der Veränderungsprozesse zu wenig miteinander ausgetauscht haben. In weiterer Folge ist auch der Lieferantenwechsel bei den Mitarbeitern auf wenig Akzeptanz gestoßen. Dies wiederum hat die dargelegte Sichtweise der informellen Führer gestärkt, die von einer Fehlentwicklung für das Unternehmen gesprochen haben. Die Vertrauensproblematik hat sich dadurch verstärkt, wie folgender Interviewausschnitt mit einer Führungskraft zeigt.

Ich bin overruled worden, aber ich verstehe jetzt, warum das passiert ist. Diese Aufklärung ist im Unternehmen nicht passiert. Es ist der Eindruck geblieben, das war der Ablauf und wir sind overruled worden. Wie soll ich jetzt Vertrauen haben und wie soll ich jetzt mit dem leben können. Das ist uns als Führungskräfte nicht gelungen, das ganz aufzulösen.

Die Befragten haben daneben betont, dass ein wesentlicher Faktor für Vertrauen ist, wenn zuvor Besprochenes eingehalten und das Handeln des Geschäftspartners als verlässlich erlebt wird. Auch bildet Vertrauen die Grundlage für die Freiheiten im Unternehmen. Dieses Verständnis setzt auf Ehrlichkeit und ein Verständnis von Gegenseitigkeit im Umgang miteinander, wie folgender Ausschnitt eines Interviews mit einem Mitarbeiter zeigt.

Hast du im Privaten eine Beziehung, dann musst du auch vertrauen können. Vertrauen muss einfach gegenseitig da sein. Falls du ein Problem hast, kannst du ihr oder ihm alles sagen.

Im Hinblick auf auftretende Fehler hätte ein Mehr an Toleranz einen positiven Einfluss haben können, denn die Befragten wollen sich in Bezug auf Fehler sicher fühlen können. Sie wollen das Gefühl haben, sich Fehler leisten zu dürfen. Auch wird vom Fehlerentdecker – wie folgende zwei Interviewausschnitte mit Mitarbeitern zeigen - erwartet, dass die entdeckten Fehler nicht zum eigenen Vorteil ausgenutzt werden.

Einfach die Sicherheit zu haben, dass dir jemand bei einem Fehler hilft und sich nicht verweigert, weil das und das gewesen ist. Jeder Mensch macht Fehler, auch die, die drei Stufen höher stehen. Ich muss einfach das Vertrauen haben, dass ich mir ohne schlechtes Gewissen einen Fehler leisten kann und dies, ohne, dass gleich etwas Fürchterliches passiert.

Vertrauen ist für mich - wenn ich heute bei SACOL arbeite und einen Fehler mache; dass mir ein anderer nicht sofort den Fuß stellt, sondern es von ihm toleriert wird. Der Fehler ist passiert, das macht nichts, machen wir es so, oder so. Und nicht, dass alles zu deinem Nachteil verwendet wird.

Ein weiterer Einflussfaktor auf Vertrauen wird im Handeln der Führungskräfte gesehen. Wären die Führungskräfte während der Veränderungsprozesse ihrer Vorbildfunktion gerecht geworden, hätte dies aus Sicht der befragten Mitarbeiter das Vertrauen stärken können. Auch ist betont worden, dass das Vertrauen zu den

Führungskräften davon abhängt, wie sie mit Entscheidungsfehlern umgehen bzw. ob und wie diese aufgearbeitet werden.

Das Wichtigste ist, dass im täglichen Umgang miteinander und in der Kommunikation mit einer entsprechenden Vorbildwirkung agiert wird. Dies gilt speziell für die Führungskräfte. Von ihnen soll es ausgehen. Sie leben es vor, dann entsteht auch Vertrauen.

Wie gehen Entscheidungen aus und sollte auch einmal ein Flop dabei sein, wie werden sie aufgearbeitet. Wie geht das Entscheidungsgremium damit um und verkraftet die Firma das. Aus meiner Sicht muss man es erst einmal verkraften und dann etwas daraus lernen. Dementsprechend entwickelt sich auch das Vertrauen zum System oder zum Führungsgremium.

Neben den Einflüssen auf Vertrauen sind von den Befragten auch Wirkungen von Vertrauen genannt worden. Das nachfolgende Kapitel wird zeigen, dass die Befragten interessanterweise weniger Wirkungen von Vertrauen als die vorgestellten Einflüsse auf Vertrauen wahrgenommen haben.

1.4.2. Wirkungen von Vertrauen

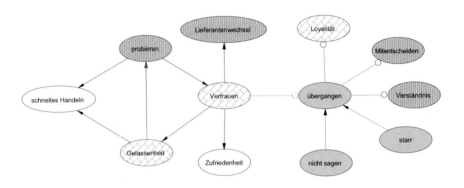

Abbildung 35: Wirkungen von Vertrauen

Die Vertrauensproblematik im Unternehmen hat sich teilweise auf der Einschätzung der Befragten begründet, dass sie sich bei der Entscheidung übergangen gefühlt haben. Der Eindruck ist im Laufe der Projektgruppe zum Wechsel des Lieferanten entstanden. Im Unternehmen sind bereits zuvor einige Projektgruppen zu anderen Themen einberufen worden. Dies hat zwar einen höheren Zeitaufwand mit sich gebracht, doch haben sie einen wesentlichen Beitrag für die Schaffung von Akzeptanz im Unternehmen erbracht.

Bei der Projektgruppe zum Lieferantenwechsel ist es zu weitreichenden Missverständnissen gekommen. Ein Grund hierfür sind die ambivalenten Erwartungen von Seiten des Führungsgremiums und der Mitarbeiter über die Aufgabe der Projektgruppe gewesen. Das Führungsgremium hat darin eine Kommunikationsplattform verstanden; aus ihrer Sicht hätte man über das genaue Procedere des Umsetzungsprozesses gemeinsam diskutieren und dann festgelegen sollen. Die Entscheidung zugunsten des Lieferantenwechsels ist von Seiten der Führungskräfte ja bereits gefällt worden. Die Mitarbeiter haben in der Projektgruppe dagegen eine gemeinsame Entscheidungsebene gesehen, ob für oder gegen den Wechsel des Lieferanten. Dies hat dazu geführt, dass die Entscheidung zugunsten des Lieferantenwechsels im Führungsgremium zu einem essentiellen Einflussfaktor für die negative Stimmung im Unternehmen geworden ist, in weiterer Folge hat auch die Loyalität der Befragten zum Unternehmen abgenommen. Die Führungskräfte sind dagegen der Ansicht gewesen, dass für eine strategische Entscheidung nur sie verantwortlich sein können. Das Erstaunliche an den Ergebnissen ist gewesen, dass die Mitarbeiter die strategische Entscheidung gar nicht treffen wollten, so haben sie in der Projektgruppe eine Möglichkeit gesehen, sich mit ihrer Meinung einzubringen und am Entscheidungsprozess beteiligt zu sein. Beteiligt insofern, dass die eigentliche Entscheidung zwar im Führungsgremium getroffen wird, doch zuvor eine eingehende Diskussion über Sinn und Zweck des Lieferantenwechsels in der Projektgruppe stattfindet. Einige befragte Mitarbeiter hätten sich – wie der Ausschnitt aus einem Interview unterlegt - sogar gewünscht, dass sich die Entscheidung aus der Diskussion in der Projektgruppe heraus entwickelt (Abbildung 35).

Wenn jetzt diese Entscheidung aus der Arbeitsgruppe heraus gekommen wäre, dass man sagt, ja, das ist so. Dann wäre es so beschlossen worden, das traue ich mich schon zu sagen, dann wäre die Akzeptanz dieser Entscheidung eine andere, wie jetzt, als es so gemacht worden ist.

Aus Sicht der befragten Mitarbeiter haben die Interessen der Führungskräfte zugunsten des Lieferantenwechsels einen höheren Stellenwert eingenommen, als die der teilnehmenden Mitarbeiter in der Projektgruppe. In diesem Zusammenhang stellen sie den Sinn der Projektgruppe in Frage, denn aus ihrer Sicht hat die Entscheidung ja bereits vor Beginn der gemeinsamen Arbeit festgestanden.

Mir kommt vor, dass das eigene Interesse der Personen im Führungsgremium vorgeht. Was in der Projektgruppe angeredet wird, die Leute sitzen drinnen, sie habe andere Vorstellungen und nachher wird einfach drüber gefahren. Das verstehe ich nicht.

Vertrauen hätte, so sind einige Befragte überzeugt gewesen, in dieser Auseinandersetzung dazu beitragen, dass nicht ein Eindruck – bei der Entscheidung übergangen worden zu sein - entstanden wäre. Zudem wäre die Akzeptanz für die Entscheidung ein andere gewesen, daneben hätten die Teilnehmer eine Projektgruppe als Chance zur Mitsprache wahrgenommen. Die Haltung des Führungsgremiums im Entscheidungsprozess – wie eine Führungskraft betont - wäre dadurch nicht als starr angesehen worden.

Es sind Entscheidungen getroffen worden, wo Leute anderer Meinung gewesen sind. Da ist man einfach stur diesen Weg gegangen, was die Leute bestreiten. Mir kommt vor, man ist da einfach zu engstirnig gewesen und hat auf die anderen vergessen oder hat diese einfach übergangen.

Der Vertrauensmangel im Unternehmen hat sich insbesondere auf das seit kurzem konstituierte Führungsgremium bezogen. Für diese Vertrauensproblematik sind mehrere Gründe verantwortlich gewesen. Die bisherigen Erlebnisse mit der Arbeit des Führungsgremiums haben einerseits für die Gewinnung von Vertrauen nicht ausgereicht, andererseits sind die Fähigkeiten einzelner Führungskräfte kritisch beurteilt worden. Auch hat der Verlauf der schlussendlich erfolglosen Verhandlungen mit dem alten Lieferanten zu einem zwiespältigen Bild hinsichtlich des Verhaltens der Führungskräfte im Unternehmen beigetragen. Aus Sicht der Befragten haben sich diese Gespräche zu lange hingezogen und im Führungsgremium ist zu viel diskutiert bzw. zu wenig entschieden worden; dadurch hat sich die unternehmerische Entwicklung verzögert.

Für die befragten Führungskräfte hingegen haben die langen Verhandlungen, die ausgiebigen Diskussionen in der Gruppe und das zeitliche Hinauszögern des Entscheidungsprozesses – gerade aufgrund ihrer nicht vorhandenen Erfahrungswerte für derartig weitreichende Entscheidungen - eine ausgleichende und beruhigende Wirkung gehabt. Die Führungskräfte haben sich in dieser Zeit als ein Team wahrgenommen, dies wiederum hat die Grundlage für die Entscheidung selbst geschaffen, denn es hat das zuvor fehlende Selbstvertrauen jedes Einzelnen gestärkt. Die längere Diskussionsphase hat einerseits eine perfekte Abstimmung der individuellen Erwartungen und Vorstellungen innerhalb der Gruppe ermöglicht, andererseits ist das Führungsgremium in seinem Auftreten dadurch als sehr einig wahrgenommen worden. Die befragten Mitarbeiter haben diese Einigkeit als kritisch angesehen, denn aus ihrer Sicht hat es keinen Querdenker in der Gruppe gegeben.

Man hat von einzelnen Leuten gehört: Das ist ja fast schon unheimlich, wie ihr euch immer einig seid. Dabei hat es durch die Kommunikation vielleicht den Eindruck vermittelt, das wären nur Ja-Sager. Dieser Entscheidungsfindungsprozess muss breiter kommuniziert werden. Hat es Gegenstimmen gegeben, usw., dann würde man auch verstehen, warum wir schlussendlich dieser Meinung sind.

Das fehlende Vertrauen der Mitarbeiter in die Führungskräfte und das fehlende Selbstvertrauen der Führungskräfte in ihre eigenen Fähigkeiten hat dazu geführt, dass es im Unternehmen gerade hinsichtlich der Veränderungsprozesse wenig Gelassenheit gegeben hat. So ist dem Führungsgremium von Seiten der Mitarbeiter nur wenig Spielraum für ein - zur Zeit des Unternehmensgründers übliches - 'lassen wir sie probieren' eingeräumt worden. Die Führungskräfte sind daneben überzeugt gewesen, dass durch ein Mehr an Gelassenheit die aufgetretenen Probleme in der Kommunikation nicht entstanden wären, wie folgender Interviewausschnitt zeigt.

Je ruhiger und gelassener, das heißt, je überzeugter man von dem ist, was man tut, desto leichter fällt auch die Weitergabe von Informationen. Umso besser geht auch das Handeln und Reden und umso weniger hektisch agiert man. Man glaubt auch weniger, dass man sich rechtfertigen muss. Einfach gelassener Meinungen und Aussagen zulassen.

Die Untersuchung hat im Hinblick auf die Führungskräfte zudem Unterschiede zwischen dem Selbstvertrauen als Mitglied des Führungsgremiums (als Teil einer Gruppe) und dem Selbstvertrauen in der Rolle als Führungskraft gezeigt. Die Führungskräfte sind erst in der Gruppe fähig gewesen - dies hat das fehlende Selbstvertrauen der einzelnen Mitglieder gestärkt - die strategische Entscheidung zugunsten des Lieferantenwechsels zu treffen. In den Gesprächen mit der Belegschaft sind sie dagegen keineswegs selbstbewusst aufgetreten, vielmehr haben sie einen hektischen Eindruck hinterlassen. So konnten sie die Mitarbeiter in ihrer Rolle als Führungskräfte vom Lieferantenwechsel nicht überzeugen. Die Situation ist von den Führungskräften zudem insofern verschärft worden, dass sie andere Meinungen – von Organisationsmitgliedern außerhalb des Führungsgremiums – in aufgetretenen Diskussionen nicht zugelassen haben. In diesem Sinne hat die Frage nach Selbstvertrauen einen essentiellen Einfluss darauf gehabt, wie die Führungskräfte im Unternehmen agiert haben und wie ihr Handeln von den Mitarbeitern wahrgenommen worden ist.

EXKURS: Selbstvertrauen

Der Zusammenhang zwischen Vertrauen und Selbstvertrauen zeigt sich sprachgeschichtlich. Aus dem Mittelhochdeutschen lässt sich Vertrauen als ´trûwen´ (trauen) ableiten, später ist daraus ´Vertrauen schenken´, ´Sich zutrauen´ und ´wagen´ geworden. Vertrauen kann also nur ´schaffen´, wer sich selbst etwas traut und sich damit verwundbar macht. Selbstvertrauen geht dabei aus den gleichen Erfahrungen und in denselben Beziehungserlebnissen hervor, mit denen das Vertrauen zu anderen Person wächst. Das Selbstvertrauen wächst also in dem Maße, wie der Mensch Zutrauen zur Welt gewinnt und Vertrauen zu anderen Personen aufbauen kann. Die allgemeine Lebenserfahrung lehrt dabei, dass Menschen eher vertrauensbereit sind, wenn sie über ein ausreichendes Maß an Selbstsicherheit verfügen und dadurch fähig sind, mögliche Vertrauensenttäuschungen psychisch zu verkraften. Selbstvertrauen kann in diesem Sinne als Grundlage für Vertrauen verstanden werden.[366] Vertrauen erfordert also Mut zum Risiko, als auch ein notwendiges Maß an Selbstvertrauen.

Menschen mit genügend Selbstvertrauen empfinden hinsichtlich dessen, was sie zu leisten vermögen ein Gefühl an/von Sicherheit. Auch sind sie bei einem vorliegenden Sachverhalt eher überzeugt, dass er sich so verhält, wie sie ihn wahrnehmen, erkennen, analysieren, beurteilen und einschätzen. Sie fühlen sich sicher und vertrauen auf ihre Wahrnehmung, Einschätzung und ihr Urteil. So gehen unüberlegte, vorschnelle, ´kopflose´ Entscheidungen und Handlungen oder auch Flucht vor Verantwortung oder Unentschlossenheit nicht selten auf einen Mangel an Selbstvertrauen zurück. Ein übersteigertes Selbstvertrauen oder überhöhtes Selbstbild dagegen kann dazu führen, dass die eigenen Fähigkeiten und Potentiale überschätzt werden. In den meisten Fällen „handelt es sich beim übersteigerten Selbstvertrauen um Vorstellungen, die prinzipiell im Bereich des Möglichen liegen und die manch einer eher als ´narzisstisch´ bezeichnen würde, denn als manisch"[367].

---

[366] Vgl. Haucke, H., (1956): Die anthropologische Funktion des Vertrauens – Seine Bedeutung für die Erziehung, S. 24ff.; Luhmann, N., (2000): Vertrauen – Ein Mechanismus der Reduktion sozialer Komplexität, S. 102.
[367] Margraf, J./ Schneider, S., (2008): Lehrbuch der Verhaltenstherapie: Störungen des Erwachsenenalters, S. 141; Der Yale Professor Robert Shiller hat im Hinblick auf die letzte Finanzkrise ein übersteigertes (Selbst-)Vertrauen und irrationaler Überschwang als typische Entscheidungs´anomalien´ ausgemacht. Ortmann hat hierzu zwei Aspekte im Besonderen herausgestellt: „Erstens sind wir hier mit Weisen des ´Überspringens´ der Kluft der Kontingenz konfrontiert. Wenn tragende Gründe fehlen, kann man tun, was die anderen tun oder sich einem

> Die Psychologen Jonathan Brown und Shelley Taylor beschreiben es daher als eine beneidenswerte Fähigkeit des geistig gesunden Menschen, die Realität so in eine Richtung zu verzerren, dass sie zur unmittelbaren Stärkung des Selbstwertgefühls beiträgt und eine optimistische Aussicht auf die Zukunft fördert. Das Selbstbewusstsein kann dabei so stark ausgeprägt sein, das es für die eigenen Fehlentscheidungen blind macht.

Die vorgestellten Kausalgraphiken zu den unterschiedlichen Themenbereichen haben Erkenntnisse und ein besseres Verständnis zu den mannigfaltigen Einflussfaktoren auf/von Vertrauen im Unternehmen SACOL geliefert. Für die Vertrauensthematik bedeutet dies, dass sich Einflüsse und Wirkungen auf/von Vertrauen, ob positiv oder negativ, keineswegs nur durch eine Variable erklären lassen. Die Vorgänge zur Entstehung, Entwicklung, Festigung und Verlust von Vertrauen sind vielmehr ein fortlaufender, komplexer Prozess, an dem unterschiedliche Variablen, zeitlich lose oder enger miteinander gekoppelt, beteiligt sind. Auch können sich die Variablen wechselseitig beeinflussen. Die gemachten Erfahrungen der Organisationsmitglieder haben daneben einen essentiellen Einfluss darauf gehabt, in welchem Maße oder inwieweit sich die einzelnen Variablen beeinflusst haben. Das nachfolgende Kapitel: Der Gestaltenbaum wird sich nochmals intensiv mit Vertrauen auseinandersetzen und ein differenzielles Verständnis zwischen Mitarbeitern und Führungskräften zum untersuchten Phänomen zeigen.

---

selbsterzeugten, an sich selbst erzeugten Hype hingeben, der in Shillers Rede vom Überschwang (´exuberance´) recht gut zum Ausdruck kommt und der über jene Kluft hinweghilft, in einer Art Selbstüberzeugung, -überredung, -überwältigung, die alle Zweifel zum Verstummen bringt. Zweitens haben es diese Weisen der Kontingenzbewältigung oder –verdrängung an sich, selbsttragende und womöglich selbstverstärkende Entwicklungen auszulösen und zu forcieren, wie Shiller ja am Fall von Spekulationsblasen nachdrücklich demonstriert hat." – Ortmann, G., (2009): Management in der hypermoderne: Kontingenz und Notwendigkeit, S. 35-36; Shiller, R. J., (2000): Irrational exuberance.

2. Der Gestaltenbaum – Ein hierarchisch-strukturierter Gesamtüberblick zum Phänomen Vertrauen aus Sicht der Mitarbeiter und aus Sicht der Führungskräfte

Die nachfolgenden Gestaltenbäume zeigen strukturelle Zusammenhänge und lassen sich in ihrer Zusammenstellung mit einem Puzzle vergleichen. Die Sätze – Antworten der Befragten – bilden nach Art des Puzzles die Teile für die Herausbildung eines Bildes. Die entstandenen Bilder dienen in weiterer Folge selbst wieder als Puzzleteile. Die größeren Bilder – sprachliche Hypergestalten – werden zu einem Gesamtbild zusammengefügt. Die sich ergebende selbstähnliche Gesamtstruktur (Gestaltenbaum) bildet Meinungen und Einstellungen der Befragten so ab, dass die differenziellen Komplexitätsebenen gelesen werden können. Auf jeder Ebene wird dabei die Gesamtproblematik abgebildet, wobei die tiefste Ebene (Gestalt-Ebene) die erklärenden Details und die nächsthöhere Ebene (Hypergestalt) eine Übersicht liefert bzw. die höchste Ebene (Hyper-Hypergestalt) das Wesentliche zusammenfasst.[368]

Für die Erstellung der nachfolgenden Gestaltenbäume ist das gesamte verbale Datenmaterial in die Kategorien Mitarbeiter und Führungsgremium unterteilt worden. Nur jene Daten sind in die Gestaltenbäume eingeflossen, die von den Befragten in Verbindung mit Vertrauen genannt worden sind. Mit der Ausarbeitung zweier getrennter Gestaltenbäume (Phänomen Vertrauen aus Sicht der Mitarbeiter bzw. aus Sicht der Führungskräfte) wird - mit der vorliegenden Forschungsarbeit - eine weitere wissenschaftliche Besonderheit geboten, da durchwegs aus dem verbalen Datenmaterial eines GABEK-Projekts nur ein Gestaltenbaum ausgearbeitet wird.[369] Die nachfolgenden Ergebnisse zeigen in den beiden Gruppen gerade hinsichtlich des untersuchten Phänomens Vertrauen ein erstaunlich differenzielles Verständnis.

---

[368] Weitere Ausführungen zur Entstehung der Gestaltenbäume im Kapitel 3.4.2.2. Der Gestaltenbaum, S. 97-99.
[369] Ein ausführlicher Überblick zu allen von den Interviewten genannten Themenbereichen hinsichtlich Veränderungsprozesse und deren Auswirkungen im Unternehmen SACOL liefert der umfassende Gestaltenbaum im Anhang: 1. Gestaltenbaum – Ein hierarchisch-strukturierter Gesamtüberblick, S. 271-332.

2.1. Das Phänomen Vertrauen aus Sicht der Mitarbeiter

Abbildung 36: Vertrauen und Erlebnisse

Hyper-Hypergestalt: Vertrauen und Erlebnisse

Das Vertrauen in die Geschäftsleitung fehlt oder ist angeknackst. Es muss erst gewonnen werden. Bei der Firmenübergabe hat es für den Geschäftsführer (Christian S.) keinen Vertrauensvorschuss gegeben. Es hat die Vertrauensbasis gefehlt. In den Unternehmensgründer hat man dagegen sehr viel Vertrauen gesetzt. Man hat den Eindruck, dass sich der Unternehmensgründer (Gregor S.) um die Mitarbeiter kümmert. Auch ist er als kompetent wahrgenommen worden. Vertrauen hängt also auch davon ab, welche Informationen man vom Gesprächspartner bekommt. Bestätigen sich diese, wächst das Vertrauen, wenn nicht, dann stärkt es das Misstrauen. Einen Einfluss hierzu haben die zuvor gemachten Erlebnisse und Erfahrungen mit der Person. Für Vertrauen ist es dabei entscheidend, ob man bei Problemen Hilfe bekommt und gemachte Fehler nicht zum Nachteil von jemandem verwendet werden.

2.1.1. Firmenübergabe und Vertrauen

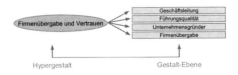

Abbildung 37: Firmenübergabe und Vertrauen

Hypergestalt: Firmenübergabe und Vertrauen

Das Vertrauen in die Geschäftsleitung muss erst gewonnen werden. Es fehlt, oder ist ein wenig angeknackst. Beide Seiten sind gefragt, doch soll die erste Initiative von den Führungskräften ausgehen. Damit wird auch ein entsprechendes Signal gesendet. O.k., probieren wir es. Bei der Firmenübergabe hat einfach der Vertrauensvorschuss bzw. die Vertrauensbasis gefehlt. Zu Gregor S. hat man ein sehr ausgeprägtes Vertrauen. Gespräche mit ihm haben diesen Eindruck gefördert. Man hat das Gefühl gehabt, er kümmert sich drum, und er ist immer kompetent. Christian S. hat Gregor S. nachgeahmt. Er soll lieber seine Persönlichkeit weiterentwickeln, dann klappt auch die Rhetorik besser. Vielleicht traut man ihm deswegen nichts zu.

Gestalt-Ebene: Geschäftsleitung

Das Vertrauen in die Geschäftsleitung muss man erst gewinnen - es fehlt. Es sind beide Seiten gefragt, doch soll eine Initiative von den Führungskräften ausgehen, um entsprechend ein Signal zu senden.

Gestalt-Ebene: Führungsqualität

Das Vertrauen in die Führung ist ein wenig angeknackst bzw. bei einigen fehlt es auch. Christian S. ist einfach anders als Gregor S. und das ist vielleicht ein Grund, warum bei ihm die Führungsqualität angezweifelt wird.

Gestalt-Ebene: Unternehmensgründer (Gregor S.)

Zu Gregor S. hat man totales Vertrauen, gerade da man einfach mit ihm geredet hat. Man hat das Gefühl, er kümmert sich drum. Gregor S. hat alles gewusst. Wenn man zu ihm hingegangen ist, egal womit, er ist immer kompetent gewesen.

Gestalt-Ebene: Firmenübergabe

Vielleicht soll Christian S. nicht so viel Wert darauf legen, seinen Vater nachzuahmen, auch von der Rhetorik her, sondern einfach seine Persönlichkeit weiterentwickeln. Christian S. ist nicht Gregor S. und wird es nie sein und soll es auch nie sein. Er versucht auf seine Art und Weise Vertrauen zu gewinnen. Nach der Firmenübergabe vom Unternehmensgründer auf seinen Nachfolger ist das Vertrauen nicht sehr ausgeprägt gewesen. Es fehlt einfach der Vertrauensvorschuss bzw. die Vertrauensbasis. Man hat sie ihm nicht eingeräumt. Vielleicht traut man es ihm nicht zu. Es sind beide Seiten gefragt, man muss einen Schritt vorgehen und sagen O.k., probieren wir es.

2.1.2. Auf etwas vertrauen

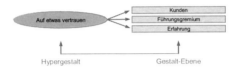

Abbildung 38: Auf etwas vertrauen

Hypergestalt: Auf etwas vertrauen

Beim Lieferantenwechsel haben nach außen zum Kunden, als auch nach innen hin zu den Mitarbeitern Informationen zu den neuen Produkten gefehlt. Es wird davon ausgegangen, dass die Kunden darauf vertrauen, dass sie auch zukünftig das Richtige von SACOL bekommen. Daneben soll man in die Entscheidung des Führungsgremiums Vertrauen haben. Bei Vertrauen geht es auch um die Informationen, die man von der jeweiligen Person bekommt. Bestätigen sie sich oder nicht, wächst Vertrauen oder Misstrauen. Auch spielt es eine Rolle, welche Erfahrungen und Erlebnisse man mit der Person zuvor gemacht hat.

Gestalt-Ebene: Kunden

Beim Lieferantenwechsel haben nach außen zum Kunden, und nach innen zu den Mitarbeitern hin, Informationen gefehlt. Einfach Informationen darüber, dass auch die Alternativprodukte passen. Die Kunden vertrauen darauf, dass sie auch weiterhin von SACOL das Richtige bekommen.

Gestalt-Ebene: Führungsgremium

In Entscheidungen des Führungsgremiums, wie zugunsten des Lieferantenwechsels, kann man sich mit seiner Meinung einbringen. Die Entscheidung wird im Führungsgremium getroffen. Dies ist nur möglich, wenn man dem anderen ein gewisses Vertrauen entgegenbringt. Dieses Vertrauen muss man haben. Auch muss man als Mitunternehmer die Bereitschaft haben, sich einem Gremium unterzuordnen. Es hat dabei einen Einfluss auf die Entwicklung von Vertrauen, wie die Entscheidungen ausgehen bzw. aufgearbeitet werden.

Gestalt-Ebene: Erfahrungen

Damit man jemanden vertrauen kann, ist es wichtig, dass derjenige die Dinge für sich behält und nicht gegen einen verwendet. Hierbei spielt Offenheit eine Rolle. Auch muss man in einem Gespräch darauf vertrauen können, dass er nicht lügt, also ehrlich ist. Es geht daneben um die Informationen, die man vom Gesprächspartner bekommt. Bestätigen sie sich oder nicht, wächst Vertrauen oder nicht. Zudem haben die zuvor gemachten Erfahrungen mit der Person einen Einfluss. Vertrauen wird auch durch gemeinsame Erlebnisse und Taten aufgebaut. Außerdem kann man nicht einfach in irgendetwas Vertrauen haben, nur weil es gesagt worden ist. Gerade wenn man nicht weiß, worum es geht.

2.1.3. Aufbau Unternehmen und Vertrauen

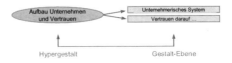

Abbildung 39: Aufbau Unternehmen und Vertrauen

Hypergestalt: Aufbau Unternehmen und Vertrauen

In die Arbeit der Mitarbeiter wird vertraut. Jeder hat seinen Verantwortungsbereich. Es gibt keine Kontrolle, alles ist auf Vertrauen aufgebaut. Für Vertrauen ist es dabei wichtig, dass man bei Problemen Hilfe bekommt und gemachte Fehler nicht zum Nachteil von jemandem verwendet werden.

Gestalt-Ebene: Unternehmerisches System

Ich habe die Möglichkeit ziemlich flexibel in der Firma zu arbeiten. Es wird viel Vertrauen in die Arbeit der Mitarbeiter gesetzt, denn jeder hat seinen Verantwortungsbereich. Es gibt in dem Sinne überhaupt keine Kontrollen. Alles ist auf Vertrauen aufgebaut.

Gestalt-Ebene: Vertrauen darauf ...

Wenn du eine Beziehung hast, dann musst du ja auch vertrauen können. Vertrauen darauf, dass man dir hilft, wenn du ein Problem hast. Vertrauen auch darauf, dass wenn man einen Fehler macht, dieser nicht zum Nachteil von jemandem verwendet wird. Auch müssen Versprechen eingehalten werden.

2.2. Das Phänomen Vertrauen aus Sicht der Führungskräfte

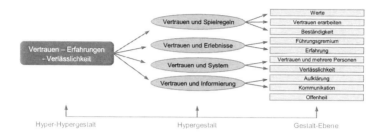

Abbildung 40: Vertrauen – Erfahrungen - Verlässlichkeit

Hyper-Hypergestalt: Vertrauen – Erfahrungen – Verlässlichkeit

Ist das Konzept Markenverfassung nicht in den Köpfen, verliert man Vertrauen. Dann weiß man auch nicht, wofür SACOL steht. Wenn man dagegen weiß, wie SACOL funktioniert und man die Spielregeln kennt, dann kann man gelassen sein. So kommt man auch gar nicht auf die Idee, dass da über jemanden drüber gefahren worden ist. Auch das Führungsgremium braucht für das Testen des eingeschlagenen Weges mehr Gelassenheit. Hierfür ist es erforderlich, dass es selbst mehr darauf vertraut. Je leichter man sich damit tut, desto offener wird man auch sein. Das Führungsgremium hat ja nichts zu verbergen. Gerade durch Fehler in der Kommunikation ist dabei einiges aufgebauscht worden. Das Führungsgremium soll in der täglichen Kommunikation als Vorbild agieren. Es soll von dort ausgehen, dann entsteht auch entsprechendes Vertrauen. Es ist dabei wichtig, dass das Führungsgremium ein gemeinsames Ziel verfolgt und Vorhaben nicht willkürlich in Angriff nimmt. Viele Unternehmen würden sich im Unternehmen leichter tun, wenn sie nur einer Person zu vertrauen hätten. Das Vertrauen im Zuge der Internationalisierung wäre zudem viel größer gewesen, hätte es Gregor S. gemacht. Bei Gregor S. hat man immer gewusst, woran man ist. Er hat viele Ideen bzw. zu vielen Dingen eine Meinung. Das sind die Dinge, die erlebt worden sind. Die Erlebnisse müssen erst an anderer Stelle kompensiert werden. In den Geschäftsführer und das Führungsgremium hat es noch kein Vertrauen gegeben. Die Mitglieder des Führungsgremiums sind alle jung und haben keine Erfahrungswerte. Es ist dabei ein Zeichen für Vertrauen, wenn man gegenüber einer anderen Person frei von Ängsten ist. Dies geht nur, wenn man

Vertrauen in die Gesamtsituation oder in das System hat. Vertrauen kann jedoch nicht eingefordert werden, Vertrauen kann man nur kriegen.

2.2.1. Vertrauen und Spielregeln

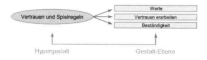

Abbildung 41: Vertrauen und Spielregeln

Hypergestalt: Vertrauen und Spielregeln

Wenn ich die Spielregeln kenne, dann weiß ich auch, wie SACOL funktioniert. Durch das Wissen wird man gelassener sein und man kommt erst gar nicht auf die Idee, dass da über jemanden drüber gefahren worden ist. Wenn das Konzept Markenverfassungen nicht in den Köpfen ist, verliert man das Vertrauen. Man weiß nicht mehr, wofür SACOL steht. Es ist dabei wichtig, dass das Führungsgremium ein gemeinsames Ziel verfolgt und Dinge nicht willkürlich in Angriff nimmt. Das Führungsgremium soll sich darüber den Kopf zerbrechen. Dann werden auch Entscheidungen getroffen, die Hand und Fuß haben. An denen können sich die Leute dann festhalten. Das Führungsgremium soll dabei in der täglichen Kommunikation mit entsprechender Vorbildwirkung agieren. Es soll von den Führungskräften ausgehen, dann entsteht auch entsprechendes Vertrauen.

Gestalt-Ebene: Werte

Habe ich kein Grundvertrauen oder kein Vertrauen, dann komme ich eher zur Ansicht, da ist drüber gefahren worden. Wenn ich die Spielregeln kenne und weiß, wie SACOL funktioniert, dann kann ich wieder gelassen sein, und man kommt erst gar nicht auf die Idee. Die neuen Mitarbeiter haben hierbei den kleinen Vorteil, dass sie sich erst vor kurzem intensiv mit der Markenverfassung auseinandergesetzt haben. Die langjährigen Mitarbeiter sind schon lange nicht mehr in den Genuss einer Schulung gekommen. Wenn die Konzepte, die bestehen, nicht in den Köpfen sind, verlieren die Mitarbeiter das Vertrauen und wissen gar nicht mehr, wofür SACOL steht.

Gestalt-Ebene: Vertrauen erarbeiten

Es ist wichtig, dass das Führungsgremium ein Ziel verfolgt und die Dinge nicht willkürlich in Angriff nimmt. Im Führungsgremium soll man sich schon intensiv den Kopf darüber zerbrechen und überlegen. Daneben ist es notwendig, dass das Führungsgremium Entscheidungen trifft, die Hand und Fuß haben. An denen können sich die Leute im Unternehmen festhalten. Zudem soll in der täglichen Kommunikation mit entsprechender Vorbildwirkung agiert werden.

Gestalt-Ebene: Beständigkeit

Bei vielen im Unternehmen ist das Vertrauen noch nicht da, dass dieser Weg der richtige ist. Das Führungsgremium ist aus ganz verschiedenen Leuten zusammengesetzt. Wir haben eine relativ gute Stimmung, und es gibt keine Zweifel am richtigen Weg. Man ist den Weg - im Vertrauen darauf, dass es der richtige ist - weitergegangen. Es hat eine Konstanz gegeben, die von Anfang an beibehalten worden ist. Einen klaren Weg zu gehen, wird ein Faktor sein, ob zukünftig Vertrauen gewonnen wird oder ob es wächst. Es gibt auch die eine oder andere Idee von Personen außerhalb der Gruppe, die hilft. Nicht, dass wir nicht zuhören wollen, aber grundsätzlich sind wir am richtigen Weg. Die Zeit ist dabei ein wesentlicher Faktor; dies wird viel zu Vertrauen beitragen können.

2.2.2. Vertrauen und Erlebnisse

Abbildung 42: Vertrauen und Erlebnisse

Hypergestalt: Vertrauen und Erlebnisse

Das Vertrauen, welches jeder grundsätzlich für seine Arbeit braucht, ist gegenüber der neuen Geschäftsleitung und in das Führungsgremium noch nicht stark genug gewesen. Es spielt sicher eine Rolle, dass das Gremium aus mehreren Personen besteht. Hat man zu einer Person darin kein Vertrauen, stellt man das gesamte Gremium in Frage. Mit der Internationalisierung sind Existenzängste geschaffen worden. Hätte der Unternehmensgründer dies initiiert, wäre das Vertrauen im Unternehmen viel größer gewesen, als wenn es jetzt der Geschäftsführer bzw. das Führungsgremium macht. Die Mitglieder des Führungsgremiums dagegen sind alle jung und haben keine Erfahrung. Es wird sicher auch damit zu tun haben, dass in früheren Jahren Dinge angestoßen worden sind und nicht viel passiert ist. Zum Geschäftsführer hat man vielleicht kein Vertrauen, weil der Weg nicht klar gewesen ist.

Gestalt-Ebene: Führungsgremium

Das Vertrauen in das Führungsgremium ist noch nicht oder nur vereinzelt vorhanden. Es spielt sicher eine Rolle, dass das Gremium aus mehreren Personen besteht. Wenn man zu einer Person kein Vertrauen hat, stellt man das gesamte Gremium in Frage. Es hat auch sicher damit zu tun, dass man die Leute erst erleben muss. Daneben sind in früheren Jahren Dinge angestoßen worden und eigentlich ist nicht viel passiert.

Gestalt-Ebene: Erfahrung

Dieses Vertrauen, das ein jeder bei der Arbeit braucht, ist in die neue Geschäftsleitung, in Christian S., als auch in das Führungsgremium als gesamtes noch nicht stark genug. Mit der Internationalisierung sind Existenzängste geschaffen worden, weil man eben den Hauptlieferanten getauscht hat. Hätte Gregor S. das gemacht, wäre das Vertrauen natürlich viel größer gewesen, als wenn es jetzt Christian S. bzw. das Führungsgremium macht. Alle sind irgendwo jung und haben damit keine Erfahrung. Hätte Gregor S. in der Zeit der Veränderung das Unternehmen geleitet, hätte er durch seine Art das eine oder andere gekittet. Auch hätten dann einige gesagt, da mach ich mit, denn ich weiß, woran ich bin. Zu Christian S. besteht jetzt vielleicht kein Vertrauen und dies, weil unklar ist, in welche Richtung es gehen soll. Bei vielen war das Vertrauen einfach noch nicht da. Sie waren nicht überzeugt, dass dies der richtige Weg ist. Dabei hat das Unternehmen in den letzten Jahren für eine Internationalisierung genügend Ressourcen erarbeitet. Das kann jetzt der eine glauben oder nicht. Viele glauben es nicht in dem Maße, weil sie es dem Führungsgremium quasi nicht zugetraut haben.

2.2.3. Vertrauen und System

Abbildung 43: Vertrauen und System

Hypergestalt: Vertrauen und System

Es wird weniger Vertrauen in die Person Christian S. erwartet, als vielmehr in einen Personenkreis - das Führungsgremium. Viele würden sich auch leichter tun, nur einer Person zu vertrauen und hätten gerne die Organisation oder das System danach ausgerichtet. Man hat hohes Vertrauen in Gregor S., weil er einfach sehr integer ist, und er weiß, wovon er spricht. Auch hat man bei Gregor S. gewusst, woran man ist. Er hat viele Ideen, hat zu vielen Dingen eine Meinung und das sind Dinge, die erlebt worden sind. Die Erlebnisse müssen erst an anderer Stelle kompensiert werden. Es wird auch als vertrauensvoll angesehen, wenn man einer Organisation bzw. den Spielregeln vertrauen kann. Es ist daneben ein Ausdruck von Vertrauen, wenn man gegenüber anderen Personen frei von Ängsten ist. Dies ist nur möglich, wenn ich Vertrauen in die Gesamtsituation oder in das System habe. Man vertraut in Bezug auf etwas – durch einen Vergleich zur Vergangenheit wird eine Assoziation erstellt - wie wird es in der Zukunft sein. Dabei kann man Vertrauen nicht einfordern, Vertrauen bzw. einen Vertrauensvorschuss kann man nur gewinnen oder kriegen.

Gestalt-Ebene: Verlässlichkeit

Jemanden vertrauen heißt, dass man sich auf die Person verlassen kann, und die Person informiert einen, wenn es etwas zu informieren gibt. Auch kann ich zu der Person hingehen, wenn ich Probleme habe. Gegenseitigkeit spielt eine Rolle. Daneben ist es ein Zeichen für Vertrauen, wenn man gegenüber der anderen Person frei von Ängsten ist. Ich kann nur dann keine Ängste haben, wenn ich Vertrauen in die Gesamtsituation oder in das System habe. Das System ist ja von Leuten implementiert oder gemacht worden. Es wird in Bezug auf etwas vertraut. Dabei definiert man es so, dass man einen Vergleich zur Vergangenheit - eine Assoziation erstellt - wie wird es in Zukunft sein. Hieraus wird eine Meinung gebildet und Vertrauen gewonnen. Auch Vertrauen darauf zu haben, dass jeder einzelne richtig arbeitet. Man hat hohes Vertrauen in den Unternehmensgründer gehabt, weil er einfach als sehr integer erlebt worden ist. Er weiß, was er sagt. Er hat viele Ideen, hat zu vielen Dingen eine Meinung gehabt und das sind Dinge, die erlebt worden sind. Diese Erlebnisse müssen erst an anderer Stelle wieder kompensiert werden. Es ist dabei einfacher, in eine Person Vertrauen zu haben, als in eine Gruppe.

Gestalt-Ebene: Vertrauen und mehrere Personen

Es wird weniger Vertrauen in die Person des Geschäftsführers erwartet, als vielmehr in einen Personenkreis - das Führungsgremium. Ein Personenkreis bzw. ein Team legt sich selbst die Spielregeln auf und deshalb kann eine einzelne Person auch weniger willkürlich ausbrechen. Die Kraft des Teams soll nutzbar gemacht werden. Viele würden sich leichter tun, nur einer Person zu vertrauen und hätten gerne die Organisation oder das System danach ausgerichtet. Daneben wird es als vertrauensvoll angesehen, wenn man einer Organisation bzw. den Spielregeln vertrauen kann. Vertrauen kann man jedoch nicht einfordern, einen Vertrauensvorschuss oder Vertrauen kann man nur gewinnen oder kriegen.

2.2.4. Vertrauen und Informierung

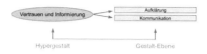

Abbildung 44: Vertrauen und Informierung

Hypergestalt: Vertrauen und Informierung

In Einzelgesprächen können kritische Punkte zum Führungsgremium besser als in Gruppengesprächen geklärt werden. Indem man in lockerer Atmosphäre etwas gemeinsam trinken geht und direkt nachfragt, was ist das Problem. Das Problem anzusprechen ist eine Vertrauenssache. Je leichter man sich da tut, umso offener wird man sein. Daneben ist es etwas anderes, Dinge in einem Gespräch zu hören, als davon in einer e-Mail zu erfahren. Das Führungsgremium braucht zudem eine gewisse Gelassenheit, damit der eingeschlagene Weg getestet wird. Dies braucht Vertrauen. Das Führungsgremium hat auch nichts zu verbergen. Durch einen Fehler in der Kommunikation ist dabei einiges aufgebauscht worden. Einen so großen Fehler, wie es ihn schon einmal gegeben hat, darf es nicht noch einmal geben. Das Vertrauen ist noch nicht so stark, doch es wächst.

Gestalt-Ebene: Aufklärung

In Einzelgesprächen können so kritische Punkte, wie das Führungsgremium usw., besser als in Gruppengespräche aufgeklärt werden bzw. eine andere Sichtweise dargelegt werden. Das war meistens in lockerer Atmosphäre - dass man etwas trinken geht und direkt fragt, wo 'hapert' es denn. Es gehört natürlich auch angesprochen und das ist eine Vertrauenssache. Der Stammtisch ist bspw. ein derartiges Instrument, an dem Dinge angesprochen, aufgearbeitet und somit klarer werden. Es ist auch etwas anderes, wenn man es persönlich hört, als nur eine e-Mail bekommt.

Gestalt-Ebene: Kommunikation

Man ist overruled worden, aber man versteht jetzt, warum das so ist. Wäre dies so passiert, dann würde die Einschätzung passen, doch dies ist nicht der Fall gewesen. Es ist uns nicht gelungen, das ganz aufzulösen. Wie soll man jetzt Vertrauen haben, wie soll man damit leben können. Durch Fehler in der Kommunikation ist nicht viel, aber einiges aufgebauscht worden. Ein großer Fehler, wie es ihn schon einmal gegeben hat, darf uns nicht passieren, so erstarkt ist das Vertrauen noch nicht, doch es wächst.

2.2.5. Vertrauen und Offenheit - nicht zuordenbare Gestalt

Das Vertrauen in die Führungsebene oder die Geschäftsleitung hat noch einiges Entwicklungspotential. Je leichter sich die Mitarbeiter damit tun, desto offener werden sie auch sein. Man glaubt trotzdem, dass es im Unternehmen eine gute Offenheit gibt. Wenn bei einigen der Eindruck entstanden ist, da wird drübergefahren, dann haben sie mit dem Grundvertrauen ein Problem.

2.3. Das Phänomen Vertrauen aus Sicht der Mitarbeiter und aus Sicht der Führungskräfte – Ein Überblick

Die Gestaltenbäume haben Erkenntnisse zu Einfluss und Wirkung von/auf das Phänomen Vertrauen geliefert. Daneben hat die strukturierte und übersichtliche Darstellung einen wissenschaftlich interessanten Einblick in die wahrgenommenen Vertrauenssituationen im untersuchten Unternehmen SACOL zur Zeit der Untersuchung geliefert. Die Unterteilung in die Kategorien Mitarbeiter und Führungsgremium hat dabei erstaunliche und differenzielle Ergebnisse im Verständnis der beiden Gruppen hinsichtlich des Phänomens Vertrauen gezeigt.

Die Mitglieder des Führungsgremiums befassen sich mit der Frage nach Vertrauen insbesondere mit ihrem eigenen zu wenig ausgebildeten Selbstvertrauen. So haben die Führungskräfte bestätigt, dass ihnen die Erfahrungswerte für die Veränderungsprozesse gefehlt haben. Sie fordern von sich selbst auch mehr

Gelassenheit, denn dies könne dazu beitragen, dass sie offener sind. Durch eine gestärkte Offenheit wären sie auch in der Lage, ihrer Rolle als Vorbild nachzukommen. Auch würde in diesem Zuge die Kommunikation mit den Mitarbeitern intensiviert, entsprechend können Fehler in der Kommunikation früher erkannt und geklärt werden. Sie würden zudem gelassener mit Kritik umgehen. Die Führungskräfte sind in diesem Sinne davon überzeugt gewesen, dass ein Veränderungsprozess unter Führung von Gregor S. anders abgelaufen wäre. Die Ergebnisse haben in diesem Sinne gezeigt, dass Vertrauen von Seiten der Mitarbeiter nur möglich gewesen wäre, wenn die Führungskräfte hinsichtlich Veränderungsprozesse ein anderes Auftreten und Verhalten gezeigt hätten. So hat gerade das unsichere und unerfahrene Auftreten und Verhalten der Führungskräfte aus Sicht der Mitarbeiter zu einer Abnahme der Kommunikation im Unternehmen geführt. Dies lässt sich einerseits darauf zurückführen, dass den Führungskräften durch das fehlende Selbstvertrauen die Bereitschaft für diesen Schritt gefehlt hat. Andererseits hat bei den Mitarbeitern aufgrund der gemachten Erfahrungen während des Veränderungsprozesses die Bereitschaft für ein Zugehen auf die Führungskräfte gefehlt. Die Mitarbeiter haben in diesem Zusammenhang betont, dass ein Eindruck von Erfahrung im Umgang mit der Situation die Entwicklung von Vertrauen hätte fördern können. Die Mitarbeiter haben daneben von den positiven Erlebnissen und Erfahrungen und dem entgegenbrachten Vertrauen im Hinblick auf den Unternehmensgründer (Gregor S.) erzählt. Gerade das erlebte Kümmern um die Mitarbeiter und die Hilfe bei Problemen sind oftmals genannt worden. Auch sind das integere Verhalten und die Zuschreibung von Kompetenz ('Er weiß wovon er spricht'), weitere Faktoren dafür gewesen, dass es in Gregor S. ein hohes Vertrauen gegeben hat. Die positiven Einschätzungen zur Person Gregor S., seinen fachlichen Fähigkeiten und seines Charakters, sind wiederum eine Voraussetzung dafür gewesen, dass die Frage nach Vertrauen im Unternehmen akut geworden ist. So sind die individuellen Einschätzungen und Erfahrungen mit der Person ein Grund dafür gewesen, dass sie ihn ins Vertrauen gezogen haben. Vergleichbar ist dieser Einschätzungsprozess mit einer Rückkoppelungsschleife, die anhand eines 'Gerüstes' von Indizien ständig Informationen liefert.[370] Die Interaktionspartner - ob Unternehmensgründer, Führungskräfte oder Mitarbeiter - haben also direkt oder indirekt, bewusst oder unbewusst in den Interaktionen Indizien für Vertrauen oder

---

[370] Vgl. Strulik, T., (2005): Ökonomische Evolution und die Intelligenz vertrauensbasierter Entscheidungen, In: Rationalität im Prozess kultureller Evolution, Siegenthaler, H., S. 140.

Misstrauen geliefert. Dies beeinflusst auch die mögliche Zuschreibung von Vertrauenswürdigkeit, et vice versa.

EXKURS: Vertrauenswürdigkeit

Die Zuschreibung von Vertrauenswürdigkeit erfolgt subjektiv und deren Geltung hängt von der eigenen Einschätzung und den Erfahrungen mit der Person ab. In diesem Sinne geht es nicht nur um Wissen, sondern auch um Urteilsfähigkeit und um Prospektion. Vertrauen kann dabei nach Luhmann auch durch eine täuschende Selbstdarstellung erworben werden. Jedoch kann sie nur erhalten werden, wenn die Täuschung aufrecht erhalten und fortgesetzt wird. Der Schein verwandelt sich dann unversehens in Wirklichkeit und die vorgetäuschten und vorgespielten Qualitäten werden zur Gewohnheit.[371] In der Managementliteratur wird in diesem Zusammenhang oftmals von Impression Management gesprochen. Impression Management soll, so die Vorstellung und Erwartung, die Zuschreibung von Vertrauenswürdigkeit durch den Interaktionspartner fördern. Dies erfolgt einerseits durch den bewussten Einsatz von Symbolen und erfordert andererseits das symbolische Verstehen beim Interaktionspartner. Impression Management muss dabei nicht zwangsläufig als Täuschung angesehen werden, schließlich kann es sich durchaus um das ehrliche und authentische Bemühen eines Akteurs handeln, die Beziehungs- und Interaktionsqualität zu verbessern. Eine wesentliche Forderung des Impression Managements liegt entsprechend darin, sich in die Situation des Interaktionspartners hineinzuversetzen und das eigene Verhalten vor diesem Hintergrund zu reflektieren. Eine Paradoxie hinsichtlich der Vertrauenszuschreibung kann jedoch insoweit auftreten, dass die verwendeten Symbole als gezielter Einsatz wahrgenommen werden und dadurch den Eindruck einer instrumentellen Vorgehensweise hinterlassen.[372] Habermas betont in diesem Zusammenhang, dass es keine planerische Erzeugung von Sinn geben kann und damit auch kein festgelegtes Verhalten für Vertrauen. Eine instrumentell angelegte Vertrauensvermittlung ist insofern geradezu kontraproduktiv.[373] Für Ortmann liegt

---

[371] Vgl. Luhmann, N., (2000): Vertrauen – Ein Mechanismus der Reduktion sozialer Komplexität, S. 84.
[372] Vgl. Eberl, P., (2003): Vertrauen und Management: Studien zu einer theoretischen Fundierung des Vertrauenskonstrukts in der Managementlehre, S. 261.
[373] Vgl. Habermas, J., (1979): Legitimationsprobleme im Spätkapitalismus, S. 99.

> daher der vielleicht „billigste und effizienteste Weg, vertrauenswürdig zu erscheinen, (...)" darin, „vertrauenswürdig zu sein."[374]

Aufbauend auf dem Umsetzungsworkshop wird im folgenden Kapitel auf die gemeinsame Konkretisierung und Festlegung der Maßnahmen im Realisierungsworkshop näher eingegangen. Es wird gezeigt, wie der Forscher im Workshop den Versuch unternommen hat, einen gemeinsamen Diskurs-Rahmen zu 'schaffen', schließlich müssen die aus der gemeinsamen Interaktion entstandenen Geschichten ja anschlussfähig (=nachvollziehbar) sein. Dies ist insbesondere für solche Geschichten (bspw. einzelne Ergebnisse der Untersuchung) hilfreich gewesen, die zunächst unbestimmt, unverständlich oder überraschend erschienen sind. Der Forscher ist also bestrebt gewesen, den Teilnehmern einen gemeinsamen Diskussionsrahmen zu 'bieten', welcher – in Anlehnung an Weick - 'sensemaking' zulässt.

---

[374] Ortmann, G., (2004): Als ob. Fiktionen und Organisationen, S. 76.

Kapitel VI: Realisierungsworkshop – Die Auswahl und Konkretisierung von Maßnahmen

Aufbauend auf dem Umsetzungsworkshop wird im folgenden Kapitel auf die gemeinsame Konkretisierung und Festlegung der Maßnahmen im Realisierungsworkshop näher eingegangen.[375] Im Workshop ist darauf geachtet worden, dass die untersuchte Organisation nicht - aus klassischer Betrachtungsweise der Organisationstheorie - als etwas Festgefügtes oder Stabiles und von außen Determiniertes betrachtet worden ist. Die Vorgehensweise hat auf der Annahme basiert, dass die untersuchte Organisation durch Eigenschaften des unmittelbaren Kontextes wie Ambiguität, Komplexität und Dynamik bestimmt worden ist. So sind auch die aus der Interaktion im Workshop entstandenen Geschichten nur durch den gebotenen Rahmen anschlussfähig (=nachvollziehbar) gewesen. Dies ist insbesondere für solche Geschichten (bspw. einzelne Ergebnisse der Untersuchung) hilfreich gewesen, die zunächst unbestimmt, unverständlich oder überraschend erschienen sind.[376]

1. Projektgruppe

Das Instrument der Projektgruppe ist sehr positiv beurteilt und wahrgenommen worden. Die Analyse hat gezeigt, dass es Auffassungsunterschiede zwischen Führungskräften und Mitarbeitern über den Ablauf, die Aufgabe und das Ziel der Projektgruppe gegeben hat. Im Realisierungsworkshop ist betont worden, dass es bereits zuvor erfolgreiche Projektgruppen im Unternehmen gegeben hat. Es ist unterstrichen worden, dass sie insbesondere für die Schaffung von Akzeptanz für die Themenbereiche äußerst hilfreich gewesen sind. Damit zukünftige Projektgruppen wieder erfolgreicher sein können, soll in Zukunft eine Person die konkrete Leitung der Projektgruppe übernehmen und für eine ausführliche Thematisierung der angesprochenen Punkte sorgen. Auffassungsunterschiede zum Ablauf, den Aufgaben und den Zielen sollen bereits zu Beginn der Projektgruppe behandelt, besprochen und vereinbart werden. Es gilt dabei die Einschränkung, dass

---
[375] Das zu Beginn des Projekts vereinbarte Ziel von mindestens drei Maßnahmen ist übertroffen worden.
[376] Die Teilnehmerzahl ist gegenüber dem Umsetzungsworkshop um 2 Personen auf insgesamt 13 gestiegen.

Zielvereinbarungen zur Lösung von nachhaltigen Problemen oder Herausforderungen oftmals zuerst eine gemeinsame vertiefte Auseinandersetzung benötigen und damit erst im Laufe der Projektgruppe vereinbart werden können. Auch ist im Realisierungsworkshop festgelegt worden, dass bei zukünftigen Projektgruppen das Ende klarer definiert sein soll. Eine Initiative hierfür soll von den Führungskräften ausgehen.

2. Markenverfassung

Wie beim Thema Mitunternehmermodell geht es bei der Markenverfassung um einen essentiellen Bereich im Unternehmen. Ende der 90iger Jahre hat sich der Unternehmensgründer von wissenschaftlicher Seite in der Ausrichtung der Marke SACOL beraten lassen. In diesem Prozess sind die wesentlichen Bestandteile der Marke, ob Leistungsspektrum, Leistungsverständnis, partnerschaftlicher Umgang mit Kunden und Lieferanten sowie aktive Kommunikation des Mitunternehmermodells nach Innen und Außen festgelegt worden. Das Ergebnis - die Markenverfassung - hat in weiterer Folge als Richtlinie für die Ausrichtung des Unternehmens gedient. Gerade im Veränderungsprozess und insbesondere in der Frage des Lieferantenwechsels ist von Seiten des Führungsgremiums oftmals darauf zurückgegriffen und auf die Einhaltung der Bestimmungen hingewiesen worden. Ein Teil der Mitarbeiter hat in dieser Frage eine andere Meinung vertreten. In der Projektgruppe ist daraufhin eine intensiv geführte Diskussion über das Einhalten der Bestimmungen entstanden. Einige Teilnehmer haben die Ansicht vertreten, dass vor einem Wechsel des Lieferanten lieber die Markenverfassung geändert werden soll. Die Äußerungen der Führungskräfte, die Markenverfassung sei eine unumstößliche Richtlinie, hat in dieser Phase der Auseinandersetzung zusätzlich zur Verstärkung des Konflikts beigetragen. Die Ergebnisse der Untersuchung haben gezeigt, dass es unterschiedliche Vorstellungen zu Sinn und Zweck der Markenverfassung gegeben hat. Die Teilnehmer des Realisierungsworkshops sind sich einig gewesen, dass es ein unternehmerisches Verständnis nur dann geben kann, wenn die philosophischen Ansätze bekannt sind. Aus diesem Grund - so ist festgelegt worden - werden zukünftig nicht nur neue, sondern auch langjährige Mitarbeiter zu Schulungen eingeladen, damit deren Wissen aufgefrischt wird.

3. Mitunternehmermodell

Das Mitunternehmermodell als Instrument der Mitarbeiterbeteiligung ist von den Befragten überwiegend positiv gesehen und beurteilt worden. Insbesondere die freie Zeiteinteilung und freie Arbeitseinteilung haben bei den Mitarbeitern hohen Zuspruch gefunden. Die zwei Bereiche des Mitunternehmermodells, die sehr kritisch beurteilt worden sind, das Evaluierungssystem und die Frage der Beteiligung von Mitarbeitern am Entscheidungsprozess, sind im Realisierungsworkshop thematisiert worden.

3.1. Evaluierungssystem – Die Punkteverteilung

Ein wesentlicher Punkt des Mitunternehmermodells besteht in der jährlichen Selbst- und Fremdevaluierung. Bei diesem Evaluierungsprozess werden die Hard- und Softfacts anhand vorgegebener Kriterien beurteilt. Die Ergebnisse der Untersuchung zeigen in dieser Frage ein interessantes Bild, denn einerseits stimmen die Befragten dem Beurteilungsschema zu, andererseits hat es große Unzufriedenheit hinsichtlich der Punktevergabe, -höhe und –zuteilung gegeben. Jede Abteilung und jeder Mitarbeiter bekommt ja in Zusammenhang mit dem jeweiligen Aufgabengebiet eine festgesetzte Punktezahl. Aus Sicht einiger Befragten profitieren die Abteilungen Vertrieb und Produktmanagement mehr als bspw. die Mitarbeiter des Lagers. Diese Differenz an Punkten ist auch in den Interviews angesprochen und kritisch hinterfragt worden, wie folgender Interviewausschnitt unterlegt:

„Warum bekommt nicht jeder gleichviel aus dem Topf?"

Eine in den Interviews oftmals angesprochene Frage. Im Workshop ist daraufhin besprochen worden, dass es zukünftig notwendig sein wird, die Unterschiede zwischen den Abteilungen und deren Aufgaben klarer zu kommunizieren. Auch wird es darum gehen, Differenzen zu anderen Unternehmen, welche bspw. keine Möglichkeit einer Mitarbeiterbeteiligung anbieten, anzusprechen und aufzuzeigen. Weiters soll auf die Aufstiegschancen im Unternehmen klarer hingewiesen werden. Es soll ein Prozess des ´Bewusst-machens´ stattfinden. Ziel ist es, die mit der Implementierung des Mitunternehmermodells begonnene philosophische Ausrichtung des Unternehmens zu festigen. Die Teilnehmer sind überein gekommen, dass die philosophische Idee nur umgesetzt werden kann, wenn sie von den Mitarbeitern und den Führungskräften gelebt wird.[377] Daneben wird betont, dass Routineaufgaben zwar die Erledigung von sich wiederholenden Aufgaben erleichtert, doch gemeinsam Erreichtes gerne übersehen wird; vieles wird einfach selbstverständlich.

Die nachfolgenden Vorschläge zum Evaluierungsprozess sind im Realisierungsworkshop nicht vereinbart worden. Sie werden vom Forscher, aufbauend auf den vorliegenden Ergebnissen der Untersuchung dem Unternehmen vorgeschlagen. Die Ergebnisse lassen darauf schließen, dass zumeist nicht die gesammelten Eindrücke eines ganzen Jahres in den Evaluierungsprozess einfließen. Es ist vielmehr davon auszugehen, dass die kurz davor gemachten Erlebnisse einen essentiellen Einfluss auf die Bewertung der anderen Mitunternehmer haben. Abhilfe könnte ein zweimal jährlich stattfindender Evaluierungsprozess schaffen. Die zusätzliche Evaluierung könnte die Führungskräfte darin unterstützen, den Bedarf im Bereich Personalentwicklung früher zu erkennen. Auch werden Stimmungsschwankungen in der Abteilung sensibler wahrgenommen. Zudem könnten die Leistungen während des gesamten Jahres deutlicher 'abgebildet' werden. In weiterer Folge wären die Beurteilenden möglicherweise eher bereit, von den unterschiedlichen Punktezahlen in der Bewertung Gebrauch zu machen. Zumal die zu ermittelnde Gesamtzahl an Punkten für jeden Mitunternehmer nicht durch einen, sondern durch zwei Evaluierungsprozesse erfolgen würde. Die zu erwartenden Vorteile würden aus Sicht des Forschers den erhöhten Zeitaufwand rechtfertigen.

3.2. Mitunternehmer und die Beteiligung an Entscheidungen

Die Resultate zeigen, dass Mitarbeiter keineswegs direkt an weitreichenden strategischen Entscheidungen beteiligt sein wollen. Diese sollen im Führungsgremium getroffen werden, doch wollen die Mitarbeiter ihre Meinung

---

[377] Die gewählte Formulierung mag auf den ersten Eindruck 'naiv' erscheinen, dabei darf nicht übersehen werden, dass die philosophische Idee als Handlungsrichtlinie im Hinblick auf das Verhalten der Organisationsmitglieder auch Sicherheit bieten kann, schließlich sind die Erwartungen an die Mitarbeiter und die Führungskräfte offen und direkt angesprochen worden.

einbringen können, so fühlen sie sich an der Entscheidung beteiligt. Für andere Entscheidungen hat das Instrument der Abteilungsbesprechungen bereits in der Vergangenheit einen wesentlichen Beitrag geleistet, denn es sind Themen angesprochen worden, die für die Mitarbeiter von der jeweiligen Abteilung von Interesse gewesen sind. Die Ergebnisse zeigen jedoch, dass sich einige Befragten nicht getraut haben, ein aus ihrer Sicht wichtiges/ interessantes Thema in die Abteilungsbesprechung einzubringen. Einige Befragten haben den erlebten Führungsstil (Reinhold G.) als Grund hierfür angegeben, denn aus ihrer Sicht hat er hierfür keinen Rahmen geboten. Im Realisierungsworkshop ist daraufhin vereinbart worden, dass es notwendig sein wird, eine gemeinsame Kommunikationsbasis zu schaffen, in der sich alle einbringen können. Reinhold G. hat zudem versichert, dass er sich zu einem Führungsstil Gedanken macht und zukünftig bemüht sein wird, einen Rahmen zum Einbringen von Meinungen zuzulassen. Auch andere Führungskräfte werden auf diese Frage zukünftig mehr achten. Aus ihrer Sicht kann dies dazu beitragen, dass Wünsche, Erwartungen und Probleme sensibler erkannt und offener angesprochen werden. Dies könnte auch hinsichtlich der Weiterentwicklung jedes Einzelnen und der Abteilung einen wesentlichen Beitrag leisten. Die individuelle Lernkurve könnte dadurch gesteigert werden, wie im nachfolgenden Kapitel zum Aktivieren von Lernprozessen angenommen wird.

4. Lernprozesse aktivieren

Ein interessantes Ergebnis hat die Analyse zum Thema Fehler gebracht. Auf die Frage, wie reagieren die Befragten, wenn sie einen Fehler ihres Kollegen entdecken, haben alle Befragten geantwortet, dass sie direkt mit dem 'Fehlerverursacher' das Gespräch suchen und die weitere Vorgehensweise besprechen. Die Antworten bei der Frage: 'Wie handeln ihre Kollegen, wenn sie einen Fehler des Befragten entdecken?' haben dagegen anders ausgesehen. Nur in seltenen Fällen wird ein direktes Gespräch gesucht, vielmehr nehmen die Befragten wahr, dass hintenherum geredet und Gerüchte gestreut werden. Eine Ambivalenz zwischen dem eigenem Tun und dem wahrgenommen und empfunden Handeln anderer. Eine Diskontinuität, die zusätzlich an Bedeutung gewinnt, da in der unternehmerischen Philosophie von einem offenen Zugehen auf den anderen die Rede ist.

Im Workshop ist in einem gemeinsamen Diskurs nochmals betont worden, dass es im Unternehmen erlaubt sein soll, Fehler zu machen. Fehler würden das individuelle Lernen fördern. Dabei soll natürlich darauf geachtet werden, dass nicht immer die gleichen Fehler mehrmals gemacht werden. Wie sehr Fehler das individuelle Lernen voranbringen, hängt jedoch maßgeblich vom Entdecker des Fehlers und seiner Art der Kommunikation ab. So wird im Umgang mit Fehlern ein sensibles Vorgehen gefordert, denn nur so würde sichergestellt, dass es im Unternehmen auch den entsprechenden Mut zum Ausprobieren neuer Methoden oder Vorgänge gibt. Auch würde das von Unternehmensseite gewünschte selbständige Arbeiten nur möglich sein, wenn eine Fehlertoleranz im Unternehmen aktiv gelebt wird. Es braucht jedoch von den beteiligten Personen eine aktive Bereitschaft und Bekenntnis zur Toleranz. Toleranz kann dabei nur dann von einer anderen Person eingefordert werden, wenn sie dazu selbst bereit ist und dies auch aktiv in ihrem Handeln lebt. Gerade die Führungskräfte sind in ihrem Handeln gefordert, als Vorbild zu agieren und dadurch zu einer Stärkung der Toleranz im Unternehmen beizutragen. Auch ist es ein Thema des Workshops gewesen, dass die Führungskräfte für das Voranbringen der individuellen Lernkurve eine Mitverantwortung tragen. So sollen Mitarbeiter in neuen Bereichen von einer erfahrenen Person begleitet werden, daneben sollen auftretende Fehler gemeinsam reflektiert werden. Die erhofften und erwarteten positiven Erlebnisse könnten in weiterer Folge zu einer neuen Fehlerkultur im Unternehmen beitragen.

Die Personalverantwortlichen sind zusammenfassend gefordert, den direkten und persönlichen Kontakt zu den ´Fehlerverursachern´ bei deren Entdeckung zu suchen. In ihrer Vorbildfunktion sollen sie durch ihr aktives Zugehen auf andere dieses Verhalten auch unter den Mitarbeitern fördern. Eine Offenheit - so die Annahme der Workshopteilnehmer - kann es nur geben, wenn es eine Vertrauensbasis im Unternehmen gibt, welche Toleranz und Gelassenheit stärkt und die Bereitschaft bei den Beteiligten auf das aktive Zugehen fördert. Hierfür wird es erforderlich sein, dass Führungskräfte die Bereitschaft haben, ihren Mitarbeitern vertrauen entgegenzubringen. Dies könnte wiederum dazu beitragen, dass die Vertrauensbereitschaft bei den Mitarbeitern gestärkt wird. In diesem Zusammenhang sind die einzelnen Charaktere der Führungskräfte und ihr – wie die Ergebnisse gezeigt haben – fehlendes Selbstvertrauen angesprochen worden. Aus Sicht der befragten Mitarbeiter sind sie gefordert, an ihren persönlichen und fachlichen Fähigkeiten zu arbeiten. Die Führungskräfte hatten gerade in diesem Sinne die Überzeugung geäußert, je gelassener sie in Gespräche hineingehen, desto entspannter würde das Gesprächsklima und der Diskurs mit den Gesprächspartnern sein. Gelassenheit hängt wiederum davon ab, ob sie ein ausreichendes Maß an Selbstvertrauen in die eigenen Fähigkeiten zur Lösung der Situation haben.

5. Stammtisch

Die Ergebnisse haben gezeigt, dass der monatlich stattfindende Stammtisch als bedeutendes Instrument zum Informationsaustausch im Unternehmen wahrgenommen wird und damit als bedeutungsvolle Kommunikations- und Austauschplattform. Der Stammtisch könnte also ein Treffpunkt für die Vertiefung von persönlichen Kontakten und den Austausch von Informationen sein. So ist im Workshop nochmals eingehend die aktuelle Problematik des Stammtischs diskutiert worden. In letzter Zeit nehmen durchschnittlich nur noch 4 Organisationsmitglieder an den monatlich stattfindenden Veranstaltungen teil, dies ist um 80 % weniger als früher. Das zur Zeit der Untersuchung fehlende Interesse an der Veranstaltung soll durch eine vorherige Festlegung eines Themas mit einer gewissen Aktualität geweckt werden und zur Teilnahme bewegen. Die Workshopteilnehmer wollen dem Stammtisch damit einen Rahmen geben, dabei soll die Veranstaltung inhaltlich flexibel und aktuell sein. Es sollen die Voraussetzungen geschaffen werden, dass einschneidende und wichtige Themen fürs Unternehmen in einer regelmäßig stattfindenden Gesprächsrunde – Stammtisch findet einmal monatlich statt und es können alle Organisationsmitglieder daran teilnehmen – vorgestellt, besprochen und diskutiert werden. Die Kommunikationsplattform soll jedem Teilnehmer die Möglichkeit einräumen, sich zu den Themen einzubringen, dies wiederum soll einen Freiraum für offene Gespräche ermöglichen. Zudem fördert dies den geäußerten Wunsch der Mitarbeiter, sich bei strategischen Entscheidungsprozessen mit der eigenen Meinung einbringen zu können. Die Vorstellungen über Ablauf und Durchführung des Stammtisches soll daneben einen essentiellen Beitrag zum sensibleren und früheren Erfassen von Stimmungen im Unternehmen ermöglichen.

Der direkte Kontakt, die Nähe und das direkte, aufeinander Zugehen zwischen Führungskräften und Mitarbeitern soll dadurch gefördert werden.

Abschließend zum Realisierungsworkshop wird betont, dass die hohe Akzeptanz für die besprochenen, diskutierten und beschlossenen Maßnahmen nur durch Einbindung der jeweiligen Teilnehmer in den drei Workshops möglich geworden ist. Der Forscher ist bestrebt gewesen, den Teilnehmern einen gemeinsamen Diskussionsrahmen zu ′bieten′, welcher – in Anlehnung an Weick - ′sensemaking′ zulässt. Dies hat auf der Annahme basiert, dass „Alles soziale Handeln" (…) „auf (…) ′sensemaking′ angewiesen"[378] ist.

EXKURS: Sensemaking

Sensemaking ist, so betont Weick, nur mittels Vertrauen möglich. „By cooperating and collaborating (…) people learn to what extent it is reasonable for them to trust each other. They learn to recognize what they say and mean. Trust is really needed in order to make sense-making serve the organization and make human interaction possible".[379] Weick weist zudem daraufhin, dass es sich bei sensemaking um "a continuous dynamic thinking and valuation process" handelt, "which can unite people and separate them from each other. It could happen by justifcation and in retrospect."[380] Dies bedeutet, dass durch die organisatorische Sinngebung Geschichten ′entstehen′, die als eine Art von Ursachenkarte gespeichert werden. Mit den gespeicherten Geschichten können zukünftige Ereignisse oder gegenwärtige, handgreifliche Ereignisse erklärt werden. Gerade hinsichtlich zukünftiger Ereignisse ist es sinnvoll, sie als Geschehen zu behandeln; dies hilft bei der Sinngebung, da sie leichter mit den bereits vorhandenen und ähnlichen Ursachenkarten in Verbindung gebracht werden können. So können Ereignisse, wenn sie abgeschlossen und nicht als ablaufend oder sich verändert gedacht werden, leichter mit Bekanntem aus der Vergangenheit verglichen werden.[381] Dies lässt den Schluss zu, dass einerseits Handeln dem Denken vorausgeht und andererseits das Verstehen mittels Reflexion entspringt. Das folgende Zitat von Schütz gibt einen Eindruck zum Wesen des

---

[378] Ortmann, G., (2004): Als ob: Fiktionen und Organisationen, S. 43.
[379] Harisalo, R./ Stenvall, J., (2004): Trust as capital: The foundation of management, In: Trust in knowledge management and systems in organizations, Huotari, M.-L./ Livonen, M., (eds.), S. 58.
[380] Weick, K., (1995): Sensemaking in organizations, S. 43-44 u. 12.
[381] Vgl. Weick, K. E., (1985): Der Prozess des Organisierens, S. 287.

> reflexiven Betrachtens: „Indem ich aber die aufmerksame Zuwendung auf die erlebten Erlebnisse vollziehe, trete ich in einem Akt der Reflexion aus dem Strom der reinen Dauer, aus dem schlichten Dahinleben im Fluss heraus: Die Erlebnisse werden erfasst, unterschieden, herausgehoben, abgegrenzt; die Erlebnisse, welche sich phasenweise im Erleben in Richtung des Dauerablaufs konstituierten, werden nun als konstituierte Erlebnisse in den Blick genommen. Was sich phasenweise aufbaute, wird nun, mag sich die Zuwendung in Reflexion oder Reproduktion (im schlichten Zugriff) vollziehen, als 'fertiges' Erlebnis von allen anderen Erlebnissen scharf abgegrenzt. Denn der Akt der Zuwendung – ist für alle Sinnerforschung von großer Wichtigkeit – setzt, gleichviel, ob die Zuwendung reflexiver oder reproduktiver Natur sei, ein abgelaufenes, ein entworfenes, ein fertiges, kurz ein vergangenes Erlebnis voraus."[382]

Im nachfolgenden Kapitel ist auf das Normen- und Wertesystem der untersuchten Organisation SACOL näher eingegangen worden. Es geht einerseits um die erlebte IST-Situation (Wie beurteilen die Befragten die aktuelle Situation zur Zeit der Untersuchung) und andererseits um die gewünschte und befürchtete SOLL-Situation. Die Daten sind im Zuge der Auswertung auch in die Kategorien Führungskräfte (FK) und Mitarbeiter (MA) eingeteilt und miteinander verglichen worden. Der Datenvergleich zeigt erstaunliche Auffassungsunterschiede zur wahrgenommenen Situation aus Sicht der zwei Gruppen im Unternehmen SACOL

.

---

[382] Schütz, A., (1960): Der sinnhafte Aufbau der sozialen Welt, S. 49.

Kapitel VII: Das Normen- und Wertesystem in der Organisation SACOL

Das folgende Kapitel geht auf das Normen- und Wertesystem der untersuchten Organisation näher ein. Bei den Analysen ist zwischen den Bewertungen der IST-Situation (Wie ist die aktuelle Situation von Befragten während der Untersuchung beurteilt worden) und der SOLL-Situation (Die geäußerten Wünschen und Befürchtungen durch die Befragten) unterschieden worden. Zu Beginn ist immer auf die Gesamtheit – alle Befragten (AB) – eingegangen worden. Im weiteren Verlauf sind die Daten entsprechend den befragten Personen in die Kategorien Führungskräfte (FK) und Mitarbeiter (MA) eingeteilt und miteinander verglichen worden. Der Datenvergleich zeigt Auffassungsunterschiede zur wahrgenommenen Situation aus Sicht der zwei Gruppen im Unternehmen SACOL. In beide Analysen ist das gesamte verbale Datenmaterial eingeflossen. Die Anzahl der Nennungen durch die Befragten ist in Klammer [..] neben dem jeweiligen Merkmal angeführt. In den Tabellen und den Abbildungen sind die Merkmale in absteigender Reihenfolge abgebildet worden.

1. Bewertungen zur IST-Situation – alle Befragten (AB)

Im Folgenden werden Einstellungen der Befragten zu unterschiedlichen Themen untersucht. Die folgenden Bewertungen nehmen Bezug auf die IST-Situation im Unternehmen - „Wie wird die Situation durch die Interviewten beurteilt?" (Abbildung 45)

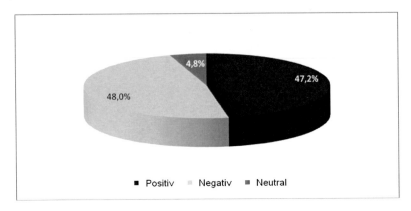

Abbildung 45: Bewertung zur IST-Situation im Unternehmen – alle Befragten

Die prozentuelle Gegenüberstellung von positiven, negativen und neutralen Bewertungen zur Ist-Situation liefert einen ersten Eindruck zum Werte- und Normensystem im Unternehmen. Das Verhältnis von positiven und negativen Bewertungen zur Ist-Situation ist mit 48,0 % zu 47,2 % sehr ausgeglichen. Auch ein Zeichen für die akuten Auswirkungen der Veränderungsprozesse im Unternehmen. Dabei handelt es sich bei den 4,8 % neutralen Bewertungen um Merkmale, die von den Befragten in einer Aussage sowohl positiv als auch negativ verwendet worden sind.

2. Nur positive und nur negative Bewertungen zur IST-Situation

In der nachfolgenden Analyse wird auf die nur positiv und die nur negativ genannten Merkmale eingegangen. Aufgrund der umfangreichen Datenmenge werden nur solche Merkmale gezeigt, die von den Befragten zumindest vier Mal bewertet worden sind. Die nur positiven Bewertungen sind in der linken Tabelle, die nur negativen - zur Ist-Situation im Unternehmen – in der rechten abgebildet.

2.1. Nur positive und nur negative Bewertungen - alle Befragten (AB)

Die Ergebnisse zeigen, dass sich die Befragten trotz der unterschiedlichen Veränderungsprozesse im Unternehmen sicher gefühlt [15] haben. Der Einstieg [4] ins Mitunternehmermodell ist dabei als ein sehr positiver Schritt empfunden worden. Es ist darin auch ein positiver Beitrag zur Firmenzukunftssicherung [4] und zur Arbeitsplatzsicherheit [8] gesehen worden. Bei der Arbeit ist von den Befragten die freie Zeiteinteilung [13] und die freie Arbeitseinteilung [9] geschätzt worden. Das eigenverantwortliche Arbeiten [4] und die sehr abwechslungsreiche Arbeit [4] haben Chancen [6] gebracht und haben das Lernen [7] unterstützt. Für die Lösung [6] von Herausforderungen oder Problemen sind Einzelgespräche [6] als sehr positiv erlebt worden. Die Werte des Unternehmens [5] und die Philosophie [5] sind als sehr wichtig eingestuft worden. Daneben ist SACOL als ein sehr soziales Unternehmen [5] wahrgenommen worden.

Bei den ausschließlich negativen Bewertungen zur IST-Situation sind die Auswirkungen der Veränderungsprozesse durch die hohe Unzufriedenheit [18] im Unternehmen deutlich spürbar gewesen. Ein Teil der Befragten hat zudem den Eindruck gehabt, dass zwischen Führungskräften und Mitarbeitern im Zuge der Veränderungsprozesse eine Kluft [14] entstanden ist. Auch hat sich bei einigen Befragten der Eindruck gefestigt, dass die Mitarbeiter bei der Entscheidung zugunsten des Lieferantenwechsels overruled [10] und übergangen [9][383] worden

---

[383] In der Verwendung der Worte overruled und übergangen besteht bei den Befragten im Unternehmen SACOL insofern ein 'kleiner' Unterschied, dass sich die Teilnehmer der Projektgruppe aus Sicht der Mitarbeiter in der Entscheidung des Lieferantenwechsels overruled gefühlt haben. Nach ihrer Meinung hätte die Entscheidung für den Lieferantenwechsel nicht bereits vor der Projektgruppe

sind. Dies hat dazu beigetragen, dass im Unternehmen sehr viel hintenherum [14] geredet worden ist. Für einige Befragte haben im Hinblick auf die Entscheidung für den Lieferantenwechsel nur die eigenen Interessen [10] und nicht die des Unternehmens im Vordergrund gestanden. Die Einschätzung ist ein Grund dafür gewesen, dass es im Unternehmen eine schlechte Stimmung [12] und ein Jammern [8] gegeben hat. Einen essentiellen Beitrag hierzu hat auch der Vertriebsleiter geleistet. Sein Handeln als Führungskraft ist als undurchsichtig [6] beschrieben worden, zudem ist eine fehlende Führung [4] wahrgenommen worden. Das Auftreten des Geschäftsführers ist daneben als unnahbar [7] erlebt worden. Dies hat mit dem veränderten Führungsstil seit der Firmenübergabe zu tun. Im Gegensatz zum Unternehmensgründer hat der Geschäftsführer die Anzahl von kurzen Unterhaltungen auf informeller Ebene reduziert. Interessante Ergebnisse haben die Beurteilungen zum Lieferantenwechsel gebracht. Für einen Teil der Befragten hat sich die Entscheidung zu lange [9] hingezogen. Aus ihrer Sicht ist im Führungsgremium zu viel geredet [7] worden. Die Veränderungsprozesse sind daneben als schlecht geplant [4] wahrgenommen worden und haben dadurch zu Unsicherheit [8] und Angst [6] geführt (Tabelle 4).

---

feststehen dürfen. Die Mitarbeiter haben sich von der eigentlichen Entscheidung ausgeschlossen erlebt. Im Gegensatz dazu haben sich die Mitarbeiter im Entscheidungsfindungsprozess übergangen gefühlt, da sich ihrer Ansicht nach die Entscheidung in einem gemeinsamen Diskurs innerhalb der Projektgruppe hätte entwickeln sollen. Die Mitarbeiter haben dadurch den Eindruck gehabt, dass ihre gegenteilige Meinung nicht gehört und berücksichtigt wird.

NUR Positiv (AI)		NUR Negativ (AI)	
sicher fühlen	15	unzufrieden	18
freie Zeiteinteilung	13	Hintenherum-Reden	14
freie Arbeitseinteilung	9	Kluft	14
Arbeitsplatzsicherheit	8	schlechte Stimmung	12
Lernen	7	eigene Interessen	10
Spaß	7	overruled	10
Arbeit	6	Entscheidungen zu langsam	9
Chance	6	übergangen	9
Einzelgespräch	6	jammern	8
Lösung	6	Vertriebsleiter	8
Philosophie	5	Unsicherheit	8
soziales Unternehmen	5	reden zu viel	7
Werte im Unternehmen	5	nicht trauen	7
abwechslungsreiche Arbeit	4	unnahbar	7
eigenverantwortlich	4	Angst	6
Einstieg	4	undurchsichtig	6
Firmenzukunftssicherung	4	unter Druck	5
richtige Weg	4	rückwirkend	5
		fehlende Führung	4
		fehlende Planung	4

Tabelle 4: Nur positive und nur negative Bewertungen - alle Befragten

2.2. Nur positive und nur negative Bewertungen - Führungskräfte (FK) und Mitarbeiter (MA)

Interessante Erkenntnisse hat die Gegenüberstellung der nur positiv genannten Merkmale von Mitarbeitern und Führungskräften gebracht. Die Ergebnisse zeigen, dass sich die Führungskräfte im Unternehmen sicher gefühlt [8] haben und zufrieden [7] gewesen sind. Aus ihrer Sicht hat es ausreichend Möglichkeiten zur Beteiligung an Entscheidungen [6] gegeben. Auch sind die Freiheiten [6] im Unternehmen als sehr positiv beurteilt worden. Einzelgespräche [5] sind aus Sicht der Führungskräfte ein gutes Instrument zur Klärung von Missverständnissen gewesen.

Bei den Mitarbeitern hat der Unternehmensgründer [15] einen hohen Stellenwert eingenommen. Er ist als maßgebliche Kraft zur Einführung des Mitunternehmermodells (MUM) [10] beschrieben worden. Das MUM hat zur Zufriedenheit [12] der Mitarbeiter und den wahrgenommen Freiheiten im Unternehmen beigetragen. So schätzen sie die freie Zeiteinteilung [10] und die freie Arbeitseinteilung [10]. Durch das Mitunternehmermodell sind auch die Fixkosten gesenkt worden, dies hat einen Einfluss darauf gehabt, dass sich die Mitarbeiter im Unternehmen sicher gefühlt [6] haben. Die Möglichkeit eines Einstiegs [4] ins Mitunternehmermodell ist entsprechend positiv beurteilt worden. In diesem Zusammenhang ist auch die Arbeitsplatzsicherheit [4] und die persönliche Zukunft [4] genannt worden. Die kurzen Unterhaltungen [6] des Unternehmensgründers auf informeller Ebene sind sehr positiv empfunden worden. Sie haben einen Beitrag zu einem offenen Klima [5] im Unternehmen und den Spaß [5] bei der Arbeit geleistet. Das soziale Engagement [4] des Unternehmens hat bei den Mitarbeitern daneben einen guten Eindruck hinterlassen (Tabelle 5).

NUR Positiv (FK)			NUR Positiv (MA)	
sicher fühlen	8		Unternehmensgründer	15
Zufriedenheit	7		Zufriedenheit	12
Beteiligung Entscheidung	6		Mitunternehmermodell	10
Freiheiten	6		freie Zeiteinteilung	10
Planungssystem	6		freie Arbeitseinteilung	7
Einzelgespräch	5		Arbeit	6
passt	5		sicher fühlen	6
Hilfe	4		kurze Unterhaltung	6
Philosophie	4		offenes Klima	5
Verlässlichkeit	4		Spaß	5
			persönliche Zukunft	4
			Arbeitsplatzsicherheit	4
			eigenverantwortlich	4
			Einstieg	4
			Möglichkeit	4
			soziales Unternehmen	4
			richtige Weg	4

Tabelle 5: Nur positive Bewertungen zur IST-Situation - Führungskräfte und Mitarbeiter

Auffallend unterschiedliche Beurteilungen in den beiden Gruppen hat es bei den nur negativ genannten Merkmalen gegeben. Aus Sicht der Führungskräfte hat die Entscheidung zu Gunsten des Lieferantenwechsels zu lange [4] gedauert. Auch haben die personellen Abgänge [4] bei den Führungskräften einen negativen Eindruck hinterlassen. Dies hängt auch damit zusammen, dass ein Teil der Personen zum Unternehmen des alten Lieferanten gewechselt hat.[384]

---

[384] Der alte Lieferant hatte nach den erfolglosen Gesprächen mit SACOL und der Entscheidung zugunsten eines Lieferantenwechsels ein neues Unternehmen speziell für den österreichischen Markt gegründet.

Aus Sicht der Mitarbeiter hat es in letzter Zeit zu viele Veränderungen [15] gegeben. Die Mitarbeiter sind zudem mit dem Ablauf und der Umsetzung der Veränderungsprozesse unzufrieden [15] gewesen. Die mangelnde Informationspolitik der Führungskräfte hat zu einem Hintenherum-Reden [12] beigetragen. Es sind dadurch viele Gerüchte [12] im Unternehmen entstanden. Dies hat dazu geführt, dass beim Lieferantenwechsel der Eindruck von fehlender Planung [4] und von schneller Entwicklung [9] entstanden ist. Zudem haben sich die Mitarbeiter bei der Entscheidung overruled [8] und übergangen [6] gefühlt. Aus ihrer Sicht ist bei der Entscheidung nur auf die Interessen [7] der Führungskräfte geachtet worden. Die Vorschläge der Mitarbeiter haben keine Berücksichtigung [7] gefunden. Die ganze Entwicklung hat zu einer negativen Einschätzung der Situation [8] und zu einer schlechten Stimmung [12] im Unternehmen beigetragen. Die Entscheidung zu Gunsten des Lieferantenwechsels hat für die Mitarbeiter außerdem zu lange [4] gedauert. Aus ihrer Sicht ist im Führungsgremium zu viel diskutiert [5] und zu wenig entschieden worden. Die wahrgenommene Kluft [12] zwischen Führungskräften und Mitarbeitern hat sich mit der Einführung der Bereichsleiter entwickelt. Auch sind die persönlichen und fachlichen Fähigkeiten des Vertriebsleiters [6] als Führungskraft bezweifelt worden. Sein Handeln ist als undurchsichtig [5] wahrgenommen worden. In diesem Zusammenhang ist auch die fehlende Führung [4] genannt worden. Der Führungsstil des Geschäftsführers ist daneben - im Gegensatz zum Unternehmensgründer führt er nur in einem geringeren Maße kurze Unterhaltungen auf informeller Ebene - als unnahbar [7] erlebt worden. Auch haben die personellen Abgänge aus Sicht der Mitarbeiter einen negativen Einfluss [4] im Unternehmen hinterlassen (Tabelle 6).

NUR Negativ (FK)		NUR Negativ (MA)	
Entscheidungen zu langsam	4	viele Veränderungen	15
Mitarbeiter gegangen	4	Unzufrieden	15
		Hintenherum-Reden	12
		Kluft	12
		schlechte Stimmung	12
		schnelle Entwicklung	9
		Situation	8
		Overruled	8
		Berücksichtigung	7
		eigene Interessen	7
		Jammern	7
		Unnahbar	7
		Unsicherheit	7
		Übergangen	6
		Reaktion	5
		Vertriebsleiter	5
		reden zu viel	5
		rückwirkend	5
		undurchsichtig	5
		aufregen	4
		Einflüsse	4
		Entscheidungen zu langsam	4
		fehlende Führung	4
		fehlende Planung	4
		nicht trauen	4
		braucht Zeit	4
		Zeitproblem	4

Tabelle 6: Nur negative Bewertungen zur IST-Situation - Führungskräfte und Mitarbeiter

3. Positive und negative Bewertungen der IST-Situation

3.1. Positive und negative Bewertungen - alle Befragten (AB)

Bei den überwiegend positiv bewerteten Merkmalen zur IST-Situation hat aus Sicht aller Befragten das Einbringen von Meinungen [22] eine wichtige Stellung im Unternehmen eingenommen. Freiheiten [18], wie die Entscheidungsfreiheit [5], sind sehr positiv erlebt worden. Auch ist das Mitunternehmermodell [15] äußerst positiv beurteilt worden. Es hat zu einem positiven Eindruck nach außen hin [16] beigetragen. Im Bereich des jeweiligen Arbeitsplatzes haben die Befragten einen gewissen Freiraum zum Probieren [9] wahrgenommen.

Im weiteren Verlauf der Analyse sind zwei Nennungen in Klammer angeführt [...]; zuerst die positiven und dann die negativen. Dass die Veränderungsprozesse Auswirkungen im Unternehmen gehabt haben, zeigen die unterschiedlichen Beurteilungen des wahrgenommenen Miteinanders [14/11] und der Offenheit [13/7]. Einflussfaktoren hierfür sind die entstandenen Gerüchte durch die unzureichende Informationspolitik des Führungsgremiums im Zuge der Veränderungsprozesse und die nicht gelebte Offenheit bei der Weitergabe von entdeckten Fehlern gewesen. Die äußerst positive Beurteilung von Verlässlichkeit [13], das Nachfragen [12] der Mitarbeiter bei Unklarheiten, das empfundene Kümmern [10] um die Belegschaft und die bessere Wahrnehmung der Stimmung [6] im Unternehmen hat sich insbesondere auf die Erlebnisse mit dem Unternehmensgründer bezogen. Bei Entscheidungen beteiligt [10] haben sich die Befragten bei Abteilungsbesprechungen, im eigenen Aufgabengebiet und durch die kurzen Gespräche mit dem Unternehmensgründer gefühlt. Die kurzen Unterhaltungen mit Gregor S. haben daneben das Miteinander Reden [9] gefördert.

Im Zusammenhang mit den Veränderungsprozessen sind die gemachten Erfahrungen [8/5] mit dem Führungsgremium negativ beurteilt worden, im Gegensatz zu denen mit dem Unternehmensgründer. Aus Sicht der Befragten ist es wichtig gewesen, dass es im Unternehmen durch die Markenverfassung eine Handlungsrichtlinie [8] gibt. Dabei ist eine strikte Einhaltung der Markenverfassung

[5/3] unterschiedlich wichtig beurteilt worden. Aus Sicht der Befragten hat dies daran gelegen, dass Schulungen [6] und das Bewusst machen [7] der unternehmerischen Philosophie insbesondere den neuen Mitarbeitern zu Gute gekommen sind (Tabelle 7).

Merkmale (AI)	Positiv	Negativ
Meinung einbringen	22	5
Freiheiten	18	2
Eindruck nach Außen	16	2
Hilfe	15	5
Mitunternehmermodell	15	1
Miteinander	14	11
Offenheit	13	7
Verlässlichkeit	13	1
Nachfragen	12	1
Mitreden	10	6
Mitarbeiter kümmern	10	5
Beteiligung Entscheidung	10	1
Miteinander reden	9	3
Probieren	9	2
Erfahrung	8	5
Ablauf	8	3
Handlungsrichtlinie	8	1
Wohlfühlen	8	1
klare Vorstellung	7	5
Leben	7	3
bewusst machen	7	3
Schulung	7	3
Stimmung wahrnehmen	6	4
Personalentwicklung	6	3
Bereitschaft	5	4
Entwicklung Unternehmen	5	3

| Markenverfassung | 5 | 3 |
| Entscheidungsfreiheit | 5 | 1 |

Tabelle 7: Überwiegend positiv bewertete Merkmale zur IST-Situation – alle Befragten

Bei den überwiegend negativen Merkmalen zur IST-Situation ist insbesondere der Informationsfluss [15/34] im Unternehmen markant bewertet worden. Das Führungsgremium hat zum Lieferantenwechsel zu wenige Informationen [4/8] weitergegeben. Ebenfalls ist die Begründung [4/7] für den Lieferantenwechsel als nicht überzeugend beschrieben worden. Auch sind bei der Entscheidung aus Sicht der Befragten nur die Interessen [5/17] der Führungskräfte berücksichtigt [3/7] worden. Das Verständnis [3/12] und die Akzeptanz [3/4] für die Entscheidung haben unter diesem Aspekt gelitten. Langjährige Mitarbeiter [1/12], die das Unternehmen im Zuge der Auseinandersetzung über die Veränderungsprozesse verlassen haben, haben durch ihre intensive Informationspolitik in ihrer Rolle als informelle Führer zu einem unterschiedlichen Informationsstand in der Belegschaft beigetragen. Ihr Einfluss [2/9] hat dazu geführt, dass die Entscheidung zugunsten des Lieferantenwechsels als zu schnelle Entwicklung [1/9] angesehen worden ist. Aufgrund der Ereignisse hat auch das Vertrauen [10/15] im Unternehmen abgenommen. Die positiven Bewertungen von Vertrauen haben dabei auf Erlebnissen – insbesondere - mit dem Unternehmensgründer beruht. Der Verzicht auf eine zeitliche Frist als Vorgabe [5/5] im Hinblick auf den Einstieg ins Mitunternehmermodell ist positiv gesehen,[385] die unterschiedlichen Ausschüttungshöhen sind dagegen als kritisch beurteilt worden. Im jeweiligen Aufgabenfeld hat es aus Sicht einiger Befragter zu wenige Vorgaben gegeben. Auch ist mit der Einführung der Bereichsleiter das Unternehmen als stärker hierarchisch organisiert [1/4] erlebt worden. Zudem haben die Gruppengespräche [1/4] zur Konfliktbereinigung bei den Befragten während den Veränderungsprozessen keinen positiven Eindruck hinterlassen. (Tabelle 8)

---

[385] Ein Eckpunkt der damaligen Vereinbarungen hat gelautet, dass Mitarbeiter zukünftig erst nach 5 Jahren Unternehmenszugehörigkeit ein Einstieg ins MUM angeboten werden soll. Die Einstiegshürde als Prämisse für zukünftige Mitunternehmer hat in den Jahren an Bedeutung verloren, das Vorhandensein von sozialen und beruflichen Fähigkeiten ist nun ausschlaggebend. Weitere, essentielle Veränderungen hat es im MUM seit Einführung keine gegeben.

Merkmale (AI)	Positiv	Negativ
Informationsfluss	15	34
viele Veränderungen	1	18
Interesse	5	17
Vertrauen	10	15
Kommunikation	3	13
Punktebewertung	2	13
Verständnis	3	12
Mitarbeiter gegangen	1	12
Einflüsse	2	9
schnelle Entwicklung	1	9
Führungsgremium	4	8
Zeitproblem	2	8
Begründung	4	7
Berücksichtigung	3	7
Abmachungen	3	7
Vorgabe	5	5
Einstellung	4	5
Menschliche	4	5
braucht Zeit	2	5
Akzeptanz	3	4
umgehen damit	3	4
hierarchisch organisiert	1	4
Mitarbeitereinbindung	1	4
Ausschüttung	1	4
Gruppengespräch	1	4

Tabelle 8: Überwiegend negativ bewertete Merkmale zur IST-Situation – alle Befragten

3.2. Positive und negative Bewertungen - Führungskräfte (FK) und Mitarbeiter (MA)

Für die Führungskräfte ist die Möglichkeit - Meinungen einzubringen - sehr gut im Unternehmen ausgeprägt gewesen. Aus ihrer Sicht ist auch das Miteinander im Unternehmen sehr positiv beurteilt worden. Im Zuge der Veränderungsprozesse hat es ihrer Meinung nach Probleme mit dem Informationsfluss gegeben, zudem hat die Kommunikation nicht gut geklappt. In weiterer Folge hat das Verständnis für die Entscheidung zugunsten des Lieferantenwechsels gelitten. Hierfür sind auch die personellen Abgänge verantwortlich gemacht worden, da sie mit ihrer Informationspolitik als informelle Führer nur eigene Interessen verfolgt haben. Aus Sicht der Führungskräfte haben diese Informationen einen enormen Einfluss auf die Einschätzung der Veränderungsprozesse durch die Mitarbeiter gehabt. Die Vertrauenssituation im Unternehmen ist von den Führungskräften negativ beurteilt worden - dies hat mehrere Gründe. Einerseits hat das Führungsgremium erst seit kurzer Zeit in deren personellen Zusammensetzung getagt. Dies hat dazu beigetragen, dass sich das Führungsgremium mit dem eigenen Gruppenbildungsprozess beschäftigt hat. Die Erfahrungswerte sind andererseits für einen derart weitreichenden Veränderungsprozess nicht vorhanden gewesen. Die Begründung zu Gunsten des Lieferantenwechsels ist aus ihrer Sicht ausgeglichen beurteilt worden. Auch haben sich ihrer Meinung nach zu viele Veränderungen ergeben. Dies hat wiederum zu einem Zeitproblem geführt, zudem ist das 'Kümmern' um die Mitarbeiter dadurch vernachlässigt worden (Abbildung 46).

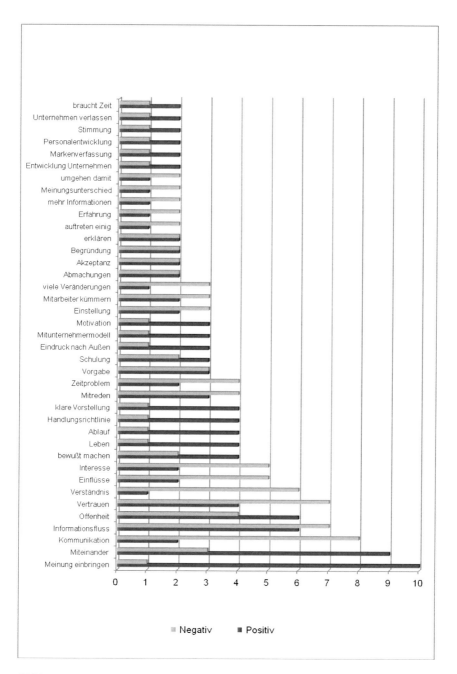

Abbildung 46: Positive und negative Bewertungen zur IST-Situation - Führungskräfte

Aus Sicht der Mitarbeiter ist insbesondere die Thematik Informationsfluss negativ beurteilt worden, die Führungskräfte haben darin keine großen Probleme gesehen. Eine Verschlechterung für die Mitarbeiter hat die Einführung der Bereichsleiter gebracht, denn durch sie ist eine stärkere Hierarchie im Unternehmen erlebt worden. Für die Mitarbeiter haben daneben die gebotenen Freiheiten, wie Entscheidungsfreiheit, einen hohen Stellenwert im Unternehmen eingenommen. Die positiv bewerteten Merkmale wie Verlässlichkeit, das Nachfragen bei Unsicherheiten, das Kümmern um Mitarbeiter und die positiv gemachten Erfahrungswerte bezogen sich insbesondere auf Erlebnisse mit dem Unternehmensgründer. Erstaunliche Unterschiede bei den zwei Kategorien Führungsgremium und Mitarbeiter hat es bei der Beurteilung des Merkmals Vertrauen gegeben. Die Führungskräfte haben ein Vertrauensproblem im Unternehmen wahrgenommen, dagegen haben die Mitarbeiter die Vertrauenssituation nicht so dramatisch gesehen. Auch zeigen die Beurteilungen zum Lieferantenwechsel, dass die Mitarbeiter den Schritt positiv, den dazugehörigen Entscheidungsprozess jedoch negativ wahrgenommen haben (Abbildung 47).

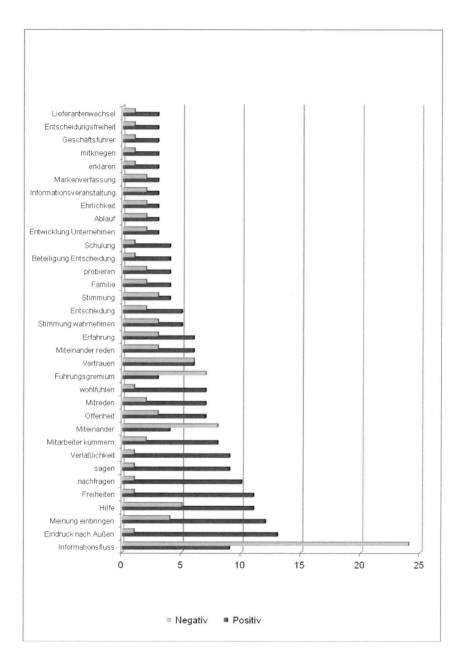

Abbildung 47: Positive und negative Bewertungen zur IST-Situation - Mitarbeiter

4. Wünsche und Befürchtungen

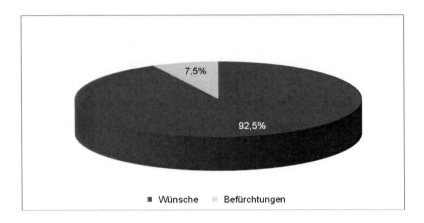

Abbildung 48: Bewertungen zur nicht bestehenden SOLL-Situation – alle Befragten

Die Abbildung 48 zeigt einen Überblick zu den geäußerten Wünschen und den Befürchtungen der Befragten. Es geht um die Fragen: „Was soll in Zukunft gefördert und was soll vermieden werden?" Mit 92,5 % sind die Wünsche gegenüber den Befürchtungen mit 7,5 % deutlich öfter genannt worden. Dies kann als Zeichen dafür interpretiert werden, dass die Lage im Unternehmen durch die Veränderungsprozesse keineswegs als aussichtslos angesehen worden ist. So sind Wünsche zur Verbesserung gegenüber Befürchtungen zur Verschlechterung der Situation deutlich öfter genannt worden.

4.1. Wünsche und Befürchtungen - alle Befragten (AB)

Aus Sicht der Befragten soll die Markenverfassung wieder mehr bewusst gemacht werden. Gerade langjährige Mitarbeiter haben schon lange keine Philosophieschulung mehr mitgemacht. Damit würde auch klarer werden, was die Firma wirklich auszeichnet. Viele Befragte haben gezweifelt, ob alle in der Belegschaft über die Vorzüge und die gebotenen Möglichkeiten im Unternehmen Bescheid gewusst haben. Die Dinge sind mit der Zeit einfach zur Gewohnheit geworden. Bei zukünftigen Veränderungen ist von den Befragten der Wunsch geäußert worden, dass es eine veränderte Informationspolitik gibt. Die Informationen sollen früher und in einer ausführlicheren Form weitergegeben werden. Eine größere Anzahl von Informationsveranstaltungen, gerade bei weitreichenden Entscheidungen, ist als sinnvoll angesehen worden. Das Führungsgremium ist zudem aufgefordert worden, bei zukünftigen Projektgruppen mehr Initiative zu zeigen. So sollen der Ablauf und die Ziele der Projektgruppe klarer definiert sein. Auch soll es ausgehend vom Führungsgremium eine Initiative für eine schnellere Entscheidungsfindung geben. Die Befragten haben es daneben gerne gesehen, wenn in der Zeit der Veränderungsprozesse auf sie zugegangen und nachgefragt worden ist. Dies hat aus ihrer Sicht zu einer Stärkung des Miteinanders im Unternehmen beigetragen. Durch kurze Unterhaltungen auf informeller Ebene würde auch die Stimmung früher wahrgenommen. Dies würde die Einschätzung stärken, dass sich die Führungskräfte mehr um die Mitarbeiter kümmern. Die Befragten haben daneben den Wunsch geäußert, dass sie sich mit ihren Meinungen mehr einbringen können. In weiterer Folge würde dies zum Wohlbefinden im Unternehmen beitragen. Bei der Arbeit soll es mehr Vorgaben geben. Die Führungskräfte sollen in diesem Zusammenhang ihrer Rolle und ihrer Verantwortung mehr gerecht werden. Die Befragten wünschen sich zudem eine intensive Auseinandersetzung mit der Vertrauenssituation im Unternehmen. Es sollen Unklarheiten aufgearbeitet und klarere Vorstellungen über den weiteren Weg des Unternehmens präsentiert werden.

Interessante Erkenntnisse haben die Befürchtungen der Befragten gebracht, die sich insbesondere auf den Bereich der Entscheidungen konzentriert haben. Aus Sicht der Befragten hat die Befürchtung bestanden, dass auch zukünftig weitreichende Entscheidungen zu lange brauchen würden. Aus ihrer Sicht ist dies nicht erwünscht. Auch haben einige Befragte die Befürchtung geäußert, dass sie bei strategischen Entscheidungen mitentscheiden müssen. Ein Teil der Befragten hat sich bei strategischen Entscheidungen schon beteiligt gefühlt, wenn sie ihre Meinung einbringen konnten (Tabelle 9).

Wünsche (AI)		Befürchtungen (AI)	
bewusst machen	29	Entscheidungen zu langsam	3
Miteinander reden	16	Mitentscheiden	3
mehr Informationen	15		
Informationsfluss	14		
Initiative	14		
Miteinander	12		
Meinung nachfragen	10		
Mitarbeiter zugehen	9		
Vertrauen	8		
Kommunikation	8		
Vorgabe	8		
Informationsveranstaltung	8		
Gelassenheit	6		
Mitarbeiter kümmern	5		
kurze Unterhaltungen	5		
Werte im Unternehmen	5		
Meinung einbringen	4		
Interesse	4		
Offenheit	4		
Schulung	4		
Stimmung wahrnehmen	4		
Wohlfühlen	4		
Lernen	4		
umgehen damit	4		
Anpassen	4		
Verantwortliche	4		
Verantwortung	4		
Dinge aufarbeiten	4		
Kontrolle	4		
klare Vorstellung	4		

Tabelle 9: Wünsche und Befürchtungen in der Organisation – alle Befragten

4.2. Wünsche - Führungskräfte (FK) und Mitarbeiter (MA)

Aus Sicht der Führungskräfte soll die unternehmerische Philosophie mehr bewusst gemacht werden. Auch ist das eigene Verhalten im Zuge der Veränderungsprozesse kritisch beurteilt worden. Sie fordern deshalb von sich selbst mehr Gelassenheit in zukünftigen Diskussionen mit der Belegschaft und bei der Vorstellung von unternehmerischen Zielen. In diesem Zusammenhang soll an der eigenen Kommunikation gearbeitet werden, denn die Ziele und die Erwartungen des Führungsgremiums sind nicht klar kommuniziert worden. Auch ist der Wunsch geäußert worden, den Informationsfluss im Unternehmen zu stärken. Informationsveranstaltungen können aus ihrer Sicht einen Beitrag dazu leisten. Zusätzlich sollen auf informeller Ebene mehr Gespräche stattfinden, dies würde auch zu einer früheren und sensibleren Wahrnehmung der Stimmung beitragen. Den Wunsch nach einem stärkeren Miteinander würde dies zusätzlich unterstützen. Aus Sicht der Führungskräfte soll es daneben eine Auseinandersetzung mit der Vertrauensproblematik im Unternehmen geben (Abbildung 49).

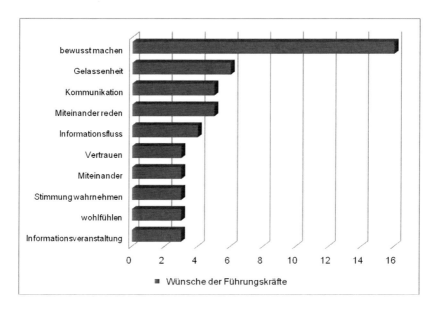

Abbildung 49: Wünsche der Führungskräfte

Die Mitarbeiter wünschen sich zu strategischen Entscheidungen mehr Informationen. Auch soll es eine Initiative der Führungskräfte dahingehend geben, dass Entscheidungen früher und schneller getroffen werden. Ein Zugehen auf die Mitarbeiter und das Führen von kurzen Unterhaltungen würde bei ihnen das Gefühl stärken, dass sich die Führungskräfte um sie kümmern. Bei strategischen Entscheidungen wird der Wunsch geäußert, dass die Führungskräfte bei ihnen nachfragen. Die Maßnahme könnte auch das Miteinander reden stärken, auch würde dies zu einem intensiveren Informationsfluss beitragen. In weiterer Folge würde dies den Vorstellungen nach mehr Präsenz der Führungskräfte entsprechen. Dies würde auch dem Wunsch der Mitarbeiter entgegenkommen, dass die Führungskräfte an einem stärkeren Miteinander arbeiten sollen, denn dies hat sich in letzter Zeit verschlechtert. Damit würde an der verloren gegangenen Motivation gearbeitet. Unabhängig davon sollen die Ereignisse während der Veränderungsprozesse aufgearbeitet werden. Zum Thema Fehler wünschen sich die Mitarbeiter, dass sie direkt dem 'Verursacher' gesagt werden. Von den Führungskräften wird in diesem Zusammenhang eine Initiative erwartet; sie sollen ihrer Rolle als Vorbild gerecht werden, dann würde auch im Unternehmen weniger hintenherum geredet.

Einige hätten sich eine Initiative durch die Führungskräfte, die Mitarbeiter im Unternehmen zu halten, erwartet (Abbildung 50). Andere haben, wie das nachfolgende Kapitel zeigen wird, Zweifel an der Sinnhaftigkeit einer solchen Aktion gehabt (Tabelle 10).

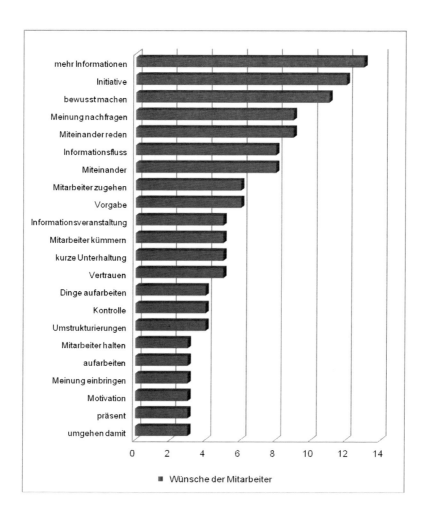

Abbildung 50: Wünsche der Mitarbeiter

4.3. Befürchtungen – Führungskräfte (FK) und Mitarbeiter (MA)

Aus Sicht der Führungskräfte sind nicht mehr Vorgaben bei der täglichen Arbeit anhand von Handlungsrichtlinien nötig. Vielmehr ist es erforderlich, die Mitarbeiter soweit in ihrer persönlichen und fachlichen Entwicklung zu stärken, dass sie die Herausforderungen schaffen. Die Führungskräfte haben zudem die Befürchtung geäußert, dass sich die Kluft zwischen Führungsgremium und Mitarbeitern verfestigen könnte. Der Eindruck eines 'overrulen' im Zuge der Entscheidung zugunsten des Lieferantenwechsels hat aus ihrer Sicht zu dieser Einschätzung beigetragen. Die Führungskräfte haben daneben ihre Zweifel an einer weitreichenden Integration der Mitarbeiter in die Entscheidungsprozesse. Dies würde strategische Entscheidungen erschweren und zeitlich verzögern.

Einige Mitarbeiter haben eine Initiative zum Halten der personellen Abgänge durch die Führungskräfte skeptisch gesehen. Die Mitarbeiter haben daneben die Befürchtung, dass sich das Führungsgremium auch in Zukunft von seinem eigenen Interesse leiten lässt. Aus ihrer Sicht darf es in Zukunft keine solche Systemausnutzung mehr geben. Die Mitarbeiter haben auch die Befürchtung, dass die empfundene stärkere Hierarchie im Unternehmen bleiben könnte. In Bezug auf die Bereichsleiter hat es die Sorge gegeben, dass es auch in Zukunft fehlende Führung gibt. Die Mitarbeiter haben zudem befürchtet, dass sich die fehlende Planung auch bei zukünftigen Projekten wiederholen könnte. Eine stärkere Einbindung in das Treffen von strategischen Entscheidungen ist dagegen aus Sicht der Mitarbeiter eher mit Sorge gesehen worden (Tabelle 10).

Befürchtungen (FK)		Befürchtungen (MA)	
Handlungsrichtlinie	1	Mitarbeiter halten	2
Entscheidungen zu langsam	1	Mitentscheiden	2
Erwartungshaltung	1	hierarchisch organisiert	1
Kluft	1	viele Veränderungen	1
overruled	1	Bereichsleiter	1
Verantwortliche	1	fehlende Führung	1
		eigene Interessen	1
		fehlende Planung	1
		Punktezahl	1
		Systemausnutzung	1

Tabelle 10: Befürchtungen von Führungskräften und Mitarbeitern

Im Gegensatz zu den Wünschen sind die Befürchtungen sowohl auf Seiten der Führungskräfte als auch bei den Mitarbeitern im Unternehmen nicht sonderlich ausgeprägt gewesen. Die Anzahl an genannten Themen und die Häufigkeit der Nennungen stehen hierfür exemplarisch. Die Ergebnisse lassen den Schluss zu, dass es im Unternehmen ein ausreichendes Maß an Zuversicht gegeben hat. Zuversicht insofern, dass die Organisationsmitglieder davon überzeugt gewesen sind, die vor, während, nach, durch oder möglicherweise unabhängig davon entstandenen Probleme hinsichtlich der Veränderungsprozesse überwinden zu können. Zuversicht kann in diesem Sinne verstanden werden als eine „(...) generelle Reaktion auf die ständig präsenten Unsicherheiten 'des täglichen Lebens'". Vertrauen ist dagegen „(...) eine mögliche Reaktion auf eine spezifische Risikosituation"[386], also auf eine Situation, in der das Risiko vom Verhalten anderer abhängig ist.[387] Unterschiede zwischen den beiden Termini gibt es auch im Zusammenhang mit dem Begriff Hoffnung. Bei der Zuversicht trotzt der Hoffende der Unsicherheit, indem die Hoffnung die Kontingenz eliminiert, bei Vertrauen dagegen wird die Kontingenz reflektiert.[388]

---

[386] Ripperger, T., (1998): Ökonomik des Vertrauens: Analyse eines Organisationsprinzips, S. 36; vgl. Bartelt, A., (2002): Vertrauen in Zuliefernetzwerken: Eine theoretische und empirische Analyse am Beispiel der Automobilindustrie, S. 31-32.
[387] Vgl. Lorenz, E. H., (1988): Neither friends nor strangers: Informal networks of subcontracting in french industry, In: Trust: Making and breaking of cooperative relations, Gambetta, D., (eds.), S. 197f.; Coleman, J. S., (1990): Foundations of social theory, S. 91; Coleman, J. S., (1995): Grundlagen der Sozialtheorie, Band 2, Körperschaften und die modern Gesellschaft, S. 115;
[388] Vgl. Luhmann, N., (1989): Vertrauen – Ein Mechanismus der Reduktion sozialer Komplexität, S. 29

EXKURS Zuversicht

Ohne Zuversicht könnten wir niemals Geldscheine benutzen oder in einen Bus steigen. So sind Menschen zuversichtlich, dass es zu keiner Enttäuschung ihrer Erwartungen kommt. Dies bedeutet hinsichtlich kontingenter Ereignisse, dass ein Leben ohne Erwartungen nicht möglich ist. Die Alternative bestünde darin, in einer von permanenter Unsicherheit gekennzeichneten Welt zu leben und seine Erwartungen zurückzuziehen, ohne hierfür einen entsprechenden Ersatz zu haben; also in einer Welt zu leben, die durch ständige Angst und Unsicherheit gekennzeichnet ist. Man könnte eine gebrauchte Vespa kaufen, welche sich als Flop erweist oder man verzichtet auf den Kauf, doch hätte ein Risikoverzicht zur Folge, den möglichen daraus resultierenden Vorteilen zu entsagen.[389] Eine Unterscheidung von Zuversicht und Vertrauen hängt dabei von der Wahrnehmung ab. Die Situation zeichnet sich durch Zuversicht aus, wenn man beim Handeln keine Alternativen in Betracht zieht, so verlassen bspw. ´fast´ alle Mitbürger das Haus zu einem Spaziergang ohne Waffe und dies trotz des Risikos eines Überfalls. Kommt es zu einer Enttäuschung, wird es den äußeren Umständen zugeschrieben. Die Situation ist eine andere, wenn das Risiko eingegangen wird, durch die Handlungsweise des anderen enttäuscht zu werden. In diesem Falle handelt es sich um eine Situation des Vertrauens, denn in einem Enttäuschungsfall werden interne Faktoren in Betracht gezogen und damit die vertrauensvolle Wahl bereut. Das Bedürfnis nach Vertrauen und ein Mangel an Zuversicht können dabei einen Teufelskreis bilden. Ohne Vertrauen können „in ungewissen oder riskanten Situationen keine unterstützenden Handlungen" stimuliert werden. Daneben ist es möglich, dass „die strukturellen und operationalen Eigenschaften eines solchen Systems Zuversicht zur Erosion bringen und dadurch eine der wesentlichen Bedingungen von Vertrauen untergraben."[390]

Die Unterscheidung von Zuversicht und Vertrauen wird außerdem unter der Annahme interessant, dass eine komplexe Organisation unter dem Mangel an beidem ´leidet´, denn die Konsequenzen daraus sind unterschiedlich. Ein Mangel von Vertrauen reduziert die Möglichkeiten rationalen Handelns und verhindert bspw.

---

[389] Vgl. Luhmann, N., (2001): Vertrautheit, Zuversicht, Vertrauen: Probleme und Alternativen, In: Vertrauen – Die Grundlage des sozialen Zusammenhalts, Hartmann, M./ Offe, C., S. 147-148.
[390] Luhmann, N., (2001): Vertrautheit, Zuversicht, Vertrauen: Probleme und Alternativen, In: Vertrauen – die Grundlage des sozialen Zusammenhalts, Hartmann, M./ Offe, C., (Hrsg.), S. 157.

Investitionen in die Entwicklung von innovativen Produkten.[391] So kann zwar totales Misstrauen eine ultraflexible Organisation ´schaffen´, doch droht damit der Verlust der Identität und gegebenenfalls die Zerstörung des Systems.[392] Ein Mangel an Zuversicht dagegen kann zu einem Rückzug in Welten mit einer rein lokalen Bedeutsamkeit und zu einem Gefühl der Entfremdung führen. In Überlegungen zu Gesellschaften und Organisationen wird es deshalb wichtig sein, zwei voneinander unabhängige Veränderungen mit einzubeziehen. Einerseits die zunehmende Partikularisierung und Diversifikation von Vertrautem und Unvertrautem, andererseits den zunehmenden Tausch von Gefahr durch Risiko und dies im Hinblick auf mögliche zukünftige Schäden als Konsequenz unseres Unterlassens oder Handelns. Trifft dies zu, fordert unsere Rationalität das Eingehen von Risiken bzw. sollten andere Personen beteiligt sein, von Vertrauen.[393] „Und sollte dies wiederum zutreffen, ist es wahrscheinlich, dass wir uns früher oder später in den Teufelskreis hinein bewegen, kein Vertrauen zu riskieren, die Möglichkeit rationalen Handelns zu verlieren, Zuversicht in das System zu verlieren und so weiter, sodass wir wiederum sehr viel weniger bereit sind, Vertrauen überhaupt zu riskieren."[394]

Das nachfolgende Kapitel fasst die wichtigsten Ergebnisse der Forschungsarbeit zusammen und ermöglicht eine Übersicht zu den wichtigsten Einfluss- und Wirkungsfaktoren im Hinblick auf das Phänomen Vertrauen im Unternehmen SACOL zur Zeit der Untersuchung. Die Forschungsimplikationen geben daneben einen Ausblick auf denkbare zukünftige Forschungsfragen und –vorhaben.

---

[391] Vgl. Luhmann, N., (2001): Vertrautheit, Zuversicht, Vertrauen: Probleme und Alternativen, In: Vertrauen – die Grundlage des sozialen Zusammenhalts, Hartmann, M./ Offe, C., (Hrsg.), S. 158.
[392] Vgl. Weick, K., (1985): Der Prozess des Organisierens, S. 310-311.
[393] Vgl. Luhmann, N., (2001): Vertrautheit, Zuversicht, Vertrauen: Probleme und Alternativen, In: Vertrauen – die Grundlage des sozialen Zusammenhalts, Hartmann, M./ Offe, C., (Hrsg.), S. 160.
[394] Luhmann, N., (2001): Vertrautheit, Zuversicht, Vertrauen: Probleme und Alternativen, In: Vertrauen – die Grundlage des sozialen Zusammenhalts, Hartmann, M./ Offe, C., (Hrsg.), S. 160.

Kapitel VIII: Die Zusammenfassung der Ergebnisse und Forschungsimplikationen

1. Die Zusammenfassung der Ergebnisse

Eine der wichtigsten Folgen von doppelter Kontingenz ist die Entstehung von Vertrauen bzw. Misstrauen.[395] Vertrauen kommt also gerade durch das Wissen ins Spiel, dass ein Akteur auch anders handeln kann, als von ihm erwartet wird. Der Akteur kann den anderen beabsichtigt oder unbeabsichtigt über seine Intention im Unklaren lassen. Das Wissen über diese Möglichkeit könnte - würden die Akteure in einem nur sehr kurzfristigen und engen Sinne denken - zu einem unmittelbaren Verzicht auf soziale Beziehungen führen. Für die Bildung von sozialen Systemen sind daher 'trotzdem Strategien' erforderlich, es kann sich dabei um Vertrauen oder Misstrauen handeln. Wird also die Frage nach Vertrauen oder Misstrauen akut, „dann wird die Situation einerseits komplexer, problematischer und reicher an Möglichkeiten; „andererseits treten vereinfachende Prozesse der Reduktion, der Orientierung an wenigen prominenten Schlüsselerlebnissen" ein. Ereignisse und Gegenstände, „die symptomatischen Wert zu haben scheinen, gewinnen besondere Relevanz und beherrschen die Auslegung anderer Umstände. (...) Sie werden zu 'Gründen' und 'Beweisen' dafür, dass Vertrauen bzw. Misstrauen gerechtfertigt sind."[396]

So ist es ein Ziel des Forschungsvorhabens gewesen, eine Beschreibung dafür zu bieten, was die Menschen in der untersuchten Organisation zur Zeit der Veränderungsprozesse hinsichtlich des Phänomens Vertrauen wahrgenommen und interpretiert haben. Es ist dagegen keine Intention gewesen, ein normatives System von Vertrauen zu schaffen, auch keine Möglichkeit der einfachen Duplikation oder Imitation, die Komplexität des Beobachtungsfeldes und die Zahl der im Untersuchungsfeld agierenden Personen in verschiedenen Situationen sind hierfür zu vielfältig. Die nachfolgenden Ergebnisse sollen in diesem Sinne einen zumindest kurzen und keinesfalls vollständigen Blick - auf die eingefahrenen

---

[395] Vlg. Luhmann, N., (1984): Soziale Systeme. Grundriß einer allgemeinen Theorie, S. 178.
[396] Luhmann, N., (2000): Vertrauen – Ein Mechanismus der Reduktion sozialer Komplexität, S. 99.

Denkgewohnheiten, die Interpretationsinhalte und –muster der Interviewten hinsichtlich der aus ihrer Sicht erlebten Veränderungsprozesse und dem Forschungsgegenstand Vertrauen - ermöglichen. Auch sollen die Vorstellungen von Logik bei den Interviewten, die längst zur Gewohnheit geworden sind oder nicht mehr wahrgenommen werden, aufgezeigt werden. Auch gilt es zu beachten, dass Organisationen - in Anlehnung an Heinz von Foerster – keinesfalls als triviale Maschinen zu verstehen sind, sondern von Freundschaften und Feindschaften, von Gunst und Gemeinheiten, von Ambivalenzen und Paradoxien, von Komplexität und Simplifizierungen und von Vertrauen und Misstrauen geprägt und gekennzeichnet sind. Die nachfolgenden Beschreibungen sind daher „weniger und mehr als die Wirklichkeit (…). Weniger, weil sie immer selektiv sind, mehr, weil sie genau diese Selektivität und ihre Interpretationsnotwendigkeit in die Welt"[397] bringen.

Die Ergebnisse haben gezeigt, dass die Vertrauenskrise im Unternehmen SACOL insbesondere durch das Misstrauen der Mitarbeiter gegenüber den Führungskräften – dies gilt insbesondere für den Vertriebsleiter Reinhold G. - in Hinblick auf deren persönliche Charaktere, deren fachliche Fähigkeiten und damit deren prinzipielle Eignung als Führungskraft ausgelöst worden ist. Das Misstrauen hat sich aufgrund der gemachten oder den fehlenden Erfahrungen im Handeln, im Auftreten und damit in der Kommunikation der Führungskräfte entwickelt. So hat der Verlauf der schlussendlich erfolglosen Verhandlungen mit dem alten Lieferanten zu einem zwiespältigen Bild hinsichtlich des Verhaltens der Führungskräfte im Unternehmen beigetragen. Für die befragten Mitarbeiter haben sich diese Gespräche zu lange hingezogen. Im Führungsgremium ist zu viel diskutiert und zu wenig entschieden worden; dadurch hat sich die unternehmerische Entwicklung verzögert. Für die befragten Führungskräfte hingen haben die langen Verhandlungen, die ausgiebigen Diskussionen in der Gruppe (Führungsgremium) und das zeitliche Hinauszögern des Entscheidungsprozesses – auch in Bezug auf ihre nicht vorhandenen Erfahrungswerte für derartig weitreichende Veränderungen - eine ausgleichende und beruhigende Wirkung gehabt. Die Führungskräfte haben sich in dieser Zeit als ein Team wahrgenommen, dies wiederum hat die Grundlage für die Entscheidung selbst geschaffen, denn es hat das zuvor fehlende Selbstvertrauen

---

[397] Kappler, E., (2006): Controlling. Eine Einführung für Bildungseinrichtungen und andere Dienstleistungsorganisationen, S. 164.

gestärkt. Die längere Diskussionsphase hat einerseits eine perfekte Abstimmung der individuellen Erwartungen und Vorstellungen innerhalb der Gruppe (Führungsgremium) ermöglicht, andererseits hat diese Entwicklung zur Folge gehabt, dass das Führungsgremium gerade hinsichtlich ihres Auftretens als sehr einig wahrgenommen worden ist. Die befragten Mitarbeiter haben diese Einigkeit als kritisch angesehen, denn aus ihrer Sicht hat es keinen Querdenker in der Gruppe gegeben. Das fehlende Vertrauen der Mitarbeiter in die Führungskräfte und das fehlende Selbstvertrauen der Führungskräfte in ihre eigenen Fähigkeiten hat in weiterer Folge dazu geführt, dass es im Unternehmen gerade in Bezug auf die Veränderungsprozesse wenig Gelassenheit gegeben hat. So ist dem Führungsgremium von Seiten der Mitarbeiter nur wenig Spielraum für ein - zur Zeit des Unternehmensgründers übliches - 'lassen wir sie probieren' eingeräumt worden.

Die Untersuchung hat in diesem Zusammenhang gezeigt, dass es aus Sicht der befragten Führungskräfte einen Unterschied zwischen dem Selbstvertrauen als Mitglied des Führungsgremiums (als Teil einer Gruppe) und dem Selbstvertrauen in der Rolle als Führungskraft gegeben hat. Die Führungskräfte sind erst als Mitglied einer Gruppe fähig gewesen, das fehlende Selbstvertrauen ist dadurch gestärkt worden, die Entscheidung zugunsten des Lieferantenwechsels zu treffen. In den Gesprächen mit der Belegschaft sind sie dagegen keineswegs selbstbewusst aufgetreten, vielmehr haben sie in ihrem Auftreten einen hektischen Eindruck hinterlassen. Dies hat sich dadurch gezeigt, dass sie die Mitarbeiter in ihrer Rolle als Führungskräfte vom Lieferantenwechsel nicht überzeugen konnten. Gerade die fehlende Gelassenheit hat sich bei den Führungskräften insoweit ausgewirkt, dass es zu Problemen in der Kommunikation gekommen ist. Die Situation ist von den Führungskräften insofern verschärft worden, dass andere Meinungen – von Organisationsmitgliedern außerhalb des Führungsgremiums - nicht zugelassen worden sind. In diesem Sinne hat die Frage nach Selbstvertrauen einen essentiellen Einfluss darauf gehabt, wie die Führungskräfte im Unternehmen agiert haben und wie ihr Handeln von den Mitarbeitern wahrgenommen worden ist.

Von den Mitarbeitern ist zudem der Wunsch geäußert worden, dass die Führungskräfte gelassener mit Kritik umgehen; gerade ihr unsicheres Auftreten in dieser Frage hat die Unerfahrenheit offenkundig gemacht. Das fehlende Selbstvertrauen der Führungskräfte hat also zu zwei weiteren Auswirkungen im Unternehmen geführt. Die Führungskräfte haben einerseits nicht die Bereitschaft aufbauen können, auf die Mitarbeiter zuzugehen. Dies hat dazu geführt, dass sie die Organisationsmitglieder hinsichtlich personeller Abgänge und der Entscheidung zugunsten des Lieferantenwechsels nur mit einer kurzen e-Mail informiert haben. Die befragten Mitarbeiter haben dabei betont, dass gerade in dieser Phase ein Mehr an sozialer Präsenz durch die Führungskräfte einen positiven Beitrag für Vertrauen hätte leisten können. Andererseits hat bei den Mitarbeitern aufgrund der gemachten Erfahrungen während des Veränderungsprozesses die Bereitschaft für ein Zugehen auf die Führungskräfte und damit ein Nachfragen bei auftretenden Unklarheiten abgenommen. Die Mitarbeiter haben betont, dass ein Eindruck von Erfahrung im Umgang mit der Situation die Entwicklung von Vertrauen hätte fördern können. Ein Beleg hierfür ist auch die geäußerte Überzeugung der Führungskräfte, dass ein Veränderungsprozess unter Führung des Unternehmensgründers Gregor S. anders verlaufen wäre. Aus ihrer Sicht wäre das Vertrauen in ihn größer gewesen.

Eine Basis für das Vertrauen in den Unternehmensgründer sind die persönlich gemachten oder erzählt bekommenen Erfahrungen mit ihm. Aus einer Kombination von wahrgenommen Erlebnissen und kursierenden Geschichten hat sich im Unternehmen ein Mythos zur Person entwickelt. Der Unternehmensgründer ist als Archetyp eines makellosen Geschäftsführers und im Hinblick auf zukünftige Führungskräfte im Unternehmen als Idealtypus geschildert worden. Ein Beispiel hierfür sind das empfundene Kümmern um die Mitarbeiter und die Hilfe bei Problemen gewesen. Auch sind das integere Verhalten und die Zuschreibung von Kompetenz (Er weiß wovon er spricht; das Zuschreiben von Vertrauenswürdigkeit ist dadurch möglich gewesen) Faktoren dafür gewesen, dass in Gregor S. ein hohes Vertrauen gesetzt worden ist. Die positiven Einschätzungen zur Person Gregor S., zu seinen fachlichen Fähigkeiten und seinem Charakter, sind wiederum eine Voraussetzung dafür gewesen, dass die Frage nach Vertrauen im Unternehmen akut geworden ist. So sind die individuellen Einschätzungen und Erfahrungen mit der

Person Voraussetzung dafür gewesen, dass er ins Vertrauen gezogen worden ist. Vergleichbar ist dieser Einschätzungsprozess mit einer Rückkoppelungsschleife, die anhand eines 'Gerüsts' von Indizien ständig Informationen liefert.[398] Die Interaktionspartner - ob Unternehmensgründer, Führungskräfte oder Mitarbeiter - haben also direkt oder indirekt, bewusst oder unbewusst in den Interaktionen Indizien für Vertrauen oder Misstrauen geliefert.[399] Dies hat in weiterer Folge auch eine mögliche Zuschreibung von Vertrauenswürdigkeit beeinflusst, et vice versa.

Die Zuschreibung von Vertrauenswürdigkeit erfolgt subjektiv und deren Geltung hängt von der eigenen Einschätzung und den Erfahrungen mit der Person ab. In diesem Sinne geht es nicht nur um Wissen, sondern auch um Urteilsfähigkeit und um Prospektion. Luhmann weist in diesem Zusammenhang darauf hin, dass Vertrauen durch eine täuschende Selbstdarstellung erworben werden kann. Jedoch kann sie nur erhalten werden, wenn die Täuschung aufrecht erhalten und fortgesetzt wird. Der Schein verwandelt sich dann unversehens in Wirklichkeit und die vorgetäuschten und vorgespielten Qualitäten werden zur Gewohnheit.[400] In der Managementliteratur wird in dieser Frage oftmals von Impression Management als Lösung gesprochen. Impression Management soll, so die Vorstellung und Erwartung, die Zuschreibung von Vertrauenswürdigkeit durch den Interaktionspartner fördern. Dies erfolgt einerseits durch den bewussten Einsatz von Symbolen und erfordert andererseits das symbolische Verstehen beim Interaktionspartner. Impression Management muss nicht zwangsläufig als Täuschung angesehen werden, schließlich kann es sich durchaus um das ehrliche und authentische Bemühen eines Akteurs handeln, die Beziehungs- und Interaktionsqualität zu verbessern. Eine wesentliche Forderung des Impression Managements liegt entsprechend darin, sich in die Situation des Interaktionspartners hineinzuversetzen und das eigene Verhalten vor diesem Hintergrund zu reflektieren. Eine Paradoxie hinsichtlich der Vertrauenszuschreibung kann jedoch insoweit auftreten, dass die verwendeten Symbole als gezielter Einsatz

---

[398] Vgl. Strulik, T., (2005): Ökonomische Evolution und die Intelligenz vertrauensbasierter Entscheidungen, In: Rationalität im Prozess kultureller Evolution, Siegenthaler, H., S. 140.

[399] „Zwischenmenschliches Verhalten wird" jedoch „nicht nur ad hoc erlebt, sondern auf zugrundeliegenden 'Einstellungen' interpretiert und zur Erwartungsbildung benutzt, und so kann der Misstrauische, ob er will oder nicht, kaum vermeiden, dass sein Misstrauen ihm angesehen wird und zugerechnet wird." - Luhmann, N, (2000): Vertrauen – Ein Mechanismus der Reduktion sozialer Komplexität, S. 95.

[400] Vgl. Luhmann, N., (2000): Vertrauen – Ein Mechanismus der Reduktion sozialer Komplexität, S. 84.

wahrgenommen werden und dadurch den Eindruck einer instrumentellen Vorgehensweise hinterlassen.[401] Dies lässt den Schluss zu, dass eine instrumentell angelegte Vertrauensvermittlung, sobald sie vom anderen ´durchschaut´ wird, geradezu kontraproduktiv ist.

In diesem Zusammenhang ist auch die zuvor erlebte und gewohnte Nähe durch den als vertrauenswürdig geschilderten Unternehmensgründer Gregor S. angesprochen worden und dessen Bemühen, Informationen auf informeller Ebene weiterzugeben. Aus Sicht der Mitarbeiter hat sich die Art der Informationsweitergabe von Gregor S. zum Ritual entwickelt.[402] Das veränderte Führungsverständnis und die geänderte Informationsweitergabe nach der Firmenübergabe hat - insbesondere hinsichtlich früherer Erlebnisse und Erfahrungen - zu einem Eindruck von fehlender Nähe und damit ungewohnter Distanz zwischen Mitarbeitern und Führungskräften geführt. Dies bedeutet, dass sich die Entwicklung negativ auf das Vertrauen zwischen den beiden Gruppen ausgewirkt hat. In der Frage nach ´richtiger´ Distanz und Nähe gerade hinsichtlich des Phänomens Vertrauen wird vom Forscher darauf hingewiesen, dass es keine Handlungsvorschläge oder sogar -richtlinien geben kann. Schließlich geht es nicht einfach um Nähe oder Distanz, sondern um das „richtige" individuell empfundene Maß an Nähe und Distanz. Die Worte Nähe und Distanz verweisen dabei metaphorisch auf Bewegung in Raum und Zeit. Die bildliche Vorstellung eines Prozesses von Annäherung oder Distanzierung zu anderen Menschen bezieht sich damit auf das Gelingen oder Misslingen von Interaktionsprozessen. Die beiden Begriffe sind jedoch weniger als objektive berechenbare Kategorien zu verstehen, vielmehr als subjektive und intersubjektive Zeit- und Raumerfahrungen, die interpretierbar und veränderbar sind. Der jeweilige Ort, von dem aus der Blick gerichtet ist, ob von weit weg, über nahe dran oder zu nahe dran, konstituiert das Phänomen Nähe und Distanz mit. Die Räume der lebensweltlichen Erfahrungen sind dabei nicht unbedingt reale soziale Räume, denn

---

[401] Vgl. Eberl, P., (2003): Vertrauen und Management: Studien zu einer theoretischen Fundierung des Vertrauenskonstrukts in der Managementlehre, S. 261; Der vielleicht effizienteste und billigste Weg um vertrauenswürdig zu erscheinen, liegt in diesem Sinne darin, vertrauenswürdig zu sein. – vgl. Ortmann, G., (2004): Als ob. Fiktionen und Organisationen, S. 76.
[402] Die Organisationsmitglieder haben dabei nicht etwa Handlungsroutinen oder Ritualen (…)" vertraut, vielmehr sind sie mit den Routinen und Ritualen ´vertraut´ gewesen. - Vgl. Endreß, M., (2001): Vertrauen und Vertrautheit, In: Vertrauen: Die Grundlage des sozialen Zusammenhalts, Hartmann, M./ Offe, C., (Hrsg.), S. 167.

Räume können sich, wenn von Nähe und Distanz die Rede ist, ins Virtuelle verlagern. Was vertraut und nahe ist, muss nicht zwingend physisch nahe sein.[403]

Christian S. ist sich möglicherweise der entstandenen Lücke nach der Firmenübergabe und dem Abgang von Gregor S. bewusst gewesen. Dies würde erklären, warum er den Versuch unternommen hat, durch gezielte Aktionen, wie das Kopieren der Rhetorik oder des Auftretens des Unternehmensgründers[404], Vertrauen in der Belegschaft zu gewinnen. Die Situation hat sich jedoch - gerade durch den gezeigten und offensichtlich gezielten Aktionismus von Christian S. - weniger entschärft als vielmehr verschärft. Dies hat auch damit zu tun, dass die Art von Rhetorik des Unternehmensgründers keineswegs dem Charakter des neuen Geschäftsführers entsprochen hat. Es mag dabei erstaunlich klingen, doch es hätte für das ´Gewinnen´ von Vertrauen keineswegs einen solchen Aktionismus seinerseits benötigt. Das ´Geheimnis´ von Transformation liegt ja gerade darin, dass sie sich nicht offen zeigt und dadurch die Grundlage schafft, das Vertrauen in den anderen immer mehr zu verstärken und zu verankern. Die Strategie besteht darin, „die Situation sich so entwickeln zu lassen (indem man sich von ihr tragen lässt), dass aus ihrem angehäuften Potential ganz natürlich die Wirkung hervorgeht." Für die Zielerreichung braucht man sich daher auch nicht abzumühen. Alleine durch die bloße Tatsache, dass dieser Prozess nie unterbrochen wird, kann er sich entfalten, wird integriert und läuft von selbst ab. Kurz gesagt, er muss sich nicht (in die eine oder andere Richtung, das ist immer willkürlich) bewegen, um die Realität zu modifizieren. Anders ausgedrückt - diese Formulierung ist eloquenter - er muss nicht handeln, um etwas geschehen zu lassen. Die Wandlung ergibt sich als Konsequenz aus dem Prozess, ohne auf die Situation Druck auszuüben oder sich zu verausgaben.[405] Die Realität wird, ohne dazu gezwungen zu werden, verändert. Man sorgt also dafür, dass sich die „Wirkung von selbst durchsetzt und durch zunehmende Sedimentierung Gestalt annimmt oder eine Masse bildet. So dass

---

[403] Vgl. Dörr, M./ Müller, B., (2007): Nähe und Distanz als Strukturen der Professionalität pädagogischer Arbeitsfelder, In: Nähe und Distanz: Ein Spannungsfeld pädagogischer Professionalität, Dörr, M./ Müller, B., (Hrsg.), S. 7.
[404] Christian S. ist mehrmals an dem Versuch gescheitert, in Informationsveranstaltungen an die Rhetorik und an das Auftreten von Gregor S. anzuschließen.
[405] Das Erzielen von Wirksamkeit ist damit durch eine direkte Aktion (vom Mittel zum Zweck) zu riskant und kostspielig, dagegen ist die Wirksamkeit über eine Transformation eine indirekte Aktion (von der Bedingung zur Konsequenz) und dies dadurch, da sie zusehends unausweichlich wird. - Vgl. Jullien, F., (1999): Über die Wirksamkeit, S. 73.

nicht mehr ich es bin, der sie gebieterisch verlangt, sondern die Situation, die sie zunehmend beinhaltet."[406] So erläutert Maturana vor dem Hintergrund biosystemischer Erkenntnisse, dass jede Entwicklung in dem Augenblick, in dem sie stattfindet, gehemmt wird, aber es dennoch nur die Kraft der Entwicklung gibt, durch die sie sich selbst nährt.[407] Entsprechend kann sich Vertrauen alleine durch das Faktum, dass der Fluss nicht unterbrochen wird und stetig bleibt, entfalten und ohne Verzögerung in die Realität integrieren. Auch Luhmann schreibt in seinen Ausführungen, dass es für die Vertrauensbeziehung entscheidend ist, „dass sie latent bleibt und lediglich als Sicherheitsüberlegung im Verborgenen ihre (...) Wirkung entfaltet."[408] Eine Entwicklung von Vertrauen kann in diesem Sinne als ein sich selbst verstärkender Prozess beschrieben werden, der nicht durch Aktionismus beschleunigt werden kann. Vielmehr ist es das Vertrauen in die selbstverstärkende Kraft der Entwicklung, das zum entscheidenden Erfolgsfaktor wird.

Die Ergebnisse haben daneben gezeigt, dass sich die negativen Erfahrungen mit dem Geschäftsführer und den Führungskräften auch auf die Teilnehmerzahl am Stammtisch ausgewirkt haben. Dies ist unter der Annahme interessant, dass der Stammtisch in früheren Jahren die Verbundenheit, die Vertrautheit und in weiterer Folge die Qualität der sozialen Beziehungen im Unternehmen SACOL gestärkt hat. Die Qualität der sozialen Beziehung misst sich dabei durch das individuell erfahrene und empfundene Maß an sozialer Nähe in der Beziehung. Ein ausschlaggebender Faktor hinsichtlich des individuellen Maßes ist die relative Nähe von Personen. Sie kann für die Akteure ein Beleg dafür sein, wie nah sich die Personen sind und in welchem Verhältnis sie zueinander stehen. Die Nähe in der Beziehung ist also umso höher, umso mehr eine persönliche Verbundenheit besteht und eine Vertrautheit („intimacy") zwischen den Personen beobachtbar ist oder sie selbst wahrnehmen. Vertrauen umfasst in diesem Sinne hinsichtlich seiner Struktur drei Elemente: Selbstvertrauen, Vertrauen in den anderen sowie Vertrauen in das Vertrauen des anderen zu mir. Das Handeln ist für einen selbst, als auch für den anderen, in dreierlei Hinsicht interpretierbar: 1. Das Handeln drückt das eigene Selbstvertrauen aus und kann durch positive Erfahrungen wiederum Vertrauen fördern. 2. Das

---
[406] Jullien F., (1999): Über die Wirksamkeit, S. 84-85.
[407] Vgl. Senge, P./ Kleiner, A./ Roberts, C./ Ross, R./ Roth, G./ Smith, B., (2000): The Dance of Change – Die 10 Herausforderungen tiefgreifender Veränderungen in Organisationen, S. 19.
[408] Luhmann, N., (1989): Vertrauen – Ein Mechanismus zur Reduktion sozialer Komplexität, S. 45.

Handeln kann das Vertrauen bspw. in die Fähigkeiten des anderen ausdrücken und dadurch Vertrauen begünstigen. 3. Handeln kann als Ausdruck für mein Vertrauen in das Vertrauen des anderen gesehen werden, auch dies kann sich auf Vertrauen positiv auswirken.

Die Erkenntnisse sind auch im Hinblick auf entdeckte Fehler gezeigt, dass die Befragten von sich selbst behauptet, einen entdeckten Fehler der betreffenden Person („Fehlerverursacher") direkt und persönlich mitzuteilen. Das Vorgehen der Kollegen ist dagegen völlig anders erlebt worden, denn sie haben den entdeckten Fehler unmittelbar einem anderen Kollegen erzählt und nicht dem ´Fehlerverursacher´. Das Erstaunliche an den Ergebnissen ist, dass alle Befragten die Situation in ähnlicher Weise geschildert haben. Die Befragten sind also davon überzeugt gewesen, dass sie das erwartete reziproke Verhalten gegenüber den anderen Organisationsmitgliedern hinsichtlich eines entdeckten Fehlers gezeigt haben. Die Arbeitskollegen dagegen lieber andere über den Fehler informiert und damit oftmals die Basis für Gerüchte im Unternehmen geschaffen haben. In diesem Zusammenhang weist der Forscher daraufhin, dass es gerade für das Entwickeln von sozialen Ordnungen und damit die Kooperation von Akteuren Reziprozität und Vertrauen benötigt.[409] Die Annahme lässt den Schluss zu, dass Reziprozität eine Voraussetzung für Vertrauen ist und Vertrauen wiederum auf Wechselseitigkeit abzielt.[410]

Die Ergebnisse sind auch hinsichtlich der Entscheidungsphase für oder gegen den Lieferantenwechsel relevant, denn viele Befragte haben diese Zeit als das Verfolgen von persönlichen Interessen wahrgenommen. Dies bedeutet, dass nicht nur den informellen Führern, sondern auch den Führungskräften in der Frage des Lieferantenwechsels das Verfolgen von persönlichen Interessen unterstellt worden ist. Die Entwicklung ist wiederum ein Grund dafür gewesen, dass die intrinsische Motivation bei den befragten Mitarbeitern abgenommen hat. Für die Führungskräfte hat dagegen der gemeinsam getroffene Gruppenentscheid (im Führungsgremium)

---
[409] Vgl. Aldoff, F./ Mau, S., (2005): Zur Theorie der Gabe und Reziprozität, In: Vom Geben und Nehmen: Zur Soziologie der Reziprozität, Adloff, F./ Mau, S., (Hrsg.), S. 43.
[410] Vertrauen kann nur freiwillig gewährt werden und wird dadurch als freiwillig charakterisiert. – vgl. Luhmann, N., (1984): Soziale Systeme: Grundriß einer allgemeinen Theorie, S. 181.

zugunsten des Lieferantenwechsels positive Kräfte im Hinblick auf deren intrinsische Motivation freigesetzt. Die Ergebnisse legen nahe, dass Motivation und Interesse hinsichtlich des Phänomens Vertrauen eine Rolle gespielt haben. Dies lässt den Schluss zu, dass ein Zusammenhang zwischen intrinsischer Motivation, Interesse und dem Ausmaß an Vertrauen besteht. In weiterer Folge bedeutet dies, dass es zunächst einen Anlass erfordert, an dem Vertrauen erwiesen werden kann. Es ist also eine Situation notwendig, in der ein Akteur auf den anderen angewiesen ist, ansonsten kann es gar kein Vertrauensproblem geben. Die Akteure müssen sich durch ihr Verhalten auf die Situation einlassen und damit einem möglichen Vertrauensbruch aussetzen. Dem anderen Akteur wird dadurch die Chance eingeräumt, das ihm entgegengebrachte Vertrauen zu enttäuschen. In diesem Zuge ist es entscheidend, dass der andere ein ernsthaftes Interesse an einem Vertrauensbruch hat. Die Akteure dürfen also nicht aus eigenem Interesse auf der Vertrauenslinie laufen, vielmehr benötigt es ein Zurückstellen der eigenen Interessen, denn dies kann der Vertrauende honorieren. Vertrauen kann jedoch nur bestätigt werden, wenn die Zurückstellung eine gewisse Faktizität erreicht; sich also nicht als vorläufiger Aufschub eines Vertrauensbruchs darstellt, sondern als verpasste Gelegenheit interpretiert wird. Ein gewisses Maß an Gegeninteresse ist in diesem Sinne erforderlich. Die Bedingung ist nur ersetzbar, wenn sich beide Seiten gegenseitiges Vertrauen erweisen. „I trust you because your interest encapsulates mine, which is to say that you have an interest in fulfilling my trust."[411]

Die Ergebnisse zum Mitunternehmermodell haben daneben gezeigt, dass die Befragten, trotz des Risikos eines negativen Geschäftsjahres und einem möglichen Streichen des variablen Einkommensteils, dem implementierten Instrument zur Mitarbeiterbeteiligung ein ausgeprägtes Vertrauen entgegen gebracht haben. Dies lässt den Schluss zu, dass die Mitunternehmer aufgrund ihres Vertrauens in das MUM das damit verbundene Risiko ´ausblenden´ oder zumindest auf ein für sie angemessenes bzw. ertragbares Maß reduzieren können. Vertrauen kann also in einer risikobehafteten Situation die Unsicherheit reduzieren. In diesem Sinne basiert Vertrauen auf einer zirkulären Beziehung zwischen Handlung und Risiko, beide sind komplementäre Voraussetzung. Die Handlung bestimmt sich im Verhältnis zu einem

---

[411] Hardin, R., (2002): Trust and trustworthiness, S. 3

bestimmten Risiko im Hinblick auf eine zukünftige Möglichkeit. Das Risiko existiert also nur, wenn sich der Akteur für die Handlung entscheidet und damit die Möglichkeit von ungünstigen Konsequenzen auf sich nimmt; indem er vertraut. Für die Akteure ist es keineswegs Voraussetzung, dass sie vor ihrem Verhalten die Gründe für Vertrauen und damit das einhergehende Risiko rational bewerten. Ansonsten würde es den Anschein erwecken, als ob Handlungen unter der Annahme von vollständigen Informationen entschieden werden können. In diesem Fall gäbe es weder ein Risiko, noch einen Bedarf und genügend Raum für Vertrauen.

Im Hinblick auf die Wünsche haben die Ergebnisse gezeigt, dass sie im Gegensatz zu den Befürchtungen sowohl auf Seiten der Führungskräfte als auch bei den Mitarbeitern nicht sehr stark im Unternehmen ausgeprägt gewesen sind.[412] Die Anzahl an genannten Themen und die Häufigkeit der Nennungen stehen hierfür exemplarisch. Dies lässt den Schluss zu, dass es im Unternehmen ein ausreichendes Maß an Zuversicht gegeben hat. Zuversicht insofern, dass die Organisationsmitglieder davon überzeugt gewesen sind, die vor, während, nach, durch oder möglicherweise unabhängig davon entstandenen Probleme hinsichtlich der Veränderungsprozesse überwinden zu können. Unter Zuversicht kann in diesem Sinne eine Reaktion auf die ständig präsenten Unsicherheiten ´des täglichen Lebens´ verstanden werden. Im Unterschied dazu umfasst Vertrauen die mögliche Reaktion auf eine spezifische Risikosituation, also auf eine Situation, in der das Risiko vom Verhalten anderer abhängig ist.[413]

Die Ergebnisse sind für die Vertrauensforschung unter der Bedingung aussagekräftig, dass die vorliegende Forschungsarbeit keineswegs das Ziel verfolgt hat, normative Aussagen über Veränderungs- oder Vertrauensprozesse in Organisationen zu liefern, vielmehr sind situative Bestimmungsmomente aufgezeigt worden. Die Momentaufnahmen sind jedoch gerade für ein Verständnis von vergangenen Handlungen und Verhalten aussagekräftig gewesen und haben einen

---

[412] Hierzu – Tabelle 10: Befürchtungen von Führungskräften und Mitarbeitern, S. 246.
[413] Unterschiede zwischen den beiden Termini gibt es auch im Zusammenhang mit dem Begriff Hoffnung. Bei der Zuversicht trotzt der Hoffende der Unsicherheit, indem die Hoffnung die Kontingenz eliminiert, bei Vertrauen wird dagegen die Kontingenz reflektiert. - Vgl. Luhmann, N., (1989): Vertrauen – Ein Mechanismus der Reduktion sozialer Komplexität, S. 29

Einblick in die Vertrauensstruktur der untersuchten Organisation SACOL ermöglicht. Der Forscher ist bestrebt gewesen, nicht nur den Workshopteilnehmern, sondern auch dem Leser der Arbeit, interessante Themen hinsichtlich des Phänomens Vertrauen aufzuzeigen. Diese Vorgehensweise hat auf der Annahme basiert, dass Unternehmenskontinuität nicht einfach organisierbar ist, indem versucht wird, die Zukunft zu übertölpeln, sondern dass eine vermeintliche Lösung im Vergegenwärtigen der Gegenwart liegt. Diese Form des Vergegenwärtigens heißt Kommunikation.[414]

Relevant ist die Annahme hinsichtlich der Qualität der erhobenen Daten, denn vieles, was dem 'Außenstehenden' und dies ist der Forscher zu Beginn des Projekts im Unternehmen SACOL zweifelsohne gewesen, zunächst überraschend vorgekommen ist, ist für die Mitglieder des Systems etwas ganz Alltägliches, häufig Verwendetes, Unbekanntes, Gewünschtes oder Ungewünschtes gewesen. Das Projekt hat also die Aufgabe verfolgt, nicht nur einen Einblick in das komplexe soziale System zu ermöglichen, sondern auch die Basis dafür zu schaffen, dass Themen angesprochen werden; Themen die aufgrund von Alltagsaufgaben kaum beachtet oder durch Konfliktstrukturen ansonsten tabuisiert worden wären. Die Ergebnisse[415] haben in diesem Sinne einen Blick auf das auffällige und normale, das besondere und alltägliche, das gewünschte oder ungewünschte, das vertraute oder unvertraute, das beachtete oder unbeachtete Handeln der Organisationsmitglieder ermöglicht und eine Basis für eine(n) gemeinsame(n) Diskurs und Reflexion geschaffen. Die gemeinsame Interaktion während des Projekts ist dabei gleichermaßen Ziel und Medium eines Entwicklungsprozesses gewesen. Sie hat einerseits eine Trennung von Vergangenem und möglich Zukünftigem in der Organisation erlaubt, andererseits ist durch das systematische Integrieren der Organisationsmitglieder eine 'neue' gemeinsame Geschichte entstanden. Mittels 'Sinnprozessieren' sind die Ereignisse vergegenwärtigt worden.[416] Die Vorgehensweise ist gerade für solche Geschichten hilfreich gewesen, die zunächst unbestimmt, unverständlich und/oder überraschend

---

[414] Vgl. Kappler, E., (1990): Geschichten zum Mythos von der Unternehmenskontinuität, In: Blickwechsel – Zur Dramatik und Dramaturgie von Nachfolgeprozessen im Familienbetrieb, Kappler, E./ Laske, S., (Hrsg.), S. 200.
[415] Dies ist trifft umso mehr zu, je 'wertvoller' die Aussagen der Interviewten aus inhaltlicher Sicht vom jeweiligen Leser gesehen werden.
[416] Auch hinsichtlich zukünftiger Ereignisse ist davon auszugehen, dass die Vorgehensweise einen positiven Beitrag leisten kann.

erschienen sind. Der Forscher ist also bestrebt gewesen, den Teilnehmern einen gemeinsamen Diskussionsrahmen zu ´schaffen´, welcher – in Anlehnung an Weick - ´sensemaking´[417] zulässt.[418]

Die sequentielle Qualität von Sinnstiftung kann dabei in die Zeiträume Vergangenheit, Gegenwart und Zukunft unterschieden werden. So kann vorhandenes Vertrauen die Gegenwart in ihrem Potential, Komplexität zu erfassen, stärken, denn Gegenwart ist ein klar begrenzter Moment. Vergangenheit und Zukunft scheinen dagegen als deutlich ausgedehnter. So ist nur die Gegenwart gestaltbar, alle anderen Zustände sind mehr oder weniger nicht erreichbar. Dies bedeutet, dass die subjektive Sinnstiftung im Gegenwärtigen stattgefunden hat, jedoch mit Bezügen in die Vergangenheit und die Zukunft operiert hat. Es sind Ausschnitte „im Moment der Verknüpfung (Gegenwart)" aus (…) „der erlebten Vergangenheit (Erfahrung) aktiviert" und mit „Teilen der Zukunft (Erwartung) in die Gegenwart hereingeholt"[419] bzw. dann miteinander verbunden worden. An diesem Punkt ist der oftmals in der wissenschaftlichen Vertrauensforschung genannte Begriff Sicherheit ins Spiel gekommen, denn Sicherheit ist nur in der Gegenwart möglich; dies gilt auch für Vertrauen als eine Form der Sicherheit. Vertrauen kann damit nur in der Gegenwart gewonnen und erhalten werden. Dies unter Annahme, dass einerseits die ungewisse Zukunft, andererseits aber auch die Vergangenheit Vertrauen nicht erwecken können, da auch das Gewesene nicht vor künftigen Entdeckungen einer anderen Vergangenheit sicher ist. Das Verständnis legt nahe, dass nur die Gegenwart die Grundlage allen Vertrauens sein kann, denn nur in ihr können die Ereignisse geschehen. Dies ist möglich, indem in der Gegenwart eine Zukunft vergegenwärtigt wird, es also nur eine Auswahl künftiger Gegenwart geben kann.

---

[417] „Sense making can be viewed as a recurring cycle comprised of a sequence of events occurring over time. (…) Discrepant events, or surprising, trigger a need for explanation, or post-diction, and correspondingly, for a process through which interpretations of discrepancies are developed." - Louis, M., (1980): Surprise and sensemaking: What newcomers experience in entering unfamiliar organizational settings, S. 241.
[418] Dies hat auf der Annahme basiert, dass Sensemaking als fortlaufender Prozess verstanden wird. „Sensemaking never starts. The reason it never starts is that pure duration never stops. People are always in the middle of things, which become things, only when the same people focus on the past from some point beyond it." – Weick, K. E., (1995): Sensemaking in organizations, S. 43.
[419] Wetzel, R., (2005): Kognition und Sensemaking, In: Moderne Organisationstheorien 1. Handlungsorientierte Ansätze, Weik, E./ Lang, R., (Hrsg.), S. 167.

Mittels Vertrauen können die Handlungsmöglichkeiten beträchtlich erweitert werden, denn die Akteure können sich auf unsichere Prämissen stützen und dadurch den Sicherheitswert erhöhen, schließlich fällt es schwer, erwiesenes Vertrauen zu täuschen.[420] Vertrauen 'produziert' Sinn und Sinnerfahrungen 'produzieren' wiederum Vertrauen, jedoch ist Sinn nicht festschreibbar durch Definition und Maximen oder Ähnliches. So ist Sinn das Resultat, das Vertrauen für weitere Aktionen in derselben Umgebung schafft. Sinn ist jedoch eine Entscheidung, denn sie beinhaltet die Unbestimmtheit mit, die sie zur Voraussetzung gehabt hat.[421] Sinn erfordert also immer weitere Entscheidungen über Sinn und kann zugleich das notwendige Vertrauen hierzu liefern.[422] Dies bedeutet in weiterer Folge, dass eine Operation frei von Sinn nicht möglich ist.[423]

In diesem Zusammenhang kommt Vertrauen ins Spiel, denn gemeinsame Sinnerfahrungen kann Vertrauen und/oder eine vertrauensvolle Zusammenarbeit begünstigen. Der Forscher betont jedoch, dass es keine planerische Erzeugung von Sinn geben kann, entsprechend kann es für Vertrauen kein festgelegtes Verhalten geben. Eine instrumentell angelegte Vertrauensvermittlung ist, sobald sie vom anderen durchschaut wird, geradezu kontraproduktiv.[424] Sinn ist dabei als rein kognitives Konstrukt nicht fassbar, vielmehr muss Sinn sozial vermittelt werden und ist damit an Sprache gebunden. Verstehen findet also über Kommunikation statt und ist gleichzeitig die Voraussetzung derselben.

Für den Interaktionspartner gibt es jedoch nur das, was er handelnd, also in Interaktionen mit anderen in Diskursen und Geschichten beobachtet und beschreibt.[425] So beziehen wir uns ständig auf Erzählungen und Erinnerungen und konstituieren damit unsere Identität und die unserer Handlungspartner, mit denen wir

---

[420] Dies gilt natürlich nicht mehr, wenn es sich nach sozialen Standards um bodenlose Leichtfertigkeit handelt - Vgl. Luhmann, N., (1984): Soziale Systeme. Grundriß einer allgemeinen Theorie, S. 180.
[421] Vgl. Hoppe, O., (2009): Vertrauen, In: Liebe und Freundschaft in der Sozialpädagogik: Personale Dimensionen professionellen Handelns, Meyer, C./ Tetzer, M./ Rensch, K., (Hrsg.), S. 139.
[422] Individuen befinden sich damit in einem ständig ablaufenden „Sinnprozessieren" - Luhmann, N., (1984): Soziale Systeme. Grundriß einer allgemeinen Theorie, S. 101.
[423] „Jeder Satz ist sinnvoll auf der Grundlage des Satzes davor, aber nur, wenn er einen eigenen Sinn hat. Und der nächste Satz ist sinnvoll, wenn er die Sinnerwartung des Satzes davor aufgreift und neuen Sinn ermöglicht – und zwar sinnvoll für beide, den Sprechenden und den Zuhörenden." - Hoppe, O., (2009): Vertrauen, In: Liebe und Freundschaft in der Sozialpädagogik: Personale Dimensionen professionellen Handelns, Meyer, C./ Tetzer, M./ Rensch, K., (Hrsg.), S. 139.
[424] Vgl. Habermas, J., (1979): Legitimationsprobleme im Spätkapitalismus, S. 99.
[425] Vgl. Schmidt, S., (2005): Unternehmenskultur, S. 61.

zu tun haben. Die Bezugnahme ist der elementarste Mechanismus unseres Bewusstseins. „Das Bewusstsein operiert über den sich selbst konstituierenden Zusammenhang von Setzung (Bewusstsein ist Bewusstsein von Etwas) und Voraussetzung (ohne Bewusstsein kein Etwas). Erst Reflexivität, also die Bezugnahme auf diese Operation, macht Voraussetzungen beobachtbar, lässt Bewusstsein seiner selbst bewusst werden."[426] Für jede Setzung hätten wir auch eine andere Setzung vornehmen können, doch muss es eine Selektionsmöglichkeit geben, die durch Voraussetzung(en) ermöglicht wird. Etwas als kalt zu bezeichnen, bekommt erst durch die Differenz zu warm seine Bedeutung. Auch bekommt Vertrauen erst durch die ausgeschlossene Möglichkeit Misstrauen Bedeutsamkeit, jedoch erfordert es eine Einheit dieser Differenz, die es erlaubt, in einem Sinnbereich zu operieren. Wird davon ausgegangen, dass jede Setzung selektiv ist, dann ist sie auch kontingent, wobei kontingent bedeutet, dass sie auch anders möglich ist. Die Bearbeitung erfolgt unbewusst in Routinen, Schemata und festen Regeln, also bedarf es sozialer Ordnungen, die unser Handeln bestimmen.[427] In Ordnungen handeln und kommunizieren die Organisationsmitglieder bzw. nehmen sie Bezug auf den Wirkungszusammenhang[428], damit sich ihr Kommunizieren und ihr Handeln sinnhaft orientiert kann und daneben sozial anschlussfähig und akzeptabel bleibt. Die Kommunikationen und Handlungen sind in diesem Sinne eingebunden in Zusammenhänge aus vorausgehender und nachfolgender Kommunikation und Handlungen. Diese Zusammenhänge synthetisieren dabei nur solche Kommunikation und Handlungen, auf die die Organisationsmitglieder Bezug nehmen können. Insofern erlauben diese Zusammenhänge zwar durch Differenzbildung sinnhafte Kohärenz und Identität, sind jedoch höchst selektiv. Jeder lebt damit in seiner Geschichte aus Geschichten, die wiederum gehen ständig daraus ´neu´ hervor und werden als Übergänge erlebt. Erst das reflexive Unterbrechen der Kontinuität im Denken oder in der Kommunikation ist die Strukturbildung beobachtbar und beschreibbar. Wir bedienen uns im Zuge dieses Beschreibens auf die verfügbaren Erzähl- und Beschreibungsmustern, denn so sind unsere Beschreibungen von Handlungsübergängen als Geschichten verständlich und anschließbar.[429]

---

[426] Schmidt, S., (2005): Unternehmenskultur, S. 15.
[427] Ordnungen werden in Anlehnung an Schmidt als kontingent eingestuft.
[428] Vgl. Schmidt, S., (2005): Unternehmenskultur, S. 15-16.
[429] Vgl. Schmidt, S., (2005): Unternehmenskultur, S. 15-16; Ein kultureller Kontext kann als Wert- und Orientierungssystem dienen und das Handeln, die Beurteilung und die Wahrnehmung des Sachverhaltes durch die Interaktionspartner beeinflussen. Dies kann sich wiederum positiv auf die

Dies lässt den Schluss zu, dass ein geteilter Sinn nicht zwingend Voraussetzung für eine vertrauensvolle Zusammenarbeit ist, schließlich bedarf es weniger einer übereinstimmenden Wahrnehmung, als vielmehr einer geteilten Erfahrung hinsichtlich der Handlung.[430] Eine vertrauensvolle Zusammenarbeit ist weniger auf Ähnlichkeiten in den Bedeutungsmustern oder Einstellungen angewiesen, als vielmehr auf die Güte in der Kommunikation.[431] Kommunikation ist damit eine Voraussetzung für die Bildung von Vertrauen, Vertrauen wiederum erlaubt immer weitere Kommunikation. Dies lässt den Schluss zu, dass durch Kommunikation Sinn - in Anlehnung an Weick - zum Bindeglied von interindividuellen Kognitionen und Handlungen, als auch – im Verständnis von Luhmann - zum Verbindungselement von sozialen Systemen wird.

Vertrauensbereitschaft bei den Interaktionspartnern auswirken, eine riskante Vorleistung einzugehen und sich in einer ungewissen Situation verwundbar zu machen. Vgl. Deutsch, M., (1958): Trust and suspicion, In: Journal of conflict research, 2, No. 2, S. 265f.; Deutsch, M., (1962): Cooperation and trust: Some theoretical notes, In: Nebraska symposium on motivation, Jones, M. R., (eds.), Lincoln: University of Nebraska, S. 275-319; Giddens, A., (1996): Risiko, Vertrauen und Reflexivität, In: Reflexive Modernisierung. Eine Kontroverse, Beck, U./ Giddens, A./ Lash, S., (Hrsg.), S. 316-337; Luhmann, N., (1989): Vertrauen – Ein Mechanismus der Reduktion sozialer Komplexität, S. 23; Mayer, R. C./ Davis, J. H., Schoorman, F. D., (1995): An integrative model of organizational trust, In: Academy of management review, 20, No. 3, S. 712.

[430] Luhmann weist in diesem Zusammenhang auf die Auswirkungen des strukturellen Kontextes im Hinblick auf die Vertrauensbereitschaft der Interaktionspartner hin. Seiner Ansicht nach ist dies unabhängig davon, ob die Vertrauensbereitschaft nun durch ein Gefühl oder „mehr durch Flexibilität der Selbstdarstellung erreicht" wird, „sie beruht in jedem Falle auf der Struktur des Systems, das Vertrauen schenkt. Nur dadurch, dass die Sicherheit des Systems strukturell gewährleistet wird, ist es möglich, die Sicherheitsvorkehrungen für einzelne Handlungen in konkreten Situationen herabzusetzen." - Luhmann, N., (2000): Vertrauen – Ein Mechanismus der Reduktion sozialer Komplexität, S. 111; Dies könnte dazu anregen, die strukturellen Voraussetzungen mit der Hoffnung auf Vertrauen zu formalisieren. Wird ein solcher Versuch unternommen, kommt es zur Paradoxie, dass die Handlungen der Akteure dem Verdacht unterliegen, sie sind lediglich wegen der formalen Anforderungen gesetzt worden. Eine vertrauensbezogene Attribution wird unter diesen Bedingungen eher behindert.

[431] Die Sprachpsychologie weist in Anlehnung an den radikalen Konstruktivismus auf die konnotative Bedeutung von Sprachsymbolen hin. Die konnotative Bedeutung umfasst alle wertenden und gefühlsmäßigen Assoziationen bzw. Interpretationen, die mit Zeichen verbunden ist. Die konnotative Bedeutung ist individuenspezifisch. So kann ein Sender entsprechend eine Empfänger nicht deterministisch beeinflussen. Aufgrund ähnlich gemachter Erlebnisse oder Erfahrungen können ähnliche Wirklichkeitskonstruktionen entstehen, sogenannte konsensuelle Bereiche. Verständigung funktioniert also immer dann, wenn die Interpretation der Kommunikation innerhalb eines konsensuellen Bereichs erfolgt. – vgl. Picot, A./ Reichwald, R./ Wigand, R. T., (2003): Die grenzenlose Unternehmung. Information, Organisation und Management, S. 104.

2. Forschungsimplikationen

In der vorliegenden Arbeit ist unter Bezugnahme auf den Strategiebegriff von Jullien der Versuch unternommen worden, Zusammenhänge zwischen Vertrauen und Veränderungsprozessen aufzuzeigen. Es ist der Frage nachgegangen worden, inwieweit organisationale Transformationen geeignet sind, die Vertrauensbasis in Organisationen zu stärken. Im Gegenzug zur Vorstellung der „manageability" von Vertrauen, also der Betrachtung von Vertrauen als einem Artefakt, das durch instrumentelle Akte des Managements herzustellen ist, ist Vertrauen als ein Phänomen diskutiert worden, das sich nicht herstellen lässt, sondern sich gleichsam in Prozessen organisationaler Transformation einstellt. Aufbauend auf dem vorliegenden Forschungsvorhaben wäre es daher interessant, weitere empirische Untersuchungen in anderen Unternehmen durchzuführen und mögliche Erkenntnisse dahingehend zu generieren, dass sie neue Blickwinkel aufzeigen und/oder das Überprüfen der gegenwärtigen Ergebnisse ermöglichen.

Für zukünftige Forschungsvorhaben im Bereich Organization Studies könnten die Ergebnisse bedeuten, dass sie sich insbesondere mit den Variablen auseinandersetzen, die Einfluss und Wirkung auf/von Vertrauen haben. Es geht also um Ereignisse und/oder Gegenstände, die für die Befragten einen symptomatischen Wert zu haben scheinen und dadurch an Relevanz gewinnen bzw. in weiterer Folge die Auslegung anderer Umstände 'beherrschen'. Die Untersuchung könnte gerade hinsichtlich den 'Gründen' und 'Beweisen', ob Vertrauen oder Misstrauen gerechtfertigt sind, interessante Gesichtspunkte liefern.

Daneben wäre es interessant, die mit dem Phänomen Vertrauen in Zusammenhang stehenden Begriffe wie Zuversicht, Vertrautheit, Vertrauenswürdigkeit und Vertrauensbereitschaft genauer zu analysieren. In der Managementliteratur wird oftmals nur von Vertrauen gesprochen, obwohl möglicherweise eher einer der zuvor genannten Begriffe gemeint ist. Für zukünftige Forschungsvorhaben könnte dies bedeuten, dass sie sich mit der Analyse der Begriffe auseinandersetzt. Die Ergebnisse könnten möglicherweise Anhaltspunkte für eine 'vermeintliche' Abgrenzung aufzeigen. Empirische Analysen zu den Begriffen könnten daneben

Hinweise dafür liefern, inwieweit sie miteinander zusammenhängen, einen Einfluss oder eine Wirkung aufeinander haben, voneinander abhängig sind oder ob sie sich - und dann in welchem Ausmaß – gegenseitig ersetzen können.

Die Ergebnisse zum Mitunternehmermodell als Instrument der Mitarbeiterbeteiligung haben interessante Ansatzpunkte für zukünftige Forschungsvorhaben aufgezeigt; so ist bisher jedes Geschäftsjahr positiv abgeschlossen und ein Teil der Gewinne als variabler Gehaltsteil an die Mitunternehmer ausbezahlt worden. Das Szenario, wie die Mitunternehmer auf ein Geschäftsjahr mit negativem Ergebnis und das Streichen des variablen Teils reagieren würden, gibt es gegenwärtig keine Erkenntnisse. Die Frage würde spannende Einblicke in eine unter Umständen veränderte Sichtweise zu Einfluss und Wirkung des Mitunternehmermodells und des Phänomens Vertrauen liefern können.

Nach dem gebotenen Ausblick auf zukünftige Forschungsfragen stellt sich der Forscher abschließend die Frage, inwieweit der eigene Forschungsanspruch hinsichtlich des Untersuchungsgegenstands erfüllt worden ist. Orientiert sich der Forscher in seiner Antwort am formulierten Forschungsverständnis, hat die Arbeit erstaunliche Erkenntnisse zum Phänomen Vertrauen erbracht. Dies unter den Bedingungen, dass nicht alle Bestimmungsmomente einer Situation erkannt worden sind, insofern zeigen die vorgestellten Ergebnisse nur situative Momentaufnahmen in der untersuchten Organisation SACOL. Aufbauend darauf ist die Frage „Wie denkt einer, wenn er so denkt, wie er denkt?"[432] nicht nur im Hinblick auf die Person des Forschers und dessen Forschungsverständnis, sondern auch in Bezug auf die vorgestellten Ergebnisse interessant. So bietet die Forschungsarbeit eine Anregung, über Veränderungsprozesse in Unternehmen und das Phänomen Vertrauen nachzudenken. Schließlich hat der Forscher Netzwerkgraphiken, Gestaltenbäume und Assoziationsgraphen mit der Absicht ausgearbeitet und eingesetzt, etwas zu finden, was zumindest einen Teil der Organisation erfasst und andere vielleicht übersehen haben. Viele Leser hätten sich allenfalls mehr Details oder sogar eine

---

[432] Kappler, E., (2006): Controlling. Eine Einführung für Bildungseinrichtungen und andere Dienstleistungsorganisationen, S. 21; vgl. Kappler, E., (1994): Theorie aus der Praxis – Rekonstruktion als wissenschaftlicher Praxisvollzug der Betriebswirtschaftslehre, In: Das Theorie-Praxis-Problem der Betriebswirtschaftslehre, Wolf, F., (Hrsg.), S. 45.

umfassende Darstellung des Phänomens Vertrauens gewünscht, dies hätte den Umfang der Arbeit weit überstiegen. Die Wahl dieses Vorgehens hat sich darauf gegründet, die Leser mit etwas Handfestem zu konfrontieren, an dem sie ihre kontrastierenden Argumente schärfen können.[433]

---

[433] Vgl. Weick, K. E., (1985): Der Prozess des Organisierens, S. 43.

Anhang

Eine Übersicht zum Veränderungsprozess in Form eines Gestaltenbaums befindet sich im ersten Kapitel. Es wird auf die Einschätzungen der Befragten zur vorherrschenden Situation im Unternehmen SACOL zur Zeit der Untersuchung näher eingegangen. Das zweite Kapitel stellt den Aufbau und Ablauf der Gruppenarbeit im Feedbackworkshop, der den kommunikativen Austausch zwischen den Teilnehmern gefördert hat, vor. Das abschließende Kapitel zeigt, welchen Stellenwert Vertrauen im Unternehmen gehabt hat. Es ist der Frage nachgegangen worden, wie oft die Befragten den Begriff Vertrauen im Zusammenhang mit den angesprochenen Themenbereichen verwendet haben. Für den Anhang ergibt sich folgender Aufbau:

1. Gestaltenbaum – Ein hierarchisch-strukturierter Gesamtüberblick zum untersuchten Unternehmen SACOL
2. Die Gruppenarbeit im Feedbackworkshop
3. Welchen Stellenwert hat Vertrauen in der Organisation

1. Gestaltenbaum – Ein hierarchisch-strukturierter Gesamtüberblick zum Unternehmen SACOL

1.1. Miteinander mehr erreichen

Wie sind die Veränderungsprozesse durch die Befragten wahrgenommen, verstanden und interpretiert worden? Der nachfolgende Gestaltenbaum geht auf die Einschätzungen der Befragten zur vorherrschenden Situation zur Zeit der Untersuchung im Unternehmen SACOL näher ein. Die umfassende Darstellung besteht aus einer Zusammenfassung, 7 Hyper-Hypergestalten, 21 Hypergestalten und 89 Gestalten.

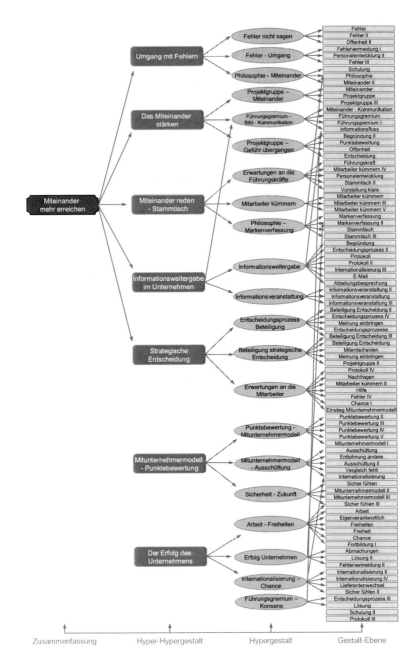

Abbildung 51: Gestaltenbaum - Miteinander mehr erreichen

Zusammenfassung: Miteinander mehr erreichen

Die unternehmerische Philosophie, wie die Markenverfassung und der genetische Code, sollen wieder ins Bewusstsein gerufen werden. Eine Schulung hierüber würde das Verständnis für die Spielregeln über ein gutes Miteinander stärken, als auch erklären, wofür SACOL steht und was SACOL ist. Auch warum es im Unternehmen SACOL geht, nämlich bspw. an einem Ziel zu arbeiten und gemeinsam den Erfolg zu ernten. Daneben werden auftretende Fehler im Unternehmen nicht immer dem Betroffenen mitgeteilt, vielmehr wird hintenherum geredet oder gejammert. Dabei wird der offene Umgang miteinander in der Philosophie betont. Die Dinge sind mit der Zeit einfach verloren gegangen, sind zur Gewohnheit oder vergessen worden. Auch sollen Personen in den Projektgruppen nicht versuchen, ihre eigenen Interessen zu verfolgen, sondern vielmehr einen Blick für das Ganze haben. Als Gefahr wird gesehen, dass sich das Führungsgremium zurückgezogen und eingemummt hat. Es ist nach außen hin sehr einig und kompakt aufgetreten. Im Hinblick auf strategische Entscheidungen hat man die Möglichkeit, seine Meinung, seine Ideen oder seine Kritik einzubringen, doch werden diese nicht berücksichtigt, nicht mit einbezogen, oder nicht gehört. Viele bemühen sich daher gar nicht mehr. Es ist daneben als positiv empfunden worden, wenn vor strategischen Entscheidungen kurz einmal nachgefragt worden ist. Es kann jedoch nicht jeder gefragt, oder auf jeden eingegangen werden. Man möchte bei strategischen Entscheidungen so beteiligt sein, wie man es bis jetzt ist. Viele wollen den Kopf mit der Entscheidung nicht belasten. Es soll zudem schneller entschieden werden, viele Sachen werden zu Tode diskutiert. Auch reicht es bei manchen Themen nicht aus, ein Protokoll zu verfassen und ins Intranet zu stellen, oder eine e-Mail zu schreiben. Dies ist oftmals als Informationsquelle nicht ausreichend. Man soll vielmehr auf die Leute zugehen und über die Dinge miteinander reden. Dies ist etwas anderes, als es in einem Protokoll oder in einer e-Mail zu lesen. Entscheidungsfindungsprozesse und die Entscheidung selbst müssen klarer kommuniziert und begründet werden, damit Missverständnisse vermieden werden. Die Mitarbeiter sollen bei offenen Fragen so viel Interesse haben und auf die Führungskräfte zugehen und nachfragen. Es ist nicht ihre Aufgabe, dass sie ständig bei den Mitarbeitern nachfragen müssen. Auch fördern kurze Unterhaltungen mit den Mitarbeitern das Gefühl respektiert und wahrgenommen zu werden. Von den Führungskräften soll es außerdem eine Initiative zum Stammtisch geben; damit wieder mehr junge Menschen daran teilnehmen. Es fördert das Miteinander und das Miteinander-Reden, da sowohl über Privates als auch über Geschäftliches gesprochen wird.

1.2. Umgang mit Fehlern

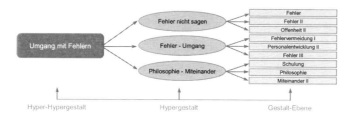

Abbildung 52: Umgang mit Fehlern

Hyper-Hypergestalt: Umgang mit Fehlern

Fehlerkultur ist, dass man Fehler vermeidet. Bei auftretenden Fehlern sollen Gespräche geführt werden, sodass eine personelle Weiterentwicklung erfolgt. Die Reklamationsstatistik kann hierfür hilfreich sein, da sie eine Übersicht zu den Fehlern liefert. Oft trauen sich die Personen nicht, den entdeckten Fehler dem anderen mitzuteilen. Dies hängt mit der Angst zusammen, dass dieser Schritt auf sie zurückfallen könnte. So fördert einerseits das auf den Tisch legen von Fehlern in Besprechungen das Gegeneinander, andererseits betont die Philosophie den offenen Umgang miteinander. Dies wird nicht immer so im Unternehmen gelebt, stattdessen wird mit anderen Kollegen über den Fehler gesprochen. Es findet ein Hintenherum-Reden statt. Es wird auch gejammert, dies hat negative Auswirkungen auf die Stimmung und dann auf die Kundenbeziehung. Die Philosophie soll wieder ins Bewusstsein gerufen werden. Sie ist mit der Zeit einfach verloren gegangen, ist zur Gewohnheit oder vergessen worden. Eine Schulung zum Thema würde auch das Verständnis zu den Spielregeln über ein gutes Miteinander stärken.

1.2.1. Fehler nicht sagen

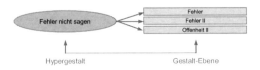

Abbildung 53: Fehler nicht sagen

Hypergestalt: Fehler nicht sagen

Bei entdeckten Fehlern wird statt mit dem Betroffen mit anderen Kollegen darüber geredet. Dies führt dazu, dass viel hintenherum geredet wird und Gerüchte entstehen; dadurch wird gejammert. Dinge werden aufgeschaukelt, aus einer Mücke wird ein Elefant. Dies wirkt sich sehr negativ auf die Stimmung aus und schließlich kann darunter auch die Kundenbeziehung leiden. So werden Kunden mit falschen Lieferungen verrückt gemacht. Oftmals trauen sich die Personen nicht, den Fehler dem anderen mitzuteilen. Dass hängt mit der Angst der Personen zusammen. Sie befürchten, dass etwas auf sie zurückfallen könnte. Die Philosophie betont jedoch den offenen Umgang miteinander. Dieser wird auch gewünscht, doch wird es im Unternehmen nicht immer so gelebt.

Gestalt-Ebene: Fehler

Oft trauen sich Personen nicht, die entdeckten Fehler dem anderen Kollegen mitzuteilen. Stattdessen wird mit anderen Personen darüber gesprochen und dies führt zu einem Hintenherum-Reden; dadurch wird gejammert. Dass die Fehler dem anderen nicht gesagt werden, hängt mit der Angst zusammen, dass es auf sie selbst zurückfallen könnte. Dies hat starke negative Auswirkungen auf die Stimmung im Unternehmen.

Gestalt-Ebene: Fehler II

Im Unternehmen bekommt man oft mit, dass bei einem Fehler hintenherum geredet wird, statt auf die betroffene Person zuzugehen. Oft werden die Fehler nicht einmal selbst entdeckt, sondern man erfährt sie aus zweiter oder dritter Hand. So werden Dinge aufgeschaukelt. Die Folge ist, dass die Stimmung im Unternehmen negativ beeinflusst wird. Außerdem kann es Auswirkungen auf die Kundenbeziehung haben, so hat man Kunden mit falschen Lieferungen verrückt gemacht.

Gestalt-Ebene: Offenheit II

Die Philosophie betont sehr stark den offenen Umgang miteinander, dieser wird auch sehr gewünscht. Leider wird dieser offene Umgang oder die Offenheit im Unternehmen nicht immer so gelebt. Oft werden Probleme in einem Umfeld diskutiert, wo sie nicht hingehören. So werden sie aufgebauscht und aus einer Mücke wird ein Elefant.

1.2.2. Fehler - Umgang

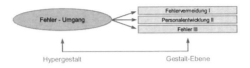

Abbildung 54: Fehler - Umgang

Hypergestalt: Fehler – Umgang

Fehlerkultur ist, dass man Fehler vermeidet. Bei auftretenden Fehlern sollen Gespräche geführt werden, damit eine personelle Weiterentwicklung erfolgen kann. Die Reklamationsstatistik ist hierfür hilfreich. Sie wirkt einerseits unterstützend, um mit Mitarbeitern ins Gespräch zu kommen, andererseits können gemachte Fehler aufgezeigt werden. Auch soll in Besprechungen der richtige Umgang mit Fehlern betont werden. Dass auf den Tisch legen von Fehlern in den Besprechungen fördert jedoch das Gegeneinander. Es muss erst gelernt werden, von anderen kritisiert zu werden.

Gestalt-Ebene: Fehlervermeidung I

Eine gelebte Fehlerkultur ist, wenn Fehler vermieden werden. Bei auftretenden Fehlern sollen Gespräche miteinander geführt werden, damit eine personelle Weiterentwicklung erfolgt. Der richtige Umgang mit den Fehlern ist dabei wichtig.

Gestalt-Ebene: Personalentwicklung II

Die Reklamationsstatistik hilft, gemachte Fehler aufzuzeigen und ist gerade deswegen unterstützend für die Personalentwicklung. Desweiteren hilft sie, um mit den Mitarbeitern ins Gespräch zu kommen.

Gestalt-Ebene: Fehler III

Als erstes geht es darum, die Probleme des Kunden zu lösen. Bei SACOL ist alles viel offener als in anderen Unternehmen. Bei SACOL wird einfach gesagt, wenn jemandem etwas nicht passt. Fehler in Besprechungen auf den Tisch zu legen, fördert das Gegeneinander. In den Besprechungen soll betont werden, wie mit Fehlern umzugehen ist. Es muss jedoch erst erlernt werden, selbst kritisiert zu werden.

1.2.3. Philosophie – Miteinander

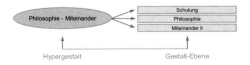

Abbildung 55: Philosophie – Miteinander

Hypergestalt: Philosophie – Miteinander

Die unternehmerische Philosophie, wie die Markenverfassung und der genetische Code, sollen wieder mehr ins Bewusstsein gerufen werden. Mit der Zeit gehen diese Dinge einfach verloren, sie werden zur Gewohnheit oder vergessen. Eine Philosophieschulung würde das Verständnis zu den Spielregeln über ein gutes Miteinander stärken. Zudem würde für alle im Unternehmen wieder klarer, wofür SACOL seht und was SACOL ist. Auch warum es bei SACOL geht, wie bspw. an einem Ziel zu arbeiten und gemeinsam den Erfolg zu ernten. Es geht um die Werte von SACOL. Die Philosophie soll als eine Lebensart verstanden werden, die man dort kennenlernt, die aber nicht leicht verständlich ist. Jeder muss dabei selbst überlegen, oder für ihn die Philosophie passt oder nicht.

Gestalt-Ebene: Schulung

Es braucht eine Schulung zur Markenverfassung und zum genetischen Code. Damit wird die Denkweise für ein gemeinsames Handeln und ein besseres Verständnis für die Spielregeln von SACOL gefördert. Auf diese Philosophieschulungen ist in jüngster Vergangenheit vergessen worden.

Gestalt-Ebene: Philosophie

Die Philosophie fördert das Miteinander und den Zusammenhalt im Unternehmen. Es geht darum, an einem Ziel zu arbeiten und gemeinsam den Erfolg zu ernten. Die Philosophie soll wieder verstärkt ins Leben gerufen werden. Jeder muss sich dabei selbst Gedanken machen, ob er in die Philosophie passt oder nicht. Die Philosophie kann man am Anfang nicht so leicht vermitteln, es ist vielmehr eine Lebensart, die man in SACOL kennenlernt. Sie ist nicht leicht verständlich.

Gestalt-Ebene: Miteinander II

Von Zeit zu Zeit soll die Philosophie des Unternehmens - wie die Markenverfassung und der genetische Code - wieder einmal ins Bewusstsein gerufen werden. Mit der Zeit gehen die Inhalte einfach verloren, werden vergessen oder zur Gewohnheit. Sie erklären nicht nur die Spielregeln für ein gutes Miteinander, sondern auch wofür SACOL steht, was SACOL ist und warum es geht. Es geht um die Werte von SACOL.

1.3. Das Miteinander stärken

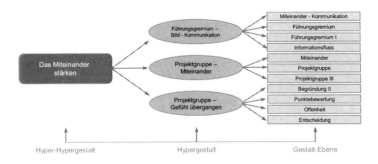

Abbildung 56: Das Miteinander stärken

Hyper-Hypergestalt: Das Miteinander stärken

Beim nächsten Veränderungsprozess sollen alle am gleichen Strang ziehen. Gerade in Projektgruppen sollen Personen nicht versuchen, ihre eigenen Interessen zu verfolgen, sondern vielmehr das Ganze sehen. Auch sollen die Personen an der Projektgruppe teilnehmen, die sich dafür interessieren und für die Entscheidung einstehen. Ansonsten wird die ganze Sache als Zeitverlust und als mühsam angesehen. Seit der Firmenübergabe haben sich Hierarchien im Unternehmen entwickelt, eine Kluft zwischen Führungskräften und Mitarbeitern. So haben sich die Führungskräfte zurückgezogen und eingemummt. Es tritt nach außen hin sehr einig und kompakt auf, dies wird als Gefahr gesehen. So gebe es überhaupt keinen Querdenker mehr, alle sind nur Ja-Sager.

1.3.1. Führungsgremium – Bild - Kommunikation

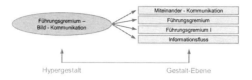

Abbildung 57: Führungsgremium – Bild – Kommunikation

Hypergestalt: Führungsgremium – Bild – Kommunikation

Bei der letzten Projektgruppe hat die Kommunikation zwischen den Leuten des Führungsgremiums und den Mitarbeitern überhaupt nicht gestimmt. Grund hierfür kann sein, dass sich das Führungsgremium erst selbst finden musste und die Kommunikation dabei zu kurz gekommen ist. So hat sich das Führungsgremium zurückgezogen, eingemummt und dies wird als Gefahr gesehen. Es tritt nach außen hin sehr einig und kompakt auf. Gibt es da überhaupt noch einen Querdenker, oder sind alle nur Ja-Sager. Die Abläufe und die Entscheidungsfindungsprozesse sollen breiter kommuniziert werden. Seit der Firmenübergabe haben sich Hierarchien entwickelt. Es ist eine Kluft zwischen Führungskräften und Mitarbeitern entstanden.

Gestalt-Ebene: Miteinander Kommunikation

Früher hat die Kommunikation besser funktioniert, alle haben an einem Strang gezogen und jeder hat sich eingebracht. Es ist eine homogene Truppe gewesen. Bei der letzten Projektgruppe hat die Kommunikation zwischen den Personen des Führungsgremiums und den anderen Teilnehmern überhaupt nicht gestimmt. Grund hierfür könnte sein, dass sich das Führungsgremium parallel dazu erst einmal selbst finden musste und die Kommunikation dabei zu kurz gekommen ist. Mangelnde Kommunikation und mangelnde Aufklärung passen gut zusammen.

Gestalt-Ebene: Führungsgremium

Das Führungsgremium hat sich zurückgezogen und eingemummt. Dies wird als Gefahr gesehen. Auch haben sich seit der Firmenübergabe Hierarchien entwickelt. Es ist eine Schicht zwischen Führungsgremium und Mitarbeitern entstanden. Ein Bild von den Oben und den Unten.

Gestalt-Ebene: Führungsgremium I

Das Führungsgremium tritt nach außen hin sehr einig und kompakt auf. Gibt es da überhaupt noch einen Querdenker, oder sind alle nur Ja-Sager. Die Abläufe und die Entscheidungsfindungsprozesse im Führungsgremium sind schwierig zu transportieren, sollen aber noch breiter kommuniziert werden.

Gestalt-Ebene: Informationsfluss

Du selbst sitzt in der Runde des Führungsgremiums und hast das Gefühl, gut informiert zu sein. Es kann jedoch schon passieren, dass andere vielleicht nicht alle Informationen bekommen oder vergessen werden. Vielleicht gerade die Leute, die nicht mehr nachgefragt haben. Es hat eine informative Lücke zwischen der langen Planung und der Bekanntgabe der Entscheidung zugunsten des Lieferantenwechsels gegeben.

1.3.2. Projektgruppe - Miteinander

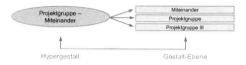

Abbildung 58: Projektgruppe – Miteinander

Hypergestalt: Projektgruppe - Miteinander

Beim nächsten Veränderungsprozess sollen alle am gleichen Strang ziehen. In Projektgruppen sollen nur Personen drinnen sitzen, die nicht bestimmt worden sind, sondern die sich dafür interessieren und für die Entscheidungen einstehen. Es haben einige in der Projektgruppe nur ihre eigenen Interessen verfolgt, statt vielmehr das Ganze zu sehen. Dann wird die ganze Sache als Zeitverlust und als mühsam angesehen. Die Teilnehmer der Projektgruppe sollen sich für das Thema interessieren und für Entscheidungen einstehen. Solange ein gemeinsames Ziel verfolgt wird, solange wird auch SACOL erfolgreich sein.

Gestalt-Ebene: Miteinander

Beim nächsten Veränderungsprozess sollen nicht einzelne versuchen, sich eigene Vorteile zu sichern, vielmehr sollen alle am gleichen Strang ziehen. SACOL wird erfolgreich sein, solange alle im Unternehmen ein gemeinsames Ziel im Auge halten und dies auch verfolgen. Dafür braucht es ein Miteinander und das soll gestärkt werden.

Gestalt-Ebene: Projektgruppe

Sobald Leute oder Gruppen in einer Projektgruppe sitzen, die versucht sind, eigene Interessen umzusetzen, wird die gesamte Sache als Zeitverlust und als mühsam erlebt. Es soll vielmehr auf das Ganze geschaut werden. Die Projektgruppen sollen sich weniger um die Befriedigung einzelner Interessen bemühen.

Gestalt-Ebene: Projektgruppe III

Prozesse in der Projektgruppe sind so langwierig und mühsam. Am Ende kommt oft nicht viel heraus. Es sollen daran Personen teilnehmen, die nicht bestimmt worden sind, sondern sich dafür interessieren und für die Entscheidungen einstehen. Es ist einfach ein Problem, wenn Leute in der Gruppe sitzen, die persönliche Meinungen vertreten und weniger das Ganze sehen. In der Projektgruppe ist über Gedanken und Vorschläge einzelner Teilnehmer einfach ´drüber gefahren´ worden.

1.3.3. Projektgruppe – Gefühl übergangen

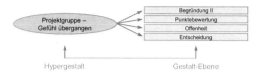

Abbildung 59: Projektgruppe – Gefühl übergangen

Hypergestalt: Projektgruppe – Gefühl übergangen

Es werden ausverhandelte Gruppenentscheidungen bei der Punktebesprechung aufgehoben. Auch fehlt es oftmals an der Begründung, warum eine Person mehr als die andere bekommen hat. Daneben ist Personen der Einstieg ins Mitunternehmermodell zu alten Konditionen ermöglicht worden. Dies hat sich negativ auf die Stimmung ausgewirkt. Auch ist das Führungsgremium über Gedanken und Vorschläge der Projektgruppe drüber gefahren, dies hat Spuren im Hinblick auf die Motivation zur Teilnahme hinterlassen. Dieses Gefühl overruled worden zu sein, hat weniger mit einer mangelnden Offenheit, als vielmehr mit einem Kommunikationsfehler des Führungsgremiums zu tun.

Gestalt-Ebene: Begründung II

Bei der Entscheidung haben sich viele übergangen oder overruled gefühlt. Die darauffolgende Begründung des Führungsgremiums hat diese Unklarheiten nicht ausräumen können.

Gestalt-Ebene: Punktebewertung

Bei der Punktebewertung fehlt es oftmals an der Begründung, warum eine Person mehr als eine andere bekommen hat. Außerdem hat die Wertigkeit gelitten, der Verkauf wird gegenüber den anderen Abteilungen von der Führung bevorzugt.

Gestalt-Ebene: Offenheit

Im Führungsgremium selbst gibt es genügend Offenheit. Daneben wird die Offenheit im Unternehmen gegenüber früher als schlechter empfunden. Das Gefühl, im Zuge der Projektgruppe zum Lieferantenwechsel, overruled worden zu sein, hat weniger an mangelnder Offenheit gelegen, als an Kommunikationsfehlern des Führungsgremiums.

Gestalt-Ebene: Entscheidung

Es werden ausverhandelte Gruppenentscheidungen, mit denen die Mitglieder der Gruppe einverstanden gewesen sind, wie bspw. bei der Punktebesprechung, von Führungskräften aufgehoben. Auch ist einigen der Einstieg ins Mitunternehmermodell zu alten Konditionen ermöglicht worden. Dies hat negative Einflüsse auf die Stimmung gehabt.

1.4. Miteinander reden – Stammtisch

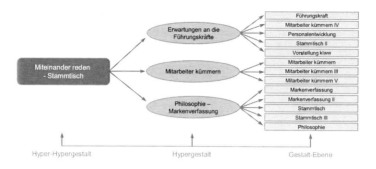

Abbildung 60: Miteinander reden - Stammtisch

Hyper-Hypergestalt: Miteinander reden – Stammtisch

Es wird von den Führungskräften erwartet, dass sie die Mitarbeiter vorantreiben und mobilisieren. Gerade beim Stammtisch soll eine Initiative von den Führungskräften ausgehen, dass wieder mehr junge Mitarbeiter daran teilnehmen. Zumeist nehmen am Stammtisch nur die gleichen Personen teil, von den jungen Mitarbeitern geht keiner mehr hin. Mit dem Stammtisch wird das Miteinander und das Miteinander-Reden gefördert, da sowohl über Privates als auch Geschäftliches gesprochen wird. Leider fehlt oft die Bereitschaft, sich außerhalb der Arbeitszeit zu informieren. Es wird auch von den Führungskräften erwartet, dass sie mehr auf die Personen eingehen, da fehlt es an Feinfühligkeit und Gespür. Auch erwartet man sich bei persönlichen Problemen Hilfe. Die Mitarbeiter haben sich daneben, als langjährige Mitarbeiter das Unternehmen verlassen haben, alleine gelassen gefühlt. Man hat sich von den Führungskräften erwartet, dass sie nachfragen, wie es einem dabei geht. Früher ist man mehr durchs Unternehmen gegangen und hat kurze Unterhaltungen mit den Mitarbeitern geführt. Die Mitarbeiter haben dabei das Gefühl gehabt, wahrgenommen und respektiert zu werden. Auch kann dabei die Stimmung im Unternehmen wahrgenommen werden.

1.4.1. Erwartungen an die Führungskräfte

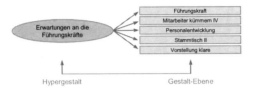

Abbildung 61: Erwartungen an die Führungskräfte

Hypergestalt: Erwartungen an die Führungskräfte

Es wird von den Führungskräften erwartet, dass sie die Mitarbeiter vorantreiben und mobilisieren. Es soll mehr auf die Personen eingegangen werden, da fehlt es an der Feinfühligkeit und am Gespür. Bei persönlichen Problemen erwartet man sich Hilfe und nicht einfach, dass die Dinge zurückgeschmissen werden. Auch als langjährige Mitarbeiter das Unternehmen verlassen haben, haben sich Mitarbeiter alleine gelassen gefühlt. Vielmehr hat man sich erwartet, dass die Führungskräfte nachfragen, wie es einem dabei geht. Auch soll es eine Initiative - von den Führungskräften - für den Stammtisch geben. Es sollen wieder mehr junge Mitarbeiter daran teilnehmen. Auch erwartet man sich von den Führungskräften eine klare Vorstellung über den Weg des Unternehmens und die Zukunft des Mitunternehmermodells. Hierüber bestehen zur Zeit Unklarheiten.

Gestalt-Ebene: Führungskraft

Es wird von einer Führungskraft erwartet, dass sie einen vorantreiben und mobilisieren. Bei Problemen gibt es keine ausreichende Hilfe, die Dinge werden einfach zurückgeschmissen. Die Mitarbeiter haben das Gefühl, alleine gelassen zu werden. Es soll mehr auf die Personen eingegangen werden, da fehlt bei den Führungskräften die Feinfühligkeit.

Gestalt-Ebene: Mitarbeiter kümmern IV

Es wird zu wenig auf die Mitarbeiter eingegangen, gerade in der Zeit, als langjährige Mitarbeiter das Unternehmen verlassen haben. Man hat sich erwartet, dass die Führungskräfte nachfragen, wie es einem dabei geht. Man fühlt sich alleine gelassen. Die Veränderungen im Unternehmen sind so stark gewesen, dass es kaum mehr aufgefallen ist.

Gestalt-Ebene: Personalentwicklung

Die Personalverantwortlichen sollen sich die Zeit nehmen und mehr auf die Mitarbeiter zugehen. Die Stimmung im Unternehmen und das Empfinden des Personals werden dadurch früher wahrgenommen. Mehr Gespür für die Mitarbeiter würde die Sache positiv unterstützen.

Gestalt-Ebene: Stammtisch II

Die jungen Mitarbeiter und jungen Menschen sollen motiviert werden, dass sie am Stammtisch teilnehmen. Die Initiative soll von den Führungspersonen ausgehen, stattdessen haben sich diese zurückgezogen.

Gestalt-Ebene: Vorstellung klare

Es soll eine klare Vorstellung über den Weg des Unternehmens und über die Zukunft des Mitunternehmermodells präsentiert werden. Zur Zeit bestehen hierüber Unklarheiten.

1.4.2. Mitarbeiter kümmern

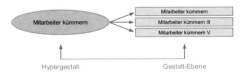

Abbildung 62: Mitarbeiter kümmern

Hypergestalt: Mitarbeiter kümmern

SACOL ist sehr mitarbeiterorientiert. Wenn es einem Mitarbeiter schlecht geht, wird dieser gefördert. Der Unternehmensgründer ist früher öfter durchs Unternehmen gegangen und hat kurze Unterhaltungen mit den Mitarbeitern geführt. Dabei hat er nachgefragt, ob es allen gut geht. Die Mitarbeiter haben das Gefühl gehabt, wahrgenommen und respektiert zu werden. Es sind auch negative Dinge gesagt oder Ideen eingebracht worden. Er hat sich für einen persönlich interessiert. Die Stimmung im Unternehmen ist dabei gut wahrgenommen worden.

Gestalt-Ebene: Mitarbeiter kümmern

SACOL ist sehr mitarbeiterorientiert und ein soziales Unternehmen. Wenn es einem Mitarbeiter schlecht geht, wird dieser gefördert. Auch ist SACOL durch Sponsoraktivitäten außerhalb des Unternehmens aktiv.

Gestalt-Ebene: Mitarbeiter kümmern III

Der Unternehmensgründer hat früher seine Runden durchs Unternehmen gemacht und kurze Unterhaltungen mit den Mitarbeitern geführt. Er hat dabei kurz nachgefragt, ob es allen gut geht. Die Mitarbeiter haben dabei das Gefühl gehabt, dass sie der Unternehmensgründer wahrnimmt und respektiert.

Gestalt-Ebene: Mitarbeiter kümmern V

Die kurzen Unterhaltungen mit dem Unternehmensgründer haben das positive Gefühl geweckt, es kümmert sich jemand um einen bzw. er interessiert sich für die vorgebrachten Ideen. Es konnten ihm auch gut negative Dinge gesagt werden. Er ist auf die Personen gut eingegangen und hat den Mitarbeitern auch Ängste genommen. Bei solchen Gesprächen hat er sowohl mehr erfahren, als auch die Stimmung im Unternehmen wahrgenommen. Dies hat sich seit dem Führungswechsel verändert.

1.4.3. Philosophie - Markenverfassung

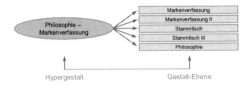

Abbildung 63: Philosophie – Markenverfassung

Hypergestalt: Philosophie – Markenverfassung

Die Markenverfassung und der genetische Code definieren die Marke SACOL. Es ist eine Linie, an der kann man sich orientieren. Die Markenverfassung wird auch als Geländer, als Hilfe gesehen, an der man sich halten kann. Auf sie ist im letzten Veränderungsprozess zurückgegriffen worden. Es ist nachgeschaut worden, ob wir mit dem Schritt noch SACOL sind, oder ob wir unseren Weg verlassen. Die Markenverfassung legt bestimmte Grenzen und Spielregeln fest, in denen man sich frei bewegen kann. Daneben verdeutlicht sie, was das Unternehmen und dessen Stärken sind. Die Philosophie fördert das Miteinander und den Zusammenhalt im Unternehmen. Dieses Miteinander und das Miteinander-Reden werden auch durch den Stammtisch gefördert, da wird sowohl über Privates als auch über Geschäftliches gesprochen. Am Stammtisch nehmen zusehends nur die gleichen Personen teil. Die jungen Mitarbeiter und jungen Menschen gehen nicht mehr hin. Es fehlt teilweise die Bereitschaft, sich außerhalb der Arbeitszeit zu informieren. Eine vermehrte Teilnahme würde das Miteinander-Reden fördern.

Gestalt-Ebene: Markenverfassung

Die Markenverfassung und der genetische Code sind ein hilfreiches Tool, ein Geländer für jeden. An dem kann man sich festhalten. Beim Veränderungsprozess Lieferantenwechsel hat man auf die Markenverfassung zurückgegriffen, um zu sehen, sind wir dann noch SACOL oder verlassen wir da durch die Entscheidung unseren Weg. Die Markenverfassung lässt dabei einen Interpretationsspielraum zu und legt doch bestimmte Grenzen fest, in denen man sich sehr frei bewegen kann.

Gestalt-Ebene: Markenverfassung II

Die Markenverfassung basierend auf dem genetischen Code der Marke SACOL ist eine Linie, an der man sich orientieren kann; eine Spielregel. Die Markenverfassung ist auch aus dem Grund hilfreich für das Unternehmen, da so festgelegt ist, was das Unternehmen ist und was die Stärken von SACOL sind. Es soll dem Kunden damit verdeutlicht werden, dass wir zu unseren Produkten stehen.

Gestalt-Ebene: Stammtisch

Beim Stammtisch wird verstärkt miteinander geredet, es ist ein offenes, lockeres Klima. Offene Fragen können leichter angesprochen und aufgearbeitet werden. Es wird sowohl über Privates als auch Geschäftliches gesprochen, das Gefühl von einem Miteinander wird gefördert.

Gestalt-Ebene: Stammtisch III

Zumeist nehmen am Stammtisch nur die gleichen Leute teil, von den jungen Mitarbeitern und jungen Menschen geht keiner mehr hin. Es fehlt auch teilweise die Bereitschaft, sich außerhalb der Arbeitszeit zu informieren. Eine vermehrte Teilnahme würde das Miteinander-Reden, als auch das Dinge ansprechen, fördern.

Gestalt-Ebene: Philosophie

Die Philosophie fördert das Miteinander und den Zusammenhalt im Unternehmen. Es geht darum, an einem Ziel zu arbeiten und gemeinsam den Erfolg zu ernten. Die Philosophie soll wieder verstärkt ins Leben gerufen werden. Jeder muss sich dabei selbst Gedanken darüber machen, ob er in die Philosophie passt oder nicht. Die Philosophie kann man am Anfang nicht so leicht vermitteln, es ist vielmehr eine Lebensart, die man dort kennenlernt. Sie ist aber nicht immer leicht verständlich.

1.5. Informationsweitergabe im Unternehmen

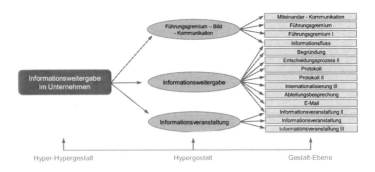

Abbildung 64: Informationsweitergabe im Unternehmen

Hyper-Hypergestalt: Informationsweitergabe im Unternehmen

Wichtige Entscheidungen, wie der Lieferantenwechsel, sind kurz per e-Mail mitgeteilt worden. Dies hat das Hintenherum-Reden und das Entstehen von Gerüchten gefördert. Auch reicht es bei manchen Themen nicht aus, ein Protokoll zu verfassen und ins Intranet zu stellen oder eine e-Mail zu schreiben. Sie sind oftmals als Informationsquelle nicht ausreichend. Man soll mehr auf die Leute zugehen und über Dinge reden, weil es halt doch etwas anderes ist, als es in einem Protokoll oder in einer e-Mail zu lesen. Bei Abteilungsbesprechungen wird versucht, über aktuelle Dinge zu informieren, doch jeder präsentiert das aus seiner persönlichen Gewichtung heraus bzw. wie er es verstanden hat. Jeder kommuniziert ein wenig anders und dadurch hat jede Abteilung einen anderen Informationsstand. Bei Informationsveranstaltungen bekommt man zwar Informationen, doch werden noch mehr Informationen fließen müssen. Sie entwickeln sich oftmals zu Fragestunden, weil man sonst zu wenig Informationen bekommen würde. Informationsveranstaltungen können Dinge aufklären, die Arbeit erleichtern, auch Ängste verringern und werden als positiv angesehen. Man kann fragen und alle sind am gleichen Informationsstand. Die Informationsveranstaltung beim Lieferantenwechsel ist als zu spät angesetzt empfunden worden, da es bereits Unruhe im Unternehmen gegeben hat. Auch hat bei der letzten Projektgruppe die Kommunikation zwischen den Leuten des Führungsgremiums und den Mitarbeitern überhaupt nicht gestimmt. Grund hierfür kann sein, dass sich das Führungsgremium erst selbst finden musste und die Kommunikation dabei zu kurz gekommen ist. Die Abläufe, die Entscheidungsfindungsprozesse und die Entscheidung selbst müssen klarer kommuniziert und begründet werden. So werden Missverständnisse vermieden.

1.5.1. Führungsgremium – Bild - Kommunikation

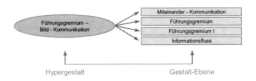

Abbildung 65: Führungsgremium – Bild – Kommunikation

Hypergestalt: Führungsgremium – Bild – Kommunikation

Das Führungsgremium hat sich zurückgezogen, eingemummt und dies wird als Gefahr gesehen. Es tritt nach außen hin sehr einig und kompakt auf. Gibt es in der Gruppe überhaupt noch einen Querdenker, oder sind alle nur Ja-Sager. Seit der Firmenübergabe haben sich Hierarchien eingeprägt. Es hat sich eine Kluft zwischen Führungsgremium und Mitarbeitern entwickelt. Bei der letzten Projektgruppe hat die Kommunikation zwischen den Mitgliedern des Führungsgremiums und den Mitarbeitern überhaupt nicht gestimmt. Ein Grund könnte sein, dass sich das Führungsgremium erst selbst finden musste, entsprechend ist auch die Kommunikation zu kurz gekommen. Die Abläufe und die Entscheidungsfindungsprozesse sollen daneben breiter kommuniziert werden.

Gestalt-Ebene: Miteinander Kommunikation

Früher hat die Kommunikation besser funktioniert, alle haben an einem Strang gezogen und jeder hat sich eingebracht. Es ist eine homogenere Truppe gewesen. Bei der letzten Projektgruppe hat die Kommunikation zwischen den Leuten des Führungsgremiums und den anderen Teilnehmern überhaupt nicht gestimmt. Grund hierfür kann sein, dass sich das Führungsgremium parallel dazu erst einmal selbst finden musste. In diesem Zuge ist auch die Kommunikation zu kurz gekommen. Mangelnde Kommunikation und mangelnde Aufklärung passen dabei gut zusammen.

Gestalt-Ebene: Führungsgremium

Das Führungsgremium hat sich zurückgezogen und eingemummt. Dies wird als Gefahr gesehen. Auch haben sich seit der Firmenübergabe Hierarchien im Unternehmen entwickelt. Es ist eine Schicht zwischen Führungsgremium und Mitarbeitern entstanden. Ein Bild von den Oben und den Unten.

Gestalt-Ebene: Führungsgremium I

Das Führungsgremium tritt nach außen hin sehr einig und kompakt auf. Gibt es in der Gruppe überhaupt noch einen Querdenker. Es hat den Anschein, als ob alle nur Ja-Sager sind. Die Abläufe und die Entscheidungsfindungsprozesse im Führungsgremium sind schwierig zu transportieren, sollen aber noch breiter kommuniziert werden.

Gestalt-Ebene: Informationsfluss

Du selbst sitzt in der Runde des Führungsgremiums und hast das Gefühl gut informiert zu sein. Es kann jedoch schon passieren, dass andere vielleicht nicht alle Informationen bekommen oder vergessen werden. Vielleicht gerade bei den Leuten, die gar nicht mehr nachgefragt haben. Es hat eine informative Lücke zwischen der langen Planung und der Bekanntgabe der Entscheidung zum Lieferantenwechsel gegeben.

1.5.2. Informationsweitergabe

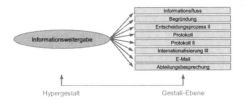

Abbildung 66: Informationsweitergabe

Hypergestalt: Informationsweitergabe

Die Vorstellungen zum Ablauf des Entscheidungsprozesses und der Entscheidung selbst müssen klarer kommuniziert und begründet werden, dann werden auch Missverständnisse vermieden. Die Internationalisierung ist als lange geplant empfunden worden, doch der Schritt zur Umsetzung als relativ schnell. Wichtige Entscheidungen, wie der Lieferantenwechsel, sind nur kurz per e-Mail mitgeteilt worden, dies hat das Hintenherum-Reden und das Entstehen von Gerüchten gefördert. Bei manchen Themen reicht es oftmals nicht aus, ein Protokoll zu verfassen und ins Intranet zu stellen, oder eine e-Mail zu schreiben. Dies ist oftmals als Informationsquelle nicht ausreichend, vielmehr soll auf die Leute zugegangen werden. In diesem Zuge wird über die Dinge gemeinsam geredet. Auch ist es etwas anderes, als es in einem Protokoll oder in einer e-Mail zu lesen. Gerade bei Abteilungsbesprechungen wird versucht, über die aktuellen Dinge zu informieren, doch jeder präsentiert die Informationen unterschiedlich gewichtet. Jeder kommuniziert ein wenig anders, dadurch hat jede Abteilung einen anderen Informationsstand.

Gestalt-Ebene: Informationsfluss

Du selbst sitzt in der Runde des Führungsgremiums und hast das Gefühl, gut informiert zu sein. Es kann schon passieren, dass andere vielleicht nicht alle Informationen bekommen haben oder einfach vergessen werden. Dies auch noch bei den Leuten, die dann gar nicht mehr nachgefragt haben. Es hat eine informative Lücke zwischen der langen Planung und der Bekanntgabe der Entscheidung zugunsten des Lieferantenwechsels gegeben.

Gestalt-Ebene: Begründung

Entscheidungen sollen klar begründet werden. Eine Präsentation soll zeigen können, warum und wie die Entscheidung getroffen worden ist.

Gestalt-Ebene: Entscheidungsprozess II

Die Vorstellung zum Ablauf des Entscheidungsprozesses und der Entscheidung selbst muss klarer kommuniziert werden. Damit werden auch Missverständnisse vermieden.

Gestalt-Ebene: Protokoll

Es ist oftmals nicht ausreichend nur ein Protokoll über Beschlüsse oder Entscheidungen zu erstellen und ins Intranet zu stellen. Sie sind teilweise als Informationsquelle nicht ausreichend, zudem sagen sie nichts zum Ablauf des Entscheidungsprozesses in den Sitzungen aus.

Gestalt-Ebene: Protokoll II

Bei manchen Themen reicht das Protokoll nicht aus, vielmehr soll man auf die Leute zugehen. Dabei macht man sich auch ein Bild zur Stimmung. Auch ist etwas anderes, über Dinge gemeinsam zu reden, als es in einem Protokoll nachzulesen.

Gestalt-Ebene: Internationalisierung III

In anderen Köpfen ist die Entscheidung für den Lieferantenwechsel und die Umstellung der Produkte schon länger gewachsen, doch ist sie im Unternehmen als relativ schnell empfunden worden. So ist relativ rasch ein Nachfolger zum alten Lieferanten gefunden worden. Die Planung der Internationalisierung ist als lange angesehen worden, die Umsetzung dagegen als schnell.

Gestalt-Ebene: E-Mail

Wichtige Entscheidungen, wie den Lieferantenwechsel, oder dass Mitarbeiter das Unternehmen verlassen, hat man am Anfang nur kurz per e-Mail mitgeteilt bekommen. Dies hat das Entstehen von Gerüchten gefördert. Ein Zugehen auf die Mitarbeiter hätte dies reduziert.

Gestalt-Ebene: Abteilungsbesprechung

In der Abteilungsbesprechung wird versucht über die aktuellen Ereignisse oder Entscheidungen von seinem Standpunkt aus zu informieren, doch jeder präsentiert die Informationen unterschiedlich. Jeder kommuniziert unbeabsichtigt ein wenig anders, dadurch hat jede Abteilung einen anderen Informationsstand.

1.5.3. Informationsveranstaltung

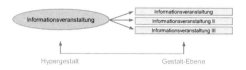

Abbildung 67: Informationsveranstaltung

Hypergestalt: Informationsveranstaltung

Informationsveranstaltungen sind bei Umstrukturierungen wie beim Lieferantenwechsel erforderlich. Sie sind jedoch als zu spät angesetzt empfunden worden, da es bereits Unruhe im Unternehmen gegeben hat. Bei Informationsveranstaltungen bekommt man zwar Informationen, doch werden noch mehr davon fließen müssen. Die Veranstaltungen entwickeln sich teilweise zu Fragestunden, trotzdem bekommt man so am meisten mit. Jeder kann fragen und alle sind am gleichen Informationsstand. Auch können Informationsveranstaltungen Dinge aufklären, die Arbeit erleichtern und auch Ängste verringern. Sie sind positiv gesehen worden.

Gestalt-Ebene: Informationsveranstaltung

Es sind mehr Informationsveranstaltungen bei Umstrukturierungen wie beim Lieferantenwechsel erforderlich. Dies erleichtert die Arbeit und verringert auch die Ängste im Unternehmen.

Gestalt-Ebene: Informationsveranstaltung II

Bei den Informationsveranstaltungen hat man Informationen bekommen, doch werden in Zukunft noch mehr fließen müssen. Die Informationsveranstaltungen entwickeln sich zu Fragestunden, weil sonst würde man zu wenig Informationen bekommen. Dabei kriegt man bei Informationsveranstaltungen am meisten mit. Jeder kann nachfragen und alle sind am gleichen Stand.

Gestalt-Ebene: Informationsveranstaltung III

Gerade beim Lieferantenwechsel sind zu wenige Informationen geflossen, es sind Gerüchte und ein falsches Bild zur Geschäftsleitung entstanden. Die Informationsveranstaltung kann Dinge aufklären und ist als positiv angesehen worden. Beim Lieferantenwechsel ist die Informationsveranstaltung als zu spät einberufen empfunden worden, da es bereits Unruhe im Unternehmen gegeben hat.

1.6. Strategische Entscheidung

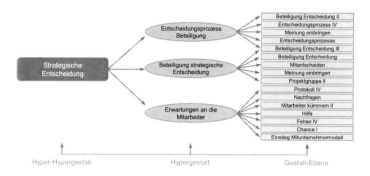

Abbildung 68: Strategische Entscheidung

Hyper-Hypergestalt: Strategische Entscheidung

Bei strategischen Entscheidungen hat man die Möglichkeit seine Meinung, seine Ideen oder seine Kritik einzubringen, doch werden diese nicht berücksichtigt, nicht mit einbezogen, oder nicht gehört. Daher bemühen sich viele gar nicht mehr. Es wird daneben als positiv empfunden, wenn vor strategischen Entscheidungen kurz einmal nachgefragt wird. Was haltet ihr davon oder was meint ihr dazu. Man kann jedoch nicht jeden fragen, oder auf jeden eingehen. In den Entscheidungsprozess sollen nur die Personen miteinbezogen werden, die es betrifft. Die strategischen Entscheidungen sollen von der Geschäftsführung getroffen werden. Man möchte so beteiligt sein, wie man es bis jetzt ist, denn man will seinen Kopf nicht damit belasten, eine Entscheidung treffen zu müssen. Es sollen an der Entscheidungsfindung zudem nicht vier, fünf, oder sechs Leute beteiligt sein, sondern nur eine oder zwei. Ansonsten werden viele Sachen zu Tode diskutiert, vielmehr soll schneller entschieden werden. Das ständige Hinterfragen kostet zu viel Zeit. Diskussionen sind gut, wenn sie sich jedoch im Kreis drehen, wünscht man sich einen Schlussstrich. Bei offenen Fragen zu Entscheidungen soll jeder Mitarbeiter so viel Interesse haben und auf die Führungskräfte zugehen und nachfragen. Es ist nicht die Aufgabe der Führungskräfte, ständig bei den Mitarbeitern nachfragen zu müssen.

1.6.1. Entscheidungsprozess - Beteiligung

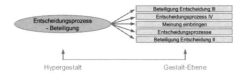

Abbildung 69: Entscheidungsprozess - Beteiligung

Hypergestalt: Entscheidungsprozess - Beteiligung

Man will jedoch seinen Kopf nicht damit belasten, strategische Entscheidungen treffen zu müssen. In den Entscheidungsprozess sollen die Personen mit einbezogen werden, die davon betroffen sind. Strategische Entscheidungen sollen vermehrt von der Geschäftsführung getroffen werden. Dabei sollen an der Entscheidungsfindung nicht vier, fünf, oder sechs Leute beteiligt sein, sondern nur ein oder zwei. Viele Sachen werden zu Tode diskutiert, Entscheidungen sollen schneller getroffen werden. Das ständige Hinterfragen braucht viel Zeit und die Beteiligung von so vielen Personen verwässert die Entscheidung. Diskussionen sind gut, wenn sie sich jedoch im Kreis drehen, wünscht man sich einen Schlussstrich, einen Punkt, an dem die Entscheidung getroffen wird. Im eigenen Aufgabenbereich und alles was die eigene Arbeit betrifft, kann man sehr wohl die Meinung einbringen und mitreden. Dies ist auch in Abteilungsbesprechungen möglich und wird als optimal und sehr wichtig eingeschätzt. Da fühlt man sich auch bei Entscheidungen gut beteiligt. Es soll so bleiben, wie es bis jetzt ist.

Gestalt-Ebene: Beteiligung Entscheidung III

Man kann nicht jeden fragen oder auf jeden eingehen. Es sind einfach zu viele Leute im Unternehmen. Auch möchte man so beteiligt sein, wie man es bis jetzt ist. Man will seinen Kopf nicht damit belasten, eine strategische Entscheidung treffen zu müssen.

Gestalt-Ebene: Entscheidungsprozess IV

Es sollen die Personen in den Entscheidungsprozess einbezogen werden, die es wirklich betrifft. Bei der Entscheidungsfindung sollen nur ein, zwei Leute beteiligt sein, nicht vier, fünf oder sechs. Zudem werden viele Sachen zu Tode diskutiert, es soll schneller entschieden werden. Diskussionen sind gut, wenn sie sich jedoch im Kreis drehen, wünscht man sich einen Schlussstrich. Einen Punkt, an dem die strategische Entscheidung getroffen wird.

Gestalt-Ebene: Meinung einbringen II

Die eingebrachten Meinungen werden berücksichtigt, dies ist insbesondere auf der Entscheidungsebene der eigenen Abteilung der Fall. Es kann jedoch auch erforderlich sein, dass die Meinung oder die Idee mehrmals eingebracht werden muss. Dahingehend ist auch die Erwartungshaltung der Führungskräfte.

Gestalten-Ebene: Entscheidungsprozesse

Strategische Entscheidungen sollen vermehrt von der Geschäftsführung, also vom Geschäftsführer getroffen werden. Dies würde Entscheidungen beschleunigen, das ständige Hinterfragen kostet zu viel Zeit. Daneben wird die Entscheidung durch die Beteiligung von zu vielen beteiligten Personen am Entscheidungsprozess verwässert.

Gestalt-Ebene: Beteiligung Entscheidung II

Im eigenen Aufgabenbereich bzw. alles was mit der eigenen Arbeit zu tun hat, kann man seine Meinung einbringen, und kann man bei Entscheidungen mitreden. Auch ist dies bei Abteilungsbesprechungen der Fall. Dies wird als optimal und als sehr wichtig angesehen.

1.6.2. Beteiligung strategische Entscheidung

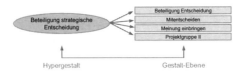

Abbildung 70: Beteiligung strategische Entscheidung

Hypergestalt: Beteiligung strategische Entscheidung

Jeder kann seine Meinung, seine Ideen oder seine Kritik zu strategischen Entscheidungen einbringen. Sie werden jedoch nicht berücksichtigt, daher bemühen sich viele auch gar nicht mehr. Es wird als positiv empfunden, wenn vor strategischen Entscheidungen kurz einmal nachgefragt wird. Was haltet ihr davon oder was meint ihr dazu. Es gibt bei strategischen Entscheidungen jedoch kein demokratisches System, wo die Mehrheit entscheidet. Eine Projektgruppe fördert daneben die Akzeptanz für die Entscheidung. In einer Projektgruppe kann zudem vorgefühlt werden, inwieweit die Entscheidung mitgetragen wird.

Gestalt-Ebene: Beteiligung Entscheidung

Jeder kann seine Meinung oder seine Ideen bei strategischen Entscheidungen einbringen. Dabei wird es als positiv gesehen, wenn vor Entscheidungen kurz einmal nachgefragt wird. Was haltet ihr davon oder was meint ihr dazu. Die Beteiligung an strategischen Entscheidung wird als ausreichend empfunden. Man möchte so beteiligt sein, wie man es jetzt ist. Man muss den Kopf nicht damit belasten - auch möchte man nicht die Verantwortung dafür tragen. Es ist zudem nicht möglich, jedes Mal eine Abstimmung mit 50 Leuten zu machen.

Gestalt-Ebene: Mitentscheiden

Es besteht ein Missverständnis dahingehend, dass Mitunternehmer sehr wohl eingeladen sind, Ideen oder Argumente einzubringen, jedoch bei strategischen Entscheidungen nicht mitentscheiden dürfen. Bei strategischen Entscheidungen gibt es kein demokratisches System, wo die Mehrheit entscheidet, sondern es gibt Entscheidungskompetenzen. Diese liegen bei der Geschäftsleitung oder beim Führungsgremium. Dies ist auch im Organigramm so festgeschrieben.

Gestalt-Ebene: Meinung einbringen

Es besteht zwar die Möglichkeit die Meinung oder Kritik einzubringen, doch bei wirklichen Entscheidungen wird diese nicht berücksichtigt. Sie wird einfach nicht gehört oder nicht mit einbezogen. Daher interessieren und bemühen sich auch viele gar nicht mehr; sich persönlich einzubringen.

Gestalt-Ebene: Projektgruppe II

Eine Projektgruppe fördert eine höhere Akzeptanz für die Entscheidung. Mit einer Projektgruppe wird auch vorgefühlt, inwieweit die Entscheidungen im Unternehmen mitgetragen werden.

1.6.3. Erwartungen an die Mitarbeiter

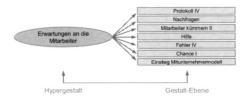

Abbildung 71: Erwartungen an die Mitarbeiter

Hypergestalt: Erwartungen an die Mitarbeiter

Protokolle ersparen nicht nur Zeit bei der Informierung, sondern sie dienen auch als Informationsquellen für getroffene Entscheidungen. Bei offenen Fragen soll jeder Mitarbeiter so viel Interesse haben und auf die Führungskräfte zugehen und nachfragen. Die Aufgabe der Führung besteht nicht darin, dass ständig bei den Mitarbeitern nachgefragt werden muss. Es wird immer signalisiert: 'Wenn du Probleme hast, dann komme, und wir reden darüber´. Das Unternehmen bietet sich als Ansprechpartner an, und es wird auch von den Mitarbeitern so verstanden und angenommen. Bei SACOL gibt es auch die Aufforderung - Mut zum Fehler. Fehler sind erlaubt, doch soll auch dafür die Verantwortung übernommen oder dahingehend entwickelt werden. Auch sollen Veränderungen als Chance verstanden werden, aktiv über etwas nachzudenken, sich zu beweisen oder etwas auszuprobieren.

Gestalt-Ebene: Protokoll IV

Ein Protokoll erspart nicht nur Zeit bei der Informierung, sondern dient auch als Informationsquelle für getroffene Entscheidungen. Die Erwartungshaltung geht dahin, dass man sich bei geeigneten Personen informiert oder nachfragt, falls es nach dem Durchlesen des Protokolls noch Fragen gibt.

Gestalt-Ebene: Nachfragen

Die Protokolle bieten Informationen zu Entscheidungen. Fragt man ein wenig nach, dann erfährt man, worum es geht. Bei offenen Fragen sollen die Mitarbeiter so viel Interesse haben und nachfragen. Nicht nur passiv auf Informationen zu warten, sondern von sich aus Interesse zeigen. Wissen ist Holschuld und Informationen sind Bringschuld.

Gestalt-Ebene: Mitarbeiter kümmern II

Es ist nicht die Aufgabe der Führung, ständig bei den Mitarbeitern nachfragen zu müssen. Es wird mehr Eigenverantwortung in die jeweiligen Aufgabenbereiche gelegt. Die Mitarbeiter sollen bei Problemen auf das Führungspersonal zugehen. Dahingehend hat sich auch der Führungsstil gegenüber früher verändert.

Gestalt-Ebene: Hilfe

Es wird immer wieder signalisiert, wenn du Probleme hast, komme und wir reden darüber. Das Unternehmen bietet sich als Ansprechpartner an. Es wird auch von den Mitarbeitern so verstanden und angenommen.

Gestalt-Ebene: Fehler IV

Jeder macht Fehler, es gibt sogar die Aufforderung, Mut zum Fehler. Fehler sind erlaubt und nicht schlimm. Aus Fehlern kann und soll gelernt werden. Durch Fehler lernt man auch seine Grenzen kennen, doch soll für gemachte Fehler die Verantwortung übernommen werden.

Gestalt-Ebene: Chance I

Veränderungen sollen als Chance verstanden werden, aktiv über etwas nachzudenken. Auch die Chance zulassen, damit man sich beweisen oder es einfach probieren kann.

Gestalt-Ebene: Einstieg Mitunternehmermodell

Vor über einem Jahr ist die zeitliche Barriere für den Einstieg ins Mitunternehmermodell abgeschafft worden. Nun sind die persönliche Einstellung und die Qualifikation wichtig. Dabei genügt jedoch nicht ein normaler Arbeitsablauf, vielmehr soll auch die Verantwortung für das Handeln übernommen bzw. dahingehend entwickelt werden. Die Abänderung der Einstiegskriterien zeigt, dass man versucht ist, möglichst viele ins Mitunternehmermodell hinein zu holen und das Unternehmen dadurch abzusichern. Die Einstiegskriterien sollen dagegen vielmehr erschwert werden, damit jeder bestrebt ist, aufgenommen zu werden.

1.7. Mitunternehmermodell – Punktebewertung

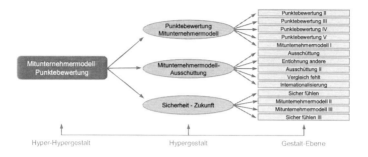

Abbildung 72: Mitunternehmermodell - Punktebewertung

Hyper-Hypergestalt: Mitunternehmermodell - Punktebewertung

Die Bewertung, also die Eigen- und Fremdeinschätzung, wird offen miteinander diskutiert, und es entsteht eine Gruppendynamik. Die Philosophie und das Mitunternehmermodell fördern diese Offenheit. Die Bewertungen von Mitarbeiter zu Mitarbeiter sind dabei oft eine wackelige Sache. Es werden Softfacts beurteilt und die sind halt relativ, so werden Sympathieträger und Schmähführer bevorzugt. Manche überschätzen auch ihre Leistung. Anhand der Punktebewertung lässt sich sehr gut herausarbeiten, wer Arbeit liegen lässt oder wer sich in die Gruppe eingliedert. Außerdem ist man durch das Mitunternehmermodell am Erfolg des Unternehmens beteiligt. Dies wird sehr positiv gesehen. Mit dem Einstieg ins Mitunternehmermodell verringert sich das monatliche Gehalt auf den Kollektivvertrag. Die Unsicherheit in Bezug auf die Gewinnausschüttung erschwert die persönliche Planung. Das Toleranzband hierfür liegt bei den Personen höher, die das bereits erlebt haben oder von vornherein mehr verdienen. Insgeheim gibt es eine Erwartungshaltung für eine Gewinnausschüttung am Ende des Jahres, schließlich soll sich der Einstieg rentieren. Auch sind in den erfolgreichen Jahren mit hohen Ausschüttungen Vorstellungen entstanden, die auf Dauer nicht erfüllbar sind. Die Personen, die über die Ausschüttung klagen, sollen bspw. ein paar Monate in einen anderen Betrieb arbeiten gehen und sehen, wie es da zugeht. Mit der Zeit wird nicht mehr geschätzt, was man hat, es wird zur Gewohnheit und es kommt teilweise zu Realitätsverlusten. Auch wird auf die Kluft bei der Einstufung hingewiesen. Wieso sollen die oben im

Verkauf gegenüber denen im Lager mehr verdienen. Auch fördert die Punktebewertung den Vergleich der erhaltenen Punktezahl untereinander. Dies wird besonders durch die Offenheit im Unternehmen ermöglicht. Daneben hat dieser Vergleich einen sehr negativen Einfluss auf die Stimmung im Unternehmen gehabt.

1.7.1. Punktebewertung – Mitunternehmermodell

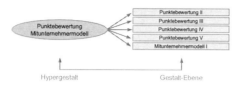

Abbildung 73: Punktebewertung Mitunternehmermodell

Hypergestalt: Punktebewertung – Mitunternehmermodell

Die Bewertungsergebnisse, die Eigen- und Fremdeinschätzung, werden offen miteinander diskutiert. Es entsteht dadurch eine Gruppendynamik. Bei dieser Diskussion sollen die Schwächen und Stärken erkannt werden. Die Bewertungen von Mitarbeiter zu Mitarbeiter sind dabei oft eine wackelige Sache. Es wird auf der einen Seite nach Softfacts beurteilt und die sind oft sehr relativ. So werden Sympathieträger und Schmähführer bevorzugt. Manche haben auch ihre Leistungen überschätzt. Die Punktebewertung lässt jedoch gut herausarbeiten, wer die Arbeit liegen lässt oder wer sich in die Gruppe eingliedert. Die Einstufung hat zu einer Kluft im Unternehmen geführt, denn warum sollen die Personen im Verkauf, die da oben, mehr als, die da unten, im Lager verdienen. Wieso sollen auch die Techniker mehr Punkte bekommen. Wir machen die gleiche Arbeit, zudem haben sie sowieso das höhere Grundgehalt. Die Punktebewertung fördert daneben den Vergleich der erhaltenen Punktezahl untereinander. Dies ist insbesondere durch die Offenheit im Unternehmen möglich. Diese Vergleiche haben jedoch einen sehr negativen Einfluss auf die Stimmung im Unternehmen gehabt.

Gestalt-Ebene: Punktebewertung II

Mit der Punktebewertung wird der Vergleich der erhaltenen Punktezahl untereinander gefördert. Dies ist insbesondere durch die Offenheit im Unternehmen möglich. Die Vergleiche der Punktzahl haben einen negativen Einfluss auf die Stimmung im Unternehmen gehabt.

Gestalt-Ebene: Punktebewertung III

Manche haben bei der Punktebewertung das Gefühl, unterbewertet zu sein. Dieses Gefühl entsteht dadurch, dass die auszuführenden Arbeiten teilweise sehr unterschiedlich sind und sich nur schwer miteinander vergleichen lassen. Auch werden sogenannte Schmähführer, oder Sympathieträger bei der Punktevergabe bevorzugt.

Gestalt-Ebene: Punktebewertung IV

Die Bewertung, also die Eigen- und Fremdeinschätzung, wird offen miteinander diskutiert. Es entsteht eine Gruppendynamik. Ist jemand mit der Anzahl an Punkten unzufrieden, liegt es an der Gruppe, die Probleme zu lösen. Durch die Bewertungen lässt sich sehr gut herausarbeiten, wer Arbeit liegen lässt, oder wer sich in die Gruppe eingliedert. Ab und an ist die Bewertung eine wackelige Geschichte, manche überschätzen ihre eigene Leistung. Daneben verschieben manchmal neue Mitarbeiter das Bild.

Gestalt-Ebene: Punktebewertung V

Die Bewertungen von Mitarbeiter zu Mitarbeiter sind oft eine wackelige Sache, denn es wird auch nach Softfacts beurteilt und die sind halt immer alle sehr relativ. Auch wird auf die Kluft bei der Einstufung hingewiesen, wieso sollen die Personen oben im Verkauf gegenüber denen unten im Lager mehr verdienen. Es soll gerechter verteilt werden. Schließlich machen wir die gleiche Arbeit. Wieso sollen die Techniker mehr Punkte bekommen, sie haben eh schon ein höheres Grundgehalt.

Gestalt-Ebene: Mitunternehmermodell I

Beim Mitunternehmermodell geht es nicht nur um ein reines Entlohnungsmodell, sondern auch um Bewusstseinsbildung durch den philosophischen Ansatz. In Gruppengesprächen bzw. bei der Einzel- und Fremdeinschätzung sollen die Schwächen und Stärken erkannt werden. Es kommt zu einer Gruppendynamik.

1.7.2. Mitunternehmermodell – Ausschüttung

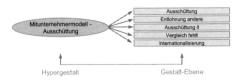

Abbildung 74: Mitunternehmermodell - Ausschüttung

Hypergestalt: Mitunternehmermodell – Ausschüttung

Durch den Einstieg ins Mitunternehmermodell verringert sich das monatliche Gehalt auf den Kollektivvertrag. Die Unsicherheit in Bezug auf die Gewinnausschüttung erschwert die persönliche Planung. Bei den Personen, die damit bereits Erfahrungen oder von vornherein ein höheres Gehalt haben, ist das Toleranzband hierfür sicher höher. Insgeheim gibt es im Unternehmen eine Erwartungshaltung für eine Gewinnausschüttung am Ende des Jahres. Der Einstieg ins Mitunternehmermodell soll sich schließlich auszahlen. In den erfolgreichen Jahren mit hohen Ausschüttungen sind Vorstellungen entstanden, die auf Dauer nicht erfüllbar sind. Auch wird betont, dass die Expansionsschritte Geld kosten und sich negativ auf den Ausschüttungstopf auswirken. Dabei sollen sich diejenigen Personen nicht über die Ausschüttung aufregen, sondern für ein paar Monate in eine andere Firma arbeiten gehen; dann werden sie sehen, wie es da zugeht. Mit der Zeit wird nicht mehr geschätzt, was man hat. Es ist zur Gewohnheit geworden, und es kommt teilweise zu Realitätsverlusten. Beim Mitunternehmermodell geht es nicht nur um eine andere Art der Entlohnung, sondern auch um den philosophischen Ansatz, Miteinander etwas zu erarbeiten.

Gestalt-Ebene: Ausschüttung

Mit dem Einstieg ins Mitunternehmermodell verringert sich das monatliche Gehalt auf die Höhe des Kollektivvertrags. Die Gewinnausschüttung wird als ´Zuckerl´ verstanden. Unterm Jahr ist man bemüht, mit dem Geld zu recht zu kommen, was man laut Kollektivvertrag bekommt. Es gibt jedoch eine insgeheime

Erwartungshaltung für eine Gewinnausschüttung am Ende jeden Geschäftsjahres, denn schließlich soll sich der Einstieg auch auszahlen. Außerdem erschwert die Unsicherheit in Bezug auf die Gewinnausschüttung die persönliche Planung. Hierfür liegt das Toleranzband bei den Personen sicher höher, die das bereits erlebt haben oder von vornherein mehr verdienen.

Gestalt-Ebene: Entlohnung andere

Das Mitunternehmermodell ist nicht nur ein anderes Entlohnungsmodell, es geht auch um den philosophischen Ansatz, der dahinter steckt. Miteinander etwas zu erarbeiten. Ist man sich diesen Dingen nicht bewusst, so reduziert sich das Mitunternehmermodell auf eine andere Art der Entlohnung und das ist gefährlich.

Gestalt-Ebene: Ausschüttung II

Die Personen, welche sich über die Ausschüttung aufregen, sollen ein paar Monate in einem anderen Betrieb arbeiten und schauen, wie es da zugeht. Wer sich außerdem wegen der Ausschüttung beklagt, dem geht es nur ums Geld. Die positiven Sachen, die man davon hat, werden nicht gesehen. Dabei hat man bei SACOL einen sicheren Job. Durch die erfolgreichen Jahre mit den hohen Ausschüttungen sind Vorstellungen entstanden, die auf Dauer nicht erfüllbar sind.

Gestalt-Ebene: Vergleich fehlt

Bei SACOL geht es einem wirklich gut. Viele, die sich wegen der Ausschüttung aufregen oder unzufrieden sind, sollten vielleicht einmal in eine andere Firma gehen. Mit der Zeit wird nicht mehr so geschätzt, was man hat. Es wird zur Gewohnheit und es kommt teilweise zu Realitätsverlusten. Es fehlt einfach der Vergleich mit anderen Unternehmen.

Gestalt-Ebene: Internationalisierung

Bei der Internationalisierung nach Irland hat es eine Initialzündung gegeben. Man hat sehr viel investiert und dann einfach alles laufen gelassen. Es passiert nicht viel. Dies hat auch mit der Person im Außendienst zu tun, er ist nicht kaufmännisch und in der EDV geschult worden. Außerdem hat es zu wenig Kontrolle gegeben, man hat zu wenig Druck gemacht. Mit Irland hat es keine guten Erfahrungen gegeben. Dabei kosten diese Expansionsschritte Geld und das wirkt sich negativ auf den Ausschüttungstopf aus.

1.7.3. Sicherheit – Zukunft

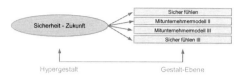

Abbildung 75: Sicherheit – Zukunft

Hypergestalt: Sicherheit – Zukunft

Die unternehmerische Philosophie gibt einem das Gefühl von Sicherheit. Die Mitarbeiter sind bei der Arbeit motiviert. Auch wird das Unternehmen bspw. durch die Internationalisierung weiterentwickelt. Durch das Mitunternehmermodell hat das Unternehmen ein sehr gutes Fundament. Die Aufteilung in einen variablen und fixen Anteil ist ein riesiger Sicherheitsfaktor. Würde es dem Unternehmen einmal schlechter gehen, muss man sich nicht gleich Sorgen um die Firmenzukunft machen. Durch die Reduzierung der Fixkosten ist auch eine bestimmte Arbeitsplatzsicherheit vorhanden. Jeder verdient ein normales Gehalt in der Höhe des Kollektivvertrages, mit dem kommt man aber zurecht. Außerdem ist man durch das Mitunternehmermodell am Erfolg des Unternehmens beteiligt. Diese Möglichkeit wird sehr positiv gesehen. Man fühlt sich bei SACOL wohl und trotz des schwierigen Marktes glaubt man an die Zukunft des Unternehmens.

Gestalt-Ebene: Sicher fühlen

Die Philosophie von SACOL vermittelt ein Gefühl von Sicherheit. Die Mitarbeiter sind bei der Arbeit engagiert. Das Unternehmen wird bspw. durch die Internationalisierung weiterentwickelt. SACOL wird als zukunftssicheres Unternehmen gesehen.

Gestalt-Ebene: Mitunternehmermodell II

Das Unternehmen hat ein sehr gutes Fundament, das einem schon Sicherheit gibt. Das Mitunternehmermodell mit seiner Gehaltsteilung in einen variablen und fixen Teil ist dabei ein riesiger Sicherheitsfaktor. Geht es dem Unternehmen in Zukunft einmal schlechter, muss man sich nicht gleich Sorgen um die Firmenzukunft machen. Indem man die Fixkosten minimiert hat, ist einfach eine bestimme Arbeitsplatzsicherheit da. Unter dem Jahr verdient man ein normales Gehalt in der Höhe des Kollektivvertrages, mit dem kommt man aber zurecht.

Gestalt-Ebene: Mitunternehmermodell III

Durch das Mitunternehmermodell ist man als Mitunternehmer am Erfolg des Unternehmens beteiligt. Das unterscheidet SACOL auch von anderen Unternehmen. Das Mitunternehmermodell ist dabei nicht nur eine andere Art der Entlohnung, vielmehr steht ein philosophischer Gedanke dahinter. Es geht um die Firmenzukunftssicherung, auch um ein stärkeres Miteinander. Die Möglichkeit als Mitunternehmer am Erfolg des Unternehmens beteiligt zu sein, wird sehr positiv gesehen.

Gestalt-Ebene: Sicher fühlen III

Man fühlt sich bei SACOL wohl. Es werden die Arbeit, das Arbeitsklima und die Freiheiten sehr geschätzt. Die selbst gemachten oder von anderen gehörten Erfahrungen - wie mit Mitarbeitern umgegangen wird - bieten jedem sehr viel Sicherheit. Auch glaubt man trotz des schwierigen Marktes an die Zukunft des Unternehmens.

1.8. Der Erfolg des Unternehmens

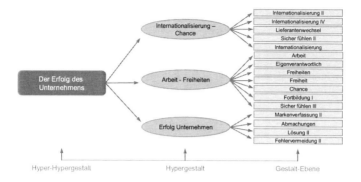

Abbildung 76: Der Erfolg des Unternehmens

Hyper-Hypergestalt: Der Erfolg des Unternehmens

Es wird unbürokratisch versucht, Lösungsansätze für die Probleme der Kunden zu finden. Die Mitarbeiter können sehr selbstständig und eigenverantwortlich an die Projekte herangehen. Sie sollen eigenverantwortlich Entscheidungen treffen, dies ist vom Job her gefordert und wird erwartet. Wer sich nicht traut, hat die Möglichkeit der Rücksprache. Eine Tugend bei SACOL ist, dass man sich an Abmachungen und Vereinbarungen mit dem Kunden hält, unabhängig davon, ob es eine gute oder schlechte Entscheidung gewesen ist. Hilfreich im Kundenkontakt ist die Markenverfassung, durch die verdeutlich werden kann, dass man zu seinen Produkten und zu seinen Leistungen steht. Die Arbeit bei SACOL macht sehr viel Spaß, und man fühlt sich wohl im Unternehmen. Es fallen hierzu das gute Arbeitsklima, die abwechslungsreiche Arbeit, viele Freiheiten und die flachen Hierarchien ein. Bei den Freiheiten wird die freie Zeiteinteilung sehr geschätzt, gerade wenn man eine Familie zu Hause hat. Auch fühlen sich die Mitarbeiter aufgrund der selbst gemachten oder erzählt bekommenen Erfahrungen, wie mit einem Mitarbeiter umgegangen wird, sehr sicher.

1.8.1. Internationalisierung – Chance

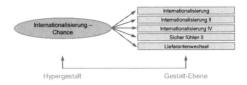

Abbildung 77: Internationalisierung – Chance

Hypergestalt: Internationalisierung – Chance

Bei der Internationalisierung nach Irland hat es eine Initialzündung gegeben, man hat sehr viel investiert, doch hat man dann alles einfach laufen lassen. Es ist nicht mehr viel passiert. Der Schritt nach Irland wird als negative Erfahrung gesehen. Außerdem soll bei der Internationalisierung nicht auf den Kernmarkt in Österreich vergessen werden, denn er spielt eine wichtige Rolle für die Entwicklung des Unternehmens. Die Internationalisierung und der Lieferantenwechsel werden als Chance für das Wachstum des Unternehmens gesehen. Sicherheit für die Internationalisierung geben die erarbeiteten Geldreserven. Das Wachstum der inneren Sicherheit hängt davon ab, wie die Entscheidungen bei der Internationalisierung getroffen werden und vor allem damit, wie sie ausgehen bzw. wie sie aufgearbeitet und wie mit ihnen umgegangen wird.

Gestalt-Ebene: Internationalisierung

Bei der Internationalisierung nach Irland hat es eine Initialzündung gegeben. Man hat sehr viel investiert und hat dann einfach alles laufen gelassen. Es passiert nicht viel. Dies hat auch mit der Person des Außendienstmitarbeiters zu tun, da dieser nicht kaufmännisch und in der EDV geschult worden ist. Außerdem hat es zu wenig Kontrolle gegeben, man hat zu wenig Druck gemacht. Mit Irland hat es keine guten Erfahrungen gegeben. Die Expansionsschritte kosten dabei Geld und das wirkt sich negativ auf den Ausschüttungstopf aus.

Gestalt-Ebene: Internationalisierung II

Beim Lieferantenwechsel und bei der Internationalisierung darf nicht auf den Kernmarkt in Österreich vergessen werden, denn schließlich macht dieser den Hauptanteil am Umsatz aus und spielt eine wichtige Rolle für die Entwicklung des Unternehmens. Wie werden die Kunden auf diesen Schritt reagieren, wie wird sich der Kernmarkt entwickeln.

Gestalt-Ebene: Internationalisierung IV

Das Unternehmen hat in den letzten Jahren gutes Geld verdient und für die Internationalisierung die Reserven bzw. die Ressourcen geschaffen. Die Reserven geben auch im gewissen Sinne Sicherheit, falls es scheitert. Die Entwicklung und die Entscheidung für Polen und Deutschland werden sehr positiv gesehen.

Gestalt-Ebene: Sicher fühlen II

Sicherheit hängt damit zusammen, wie die getroffenen Entscheidungen ausgehen, dementsprechend kann Sicherheit wachsen. Auch sollen Dinge aufgearbeitet werden. Es ist dabei wichtig, wie mit Entscheidungsfehlern umgegangen wird. Es hat sehr viele Veränderungen gegeben, die sollen zuerst aufgearbeitet werden, dann tritt wieder mehr Ruhe in den Alltag.

Gestalt-Ebene: Lieferantenwechsel

Der Lieferantenwechsel und die damit verbundene Internationalisierung werden als notwendige Chance für das Wachstum des Unternehmens gesehen.

1.8.2. Arbeit – Freiheiten

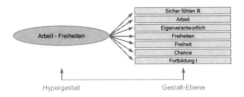

Abbildung 78: Arbeit – Freiheiten

Hypergestalt: Arbeit – Freiheiten

Die Arbeit macht Spaß und man fühlt sich wohl bei SACOL. Hierzu fallen spontan das gute Arbeitsklima, die abwechslungsreiche Arbeit, viele Freiheiten und die flache Hierarchie ein. Die Mitarbeiter können sehr selbstständig und eigenverantwortlich an die Projekte herangehen. Sie sollen eigenverantwortlich Entscheidungen treffen, dies wird vom Job her gefordert und erwartet. Wer sich nicht traut, hat die Möglichkeit der Rücksprache. Bei den Freiheiten wird die freie Zeiteinteilung sehr geschätzt, gerade, wenn man eine Familie zu Hause hat. Auch fühlen sich die Mitarbeiter sehr sicher im Unternehmen, aufgrund der selbst gemachten oder erzählt bekommenen Erfahrungen, wie mit den Mitarbeitern umgegangen wird. Die Mitarbeiter werden nicht einfach aus dem Unternehmen geschmissen, sondern bekommen eine zweite, oder dritte Chance. SACOL fördert und unterstützt den Besuch von Seminaren im und außer Haus. Diese bringen wiederum Aufstiegschancen im Unternehmen.

Gestalt-Ebene: Sicher fühlen III

Man fühlt sich bei SACOL sehr wohl. Es wird das Arbeitsklima, die Freiheiten und die Arbeit sehr geschätzt. Die selbst gemachten Erlebnisse oder die gehörten Erfahrungen von anderen, gerade in Bezug darauf wie mit Mitarbeitern umgegangen wird. Man glaubt an die Zukunft des Unternehmens, und dies trotz des schwierigen Marktes.

Gestalt-Ebene: Arbeit

Mit SACOL wird spontan das gute Arbeitsklima, als auch die sehr abwechslungsreiche Arbeit in Verbindung gebracht. Jeder Akt unterscheidet sich. Die Menschen fühlen sich wohl bei SACOL. SACOL ist daneben ein soziales Unternehmen.

Gestalt-Ebene: Eigenverantwortlich

Bei SACOL gibt es flache Hierarchien, die werden wahrgenommen und als positiv empfunden. Die Mitarbeiter können sehr selbstständig und eigenverantwortlich an ihre Projekte herangehen. Dies wird auch von den Mitarbeitern erwartet, denn keiner denkt für einen, was er zu tun hat. Kommt er damit nicht zurecht, ist er im falschen Unternehmen.

Gestalt-Ebene: Freiheiten

Bei SACOL gibt es sehr viele Freiheiten. Es macht Spaß. Man kann sehr selbstständig arbeiten und beim Kunden oder am eigenen Arbeitsplatz eigenverantwortlich Entscheidungen treffen. Diese Entscheidungen sind verbindlich. Es ist vom Job her auch gefordert. Wenn man sich über die Sache nicht drüber traut, hat man die Möglichkeit der Rücksprache. Voraussetzung für die Freiheiten ist, dass der Grundstock im Unternehmen passt. Für die Verkäufer gibt es bei ihrer Arbeit keine Vorgaben.

Gestalt-Ebene: Freiheit

Man kann sich seine Arbeitszeit flexibel einteilen, doch gibt einem der Kunde genügend vor. Gerade wenn man eine Familie zu Hause hat, ist das sehr von Vorteil. Auch sonst werden diese Möglichkeiten der Einteilung sehr geschätzt.

Gestalt-Ebene: Chance

Die Mitarbeiter werden nicht einfach aus dem Unternehmen geschmissen, sondern bekommen eine zweite oder dritte Chance.

Gestalt-Ebene: Fortbildung I

SACOL fördert und unterstützt den Besuch von Seminaren und Schulungen im und außer Haus. Damit sind Aufstiegschancen bei SACOL verbunden.

1.8.3. Erfolg Unternehmen

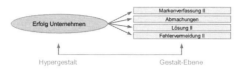

Abbildung 79: Erfolg Unternehmen

Hypergestalt: Erfolg Unternehmen

Im Unternehmen wird unbürokratisch versucht, Lösungsansätze für Probleme der Kunden zu finden. Eine Tugend bei SACOL ist, dass man sich an Abmachungen und Vereinbarungen mit dem Kunden hält, unabhängig davon, ob es eine gute oder schlechte Entscheidung war. Außerdem ist die Markenverfassung im Kundenkontakt hilfreich. Es kann damit verdeutlicht werden, dass wir zu unseren Produkten und zu unseren Leistungen stehen. Durch die teilweise erlebte Offenheit im Unternehmen, welche durch das Mitunternehmermodell und die Philosophie gefördert wird, können Fehler verhindert und Lösungen leichter gefunden werden.

Gestalt-Ebene: Markenverfassung II

Die Markenverfassung basierend auf dem genetischen Code der Marke SACOL ist eine Linie, an der man sich orientieren kann. Es ist eine Spielregel. Durch die Markenverfassung muss man auch festlegen, was ist das Unternehmen und was sind unsere Stärken. Dem Kunden soll verdeutlicht werden, dass wir zu unseren Produkten und zu unseren Leistungen stehen.

Gestalt-Ebene: Abmachungen

Man kann sich bei SACOL auf das verlassen, was einem gesagt wird. Eine Tugend von SACOL ist es, die Abmachungen und Vereinbarungen mit dem Kunden einzuhalten. Dies ist unabhängig davon, ob es zuvor eine gute oder schlechte Entscheidung gewesen ist.

Gestalt-Ebene: Lösung II

Es wird unbürokratisch versucht, Lösungsansätze für die Probleme der Kunden zu finden. Dies unterscheidet nicht nur SACOL von anderen Unternehmen, sondern ist auch ein Teil dessen Erfolges

Gestalt-Ebene: Fehlervermeidung II

Offenheit erleichtert das Finden von Lösungen und es werden Fehler verhindert. Die Philosophie und das Mitunternehmermodell fördern die notwendige Offenheit, diese wird auch teilweise so im Unternehmen erlebt.

1.9. Führungsgremium – Konsens - Nicht zuordenbare Hypergestalten

Abbildung 80: Führungsgremium – Konsens

Hypergestalt: Führungsgremium – Konsens Erfolg Unternehmen

Im Führungsgremium selbst gibt es genügend Offenheit. Die getroffenen Entscheidungen beruhen auf mehreren Personen. Sie werden gegenüber früher klarer kommuniziert. Die Richtung und der Weg sind klar und unmissverständlich. Im Führungsgremium werden Meinungsunterschiede und das Lösen von Problemen erlebt. Es wird dabei auf Konsens geachtet.

Gestalt-Ebene: Entscheidungsprozess II

Entscheidungen beruhen auf mehreren Personen. Auch werden sie gegenüber früher klarer kommuniziert. Die Richtung und der Weg sind klar und unmissverständlich. Daneben ist man in der Umsetzung konsequenter geworden.

Gestalt-Ebene: Lösung

In der Gruppe erlebt man Meinungsunterschiede, auch werden Lösungen gefunden, dabei wird verstärkt auf einen gemeinsamen Konsens für den besten Weg geachtet.

Gestalt-Ebene: Offenheit

Im Führungsgremium gibt es genügend Offenheit. Die Offenheit im Unternehmen ist gegenüber früher schlechter geworden. Viele haben beim Lieferantenwechsel das Gefühl gehabt, dass sie bei der Projektgruppe overruled worden wären. Dies hat weniger an mangelnder Offenheit, als vielmehr an einem Kommunikationsfehler des Führungsgremiums gelegen.

1.10. Nicht zuordenbare Gestalten

Gestalt-Ebene: Schulung II

Die Mitarbeiter, die das Unternehmen verlassen haben, haben doch sehr zum Erfolg des Unternehmens beigetragen. Sie haben die Kunden sehr gut gekannt, doch es gibt für jeden einen Ersatz. Es wird eine Zeit lang dauern, bis die neuen Mitarbeiter das notwendige Wissen haben. Es wird Schulungen erfordern.

Gestalt-Ebene: Protokoll III

Protokolle über Abläufe bei Projekten oder bei Sitzungen kann als Informationsquelle dienen, auch um Dinge wieder in Erinnerung zu rufen.

2. Die Gruppenarbeit im Feedbackworkshop

Vor der Präsentation der Netzwerkgraphiken im Feedbackworkshop haben sich die Workshopteilnehmer in drei Gruppen mit einem der folgenden Themenbereiche: Führungsgremium, Mitunternehmermodell oder Vertrauen eingehend befasst. Die Gruppeneinteilung ist durch den Forscher erfolgt und ist darauf ausgelegt gewesen, ein ausgeglichenes Verhältnis zwischen Mitgliedern des Führungsgremiums und Mitarbeitern in den einzelnen Gruppen sicherzustellen. So ist es ein Ziel es Forschers gewesen, dass sich die Teilnehmer weniger zu einer reinen Präsentation der ersten Ergebnisse im Workshop einfinden, als vielmehr zu einem gemeinsamen Diskurs im Hinblick auf die drei Themenbereiche. Die Gruppenarbeit ist folgendermaßen abgelaufen.

- Die jeweiligen Gruppen haben einen der folgenden Begriff: Führungsgremium, Mitunternehmermodell und Vertrauen - ausgesucht
- Sie haben sich in der Gruppe mit jeweils einem Begriff auseinander gesetzt. Haben Schlagwörter aufgeschrieben und mögliche Verbindungen zu anderen Themen aufgezeichnet
- Die Gruppen haben Flipchartpapier und einfärbiges A4-Papier (in den Farben orange, blau und grün), 4 Stifte (blau, rot, grün und schwarz), einen Kleber und eine Schere überreicht bekommen.
- Die Verbindungslinien haben die Zusammenhänge zwischen den ausgewählten Begriffen und anderen Themenbereich aus der Sicht der Gruppenmitglieder gezeigt
- Der Zeitrahmen für die Gruppenarbeit hat 25 Minuten betragen. Auf Bitte einer Gruppe ist die Zeit um 15 Minuten verlängert worden.
- Anschließend hat ein Mitglied der Gruppe die erarbeiteten Ergebnisse präsentiert

Die nachfolgenden Ausführungen gehen nur auf die Gruppenarbeit zum Begriff Mitunternehmermodell ein, da die Gruppe die interessantesten Ergebnisse ausgearbeitet hat. Das Ergebnis zeigt ein erstaunliches Bild zum Verständnis des Themas in der Gruppe.

Der Begriff Mitunternehmermodell ist immer dann durch eine grüne Verbindungslinie mit anderen Begriffen verbunden worden, wenn die Gruppe der Ansicht gewesen ist, dass sie miteinander zusammenhängen (Abbildung 81). Während Begriffe, die ihrer Ansicht nach Auswirkungen auf andere haben, mit roten Verbindungslinien gekennzeichnet worden sind. Die Gruppenarbeit hat folgendes Ergebnis gebracht.

Es hängen folgende Begriffe miteinander zusammen:
- Definition bzw. Wesenszug vom Unternehmen, einzigartig/ besonders und Offenheit/ Toleranz
- Offenheit/ Transparenz und informationsintensiv
- Führungsinstrument und leistungsorientiert
- Leistungsorientiert und Bewertung/ Verteilung des Kuchens
- Ergebnisorientiert, neuer Umgang mit Einkommen und sozial
- Sozial und Arbeitsplatzsicherung
- Neue Denkweise, gesamtheitliche Sichtweise, Entlohnungsmodell und neuer Umgang mit Einkommen

Die Darstellung von Variablen, welche Auswirkungen auf andere gehabt hat, kann mit einer Kausalgraphik verglichen werden. So werden in umgangssprachlichen Texten nicht nur Bewertungen und Beschreibungen zum Ausdruck gebracht, sondern auch Kausalannahmen. Diese haben sich über eine längere Zeit durch Erfahrungen und Gespräche mit anderen Personen entwickelt.[434]

---

[434] Vgl. Zelger, J., (2002): GABEK – Handbuch, S. 140.

Folgende Variable haben aus Sicht der Gruppe einen Einfluss aufeinander:

- Ergebnisorientiert auf Offenheit/Transparenz
- Diskussion auf Toleranz
- Teamorientiert auf Toleranz
- Fixkostenminimierung auf Arbeitsplatzsicherheit
- Bewertung/ Verteilung des Kuchens auf Toleranz
- Leistungsorientiert auf Diskussion

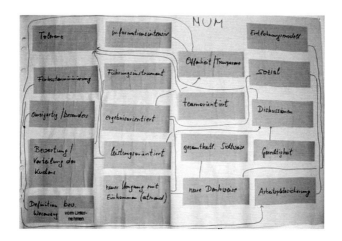

Abbildung 81: Gruppenarbeit Feedbackworkshop zum Begriff Mitunternehmermodell

Die Gruppenarbeiten sind ein wesentlicher Bestandteil des Feedbackworkshops gewesen, denn sie haben einen äußerst wertvollen Beitrag für den erfolgreichen Ablauf der Veranstaltung geleistet. Folgende Punkte lassen sich zusammenfassen:

- Eine intensive Auseinandersetzung zu den drei Themenbereichen und ein Diskurs in den Gruppen ist gefördert worden
- Die Präsentation der erarbeiteten Gruppenergebnisse ist eine perfekte Vorbereitung und Einstimmung auf die verwendeten Netzwerkgraphiken im Hinblick auf die anschließende Vorstellung der empirischen Ergebnisse gewesen
- Eine Basis für eine gelockerte Stimmung im Workshop ist geschaffen worden.

Literaturverzeichnis

Agyris, C./ Schön, D., (1999): Die lernende Organisation – Grundlage, Methode, Praxis, Stuttgart: Klett-Cotta

Albach, H., (1991): Vertrauen in der ökonomischen Theorie, In: Unternehmen im Wettbewerb, Albach, H., (Hrsg.), Wiesbaden: Gabler

Aldoff, F./ Mau, S., (2005): Zur Theorie der Gabe und Reziprozität, In: Vom Geben und Nehmen: Zur Soziologie der Reziprozität, Adloff, F./ Mau, S., (Hrsg.), Frankfurt/Main: Campus

Amelang, M./ Gold, A./ Külbel, E., (1984): Über einige Erfahrungen mit einer deutschen Skala zur Erfassung zwischenmenschlichen Vertrauens, In: Diagnostica, 30, S. 198-215.

Aronson, E./ Wilson, T. D./ Akert, R. M., (2004): Sozialpsychologie, 4. aktualisierte Auflage, München: Pearson Studium

Aster, R./ Merkens, H./ Repp, M., (1989): Teilnehmende Beobachtung, Frankfurt/ Main: Campus

Atteslander, P., (2003): Methoden der empirischen Sozialforschung, 10. neu bearbeitete und erweiterte Auflage, Berlin: de Gruyter

Aryee, S. / Budwhar, P. S./ Chen, Z. X., (2002): Trust as a mediator of the relationship between organizational justice and work outcomes: Test of a social exchange model, In: Journal of Organizational Behavior, 23, S. 267-285.

Astley, W. G./ Van de Ven, A. H., (1983): Central perspectives and debates in organization theory, In: ASQ, 28, S. 245-273.

Austrin, H. R./ Boever, P. M., (1977): Interpersonal trust and severity of delinquent behavior, In: Psychological Reports, 40, S. 1075-1078.

Baptiste, N. R., (2008): The symbiotic relationship between HRM practices and employee well-beeing: A cooperate social responsibility perspective, In: Corporate social responsibility, Crowther, D./ Capaldi, N., (eds.), Hampshire: Ashgate Publishing Limited

Barber, B., (1983): The logic and limit of trust, New Brunswick, NJ: Rutgers University Press

Barnard, C., (1969): Organisation und Management, Stuttgart: Poeschel

Bartelt, A., (2002): Vertrauen in Zuliefernetzwerken: Eine theoretische und empirische Analyse am Beispiel der Automobilindustrie, Wiesbaden: Deutscher Universitäts-Verlag

Barthes, R., (1964): Mythen des Alltags, Frankfurt/ Main: Suhrkamp

Bateson, M. C., (1972): Out own metaphor, New York, NY: Knopf

Baumgartner, T., (2008): Oxytocin shapes the neural circuitry of trust and adaptation in humans, In: Neuron, 58, Nr. 4, S. 639-650.

Baumgartner, T./ Heinrichs, M./ Lanthen von, A., Fischbacher, U./ Fehr, E., (2008): Oxytocin shapes the neural circuitry of trust and trust adaption, In: Neuron, 58, Nr. 5, S. 639-650.

Beard, M. T., (1982): Life events, method of coping and interpersonal trust; implications for nursing actions, In: Issues in Mental Health Nursing, 4, S. 25-49.

Becker, G., (2006): Personalführung – Zwischen Distanz und persönlicher Nähe, In: Praxishandbuch des Mittelstandes: Leitfaden für das Management mittelständischer Unternehmen, Krüger, W./ Klippstein, G., Merk, R./ Wittberg, V., (Hrsg.), Wiesbaden: Gabler

Belker, P., (2000): Leitbilder für Veränderungsmanagement – Wie Qualität und Innovation zusammenwirken, 1. Auflage, Hamburg: Verlag Dr. Kovac

Bickerton, D., (1990): Language & Species, Chicago: University of Chicago Press

Bierhoff, H. W., (1984): Sozialpsychologie – Ein Lehrbuch, Stuttgart: Kohlhammer

Blumenberg, H., (1979): Arbeit am Mythos, Frankfurt/ Main: Suhrkamp

Blumer, H., (1973), Der methodologische Standort des Symbolischen Interaktionismus, In: Alltagswissen, Interaktion und gesellschaftliche Wirklichkeit, Arbeitsgruppe Bielefelder Soziologen, (Hrsg.), Reinbek: Rowohlt

Boersma, M. F./ Buckley, P. J./ Ghauri, P. N., (2003): Trust in international joint venture relationships, In: Journal of Business Research, 56, S. 1031-1042.

Bradach, J. L./ Ecless, R. G., (1989): Price, Authority and Trust: From Ideal Typest to Plural Forms, In: Annual Review Sociology, S. 97-118.

Brenkert, G. G., (1998): Trust, morality and international business, In: Business Ethics Quarterly, 8, No. 2, S. 293-317.

Burgess, R. C., (1984): In the field. An introduction to field research, London: Allen & Unwin

Burrell, G./ Morgan, G., (2008): Sociological paradigms and organizational analysis, Burlington, VT: Ashgate Publishing Company

Carducci, B. J., (2009): The psychology of personality: Viewpoints, research and applications, 2nd edition, Oxford/West Sussex: Wiley-Blackwell

Cash, T. F./ Stack, J. J./ Luna, G. C., (1975): Convergent and discriminant behavioral aspects of interpersonal trust; In: Psychological Reports, 37, S. 983-986.

Chaftez, J. S., (1970): A brief and informal essay in the social-psychology of sociology, In: Sociological Focus 4, 2, S. 53-60.

Chun, K./ Campbell, I. B., (1974): Dimensionality of the Rotter interpersonal trust scale, In: Psychological Reports, 35, S. 1059-1070.

Coleman, J., (1990): Foundations of social theory, Cambridge, MA: Harvard University Press

Coleman, J. S., (1995): Grundlagen der Sozialtheorie, Band 2, Körperschaften und die moderne Gesellschaft, München: Oldenbourg

Corrazini, I. G., (1977): Trust as a complex multi-dimensional construct, In: Psychology, 40, S. 75-80.

Cook, J./ Wall, T., (1980): New work attitude measures of trust, organizational commitment and personal need-nonfulfilment, In: Journal of Occupational Psychology, 53, S. 39-52.

Damasio, A. R., (2006): Descartes´ Irrtum – Fühlen, Denken und das menschliche Gehirn, 3. aktualisierte Auflage, Berlin: Paul List Verlag

Das, T. K./ Teng, B. S., (1998): Between trust and control – Developing confidence in partner cooperation in alliances, In: Academy of Management Review, 23, S. 491-512.

Dasgupta, P., (1988): Trust as a commodity, In: Trust making and breaking cooperative relations, Gambetta, D., (eds.), New York, NY: Basil Blackwell

Dechmann, M., (1978): Teilnahme und Beobachtung als soziologisches Basisverhalten, Bern: Haupt

Deckow, F., (2006): Vertrauen durch Kompetenzmarketing: Ein ganzheitlicher Ansatz zur Vermarktung von Kontaktgütern, Wiesbaden: Gabler

Dederichs, A. M., (1997): Vertrauen als affektive Handlungsdimensionen: Eine emotionssoziologischer Bericht, In: Vertrauen und soziales Handeln – Facetten eines alltäglichen Phänomens, Schweer, M. K. W., (Hrsg.), Berlin: Neuwied

Deetz, S., (1996): Describing differences in approaches to organization science: Rethinking Burrell and Morgan and their legacy, In: Organization Science, 7, S. 191-207.

Dernbach, B./ Meyer, M., (2005): Vertrauen und Glaubwürdigkeit. Interdisziplinäre Perspektiven, Wiesbaden: VS Verlag für Sozialwissenschaften

Dettenborn, H./ Walter, E., (2002): Familienrechtspsychologie, Stuttgart: Utb

Deutsch, M., (1958): Trust and suspicion, In: Journal of Conflict Resolution, 2, No. 2, S. 265-279.

Deutsch, M., (1960a): Trust, trustworthiness and the F-scale, In: The Journal of Abnormal and Social Psychology, 61, S. 138-140.

Deutsch, M., (1960b): The Effect of Motivational Orientation upon trust and suspicion, In: Human Relation, 13, S. 123-139.

Deutsch, M., (1962): Cooperation and trust. Some theoretical notes, In: Nebraska. Symposium on Motivation, S. 275-319.

Deutsch, M., (1973): The resolution of conflict, New Haven, CT: Yale University Press

Deutsch, M., (1975): Equity, Equality and Need: What determines which value will be used as the basis for distributive justice?, In: Journal of Social Issues, 31, S. 137-149.

Diller, H./ Kusterer, M. (1998): Beziehungsmanagement: Theoretische Grundlagen und explorative Befunde, In: Marketing ZFP, 10. Jg., Nr. 3, S. 211-220.

Dörr, M.,/ Müller, B., (2007): Nähe und Distanz als Strukturen der Professionalität pädagogischer Arbeitsfelder, In: Nähe und Distanz: Ein Spannungsfeld pädagogischer Professionalität, Dörr, M./ Müller, B., (Hrsg.), 2. Auflage, Weinheim: Juventa

Doherty, W. J./ Ryder, R. G., (1979): Locus of control, interpersonal trust, and assertive behavior among newlyweds, In: Journal of Personality and Social Psychology, 37, S. 2212-2220.

Donaldson, Z. R./ Young, L. J., (2008): Oxytocin, vasopressin, and the neurogenetics of sociality, In: Science, 322 (5903), No. 11, S. 900-904.

Driscoll, I., (1978): Trust and participation in organizational decision-making as predictors of satisfaction, In: Academy of Management Journal, 21, S. 44-56.

Duppel, S., (2005): Nähe und Distanz als gesellschaftliche Grundlage in der ambulanten Pflege, Hannover: Schlütersche

Düsing, E./ Klein, H.-D., (2008): Geist und Psyche: Klassische Modelle von Platon bis Freud und Damasio, 1. Auflage, Würzburg: Königshausen & Neumann

Earley, P. C., (1986): Trust, perceived importance of praise and criticism, and work performance. An examination of feedback in the United States and England, In: Journal of management, 12, S. 457-473.

Eberl, P., (2003): Vertrauen und Management. Studien zu einer theoretischen Fundierung des Vertrauenskonstruktes in der Managementlehre, Stuttgart: Schäffer-Poeschel Verlag

Edelstein, S., (2008): Managing food and nutrition services: for the culinary, hospitality, and nutrition professions, Sudbury, MA: Jones and Bartlett Publishers

Einzmann, S., (2009): Streitschlichter Oxytocin, In: Psychologie Heute, 36, Nr. 7, S. 8-9.

Endreß, M., (2001): Vertrauen und Vertrautheit, In: Vertrauen: Die Grundlage des sozialen Zusammenhalts, Hartmann, M./ Offe, C., (Hrsg.), Frankfurt/ Main: Campus

Erikson, E. H., (1963): Wachstum und Krise der gesunden Persönlichkeit, Stuttgart: Klett

Erikson, E. H., (1970): Jugend und Krise. Die Psychodynamik im sozialen Wandel, Stuttgart: Enke

Erikson, E. H., (1973): Identität und Lebenszyklus, Frankfurt/ Main: Suhrkamp

Fischer, L./ Wiswede, G., (2002): Grundlagen der Sozialpsychologie, 2. überarbeitete und erweiterte Auflage, Wolls Lehr- und Handbücher der Wirtschafts- und Sozialwissenschaften, Oldenbourg: Wissenschaftsverlag GmbH

Fladnitzer, M., (2006): Vertrauen als Erfolgsfaktor virtueller Unternehmen, Wiesbaden: Gabler

Flick, U., (1995): Qualitative Forschung. Theorie, Methoden, Anwendung in Psychologie und Sozialforschung, Reinbek: Rowohlt

Flick, U./ Kardorff, E. v./ Keupp, H./ Rosenstiel, L. v./ Wolff, S., (1991): Handbuch qualitativer Sozialforschung, München: Psychologie Verlags Union

Foerster, H. v., (1981): Das Konstruieren von Wirklichkeit, In: Die erfundene Wirklichkeit. Wie wissen wir, was wir zu wissen glauben? Beiträge zum Konstruktivismus, Watzlawick, P., (Hrsg.), München: Piper

Foerster, H. v., (1996): Wissen und Gewissen. Versuch einer Brücke, 3. Auflage, Frankfurt/ Main: Suhrkamp

Frevert, U., (2003): Vertrauen – Eine historische Spurensuche, In: Vertrauen. Historische Annäherungen, Frevert, U., (Hrsg.), Göttingen: Vandenhoeck & Ruprecht

Fried, A., (2005): Konstruktivismus, In: Moderne Organisationstheorien 1: Handlungsorientierte Ansätze, Weik, E./ Lang, R., (Hrsg.), 2. überarbeitete Auflage, Wiesbaden: Gabler

Friedrich, C., (2005): Vertrauenswürdiges Verhalten von Transaktionspartnern, Determinanten der Einschätzung, Wiesbaden: Gabler Verlag

Friedrichs, J./ Lüdtke, H., (1973): Teilnehmende Beobachtung. Einführung in die sozialwissenschaftliche Feldforschung, 2. Auflage, Basel/ Weinheim: Beltz

Fromm, E., (2008): Die Kunst des Liebens, 67. Auflage, Ulm: Ullstein

Frost, T./ Stimpson, D. V./ Maughan, M. R., (1978): Some correlates of trust, In: Journal of Psychology, 99, S. 103-108.

Fuhrmann, H., (2001): Vertrauen im Electronic Commerce: rechtliche Gestaltungsmöglichkeiten unter besonderer Berücksichtigung verbindlicher Rechtsgeschäfte und des Datenschutzes, Baden-Baden: Nomos.

Garfinkel, H., (1963): A conception of, and experiments with, trust as a condition of stable concerted action, In: Motivation and Social Interaction: Cognitive determinants, Harvey, O. J., (eds.), New York, NY: Roland Press Company

Garfinkel, H., (1967): Studies in ethnomethodology, Englewood Cliffs, NJ: Prentice Hall

Gambetta, D., (2001): Können wir dem Vertrauen vertrauen?, In: Vertrauen – Die Grundlage des sozialen Zusammenhalts, Hartmann, M./ Offe, C., (Hrsg.), Frankfurt/ Main: Campus

Garske, I. P., (1976): Personality and generalized expectancies for interpersonal trust; In: Psychological Reports, 39, S. 649-650.

Giddens, A., (1996): Risiko, Vertrauen und Reflexivität, In: Reflexive Modernisierung. Eine Kontroverse, Beck, U./ Giddens, A./ Lash, S., (Hrsg.), Frankfurt/ Main: Suhrkamp

Gioia, D. A./ Pitre, E., (1990): Multiparadigm perspectives on theory building, In: AMR, 15, S. 584-602.

Girtler, R., (1984): Methoden der qualitativen Sozialforschung. Anleitung zur Feldarbeit, Wien: Böhlau

Gläser, J./ Laudel, G., (2004): Experteninterviews und qualitative Inhaltsanalyse, Wiesbaden: VS Verlag für Sozialwissenschaften

Goffman, E., (1986): Interaktionsrituale. Über Verhalten in direkter Kommunikation, Frankfurt/Main: Suhrkamp

Grabner-Kräuter, S., (2002): Die Bedeutung von Vertrauen im elektronischen Handel, In: Wirtschaftsethische Perspektiven, Arnold, V., (Hrsg.), Berlin: Duncker & Humblot Verlag

Graen, G. B./ Schiemann, W., (1978): Leader-member-agreement: A vertical dyad linkage approach, In: Journal of Applied Psychology, 63, S. 206-212.

Granovetter, M., (1973): The strength of weak ties, In: American Journal of Sociology, 78, S. 1360-1380.

Grieger, J., (2004): Ökonomisierung in Personalwirtschaft und Personalwirtschaftslehre. Theoretische Grundlagen und praktische Bezüge, Wiesbaden: Deutscher Universitäts-Verlag

Grüninger, S., (2001): Vertrauensmanagement, Marburg: Metropolis

Grundwald, W. (1997): Das Prinzip der Wechselseitigkeit: Fundament aller Sozial- und Arbeitsbeziehungen, In: Vertrauen und soziales Handeln – Facetten eines alltägliches Phänomens, Schweer, M., (Hrsg.), Neuwied: Luchterhand

Grundwald, W., (2008): Wer oder was bestimmt „Wirklichkeit" in Organisationen, In: Steuerung versus Emergenz: Entwicklung und Wachstum von Unternehmen, Bouncken, R. B./ Jochims, T./ Küsters, E. A., (Hrsg.), Wiesbaden: Gabler

Guastella, A. J., Mitchell, P. B./ Dadds, M. R. (2008): Oxytocin increases gaze to the eye region of human faces, Biological Psychiatry, 63, No. 1, S. 3-5.

Gurtman. M. B. /Lion, C., (1982): Interpersonal trust and perceptual vigilance for trustworthiness descriptors, Journal of Research in Personality, 16, S. 108-117.

Haas, D. F./ Deseran, F. A., (1981): Trust and symbolic exchange, In: Social Psychology Quarterly, 44, S. 3-13.

Habermas, J., (1979): Legitimationsprobleme im Spätkapitalismus, 5. Auflage, Frankfurt/Main: Suhrkamp

Hake, D. F./ Schmid, T. L., (1981): Acquisition and maintenance of trusting behavior, In: Journal of the Experimental Analysis of Behavior, 35, S. 109-124.

Haller, M., (2003): Soziologische Theorie im systematisch-kritischen Vergleich: Systematisch-kritischer Vergleich zeitgenössischer Sozialtheorien und Versuch einer Neubestimmung im Geiste von Max Weber und Karl Popper, 2. überarbeitete Auflage, Wiesbaden: VS Verlag für Sozialwissenschaften

Hardin, R., (2002): Trust and trustworthiness, New York, NY: Russel Sage Foundation

Hardin, R., (2006): Trust, Cambridge: Polity press

Harisalo, R./ Stenvall, J., (2004): Trust as capital: The foundation of management, In: Trust in knowledge management and systems in organizations, Huotari, M.-L./ Livonen, M., (eds.), Hershey, PA: Idea Group Publications

Hartje, W./ Poeck, K., (2006): Klinische Neuropsychologie, 6. überarbeitete und erweiterte Auflage, Stuttgart: Thieme

Hartmann, M./ Offe, C., (2001): Die Grundlage des sozialen Zusammenhalts, Frankfurt/ Main: Campus

Hassard, J., (1991): Multiple paradigms and organizational analysis. A case study, In: OS, 12, S. 275-299.

Hassard, J., (1993): Sociology and organization theory. Positivism, paradigms and postmodernity, Cambridge: Cambridge University Press.

Haucke, H., (1956): Die anthropologische Funktion des Vertrauens – Seine Bedeutung für die Erziehung, Tübingen

Heckhausen, H., (1989): Motivation und Handeln, 2. Auflage, Berlin: Springer

Heimovics, R. D., (1984): Trust and influence in an ambiguous group setting, In: Small Group Behavior, 15, S. 545-552.

Hill, D. B., (1981): Attitude generalization and the measurement of trust in American leadership, In: Political Behaviour, 3, S. 257-270.

Hoppe, O., (2009): Vertrauen, In: Liebe und Freundschaft in der Sozialpädagogik: Personale Dimensionen professionellen Handelns, Meyer, C./ Tetzer, M./ Rensch, K., (Hrsg.), Wiesbaden: VS Verlag für Sozialwissenschaften

Hosmer, L. T., (1995): Trust: The connecting link between organizational theory and philosophical ethics, In: Academy of Management Review, 20, No. 2, S. 379-403.

House, J. S./ Wolf, S., (1978): Effects of urban residence on interpersonal trust and helping behavior, In: Journal of Personality and Social Psychology, 36, S. 1029-1043.

Jäger, U./ Reineke, S., (2009): Expertengespräch, In: Empirische Mastertechniken – Eine anwendungsorientierte Einführung für die Marketing- und Managementforschung, Baumgarth, C./ Eisend, M./ Evanschitzky, H., (Hrsg.), Wiesbaden: Gabler

Jacksons, M. C., (2000): Systems approaches to management, New York, NY: Kluwer Academic/ Plenum Publishers

Johnson-George, C./ Swap, W. C., (1982): Measurement of specific interpersonal trust: Construction and validation of a scale to assess trust in a specific other, In: Journal of Personality and Social Psychology, 43, S. 1306-1317.

Jullien F., (1999): Über die Wirksamkeit, Berlin: Merve

Käser, P.A./ Miles, R. E., (2002): Understanding knowledge activists successes and failures, In: Long range planning, 35, S. 9-28.

Kahle, E., (1999): Konkurrenz und Kooperation, In: Wirtschaft und Sozialpolitik, Fritzsche, A./ Kwiran, M., (Hrsg.), München: Don Bosco

Kaplan, R. M. (1973): Components of Trust, In: Psychological Reports, 33, S. 13-14.

Kappler, E., (1990): Geschichten zum Mythos von der Unternehmenskontinuität, In: Blickwechsel – Zur Dramatik und Dramaturgie von Nachfolgeprozessen im Familienbetrieb, Kappler, E./ Laske, S., (Hrsg.), Freiburg: Rombach Verlag

Kappler, E., (1993): Gegenwartsfähigkeit als zentrales Thema von Personalentwicklung, In: Spannungsfeld Personalentwicklung – Konzepte, Analysen, Perspektiven, Laske, S./ Gorbach, S., (Hrsg.), Wiesbaden: Gabler

Kappler, E., (1994): Theorie aus der Praxis – Rekonstruktion als wissenschaftlicher Praxisvollzug der Betriebswirtschaftslehre, In: Das Theorie-Praxis-Problem der Betriebswirtschaftslehre: Tagung der Kommission Wissenschaftstheorie, Wolf, F., (Hrsg.), Wiesbaden: Gabler

Kappler, E., (2004): Management by Objectives, In: Handwörterbuch Unternehmensführung und Organisation, Schreyögg, G., (Hrsg.), 4. Auflage, Stuttgart: Schäffer Poeschel Verlag

Kappler, E., (2006): Controlling. Eine Einführung für Bildungseinrichtungen und andere Dienstleistungsorganisationen, Münster: Waxmann

Katz, H. A./ Rotter, J. B., (1969): Interpersonal trust scores of students and their parents, In: Child Development, 40, S. 657-661.

Kee, H. W./ Knox, R. E., (1970): Conceptual and methodological considerations in the study of trust and suspicion, In: Journal of Conflict Resolution, 14, S. 357-365.

Kimmel, M. J./ Pruitt, D. G./Magenau, J. M., (1980): Effects of trust, aspiration and gender on negotiation tactics, In: Journal of Personality and Social Psychology, 38, S. 9-22.

Kirsch, W., (1981): Die Handhabung von Entscheidungsproblemen. Einführung in die Theorie der Entscheidungsprozesse, München: Verlag Barbara Kirsch

Kirsch, W., (2001): Die Führung von Unternehmen, München: Verlag Barbara Kirsch

Klaus, E., (2002): Vertrauen in Unternehmensnetzwerken: Eine interdisziplinäre Analyse, Wiesbaden: Gabler

Koller, M., (1997): Psychologie interpersonalen Vertrauens – Eine Einführung in theoretische Ansätze, In: Psychologie interpersonalen Vertrauens, Schweer, M., (Hrsg.), Opladen: Westdeutscher Verlag

Köckeis-Stangl, E., (1980): Methoden der Sozialisationsforschung, In: Handbuch der Sozialisationsforschung, Hurrelmann, K./ Ulich, D., (Hrsg.), Basel/ Weinheim: Beltz

Köhler, T., (2003): Das Selbst im Netz: Die Konstruktion sozialer Identität in der computervermittelten Kommunikation, Wiesbaden: Westdeutscher Verlag

Kößler, M., (2000): Organisation, Umwelt, Konstruktivismus. Zur Bedeutung des Social Constructionist Paradigmas für die Organisationstheorie, Linz: Universitätsverlag Rudolf Trauner

Kosfeld, M./ Heinrichs, M./ Zak, P. J./ Fischbacher, U./ Fehr, E., (2005): Oxytocin increases trust in humans, In: Nature, 435, S. S.673-676.

Kramer, R. M., (1996): Trust in organizations, Frontiers of theory and research, Thousand oaks, CA: Sage

Kramer, R. M., (1999): Trust and distrust in organizations: Emerging perspectives, enduring questions, In: Annual Review of Psychology, 50, 1, S. 569-598.

Kramer, R. M., (2006): Organizational trust, Oxford: Oxford University Press

Kramer, R. M./ Cook, K. S., (2007): Trust and distrust in organizations. Dilemmas and approaches, New York, NY: Russel Sage Foundation

Krampen, G./ Viebig, J./ Walter, W., (1982): Entwicklung einer Skala zur Erfassung dreier Aspekte von sozialem Vertrauen, In: Diagnostica, 28, S. 242-247.

Kutschker, M./ Schmid, S., (2008): Internationales Management, 6. Auflage, München: Oldenbourg

Lacy, W. B., (1978): Assumptions of human nature and initial expectations and behavior as mediators of sex effects in prisoner's dilemma research, In: Journal of Conflict Resolution, 22, S. 269-281.

Lamnek, S., (2005): Qualitative Sozialforschung. Lehrbuch, 4. Auflage, Weinheim: Beltz

Lane, C./ Bachmann, R., (2000): Trust within and between organizations, Oxford: Oxford University Press

Lang, R./ Winkler, I./ Weik, E., (2001): Organisationskultur, Organisationaler Symbolismus und Organisationaler Diskurs, In: Moderne Organisationstheorien 1. Handlungsorientierte Ansätze, Weik, E./ Lang, R., (Hrsg.), Wiesbaden: Gabler

Lewicki, R. J., (2006): Trust, trust development and trust repair, S. 98, In: The handbook of conflict resolution: Theory and practice, Deutsch, M./ Coleman, P. T./ Marcus, E. C., (eds.), 2nd edition, San Francisco, CA: Jossey-Bass

Lewis, D. J./ Weigert, A. J., (1985): Trust as a social reality, In: Social Forces, 63, No. 4, S. 967-985.

Loomis, J. L., (1959): Communication, the development of trust, and cooperative behavior, In: Human Relations, 12, S. 305-313.

Lorenz, E. H., (1988): Neither friends nor strangers: Informal networks of subcontracting in french industry, In: Trust: Making and breaking of cooperative relations, Gambetta, D., (eds.), Oxford: Basil Blackwell

Louis, M., (1980): Surprise and sensemaking: What newcomers experience in entering unfamiliar organizational settings, In: Administrative Science Quarterly, 25, No. 2, S. 226-252.

Lui, L./ Standing, L., (1989): Communicator credibility: Trustworthiness defeats expertness, In: Social Behavior and Personality, 17, S. 219-221.

Lück, H., (1975): Prosoziales Verhalten. Empirische Untersuchungen zur Hilfeleistung, Köln: Kiepenheuer & Witsch

Luhmann, N., (1972): Rechtssoziologie, Band 1, Reinbek: Rowohlt

Luhmann, N., (1984): Soziale Systeme. Grundriß einer allgemeinen Theorie, Frankfurt/ Main: Suhrkamp

Luhmann, N., (1988): Familiarity, confidence, trust: Problems and alternatives, In: Trust. Making and breaking cooperative relations, Gambetta, D., (eds.), Oxford: Basil Blackwell

Luhmann, N., (1989): Vertrauen – Ein Mechanismus zur Reduktion sozialer Komplexität, 3. durchgeschaute Auflage, Stuttgart: Enke

Luhmann, N., (2000): Vertrauen – Ein Mechanismus der Reduktion sozialer Komplexität, 4. Auflage, Stuttgart: Lucius & Lucius

Luhmann, N., (2001): Vertrautheit, Zuversicht, Vertrauen: Probleme und Alternativen, In: Vertrauen – Die Grundlage des sozialen Zusammenhalts, Hartmann, M./ Offe, C., (Hrsg.), Frankfurt/Main: Campus

Malinowski, B., (1983): Magie, Wissenschaft und Religion. Und andere Schriften. Frankfurt/ Main: Fischer

Manz, W., (1980): Gefangen im Gefangenendilemma? Zur Sozialpsychologie der experimentellen Spiele, In: Bungard, W., (Hrsg.): Die gute Versuchsperson denkt nicht – Artefakte in der Sozialpsychologie, München: Urban & Schwarzenberg

Margraf, J./ Schneider, S., (2008): Lehrbuch der Verhaltenstherapie: Störungen des Erwachsenenalters, 3. vollständig bearbeitete und erweiterte Auflage, Berlin: Springer

Marsden, P. V./ Campbell, K. E., (1984): Measuring tie strength, In: Social Forces, 63, S. 483-501.

Mauelshagen, J., (2008): Vertrauen in den Abschlussprüfer: Entstehung, Nutzen und Grenzen der Beeinflussbarkeit, München: GRIN Verlag

Mayer, H. O., (2002): Interview und schriftliche Befragung, Entwicklung, Durchführung und Auswertung, München: Oldenbourg

Mayer, R. C./ Davis, J. H./ Schoorman, F. D., (1995): An integrative Model of organizational trust, In: Academy of Management Review, 20, No. 3, 709-734.

Mayntz, R./ Holm, K./ Hübner, P., (1978): Einführung in die Methoden der empirischen Soziologie, 5. Auflage, Opladen: Westdeutscher Verlag

Mayring, P., (2002): Einführung in die Qualitative Sozialforschung, Weinheim: Psychologie Verlags Union

Mc Ginnies, E./ Ward, C. D., (1980): Better liked than right: Trustworthiness and expertise as factors in credibility, In: Personality and Social Psychology, 6, S. 467-472.

Mc Knight, D. H./ Cummings, L. L./ Chervany, N. L., (1998): Initial trust formation in new organizational relationships, In: Academy of Management Review, 23, No. 3, S. 473-490.

Mellinger, G., (1956): Interpersonal trust as factor in communication, In: Journal of Abnormal and Social Psychology, 52, S. 304-309.

Merkens, H., (2007): Teilnehmende Beobachtung: Grundlagen – Methoden – Anwendung, In: Teilnehmende Beobachtung in interkulturellen Situationen, Hess, R./ Weigand, G., (Hrsg.), Frankfurt/ Main: Campus

Merton, R. K., (1969): Behavior patterns of scientists, In: American Scientist, 57, S. 1-23.

Meuser, M./ Nagel, U., (1991): Experteninterviews – vielfach erprobt, wenig bedacht: Ein Beitrag zur qualitativen Methodendiskussion, In: Qualitativ-empirische Sozialforschung, Garz, D./ Kramer, K., (Hrsg.), Opladen: Westdeutscher Verlag

Meyerson, D./ Weick, K. E./ Kramer, R. M., (1996): Swift trust and temporary groups, In: Trust in organizations: Frontiers of theory and research, Kramer, R. M./ Tyler, T. R.,(eds.), Thousand Oaks, CA: Sage.

Mikl-Horke, G., (2001): Soziologie: historischer Kontext und soziologische Theorie-Entwürfe, 5. vollständig überarbeitete und erweiterte Auflage, München: Oldenbourg

Mikos, L., (2005): Teilnehmende Beobachtung, In: Qualitative Sozialforschung – Ein Handbuch, Mikos, L./ Wegener, C., (Hrsg.), Konstanz: UVK

Misoch, S., (2006): Online-Kommunikation, Stuttgart: Utb

Mitroff, I. I., (1974): Norms and counter-norms in a select group of the Apollo moon scientist: A case study of the ambivalence of scientist, In: American Sociological Review, 39, S. 579-595.

Möllering, G., (2008): Vertrauensaufbau in internationalen Geschäftsbeziehungen: Anregungen für ein akteursorientiertes Forschungsdesign, In: Vertrauen im interkulturellen Kontext, Jammal, E., (Hrsg.), Wiesbaden: VS Verlag für Sozialwissenschaften

Mol, H., (1971): The dysfunction of sociological knowledge, In: American Sociologist, 6, S. 221-223.

Morgan, G., (1980): Paradigms, metaphors and puzzle solving in organization theory, In: Administrative Science Quarterly, 25, S. 605-622.

Muir, B. M., (1987): Trust between humans and machines, and the design of decision aids, In: American Journal of Man-machine Studies, 27, S. 527-539.

Mühlenfeld, H.-U., (2004): Der Mensch in der Online-Kommunikation: Zum Einfluss webbasierter audiovisueller Fernkommunikation auf das Verhalten von Befragten, Wiesbaden: GWV Verlag

Mühlfeld, C./ Windolf, P./ Lampert, N./ Krüger, H., (1981): Auswertungsprobleme offener Interviews, In: Soziale Welt, (1981): 32, Nr. 3, S. 325-352.

Münscher, R., (2008): Vertrauen im interkulturellen Kontext, In: Relationship Management für Führungskräfte. Ein Modul für das interkulturelle Training deutscher und französischer Manager, Jammal, E., (Hrsg.), Wiesbaden: VS Verlag für Sozialwissenschaften

Nawratil, U., (1997): Glaubwürdigkeit in der sozialen Kommunikation, Opladen: Westdeutscher Verlag

Nieder, P., (1997): Erfolg durch Vertrauen: Abschied vom Management des Misstrauens, Wiesbaden: Gabler

Nooteboom, B., (2002): Trust: Forms, foundations, functions, failures and figures, Cheltenham: Edward Elgar

Ochsenbauer, C./ Klofat, B., (1997): Überlegungen zur Paradigmatischen Dimension der Unternehmenskulturdiskussion in der Betriebswirtschaftslehre, In: Unternehmenskultur – Perspektiven für Wissenschaft und Praxis, Heinen, E./ Frank, M., (Hrsg.), 2. Auflage, München: Oldenbourg

Offe, C., (2001): Wie können wir unseren Mitbürgern vertrauen?, In: Vertrauen – Die Grundlage des sozialen Zusammenhalts, Hartmann, M./ Offe, C., (Hrsg.), Frankfurt/ Main: Campus

Ortmann, G., (2004): Als ob: Fiktionen und Organisationen, Wiesbaden: VS-Verlag für Sozialwissenschaften

Ortmann, G., (2009): Management in der Hypermoderne: Kontingenz und Notwendigkeit, Wiesbaden: VS Verlag für Sozialwissenschaften

O´Reilly, C. A., (1978): The intentional distortion of information in organizational communication: A laboratory and field investigation, In: Human Relations, 31, S. 253-265.

O´Reilly, C. A. / Roberts, K. H., (1974): Information filtration in organizations: Three experiments, In: Organizational Behavior and Human Performance, 11, S. 253-265

Pask, G., (1976): Conversation Theory, Amsterdam: Elsevier

Pearce, W. B., (1974): Trust in interpersonal communication, In: Speech Monographs, 41, S. 236-244.

Pereira, M. J./ Austrin, H. R., (1980): Interpersonal trust as a predictor of suggestibility, In: Psychological Reports, 47, S. 1031-1034.

Petermann, F., (1996): Psychologie des Vertrauens, Göttingen/ Bern/ Toronto/ Seattle: Hogrefe

Picot, A./ Reichwald, R./ Wigand, R. T., (2003): Die grenzenlose Unternehmung. Information, Organisation und Management, 5. Auflage, Wiesbaden: Gabler

Plötner, O., (1995): Das Vertrauen des Kunden: Relevanz, Aufbau und Steuerung auf industriellen Märkten, Deutscher Universitäts-Verlag

Powell, F. C./ Wanzenried, J. W., (1992): Perceptual change in source credibility: Repeated tests using two candidates during a political campaign, In: Perceptual and Motor Skills, 73, No. 3, S. 1107-1114.

Pruit, D. G./ Kimmel, M. J., (1977): Twenty years of experimental gaming: critique, synthesis and suggestions for the future, In: Annual Review of Psychology, 28, S. 363-392.

Redder, A., (2001): Aufbau und Gestaltung von Transkriptionssystemen, In: Text und Gesprächslinguistik : Ein internationales Handbuch zeitgenössischer Forschung, Brinker, K., (Hrsg.), Berlin : de Gruyter

Reed, M. I., (1992): The sociology of organizations: Themes, perspectives and prospects, London: Harvester Wheatsheaf

Reichertz, J., (2007): Die Macht der Worte und der Medien, Wiesbaden: VS Verlag für Sozialwissenschaften

Rempel, J. K./ Holmes, J. G./ Zanna, M. P., (1985): Trust in close relationships, In: Journal of Personality and Social Psychology, 49, S. 95-112.

Ripperger, T., (1998): Ökonomik des Vertrauens: Analyse eines Organisationsprinzips, Tübingen: Mohr Siebeck

Rosenstiel von, L., (1996): Motivation im Betrieb: Mit Fallstudien aus der Praxis, 9. Auflage, Leonberg: Rosenberger Fachverlag

Rosenstiel von, L, (2003): Wandel in der Karrieremotivation – Neuorientierungen in den 90er Jahren, In: Wertewandel, Rosenstiel von, L./ Djarrahzadeh, M./ Einsiedler, H. E./ Streich, R., K., (Hrsg.), Stuttgart: Schäffer Poeschel

Ross, W./ La Croix, J., (1996): Multiple Meanings of trust in negotiation theory and research, In: International Journal of Conflict Management, 7, No. 4, S. 314-360.

Rotter, J. B., (1954): Social Learning and clinical psychology, Englewood Cliffs, NY: Prentice Hall

Rotter, J. B., (1967): A new scale for measurement of interpersonal trust. In: Journal of Personality, 35, 651-665.

Rotter, J., (1971): Generalized expectations for interpersonal trust, In: American Psychologist, 26, S. 443-452.

Rotter, J., (1980): Interpersonal trust, trustworthiness, and gullibility In: American Psychologist, 35, S. 1-7.

Rothland, M., (2007): Belastung und Beanspruchung im Lehrerberuf: Modelle, Befunde, Interventionen, 1. Auflage, Wiesbaden: VS Verlag für Sozialwissenschaften

Rousseau, D. M./ Sitkin, S. B./ Burt, R./ Camerer, C., (1998): Not so different after all: A cross discipline view of trust, In: Academy of Management Review, 20, No. 3, S. 393-404.

Rüegg-Sturm, J., (2001): Organisation und organisationaler Wandel: Eine theoretische Erkundung aus konstruktivistischer Sicht, Wiesbaden: Westdeutscher Verlag

Sassenberg, K./ Kreutz, S.,(1999): Online Research und Anonymität, In: Online Research. Methoden, Anwendungen und Ergebnisse, Batinic, B./ Werner, A./ Gräf, L./ Bandilla, W., (Hrsg.), Göttingen/ Bern/ Toronto/ Seattle: Hogrefe

Savulescul, J./ Sandberg, A., (2008): Neuroenhancement of love and marriage: the chemicals between us, In: Neuroethics, 1, No. 1, S. 31-44.

Schein, E., (2003): Prozessberatung für die Organisation der Zukunft: Der Aufbau einer helfenden Beziehung, Köln: EHP

Scherer, A. G., (1995): Pluralismus im strategischen Management, Wiesbaden: Deutscher Universitäts-Verlag

Scherer, A. G., (2006): Kritik der Organisation oder Organisationen der Kritik? – Wissenschaftstheoretischer Bemerkungen zum kritischen Umgang mit Organisationstheorien, In: Organisationstheorien, Kieser, A./ Ebers, A., (Hrsg.), 6. erweiterte Auflage, Stuttgart: Kohlhammer

Scherm, E./ Pietsch, G., (2007): Organisation. Theorie, Gestaltung, Wandel, München: Oldenbourg

Schlenker, B. R./ Helm, R./ Tedeschi, J. T., (1973): The effects of personality and situational variables of behavioral trust; In: Journal of Personality and Social Psychology, 25, No. 3, S. 419-428.

Schmalz-Bruns, R./ Zintl, R., (2002): Politisches Vertrauen. Soziale Grundlagen reflexiver Kooperation, Baden-Baden: Nomos

Schmidt, S., (2005): Unternehmenskultur – die Grundlage für den wirtschaftlichen Erfolg von Unternehmen, Weilerswist: Velbrück Wissenschaft

Schödel, S., (2005): Wechselwirkung zwischen Kulturen, Vertrauen und Management: Am Beispiel Japans und Deutschlands, Wiesbaden: Gabler

Schottländer, R., (1957): Theorie des Vertrauens, Berlin: de Gruyter

Schütz, A., (1960): Der sinnhafte Aufbau der sozialen Welt. Eine Einleitung in die verstehende Soziologie, 2. Auflage, Wien: Springer Verlag

Schütz, A., (1971a): Das Problem der Relevanz, Herausgegeben und erläutert von Richard M. Zaner, Frankfurt/Main: Suhrkamp

Schütz, A., (1971b): Strukturen der Lebenswelt, In: Gesammelte Aufsätze III. - Studien zur phänomenologischen Philosophie, Den Haag: Martinus Nijhoff

Schütz, A., (1971c): Rationales Handeln innerhalb der Alltagserfahrungen, In: Gesammelte Aufsätze I. – Das Problem der sozialen Wirklichkeit, Den Haag: Martinus Nijhoff

Schütze, R., (1992): Kundenzufriedenheit – After Sales Management auf industriellen Märkten, Wiesbaden: Gabler

Schultz, M./ Hatch, M. J., (1996): Living with multiple paradigms: The case of paradigm interplay in organizational culture studies, In: AMR, 21, S. 529-557.

Schuster, M., (1993): Mythenlosigkeit außerhalb Roms, In: Mythos in mythenlosen Gesellschaften Graf, F., (Hrsg.), Stuttgart/ Leipzig: Vieweg + Teubner

Seifert, M., (2001): Vertrauensmanagement in Unternehmen: Eine empirische Studie zwischen Angestellten und ihren Führungskräften, München: Rainer Hampp

Senge, P./ Kleiner, A./ Roberts, C./ Ross, R./ Roth, G./ Smith, B., (2000a): The Dance of Change – Die 10 Herausforderungen tiefgreifender Veränderungen in Organisationen, Wien/ Hamburg: Signum

Senge, P., (2001): Die fünfte Disziplin – Kunst und Praxis der lernenden Organisation, Stuttgart: Klett-Cotta

Shiller, R. J., (2000): Irrational exuberance, Princeton, NJ: Princeton University Press

Short, J./ Williams, E./ Christie, B., (1976): The social psychology of telecommunication, London: Wiley

Sieg, G., (2005): Spieltheorie, 2. Auflage, München: Oldenbourg

Simmel G., (1923): Soziologie – Untersuchungen über die Formen der Vergesellschaftung, München/Leipzig: Verlag von Duncker & Humblot

Simmel, G., (1989): Philosophie des Geldes, In: Frisby, D. P./ Köhnke, K. C., (Hrsg.), Band 6, Frankfurt/Main: Suhrkamp

Singh, J., Sirdeshmukh, D., (2000): Agency and trust mechanisms in consumer satisfaction and loyalty judgement, In: Journal of the Academy of Marketing Science, 28, No. 1, S. 150-167.

Sitkin, S. B./ Roth, N. L., (1993): Explaining the limited effectiveness of legalistic remedies for trust/distrust, In: Organization Science, 4, No. 3, S. 367-392.

Solomon, L., (1960): The influence of some types of power relationships and game strategies upon the development of interpersonal trust, In: Journal of Abnormal and Social Psychology, 61, S. 223-230.

Stack, L. C., (1978): Trust; In: H. London & Exener J., (eds.): Dimensions of Personality, New York: Wiley

Steinmann, H./ Scherer, A. G., (1994): Lernen durch Argumentieren. Theoretische Probleme konsensorientierten Handelns, In: Globale soziale Marktwirtschaft. Festschrift für Santiago Garcia Echevarria, Albach, H., (Hrsg.), Wiesbaden: Gabler

Strulik, T., (2005): Ökonomische Evolution und die Intelligenz vertrauensbasierter Entscheidungen, In: Rationalität im Prozess kultureller Evolution, Siegenthaler, H., Tübingen: Mohr Siebeck

Stumpf, C., (1939): Erkenntnislehre, Leipzig: Barth

Swinth, R. L., (1967): The establishment of the trust relationship, In: The Journal of Conflict Resolution, 11, S. 335-344.

Taddicken, M., (2008): Die Bedeutung von Methodeneffekten der Online-Befragung: Zusammenhänge zwischen computer-vermittelter Kommunikation und erreichbaren Datengüte, In: Sozialforschung im Internet. Methodologie und Praxis der Online-Befragung, Jackob, N./ Schoen, H./ Zerback, T., (Hrsg.), Wiesbaden: VS Verlag für Sozialwissenschaften

Terrel, F./ Barrett, R. K., (1979): Interpersonal trust – A Review and examination of the concept, In: Göteborg Psychological Reports, 6, S. 1-21.

Thivissen, J., (2006): Psychosoziale Beratung – neue Konzepte und Entwicklungen, Norderstedt: GRIN-Verlag

Thomas, R. J., (1995): Interviewing important people in big companies, In: Studying elites using qualitative methods, Hertz, R./ Imbers, J. B., (eds.), Thousand Oaks, CA: Sage

Trebesch, K., (Hrsg.), (2000): Organisationsentwicklung. Konzepte, Strategien, Fallstudien, Stuttgart: Klett-Cotta

Trumpfheller, M./ Gomm, M., (2004): Gestaltungsoptionen des Supply Chain Relationship Management, In: Netzkompetenz in Supply Chain: Grundlagen und Umsetzung, Pfohl, H.-C., Wiesbaden: GWV Verlag

Türk, K., (1989): Neuere Entwicklungen in der Organisationsforschung. Ein Trendreport, Stuttgart: Enke

Ulich, E., (1999): Lern- und Entwicklungspotentiale in der Arbeit – Beiträge der Arbeits- und Organisationspsychologie, In: Personalentwicklung in Organisationen – Psychologische Grundlagen, Methoden und Strategien, Sonntag, K., (Hrsg.), 2. überarbeitete und erweiterte Auflage, Göttingen: Hogrefe

Vogt, J., (1997): Vertrauen und Kontrolle in Transaktionen: Eine institutionenökonomische Analyse, Wiesbaden: Gabler

Wallace, A. F. C., (1961): Culture and personality, New York, NY: Random House

Weibler, J., (1997): Vertrauen und Führung, In: Personal als Strategie, Klimecki, R./ Remer, A., (Hrsg.), Neuwied: Luchterhand

Weick, K. E., (1985): Der Prozess des Organisierens, Frankfurt/ Main: Suhrkamp

Weick, K. E., (1987): Organizational culture as a source of high reliability, In: California Management Review, 29, S. 112-127.

Weick, K. E., (1995): Sensemaking in organizations, Thousand Oaks, CA: Sage

Weick, K. E., (2001): Making sense of the organizations, Malden, MA: Blackwell

Weisskopf-Joelson, E., (1971): Some comments on the psychology of the psychologist, In: Journal of Psychology, 78, S. 95-113.

Wenzel, H., (2001): Die Abenteuer der Kommunikation: Echtzeitmassenmedien und der Handlungsraum der Hochmoderne, Weilerwist: Velbrück Wissenschaft

Wenzel, H., (2005): Profession und Organisation – Dimension der Wissensgesellschaft bei Talcott Parsons, In: Organisation und Profession, Klatetzki, T./ Tacke, V., (Hrsg.), Wiesbaden: VS Verlag für Sozialwissenschaften

Wetzel, R., (2005): Kognition und Sensemaking, In: Moderne Organisationstheorien 1: Handlungsorientierte Ansätze, Weik, E./ Lang, R., (Hrsg.), 2. überarbeitete Auflage, Wiesbaden: Gabler

Williamson, O. E., (1993): Calculativeness, trust and economic organization, In: Journal of Law and Economics, 36, April, S. 453-486.

Wissensmanagement Forum, (2000): Praxishandbuch Wissensmanagement, Graz: Verlag der Technischen Universität Graz

Witzel, A., (1982): Verfahren der qualitativen Sozialforschung. Überblick und Alternativen, Frankfurt/Main: Campus

Wohlgemuth, A. C., (1991): Der Reorganisationsprozess als Paradigma der ganzheitlichen Beratung, In: Theorie und Praxis der Unternehmensberatung - Bestandsaufnahme und Entwicklungsperspektiven, Hoffmann, M., (Hrsg.), Heidelberg: Physica Verlag

Wolff, K. H., (1950): The sociology of Georg Simmel, New York, NY: Free press

Wollnik, M., (1995): Interpretative Ansätze in der Organisationstheorie, In: Organisationstheorien, Kieser, A., (Hrsg.), 2. überarbeitete Auflage, Stuttgart: Kohlhammer

Wright, T. L./ Tedeschi, R. G., (1975): Factor analysis of the interpersonal trust scale, In: Journal of consulting and clinical psychology, 43, S. 430-477.

Wrightsman, L. S., (1966): Personality and attitudinal correlates of trusting and trustworthy behaviors in a two-person game, In: Journal of Personality and Social Psychology, 4, No. 3, S. 328-332.

Wrightsman, L. S., (1974): Assumptions about human nature. A social-psychological analysis, Monterey, CA: Brooks/ Cole

Wunderer, R., (2003): Führung und Zusammenarbeit: Eine unternehmerische Führungslehre, 5. überarbeitete Auflage, München: Neuwied

Yamagishi, T., (2001): Trust as a form of social intelligence, In: Trust in society, Cook, K. S., (eds.), New York, NY: Russel Sage Foundation

Zelger, J., (1999a): Wissensorganisation durch sprachliche Gestaltbildung im qualitativen Verfahren GABEK, In: Zelger, J./ Maier, M. (Hrsg.): GABEK. Verarbeitung und Darstellung von Wissen, Innsbruck/Wien: Studienverlag

Zelger, J., (1999b): Der Gestaltenbaum des Verfahrens GABEK: Theorie und Methode anhand von Beispielen, In: GABEK, Verarbeitung und Darstellung von Wissen, Zelger, J. / Maier, M., (Hrsg.), Innsbruck/Wien: Studienverlag

Zelger, J., (2000a): Twelve Steps of GABEK WinRelan, In: GABEK II – zur qualitativen Forschung, Buber, R./ Zelger, J., (Hrsg.), Innsbruck/Wien: Studienverlag

Zelger, J., (2000b): Parallele und serielle Wissensverarbeitung: Die Simulation von Gesprächen durch GABEK, In: GABEK II – Zur qualitativen Sozialforschung, Buber, R./ Zelger, J., Innsbruck/Wien: Studienverlag

Zelger, J., (2002): GABEK – Handbuch zum Verfahren

Ziman, J. M., (1970): Some pathologies of the scientific life, In: Advancement of science, 27, S. 1-10.

Zucker, L. G., (1986): The production of trust: Institutional sources of economic structure, In: Research in Organizational Behavior, 8, S. 53-111.

Von der Promotion zum Buch

WWW.GABLER.DE

Sie haben eine wirtschaftswissenschaftliche Dissertation bzw. Habilitation erfolgreich abgeschlossen und möchten sie als Buch veröffentlichen?

Zeigen Sie, was Sie geleistet haben.
Publizieren Sie Ihre Dissertation als Buch bei Gabler Research.
Ein Buch ist nachhaltig wirksam für Ihre Karriere.
Nutzen Sie die Möglichkeit mit Ihrer Publikation bestmöglich sichtbar und wertgeschätzt zu werden – im Umfeld anerkannter Wissenschaftler und Autoren.
Qualitative Titelauswahl sowie namhafte Herausgeber renommierter Schriftenreihen bürgen für die Güte des Programms.

Ihre Vorteile:

- Kurze Produktionszyklen: Drucklegung in 6-8 Wochen
- Dauerhafte Lieferbarkeit print und digital: Druck + E-Book in SpringerLink Zielgruppengerechter Vertrieb an Wissenschaftler, Bibliotheken, Fach- und Hochschulinstitute und (Online-)Buchhandel
- Umfassende Marketingaktivitäten: E-Mail-Newsletter, Flyer, Kataloge, Rezensionsexemplar-Versand an nationale und internationale Fachzeitschriften, Präsentation auf Messen und Fachtagungen etc.

▶ Möchten Sie Autor beim Gabler Verlag werden? Kontaktieren Sie uns!

Ute Wrasmann | Lektorat Wissenschaftliche Monografien
Tel. +49 (0)611.7878-239 | Fax +49 (0)611.7878-78-239 | ute.wrasmann@gabler.de

KOMPETENZ IN SACHEN WIRTSCHAFT